Michael Kolberg, Sabine Lambrich, Eva Kolberg

Microsoft Office 2010
auf einen Blick

Michael Kolberg, Sabine Lambrich, Eva Kolberg:
Microsoft Office 2010 auf einen Blick
Copyright © 2011 O'Reilly Verlag GmbH & Co. KG

Kommentare und Fragen können Sie gerne an uns richten:

Microsoft Press Deutschland
Konrad-Zuse-Straße 1
85716 Unterschleißheim
E-Mail: mspressde@oreilly.de

15 14 13 12 11 10 9 8 7 6 5 4 3 2 1
14 13 12 11

ISBN: 978 3 86645 875 8

© 2011 O'Reilly Verlag GmbH & Co. KG
Balthasarstraße 81, 50670 Köln
Alle Rechte vorbehalten

Umschlag: Hommer Design GmbH, Haar (www.HommerDesign.com)
Layout, Satz: Robert Ott Design, München (www.rodesign.de)
Gesamtherstellung: Kösel, Krugzell (www.KoeselBuch.de)

Inhalt

Textverarbeitung mit Microsoft Word 2010 41

Präsentationen mit Microsoft PowerPoint 2010   167

Kommunikation mit Microsoft Outlook 2010

F Gemeinsam genutzte Funktionen und Befehle 265

17 Dokumente illustrieren 267

18 Dokumente drucken 281

19

Arbeiten in Teams 297

Microsoft Office 2010 auf einen Blick

In dieser Einleitung:

- Arbeiten mit diesem Buch
- Für wen dieses Buch ist
- Der Inhalt im Überblick

Willkommen zu »Microsoft Office 2010 auf einen Blick«. Wenn Sie mit einem Minimum an Zeit- und Arbeitsaufwand das Beste aus den Programmen dieser Office-Version herausholen möchten, halten Sie genau das richtige Buch in Ihren Händen.

Es handelt sich um ein anschaulich geschriebenes und leicht verständliches Nachschlagewerk, das Ihnen helfen wird, Ihre Arbeit mit diesen Programmen schnell und effizient zu bewältigen. Wir haben uns darin auf die Dinge konzentriert, die Sie im täglichen Umgang mit den Programmen brauchen könnten, und diese so dargestellt, dass sie leicht zu finden und einfach zu verstehen sind. Meist wird auch nur der jeweils einfachste bzw. der schnellste Weg zur Lösung eines Problems beschrieben. Denn wenn man nur herausfinden will, wie man eine bestimmte Aufgabe mit einem Programm in möglichst kurzer Zeit erledigen kann, ist nichts nerviger, als seitenlange Abhandlungen über verschiedene Möglichkeiten darüber lesen zu müssen.

Auf den folgenden Seiten dieser Einführung zeigen wir Ihnen, wie Sie mit diesem Buch am besten arbeiten, und wir liefern Ihnen auch einen Überblick über seinen Inhalt.

Arbeiten mit diesem Buch

Machen Sie sich vor der Arbeit mit diesem Buch mit seinen wesentlichen Elementen vertraut, damit Sie seine Vorzüge für Ihre Arbeit mit den Programmen von Microsoft Office 2010 voll nutzen können.

Fast alle Seiten in diesem Buch verfügen über dieselbe klare Struktur. Wenn Sie diese Form des Aufbaus gleich jetzt verinnerlichen, wird Ihre Arbeit schnell vorangehen.

Die Grundstruktur

(1) Jede Seite oder Doppelseite beginnt mit einer Überschrift, die einen Themenkreis beschreibt. Beispielsweise finden Sie in Kapitel 2 auf Seite 18 einen Themenkreis mit dem Namen »Ein Office 2010-Programm starten«.

(2) Unterhalb einer solchen Überschrift finden Sie eine kurze Einführung in das jeweilige Thema. Lesen Sie diese zuerst durch, damit Sie wissen, worum es auf der jeweiligen Seite oder Doppelseite geht.

(3) Zu jedem Themenkreis gehören mehrere mögliche Aufgaben – wenn wir beispielsweise über »Ein Office 2010-Programm starten« reden, müssen wir auf »Über das Startmenü starten« eingehen.

(4) Wie man konkret vorgeht, um die jeweilige Aufgabe durchzuführen, wird in den Schritten darunter beschrieben. Die Reihenfolge der Schritte ist wichtig. Führen Sie sie in der angegebenen Reihenfolge durch.

(5) Damit Sie wissen, welche Stellen auf dem Bildschirm Sie zum Durchführen dieser Schritte ansprechen müssen, finden Sie auf den Seiten Bildschirmabbildungen. Die Marken mit den Zahlen daran zeigen Ihnen, auf welches Bildschirmelement sich die genannten Schritte beziehen.

Weitere Elemente

- Hinweiskästchen mit der Überschrift »Tipp«, »Achtung« oder »Gewusst wie« sagen Ihnen, was Sie noch zusätzlich beachten müssen, sollen oder können. Wichtig ist hier besonders der Hinweis »Achtung«.

- Wenn ein Thema an einer anderen Stelle im Buch eingehender angesprochen wird, finden Sie dazu Verweise mit der entsprechenden Seitenzahl in einem Kästchen mit der Überschrift »Siehe auch«. Schlagen Sie bei Bedarf dort nach.

- Auf einigen Seiten finden Sie auch Angaben zu den Tasten, die Sie drücken müssen, um eine Aktion durchzuführen – wie etwa Eingabe. Wenn zwei Tasten mit einem Pluszeichen verbunden sind – wie etwa bei Strg+Eingabe –, müssen Sie die beiden Tasten gleichzeitig drücken.

- Eine kursive Schreibweise kennzeichnet, dass es sich bei diesem Wort um ein Element handelt, das Sie auch auf Ihrem Bildschirm wiederfinden.

① Ein Office 2010-Programm starten

② Sie starten ein Office-Programm – wie auch andere Programme – über das Startmenü von Windows. Sie finden diese Programme unter *Alle Programme* in der Gruppe *Microsoft Office*. Wenn Sie ein Programm häufiger benutzen, lohnt es sich, dafür ein Verknüp-

fungssymbol anzulegen. Sie können dann das Programm durch einen Klick bzw. einen Doppelklick auf das Verknüpfungssymbol starten.

③ Das Programm über das Startmenü starten

① Klicken Sie zuerst auf die Schaltfläche *Start* in der Taskleiste.

② Klicken Sie links unten im Startmenü auf *Alle Programme*, um die installierten Programme anzuzeigen.

③ Durch einen Klick auf die Gruppe *Microsoft Office* blenden Sie ein Untermenü mit den Namen der auf Ihrem Rechner installierten Microsoft Office-Programme ein.

④ Klicken Sie in dieser Liste auf den Eintrag für das Programm, um das Programm zu starten.

Tipp

Auf fast allen neuen Tastaturen finden Sie links unten zwischen den Tasten Strg und Alt auch die Taste Windows, mit der Sie das Startmenü öffnen können.

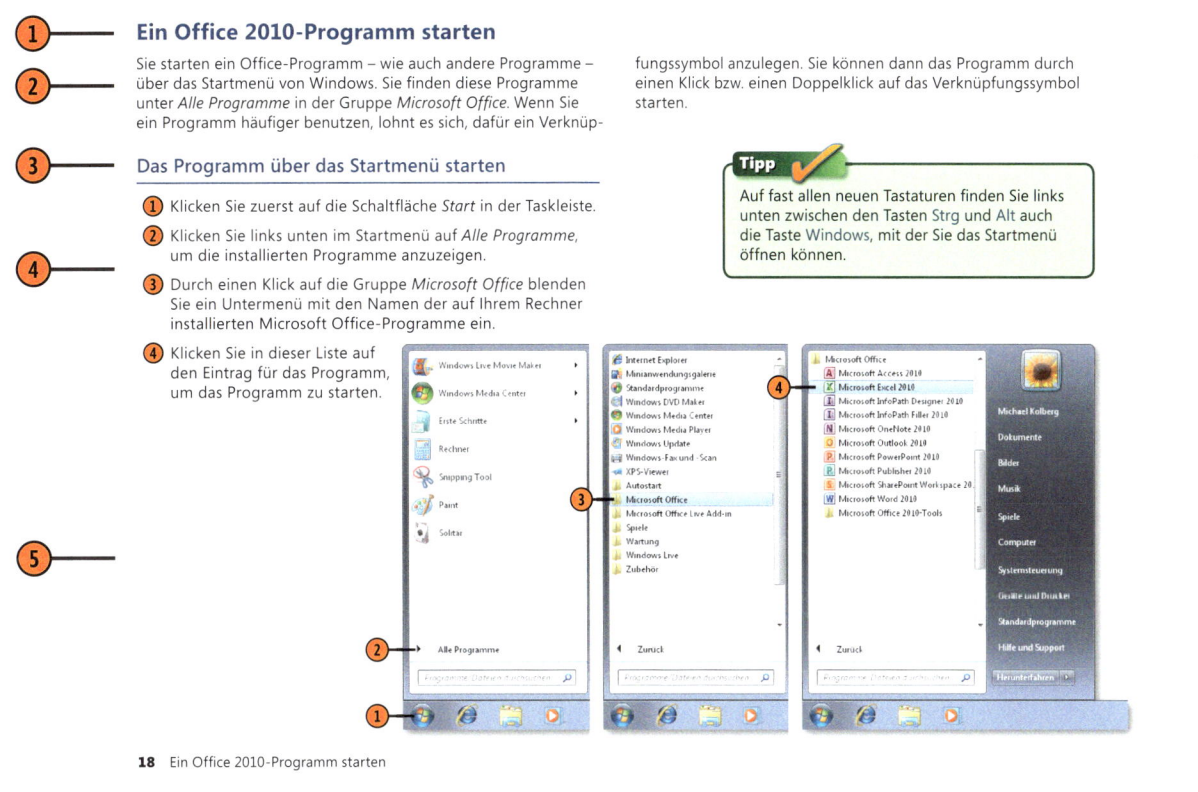

18 Ein Office 2010-Programm starten

Für wen dieses Buch ist

Kenntnisse in den Programmen der Office-Version 2010 werden für die Arbeit mit diesem Buch nicht vorausgesetzt. Natürlich ist es dienlich, wenn Sie schon einmal mit einem Programm der Office-Familie oder mit einem anderen Programm von Microsoft gearbeitet haben; Bedingung ist das aber nicht.

Einige Voraussetzungen sollten Sie aber mitbringen, um mit dem Buch sinnvoll und effektiv arbeiten zu können:

- Sie sollten schon einmal mit dem Computer gearbeitet haben und sollten sich mit der Bedienung von Tastatur und Maus auskennen.
- Dazu gehört auch, dass Sie sich mit den Grundbegriffen des Betriebssystems Windows auskennen. Begriffe wie Startmenü, Computer (Arbeitsplatz), Desktop, Laufwerke, Ordner und Dateien sollten Ihnen also geläufig sein.
- Einige Themen in diesem Buch setzen eine Verbindung des Computers mit dem Internet voraus. Sie sollten also wissen, wie man eine solche Verbindung herstellt.

Mehr an Voraussetzungen gibt es nicht!

Siehe auch

Die Seiten 12 und 13 dieses einführenden Kapitels zeigen Ihnen, wie man mit diesem Buch am besten arbeitet.

Der Inhalt im Überblick

In diesem Buch finden Sie in 19 aufgabenbezogenen Kapiteln alle wichtigen Informationen zu den Programmen von Microsoft Office 2010 – eben: Wissen auf einen Blick! Die Kapitel sind in sechs Teile gegliedert:

- Im ersten Teil finden Sie einige Grundlagen, die Sie kennen sollten, um effektiv mit den einzelnen Programmen arbeiten zu können. Dazu gehören die Techniken zur Programmsteuerung und die Verfahren zur Verwaltung von Dokumenten.
- Dann gehen wir in vier Teilen auf die einzelnen Programme des Pakets ein.

  Wir beginnen mit Word 2010, das für den Bereich Textverarbeitung verantwortlich ist.

  Es folgt ein Teil zu Excel 2010. Mit diesem Programm können Sie innerhalb von Tabellen Berechnungen durchführen und aus den Ergebnissen Diagramme und andere Auswertungen erzeugen.

  In einem weiteren Teil konzentrieren wir uns auf PowerPoint 2010, mit dem Sie Präsentationen erstellen und vorführen können.

  Das im anschließenden Teil besprochene Programm Outlook 2010 dient zur Kommunikation. Sie können darüber E-Mail-Nachrichten, Termine und Kontaktdaten verwalten.

- Im sechsten Teil gehen wir auf die Programmelemente ein, die in allen Einzelprogrammen des Pakets auf (fast) dieselbe Weise benutzt werden. Dazu gehört beispielsweise das Illustrieren von Dokumenten, das Drucken oder die Freigabe im Netzwerk.

In den Einführungen zu den einzelnen Teilen finden Sie eine Auflistung der wichtigsten Neuerungen der in den folgenden Kapiteln angesprochenen Themen. Die letzten Seiten dieses Buches liefern ein ausführliches Stichwortverzeichnis, das Ihnen beim Suchen nach bestimmten Themen hilft.

A Wichtige Grundlagen

Siehe auch

Weitere Techniken, die von allen Programmen des Office-Pakets gemeinsam genutzt werden, stellen wir im letzten Teil dieses Buches vor. Hinweise zum Illustrieren von Dokumenten mit grafischen Elementen finden Sie in Kapitel 17 auf den Seiten 267 ff. Die Techniken zum Drucken von Dokumenten sprechen wir in Kapitel 18 auf den Seiten 281 ff. an. Über besondere Aufgaben beim Arbeiten in Teams reden wir in Kapitel 19 auf den Seiten 297 ff.

Einer der wesentlichen Vorteile der Arbeit mit einem Programm-paket wie Microsoft Office 2010 besteht darin, dass Sie bei allen dazugehörenden Programmen die meisten Aufgaben auf die gleiche Weise durchführen können. Wenn Sie also mit einem der Programme von Office 2010 vertraut sind, können Sie dieses Wissen auch bei den anderen Programmen einsetzen. Sie mit den wichtigsten dieser gemeinsamen Grundlagen vertraut zu machen, ist Aufgabe der Kapitel dieses ersten Teils.

Wir wollen Sie darin zunächst mit den Elementen der Programmsteuerung von Microsoft Office 2010 vertraut machen. Dazu gehört besonders die Arbeit mit dem Menüband und der Symbolleiste für den Schnellzugriff. Außerdem wollen wir Ihnen die Techniken zum Verwalten von Office-Dokumenten näherbringen. Dazu gehören die Methoden zum Speichern und erneuten Öffnen sowie zum Erstellen von neuen Dokumenten.

Die wichtigsten programmübergreifenden Neuerungen in Microsoft Office 2010

Vielleicht kennen Sie Microsoft Office schon von einer der früheren Programmversionen. Wie jede neue Version verfügt auch die Version 2010 über eine Vielzahl von programmübergreifenden Neuheiten – mit diesen wollen wir Sie hier kurz bekannt machen.

Das Menüband

Bis zur Version 2003 fanden Sie die wichtigsten Elemente zur Steuerung eines Microsoft Office-Programms in der Menü- und den Symbolleisten. Mit der Programmversion 2007 wurde dieses System von der Multifunktionsleiste abgelöst. Diese Technik wurde in der aktuellen Version 2010 konsequent weiterentwickelt. Die Multifunktionsleiste trägt jetzt den Namen Menüband und Sie werden feststellen, dass Sie bedeutend weniger Mausklicks benötigen, um eine Aktion durchzuführen.

Absolut neu in der Version 2010 ist die Möglichkeit, das Menüband an Ihre Wünsche anzupassen. Dadurch können Sie den Arbeitsbereich gemäß Ihren Vorstellungen gestalten, wiederkehrende Aufgaben schneller ausführen und bequemer auf bevorzugte Befehle zugreifen.

Neue Dateiformate

Seit der Version 2007 gibt es in Microsoft Office auch neue Dateiformate. Diese ermöglichen es Ihnen, die Daten auf verschiedenen Computersystemen mit höherer Sicherheit gemeinsam zu nutzen. Die Vielfalt der Formate wurde mit der Programmversion 2010 noch vergrößert. Neu ist beispielsweise die Unterstützung des freien Dokumentformats OpenDocument in der Version 1.1.

Die Registerkarte »Datei«

Eine Sonderrolle unter den Registerkarten des Menübandes nimmt die Registerkarte Datei ein. Sie löst die Schaltfläche Office

der Programmversion 2007 ab. Wenn Sie darauf klicken, wird bei allen Programmen der Microsoft Office-Familie die sogenannte Backstage-Ansicht angezeigt. Diese Ansicht dient zum Verwalten von Dateien und dateispezifischen Daten. Sie finden darin beispielsweise alle Befehle, die Sie zum Speichern, Öffnen, Schließen und Anlegen von Office-Dokumenten benötigen. Außerdem stehen Ihnen hier die Befehle zum Drucken, zum Freigeben von Dokumenten und auch zum Einstellen von Programmoptionen zur Verfügung.

Zugriff auf nicht gespeicherte Dateien

Wenn Sie dem Programm genügend Zeit lassen, Ihre Eingaben in den Wiederherstellungsinformationen abzulegen, können Sie auf diese Daten auch dann noch zugreifen, wenn Sie das Speichern einmal vergessen sollten.

Siehe auch

Mehr Informationen zum Gebrauch des Menübandes finden Sie auf Seite 20 f.

Alle Befehle zum Verwalten von Dateien – zum Anlegen, Speichern, Öffnen usw. – behandeln wir in Kapitel 2 auf den Seiten 29 ff. Mehr zum Drucken erfahren Sie in Kapitel 18 auf den Seiten 281 ff.

Wie man die Daten in nicht gespeicherten Dateien wieder zugänglich macht, sagt Ihnen die Seite 37.

Mehr zum Speichern in anderen Dateiformaten finden Sie auf den Seiten 304 f.

Die Elemente der Programm- steuerung

In diesem ersten Kapitel werden wir Sie mit den wichtigsten Elementen der Benutzeroberfläche der Programme von Microsoft Office 2010 vertraut machen. Dabei dreht es sich um Standardaufgaben – wie das Starten eines Office-Programms vom Windows-Desktop aus oder das Beenden eines Programms. Diese Dinge kennen Sie vielleicht schon von Ihrer Arbeit mit anderen Programmen, denn heutzutage verfügen die meisten Programme über gewisse Ähnlichkeiten bei solchen Grundelementen.

Wichtiger ist natürlich die Programmoberfläche der Office 2010-Programme. Obwohl die einzelnen Programme zur Abwicklung ganz unterschiedlicher Aufgaben dienen, zeigen ihre Oberflächen viele Gemeinsamkeiten und auch auf diese wollen wir hier gleich eingehen. Dazu gehört beispielsweise das Arbeiten mit dem Menüband und der Symbolleiste für den Schnellzugriff.

Außerdem wollen wir Ihnen zeigen, wie man auf die Einstellungen zu den einzelnen Programmen zugreift und die Programmhilfen benutzt. Auch hier sind die Techniken bei allen Office 2010-Programmen identisch.

Ein Office 2010-Programm starten

Sie starten ein Office-Programm – wie auch andere Programme – über das Startmenü von Windows. Sie finden diese Programme unter *Alle Programme* in der Gruppe *Microsoft Office*. Wenn Sie ein Programm häufiger benutzen, lohnt es sich, dafür ein Verknüp-fungssymbol anzulegen. Sie können dann das Programm durch einen Klick bzw. einen Doppelklick auf das Verknüpfungssymbol starten.

Das Programm über das Startmenü starten

① Klicken Sie zuerst auf die Schaltfläche *Start* in der Taskleiste.

② Klicken Sie links unten im Startmenü auf *Alle Programme*, um die installierten Programme anzuzeigen.

③ Durch einen Klick auf die Gruppe *Microsoft Office* blenden Sie ein Untermenü mit den Namen der auf Ihrem Rechner installierten Microsoft Office-Programme ein.

④ Klicken Sie in dieser Liste auf den Eintrag für das Programm, um das Programm zu starten.

Tipp

Auf fast allen neuen Tastaturen finden Sie links unten zwischen den Tasten Strg und Alt auch die Taste Windows, mit der Sie das Startmenü öffnen können.

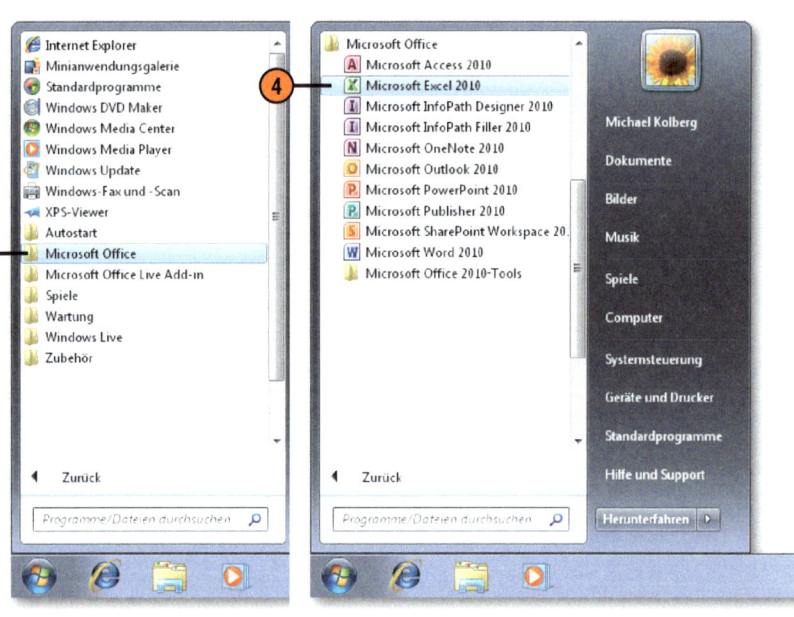

Verknüpfungen zu Office-Programmen erstellen

(1) Klicken Sie mit der rechten Maustaste in der Gruppe *Microsoft Office* auf *den Programmeintrag*. Damit öffnen Sie das Kontextmenü dazu.

(2) Wenn Sie eine feste Verknüpfung im Startmenü erstellen wollen, klicken Sie im Kontextmenü auf *An Startmenü anheften*.

(3) Falls Sie eine Verknüpfung in der Taskleiste wünschen, klicken Sie auf *An Taskleiste anheften*.

(4) Sie können auch eine Verknüpfung auf dem Desktop anlegen, indem Sie auf *Senden an* klicken und dann *Desktop (Verknüpfung erstellen)* wählen.

Verknüpfung zum Starten eines Programms benutzen

(1) Wenn Sie das Programm an das Startmenü angeheftet haben, klicken Sie hier, um das Programm zu starten.

(2) Wenn Sie eine Verknüpfung zum Programm in der Taskleiste abgelegt haben, klicken Sie hier.

(3) Wenn Sie eine Verknüpfung zum Programm auf dem Desktop abgelegt haben, doppelklicken Sie auf das entsprechende Symbol.

Gewusst wie

Sie können in der Taskleiste oder im Startmenü angelegte Verknüpfungen wieder entfernen, indem Sie mit der rechten Maustaste auf die Verknüpfung klicken und *Aus Liste entfernen* wählen.

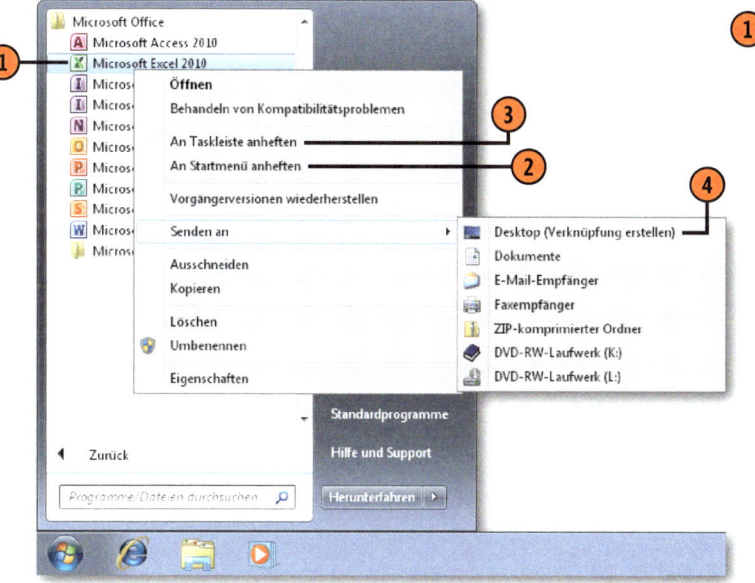

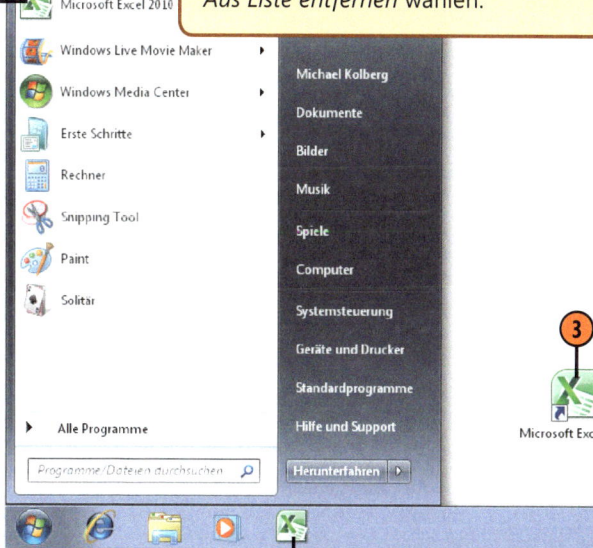

Das Menüband mit den Befehlen zur Programmsteuerung

Das Menüband stellt die wichtigste Befehlsschnittstelle in allen Programmen der Microsoft Office-Familie dar. Das Menüband besteht aus mehreren Registerkarten. Jede Registerkarte bezieht sich auf eine Art von Aktivität – beispielsweise enthält die Registerkarte *Einfügen* bei den meisten Programmen alle Werkzeuge, die Sie zum Einfügen von Elementen benötigen. Innerhalb einer Registerkarte sind die einzelnen Elemente in Gruppen zusammengefasst. Innerhalb einer Gruppe finden Sie Schaltflächen für die einzelnen Befehle. Davon gibt es unterschiedliche Typen.

Die Elemente über die Maus ansprechen

① Beim Öffnen des Programms wird immer die Registerkarte *Start* angezeigt.

② Klicken Sie hier, um beispielsweise die Registerkarte *Einfügen* anzuzeigen.

③ Bei einigen Befehlen im Menüband handelt es sich um Umschalter, die durch einen Klick darauf ein- und ausgeschaltet werden können. Beispielsweise schaltet die Schaltfläche *Fett* diese Formatierung ein- und aus. Eine unterschiedliche Farbgebung kennzeichnet den jeweiligen Status eines Schalters.

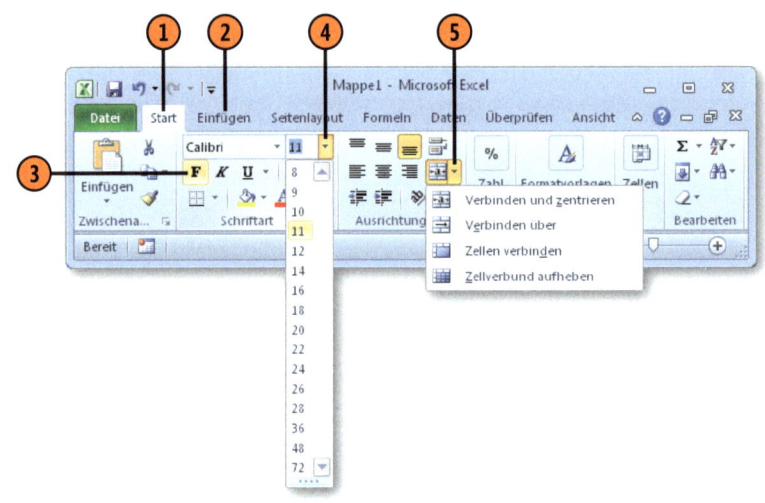

④ Manche Schaltflächen liefern Listen mit weiteren Optionen. Sie erkennen diese daran, dass sie mit einer nach unten zeigenden kleinen Pfeilspitze ausgestattet sind. Sie lassen diese Liste anzeigen, indem Sie auf die Pfeilspitze klicken. Anschließend können Sie eine der in der Liste angezeigten Optionen auswählen, indem Sie darauf klicken.

⑤ Andere Befehlsschaltflächen klappen ein Menü oder einen Katalog mit weiteren Befehlen auf.

⑥ Wenn Sie die Breite des Programmfensters verringern, werden die Elemente des Menübands anders angeordnet. Bei einem schmalen Fenster müssen Sie einige Gruppen erst durch einen Klick auf die betreffende Schaltfläche aufklappen.

Die Tastatur zur Steuerung verwenden

① Drücken Sie die Taste Alt und lassen Sie sie wieder los. Die Information zu den Zugriffstasten der obersten Ebene wird angezeigt.

② Drücken Sie dann die Zugriffstaste für den gewünschten Bereich – beispielsweise R für die Registerkarte *Start*.

③ Je nach gedrückter Taste werden weitere Zugriffstasten-infos angezeigt. Drücken Sie die Taste(n), um den entsprechenden Befehl anzusprechen. In einigen Fällen müssen Sie zwei Tasten nacheinander drücken.

Das Menüband minimieren

① Klicken Sie auf die Schaltfläche *Menüband minimieren* rechts neben den Namen der Registerkarten.

② Die Elemente des Menübands verschwinden bis auf die Namen der Registerkarten. Klicken Sie auf einen solchen Namen, um die Elemente wieder anzuzeigen. Nach der Wahl eines Befehls wird das Menüband wieder minimiert.

③ Um die Elemente wieder vollständig und permanent anzuzeigen, klicken Sie auf die Schaltfläche *Menüband erweitern*.

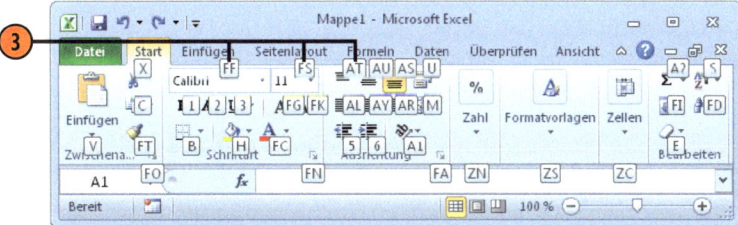

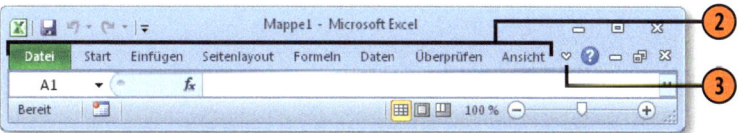

Tipp ✔

Um die Zugriffstasteninfos wieder auszublenden, drücken Sie die Taste Esc.

Gewusst wie

Sie können auch auf eine beliebige Registerkarte doppelklicken, um das Menüband zu minimieren. Um die Elemente wieder vollständig anzuzeigen, führen Sie nochmals einen Doppelklick auf dem Namen einer beliebigen Registerkarte aus.

Die Symbolleiste für den Schnellzugriff

Links oben in der Titelliste oberhalb des Menübands befindet sich die sogenannte Symbolleiste für den Schnellzugriff. Das ist die einzige übrig gebliebene Symbolleiste. Sie beinhaltet Schaltflächen für Befehle, die Sie wahrscheinlich sehr häufig verwenden werden. Sie können aber auch selbst festlegen, welche Schaltflächen darin angezeigt werden sollen.

Die Symbolleiste anpassen

① Klicken Sie auf die Schaltfläche *Symbolleiste für den Schnellzugriff anpassen*. Eine Liste mit Optionen wird geöffnet. Die mit einem Häkchen versehenen Optionen in der Liste werden in der Symbolleiste angezeigt.

② Klicken Sie auf eine Option ohne Häkchen, um die betreffende Schaltfläche in der Symbolleiste für den Schnellzugriff anzeigen zu lassen.

③ Oder klicken Sie auf eine Option mit einem Häkchen, um diese aus der Symbolleiste zu entfernen.

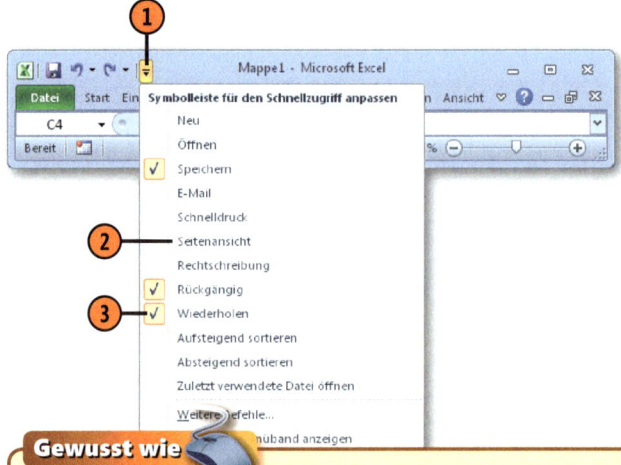

Die Schaltflächen der Symbolleiste

Speichern: Speichert die aktuell geöffnete Arbeitsmappe. Wurde vorher noch nicht gespeichert, wird das Dialogfeld *Speichern unter* angezeigt.

Rückgängig: Macht einen gerade gewählten Befehl oder eine gerade durchgeführte Eingabe wieder rückgängig.

Wiederholen: Wiederholt einen rückgängig gemachten Befehl oder eine Eingabe.

Symbolleiste für den Schnellzugriff anpassen: Erlaubt es, weitere Befehle in der Symbolleiste anzeigen zu lassen.

Gewusst wie

Die Schaltflächen *Rückgängig* und *Wiederholen* verfügen über nach unten weisende Pfeilspitzen. Darüber können Sie bei einigen Programmen auch mehrere nacheinander ausgeführte Befehle oder Eingaben in einem Arbeitsschritt widerrufen bzw. diese wiederholen. Mehrere hintereinander durchgeführte Aktionen können aber nur insgesamt widerrufen werden.

Siehe auch

Über die Option *Weitere Befehle* in der Liste zur Schaltfläche *Symbolleiste für den Schnellzugriff anpassen* lassen Sie die Programmoptionen anzeigen; mehr dazu auf Seite 24 f.

Die Fensterdarstellung regeln

Die Methoden zur Regelung der Fensterdarstellung kennen Sie wahrscheinlich schon: Am rechten Rand der Titelleiste des Programms finden Sie drei – für Windows-Anwendungen typische – Schaltflächen, über die Sie die Darstellung des Fensters regeln oder auch das Programm schließen können.

Sollte das Programmfenster in der Fensterdarstellung die Aussicht auf die anderen Fenster versperren, können Sie es an eine andere Stelle auf dem Bildschirm verschieben oder auch seine Breite und/oder seine Höhe ändern. Auch das kennen Sie bestimmt schon von anderen Anwendungen.

Größe und Position des verkleinerten Fensters ändern

① Zum Ändern der Position eines Fensters auf dem Bildschirm setzen Sie den Mauszeiger auf die Titelleiste und ziehen das Fenster mit gedrückter Maustaste an die gewünschte Position.

② Um die Breite zu ändern, setzen Sie den Mauszeiger auf den rechten oder linken Fensterrand und ziehen diesen mit gedrückter Maustaste in die gewünschte Richtung.

③ Entsprechend können Sie die Höhe des Programmfensters ändern, indem Sie den oberen oder unteren Fensterrand mit gedrückter Maustaste auf eine neue Größe ziehen.

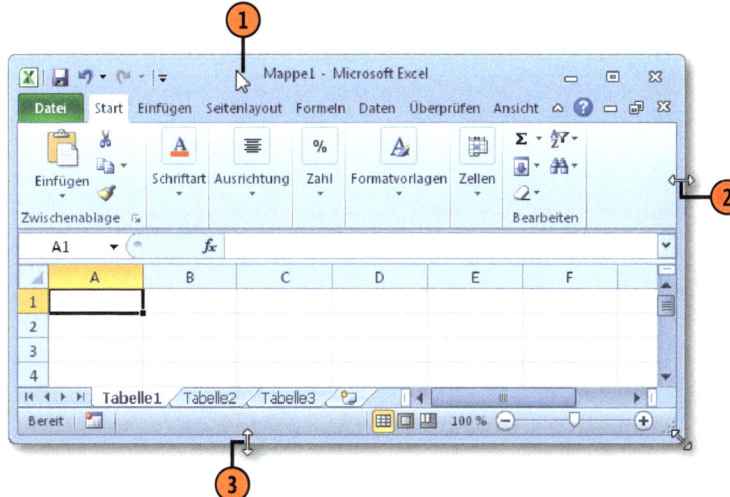

Verkleinern, Maximieren, Minimieren

Minimieren: Reduziert das Fenster zum Symbol in der Taskleiste. Ein Klick auf dieses Symbol zeigt den Inhalt wieder an.

Maximieren: Schaltet von der Fensterdarstellung auf die volle Bildschirmgröße um. Damit nutzen Sie den zur Verfügung stehenden Platz voll aus.

Verkleinern: Schaltet von der vollen Bildschirmgröße zur vorher eingestellten Fensterdarstellung um.

Schließen: Schließt das Programm. Vorher sollten Sie Ihre Eingaben in diesem Programm speichern.

Siehe auch

Excel verhält sich insofern anders als manches andere Programm, als es die gleichzeitige Darstellung mehrere Arbeitsmappen als einzelne Dokumentfenster erlaubt. Deswegen finden Sie die Schaltflächen zum Regeln der Fensterdarstellung nicht nur in der Titelleiste, sondern auch im Bereich darunter. Verwechseln Sie aber diese Bereiche nicht. Darauf gehen wir auf Seite 110 f. noch näher ein.

Der Zugang zu den Programmeinstellungen

Die Programme verfügen über eine Vielzahl von Einstellmöglich-keiten, mit denen Sie das Programm an Ihre persönlichen Wünsche anpassen können. Sie finden diese Programmoptionen in einem separaten Dialogfeld, das über mehrere Kategorien verfügt. Die Optionen, die ein typischer Anwender am häufigsten ändern wird, sind in der Kategorie *Allgemein* zusammengefasst.

Die Programmoptionen anzeigen lassen und einstellen

1. Klicken Sie auf die Registerkarte *Datei*.

2. Klicken Sie auf *Optionen*.

3. Wählen Sie eine Kategorie.

4. Führen Sie die Änderungen in den Optionen durch.

5. Bestätigen Sie durch einen Klick auf *OK*.

Wichtige Optionen in der Kategorie »Allgemein«

- *Minisymbolleiste für die Auswahl anzeigen*: Die Minisymbol-leiste wird eingeblendet, wenn Sie mit der rechten Maustaste auf eine Zelle klicken. Über die Schaltflächen darin können Sie beispielsweise die Zelle schnell formatieren.

- *Livevorschau aktivieren*: Wenn Sie diese Option auswählen, werden die Auswirkungen einer Option noch vor dem Klick auf die entsprechende Schaltfläche im Menüband im Arbeitsblatt angezeigt. Wenn Sie z.B. den Mauszeiger in der Schriftfarbpa-lette auf eine Farbe führen, wird der Inhalt der gerade aktiven Zelle in der entsprechenden Farbe angezeigt.

  - *Farbschema*: Für das Farbschema der Pro-grammoberfläche stehen drei Optionen zu Verfügung.

  - Im Feld *Benutzername* kann der Anwender seinen Namen eintragen und ändern. Dieser Name findet an mehreren Stellen im Programm Verwendung, z.B. in einge-fügten Kommentaren.

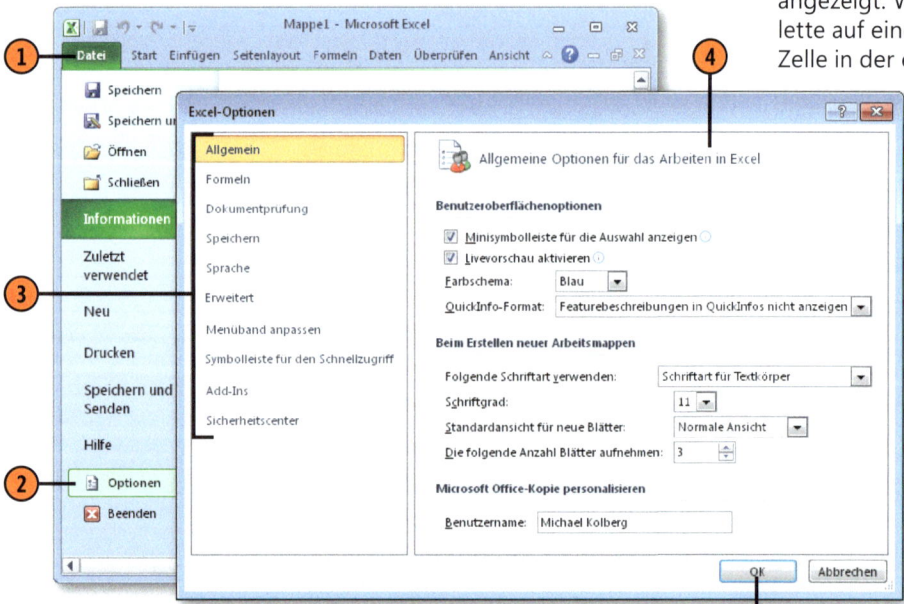

Siehe auch

Wie man mit der Minisymbolleiste arbeitet, erfahren Sie auf den Seiten 148 und 228.

Die weiteren Kategorien der Programmoptionen

■ Bei Word können Sie über die Kategorie *Anzeige* festlegen, welche Inhalte des Dokuments auf dem Bildschirm und beim Drucken angezeigt werden sollen.

■ Die Kategorie *Formeln* bei Excel erlaubt das Festlegen von Berechnungsoptionen. Sie können darin beispielsweise bestimmen, ob die Tabelle bei jeder Eingabe automatisch neu berechnet werden soll.

■ Die *Dokumentprüfung* liefert die Standardeinstellungen für die Rechtschreibprüfung.

■ Über *Speichern* legen Sie die Standardoptionen für das Speichern von Dokumenten fest.

■ Über die Kategorie *Sprache* legen Sie die Spracheinstellungen für alle Office-Programme fest.

■ Die Kategorie *Erweitert* liefert viele Möglichkeiten zur Anpassung des Verhaltens des Programms an Ihre persönlichen Vorlieben. Beispielsweise können Sie hier bei Excel festlegen, zu welcher Zelle gewechselt wird, wenn Sie die Taste Eingabe drücken.

■ Über die Kategorie *Menüband anpassen* können Sie zusätzliche Befehle zur Anzeige im Menüband auswählen. Sie können darüber auch weitere Registerkarten erstellen.

■ *Symbolleiste für den Schnellzugriff* liefert die Möglichkeit, weitere Befehlsschaltflächen in dieser Symbolleiste aufzunehmen.

■ In der Kategorie *Add-Ins* können Sie weitere Programmmodule aktivieren, um den Funktionsumfang der Programme zu erweitern.

■ Im *Sicherheitscenter* legen Sie Sicherheitseinstellungen fest. Beispielsweise können Sie hier einen vertrauenswürdigen Speicherort einstellen.

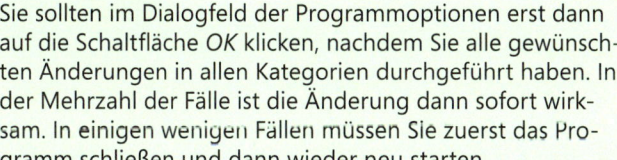

Tipp ✔

Sie sollten im Dialogfeld der Programmoptionen erst dann auf die Schaltfläche *OK* klicken, nachdem Sie alle gewünschten Änderungen in allen Kategorien durchgeführt haben. In der Mehrzahl der Fälle ist die Änderung dann sofort wirksam. In einigen wenigen Fällen müssen Sie zuerst das Programm schließen und dann wieder neu starten.

Siehe auch

Auf die Arbeit mit einigen dieser Kategorien werden wir später noch intensiver eingehen: Hinweise zum Einstellen der Berechnungsoptionen bei Excel liefert die Seite 134.

Wie man die Dokumentprüfung benutzt, erfahren Sie auf den Seiten 60 f.

Die Programmhilfen kennenlernen

In der Programmhilfe können Sie auf verschiedene Arten nach benötigten Informationen suchen – beispielsweise indem Sie durch die einzelnen Ebenen der Hilfe navigieren, die Suchenfunktion benutzen oder das Inhaltsverzeichnis verwenden.

Microsoft Office 2010 unterscheidet übrigens zwischen der Offlinehilfe – dabei handelt es sich um Hilfethemen, die sich bereits auf Ihrem Computer befinden – und der Hilfe über Office.com, die Sie zusätzlich über das Internet abrufen können.

Die Programmhilfe anzeigen und einstellen

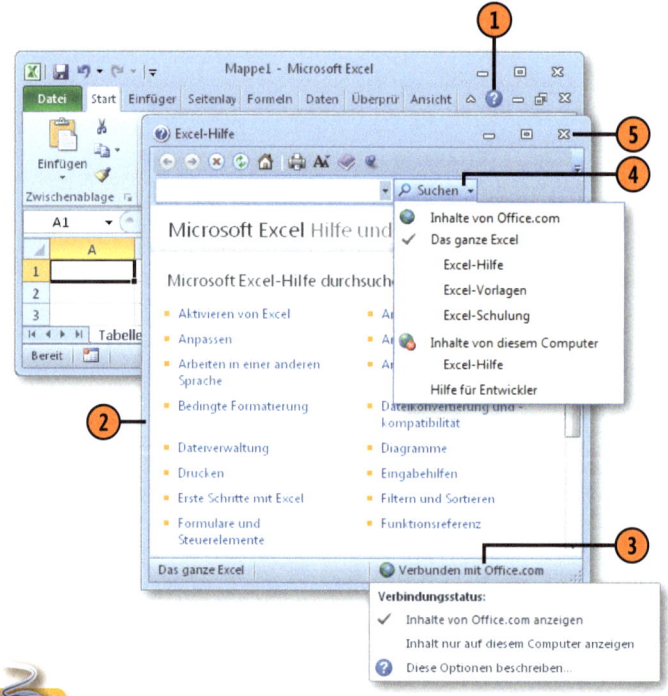

① Klicken Sie auf die Schaltfläche *Hilfe* rechts oben im Programmfenster oder drücken Sie F1.

② Das Hilfefenster wird geöffnet.

③ Stellen Sie ein, woher Sie die Informationen beziehen wollen:

- Klicken Sie auf das Feld *Verbindungsstatus*.

- Wählen Sie, ob Sie die *Inhalte von Office.com* oder *Inhalt nur auf diesem Computer anzeigen* wollen.

④ Es kann vorkommen, dass Sie bei einer generellen Verwendung von *Offline* vorübergehend Hilfeinhalt online suchen möchten – oder umgekehrt.

- Klicken Sie dazu auf den Pfeil der Schaltfläche *Suchen*.

- Geben dann an, welche Inhalte durchsucht werden sollen.

⑤ Um das Hilfefenster wieder auszublenden, klicken Sie auf die *Schließen*-Schaltfläche des Fensters.

> **Gewusst wie**
>
> Sie können im Hilfefenster auf eine Überschrift klicken und gelangen damit um eine Ebene tiefer. Auf diese Weise können Sie fortfahren, bis Sie zur Ebene mit den einzelnen Hilfeseiten können.

Nach Informationen in der Hilfe suchen

(1) Klicken Sie im Hilfefenster in das Feld für die Suche und geben Sie darin Stichwörter oder eine Frage ein, z.B. bei Excel **Wie kann ich Arbeitsmappen speichern?** Natürlich reicht auch eine Kurzform wie **Speichern**.

(2) Starten Sie die Suche über Eingabe oder klicken Sie auf *Suchen*.

(3) Das Programm blendet eine Liste mit Themen an, die zu Ihrer Frage passen könnten. Klicken Sie auf das Thema, das zu Ihrer Frage passt – beispielsweise das Thema *Speichern einer Datei*.

(4) Der Hilfetext wird angezeigt.

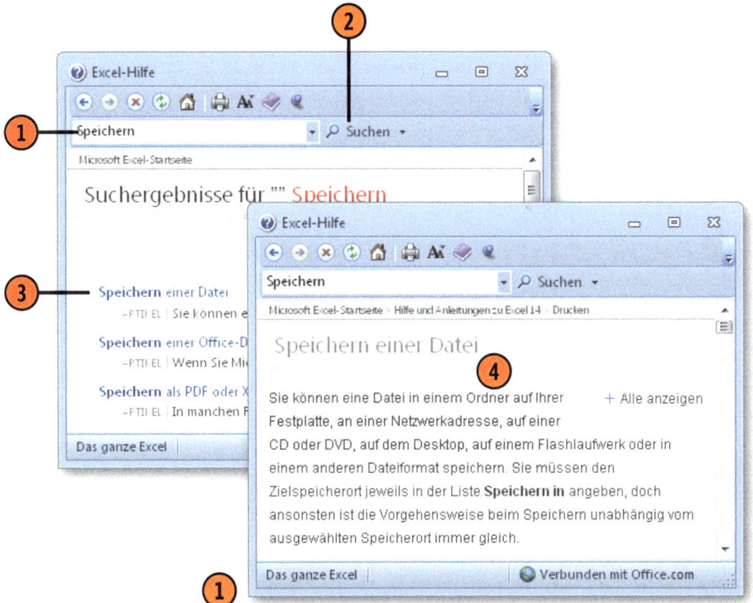

Das Inhaltsverzeichnis benutzen

(1) Klicken Sie im Hilfefenster auf die Schaltfläche *Inhaltsverzeichnis* – das ist die mit dem Buchsymbol. Das Verzeichnis wird dann angezeigt.

(2) Ein geschlossenes Buch im *Inhaltsverzeichnis* signalisiert, dass zu diesem Themenbereich weitere Unterthemen existieren. Klicken Sie auf das Buch, um die Themen anzuzeigen.

(3) Unterhalb von einem Symbol mit einem geöffneten Buch werden die Unterthemen aufgelistet. Ein Klick darauf zeigt das Thema an.

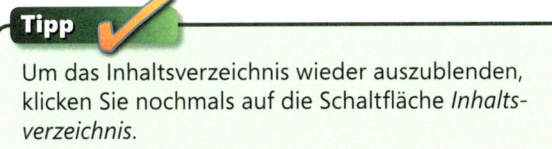

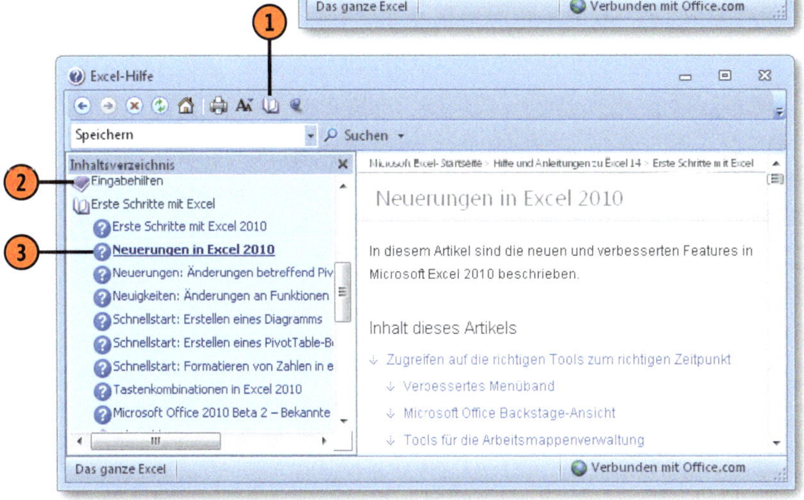

Tipp

Um das Inhaltsverzeichnis wieder auszublenden, klicken Sie nochmals auf die Schaltfläche *Inhaltsverzeichnis*.

Dateien schließen und ein Programm beenden

Um eine geöffnete Datei zu schließen und um das Programm zu beenden, steht u.a. das unter Windows übliche Verfahren zur Verfügung.

Falls Sie die in der aktuellen Datei vorgenommenen Eingaben oder Änderungen noch nicht gespeichert hatten, müssen Sie in beiden Fällen angeben, wie mit den Daten verfahren werden soll.

Eine Datei schließen oder ein Programm beenden

① Zum Schließen der aktuell angezeigten Datei klicken Sie auf die *Schließen*-Schaltfläche für die Datei ganz rechts neben den Namen der Registerkarten des Menübands.

② Zum Beenden der Arbeit mit dem Programm klicken Sie auf die *Schließen*-Schaltfläche ganz rechts in der Titelleiste des Programmfensters.

Eingaben speichern, verwerfen oder abbrechen

① Klicken Sie auf *Speichern*, wenn Sie speichern wollen. Wenn die Datei bisher noch nicht gespeichert wurde, wird das Dialogfeld *Speichern unter* angezeigt. Anderenfalls wird kommentarlos erneut gespeichert.

② Klicken Sie auf *Nicht speichern*, wenn Sie das Programm beenden wollen, ohne die Daten zu speichern. Die Daten sind dann ggf. trotzdem noch verfügbar (siehe hierzu Seite 37).

③ Klicken Sie auf *Abbrechen*, wenn Sie das Programm doch nicht beenden und die Datei auf dem Bildschirm behalten wollen.

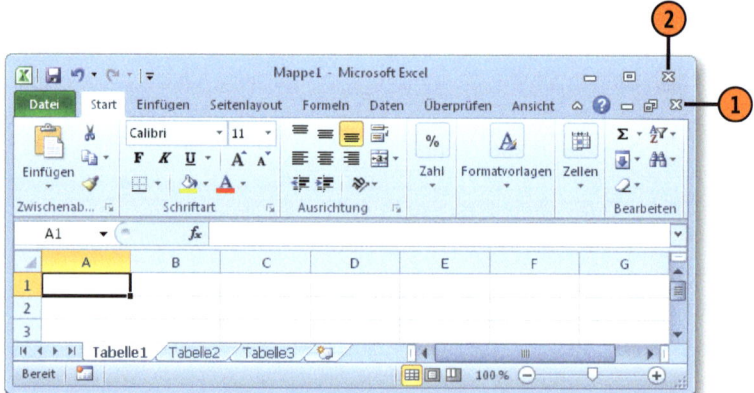

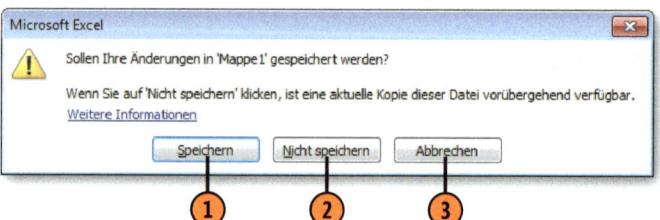

Siehe auch

Mehr zum Speichern erfahren Sie auf den Seiten 30 ff.

 **Tipp**

Für diese Aufgaben können Sie auch über die Registerkarte *Datei* arbeiten: Um die aktuelle Datei zu schließen, wählen Sie dort den Befehl *Schließen*, um die Arbeit mit dem Programm zu beenden, wählen Sie *Beenden*.

2 Dokumente verwalten

Die in einem Office 2010-Programm eingegebenen Inhalte werden in Dateien gespeichert, die als Dokumente bezeichnet werden. Bevor Sie sich daranmachen, Inhalte einzugeben, sollten Sie wissen, wie man diese Dateien speichert und wieder öffnet: Beim Speichern geben Sie der Datei einen endgültigen Namen und legen auch den Speicherort fest. Nachdem Sie die Inhalte im Dokument gespeichert haben, können Sie die Datei schließen. Um mit den vorhandenen Inhalten zu einem späteren Zeitpunkt weiterzuarbeiten, öffnen Sie das Dokument wieder. Die Inhalte erscheinen dann genau so, wie Sie sie gespeichert haben.

Wenn Sie während einer Sitzung mit einem Office 2010-Programm ein weiteres Dokument benötigen, können Sie ein solches erstellen. Dabei können Sie von einem noch vollständig leeren Dokument ausgehen oder aber eine Vorlage benutzen, die bereits gewisse Formatierungen und ggf. Eingaben enthält.

Diese grundlegenden Techniken zum Verwalten von Dokumenten sind bei allen Office 2010-Programmen identisch – es gibt aber natürlich einige Unterschiede bei den Dateiformaten. Dateiformate können Sie bei den Office 2010-Programmen aber auch später schnell ändern (siehe Seite 304 f.).

Dokumente speichern

Damit Sie später an einem Dokument weiterarbeiten können, müssen Sie es speichern, bevor Sie es schließen oder das Programm beenden.

Beim ersten Speichern geben Sie der Datei einen speziellen Namen, unter dem Sie die Daten später wiederfinden können.

Erstmaliges Speichern eines Dokuments

① Zum erstmaligen Speichern klicken Sie auf die Schaltfläche *Speichern* in der Symbolleiste für den Schnellzugriff.

② Das Programm zeigt dann das Dialogfeld *Speichern unter* an. Hierin können Sie alle benötigten Speicherparameter festlegen.

③ Im Feld *Dateiname* wird zunächst der vom Programm automatisch festgelegte vorläufige Name der Datei – beispielsweise *Mappe1* – übernommen. Wenn Sie einen bestimmten Dateinamen wünschen, geben Sie ihn hier ein.

④ Klicken Sie dann auf *Speichern*. Das Dokument wird gespeichert und das Dialogfeld geschlossen.

Datei erneut speichern

① Ist das Dokument schon einmal gespeichert worden, führt ein Klick auf die Schaltfläche *Speichern* in der Symbolleiste für den Schnellzugriff zu einer kommentarlosen weiteren Speicherung. Das Dialogfeld *Speichern unter* wird dabei nicht mehr angezeigt.

Tipp ✔

Haben Sie im Dialogfeld *Speichern unter* das Kontrollkästchen *Miniaturansicht speichern* aktiviert, wird als Dateisymbol eine Miniatur der Datei verwendet.

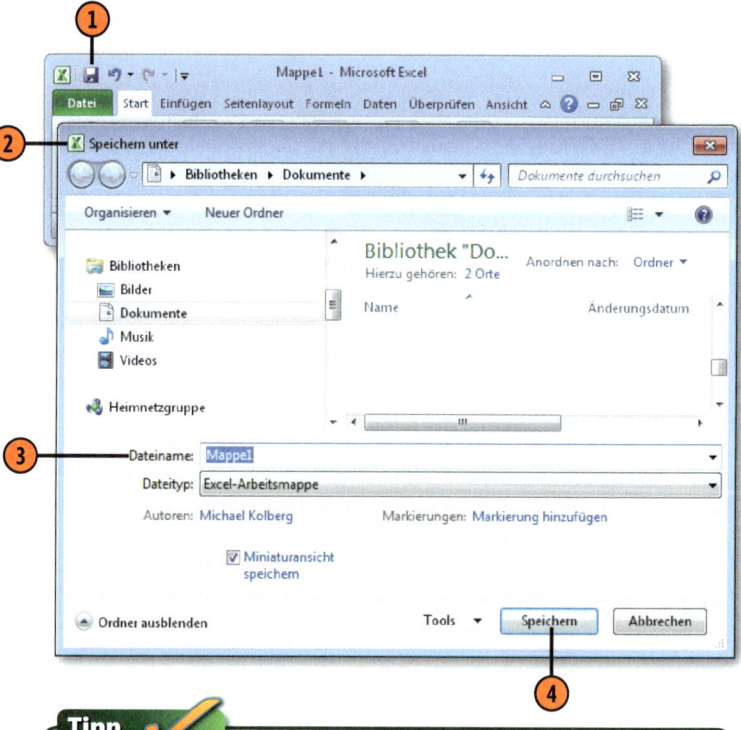

Tipp ✔

Nach dem Speichern wird der anfangs automatisch vergebene Name – bei Excel beispielsweise *Mappe1* – durch den von Ihnen eingegebenen Namen der Datei ersetzt und in der Titelleiste des Fensters angezeigt.

Den Speicherort einstellen

Office-Dokumente werden standardmäßig in einem bestimmten Ordner abgelegt. Welcher das ist, hängt auch vom verwendeten Betriebssystem ab. Wenn Sie einen anderen Ort wünschen, müssen Sie diesen erst einstellen.

Der Standardspeicherort

① Unter Windows 7 ist der Standardspeicherort der Ordner *Dokumente* innerhalb der Bibliotheken.

② Eine bereits gespeicherte Office-Datei erkennen Sie an dem Programmsymbol.

Einen anderen Speicherort einstellen

① Wenn Sie die Datei auf einem anderen Laufwerk ablegen wollen, klicken Sie auf den Pfeil neben dem Eintrag *Computer*. Die vorhandenen Laufwerke werden dann angezeigt.

② Wählen Sie das Laufwerk aus, indem Sie darauf klicken. Der Inhalt des Laufwerks wird dann rechts angezeigt.

③ Wenn Sie dort einen neuen Ordner anlegen wollen, klicken Sie auf die Schaltfläche *Neuer Ordner*.

④ Ein Ordner wird angelegt. Geben Sie ihm den gewünschten Namen.

⑤ Um zu einem vorhandenen Ordner zu wechseln, doppelklicken Sie auf das betreffende Symbol.

Zur Wahl des Speicherorts verwenden Sie den Navigationsbereich links im Dialogfeld *Speichern unter*. Sie können darüber beispielsweise ein anderes Laufwerk oder einen anderen Ordner einstellen.

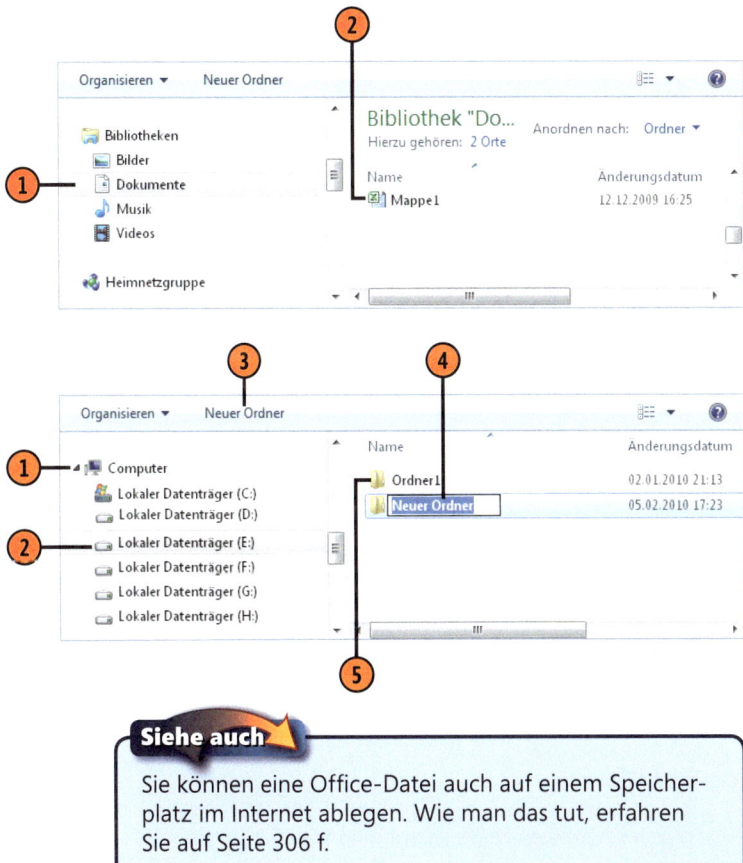

Siehe auch

Sie können eine Office-Datei auch auf einem Speicherplatz im Internet ablegen. Wie man das tut, erfahren Sie auf Seite 306 f.

Erneut mit anderen Parametern speichern

Wenn Sie eine bereits gespeicherte Datei später noch einmal unter einem anderen Namen oder an einem anderen Ort speichern wollen, benötigen Sie dazu auch wieder das Dialogfeld *Speichern unter*. Da ein Klick auf die Schaltfläche *Speichern* jetzt

Erneut speichern

1. Öffnen Sie die Registerkarte *Datei*.

2. Klicken Sie auf *Speichern unter*. Das öffnet wieder das Dialogfeld *Speichern unter*.

3. Wechseln Sie – wenn gewünscht – das Laufwerk und/oder den Ordner.

4. Geben Sie dann den gewünschten – neuen – Namen für die Datei an.

5. Klicken Sie auf *Speichern*. Das Dokument wird mit den neuen Parametern gespeichert und das Dialogfeld geschlossen.

Achtung

Nach dem erneuten Speichern bezieht sich das gerade geöffnete Dokument jetzt auf die so erstellte, neue Datei.

Einige Gründe für ein erneutes Speichern

- Sie möchten eine weitere Version der Datei anlegen, um damit experimentieren zu können, ohne die Originaldaten zu zerstören.

- Sie möchten die Datei zusätzlich an einem anderen Speicherort sichern – beispielsweise auf einem USB-Laufwerk.

nur noch die Datei kommentarlos erneut speichern würde, müssen Sie etwas anders vorgehen und das Dialogfeld gezielt aufrufen.

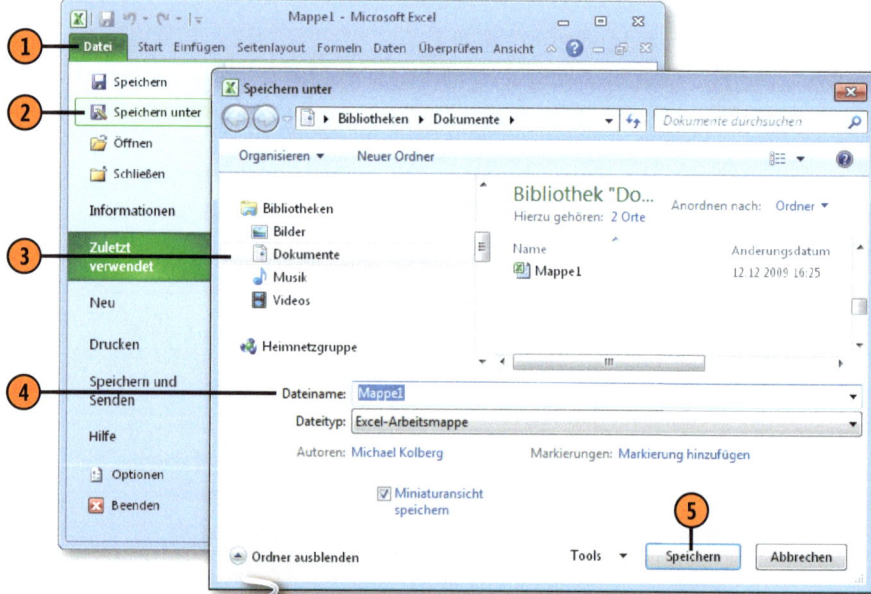

Gewusst wie

Wenn Sie eine Datei einfach nur umbenennen wollen, erledigen Sie das besser über ein Windows-Explorer-Fenster: Navigieren Sie zu dem Speicherort, an dem die Datei abgelegt ist, markieren Sie die Datei und wählen Sie *Umbenennen* im Menü zur Schaltfläche *Organisieren*. Der bisherige Dateiname wird dann markiert und kann geändert oder ersetzt werden.

Die Standardeinstellungen zum Speichern

Wenn Sie Ihre Dokumente regelmäßig in einem anderen Ordner speichern oder aus einem anderen Ordner öffnen, können Sie die Vorgabe für diesen Ort ändern. Ähnliches gilt für das Dateiformat, das das Programm zum Speichern verwenden soll.

Sie können auch festlegen, dass das Office-Programm beim Speichern eines Dokuments immer automatisch eine Sicherungskopie speichert. Damit können Sie auch Ihre Arbeit für den Fall schützen, dass Ihr Rechner abstürzt.

Die Speicheroptionen anzeigen lassen

① Öffnen Sie die Registerkarte *Datei*.

② Klicken Sie auf *Optionen*.

③ Wählen Sie die Kategorie *Speichern*.

④ Legen Sie die gewünschten Einstellungen fest.

⑤ Klicken Sie auf *OK*.

Die wichtigsten Einstellungen

■ Im Feld *Standardspeicherort* geben Sie den Ordner an, der zum Standardordner werden soll. Dieser wird dann beim Aufruf der Dialogfelder *Speichern unter* und *Öffnen* immer automatisch angewählt.

■ Um das standardmäßig zu benutzende Dateiformat einzustellen, klicken Sie auf den Pfeil neben dem Feld *Dateien in diesem Format speichern*. Das zeigt die Liste der verfügbaren Dateiformate an. Klicken Sie auf das gewünschte Format.

■ Wenn das Kontrollkästchen *AutoWiederherstellen-Informationen speichern alle xx Minuten* aktiviert ist, wird eine automatische Sicherheitskopie erstellt. Geben Sie im Feld *Minuten* an, wie häufig diese Kopie während der Arbeit aktualisiert werden soll. Um Feld *Datenspeicherort für AutoWiederherstellen* finden Sie den Pfad zu dem Ordner, in dem diese Sicherung erstellt wird.

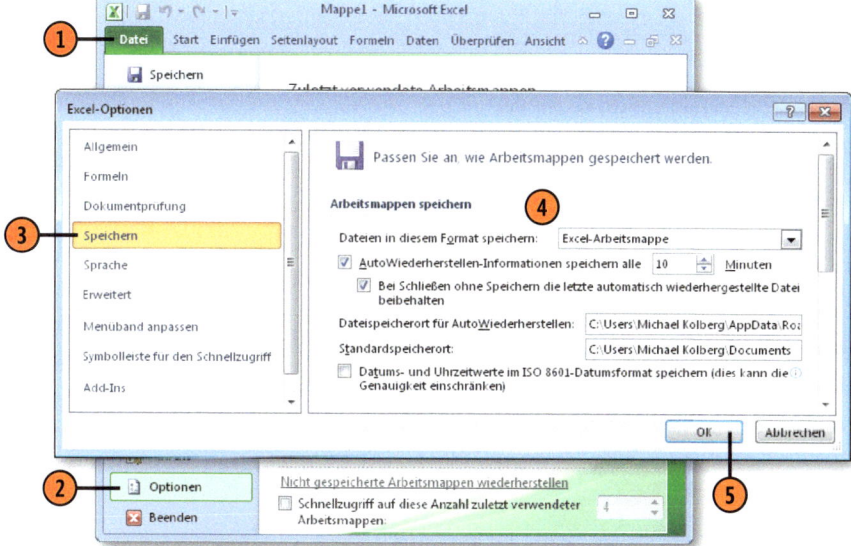

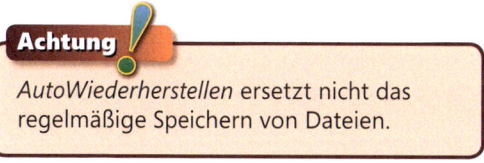

Achtung

AutoWiederherstellen ersetzt nicht das regelmäßige Speichern von Dateien.

Eine Datei wieder öffnen

Eine vorher gespeicherte Datei können Sie in einer späteren Arbeitssitzung weiterbearbeiten. Sie erscheint nach dem erneuten Öffnen genau so, wie Sie sie gespeichert haben. Zum erneuten

Öffnen einer Office-Datei gehen Sie so vor, wie Sie es vielleicht schon von anderen Programmen her kennen – Sie benutzen das Dialogfeld *Öffnen*.

Das Dialogfeld zum Öffnen benutzen

① Öffnen Sie die Registerkarte *Datei*.

② Klicken Sie auf *Öffnen*. Das gleichnamige Dialogfeld wird angezeigt.

③ Stellen Sie den Speicherort ein, in dem Sie die Datei abgelegt haben.

④ Markieren Sie die gewünschte Datei.

⑤ Klicken Sie auf die Schaltfläche *Öffnen*.

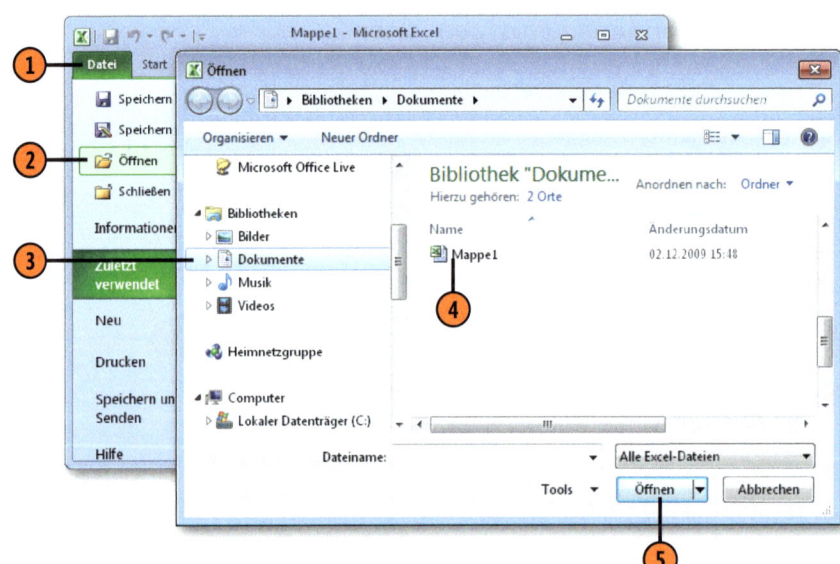

> **Siehe auch**
>
> Wie Sie den Speicherort wechseln, erfahren Sie auf Seite 31.

> **Tipp** ✓
>
> Wenn Sie das Dialogfeld *Öffnen* nach dem Starten des Programms aufrufen, wird darin zunächst immer der Inhalt des Ordners angezeigt, der in der Kategorie *Speichern* im Dialogfeld zu den Programmoptionen als *Standardspeicherort* festgelegt wurde. Wenn Sie den Speicherort wechseln, merkt sich das Programm diesen Ort und zeigt ihn nach einem erneuten Aufrufen des Dialogfeldes während dieser Sitzung wieder an.

> **Siehe auch**
>
> Auf Seite 33 erfahren Sie, wie man einen anderen *Standardspeicherort* einstellt.

Eine Datei suchen

Wenn Sie eine vorher gespeicherte Datei nicht mehr finden sollten, können Sie sich der Suchfunktionen des Betriebssystems bedienen. Sie können das Startmenü von Windows 7 direkt dazu verwenden, um nach Dateien zu suchen. Außerdem können Sie eine solche Suche über das Dialogfeld *Öffnen* anstoßen.

Suchen über das Startmenü

① Klicken Sie in der Windows-Taskleiste auf die *Start*-Schaltfläche.

② Geben Sie in das Feld, das standardmäßig mit *Programme/Dateien durchsuchen* beschriftet ist, den Namen der gesuchten Datei – oder zumindest einen Teil davon – ein.

③ Die Suche beginnt bereits nach Eingabe des ersten Zeichens. Die gefundenen Dateien werden dann im Bereich darüber angezeigt. Sie können eine so gefundene Datei direkt öffnen, indem Sie auf ihrem Namen einen Doppelklick ausführen.

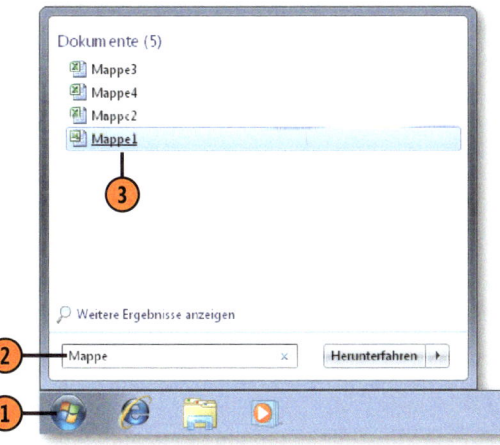

Suchen über das Dialogfeld »Öffnen«

① Stellen Sie im Dialogfeld *Öffnen* ein, welche Ebene durchsucht werden soll. Wenn Sie den gesamten Rechner durchsuchen wollen, sollten Sie zuerst die Ebene *Computer* einstellen.

② Geben Sie den Namen der zu suchenden Datei – oder einen Teil davon – im Feld oben rechts ein.

③ Die Suche beginnt nach Eingabe des ersten Zeichens. Auch hier können Sie eine Datei direkt öffnen, indem Sie auf ihrem Namen einen Doppelklick ausführen.

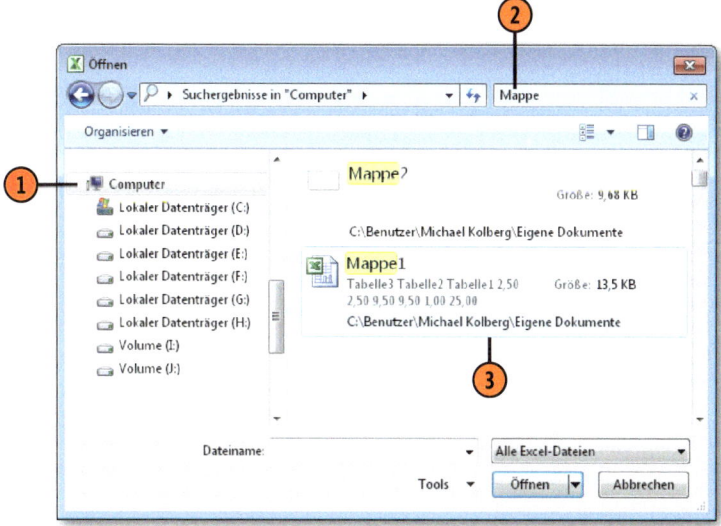

Die zuletzt verwendeten Dateien wieder öffnen

Um an einem der kürzlich verwendeten Dokumente weiterzu-arbeiten, müssen Sie aber nicht unbedingt über das Dialogfeld *Öffnen* arbeiten. Das Programm merkt sich, welche Dateien Sie wann verwendet haben, und auf die zuletzt verwendeten können Sie schnell über die betreffende Option auf der Registerkarte

Datei zugreifen. Das ist auch über das Startmenü von Windows möglich, wenn dort eine Verknüpfung zum Programm erscheint. Unter Umständen können Sie auch Dateien wieder auf den Bild-schirm bringen, bei denen Sie das Speichern vergessen hatten.

Die Kategorie »Zuletzt verwendet« zum Öffnen verwenden

① Öffnen Sie die Registerkarte *Datei* und klicken Sie auf *Zuletzt verwendet*.

② Rechts werden die kürzlich verwendeten Dokumente ange-zeigt. Klicken Sie auf die gewünschte Datei.

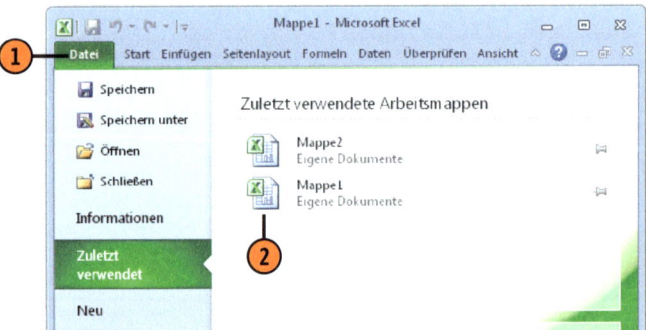

⚲ Standardmäßig werden die Dateinamen in der Liste *Zuletzt verwendet* mit einer liegenden Pinnnadel gekennzeich-net. Wenn viele Dateien vorhanden sind, verschwinden die älteren nach einiger Zeit aus der Liste.

⚲ Wenn Sie auf die Pinnnadel klicken, wird sie als gesteckt angezeigt. So gekennzeichnete Dateien bleiben immer in der Liste angezeigt.

Das Windows-Startmenü zum Öffnen verwenden

① Klicken Sie in der Windows-Taskleiste auf die *Start*-Schalt-fläche.

② Wenn links im Startmenü eine Verknüpfung zum Programm angezeigt wird, klicken Sie auf den Pfeil neben diesem Ein-trag.

③ Eine Liste der kürzlich mit dem Programm benutzten Dateien wird angezeigt. Klicken Sie auf die gewünschte Datei.

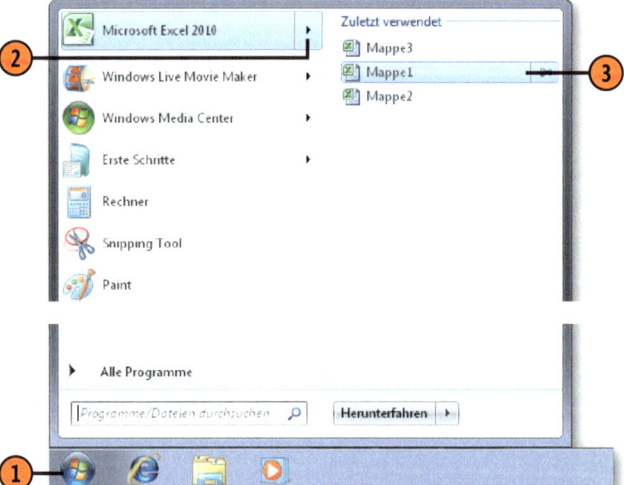

Auf nicht gespeicherte Dokumente zugreifen

1 Öffnen Sie die Registerkarte *Datei*.

2 Klicken Sie auf *Zuletzt verwendet*.

3 Klicken Sie unten rechts bei Excel auf *Nicht gespeicherte Arbeitsmappen wiederherstellen*. Bei Word heißt diese Option *Nicht gespeicherte Dokumente wiederherstellen*.

4 Markieren Sie die gewünschte Datei.

5 Klicken Sie auf *Öffnen*.

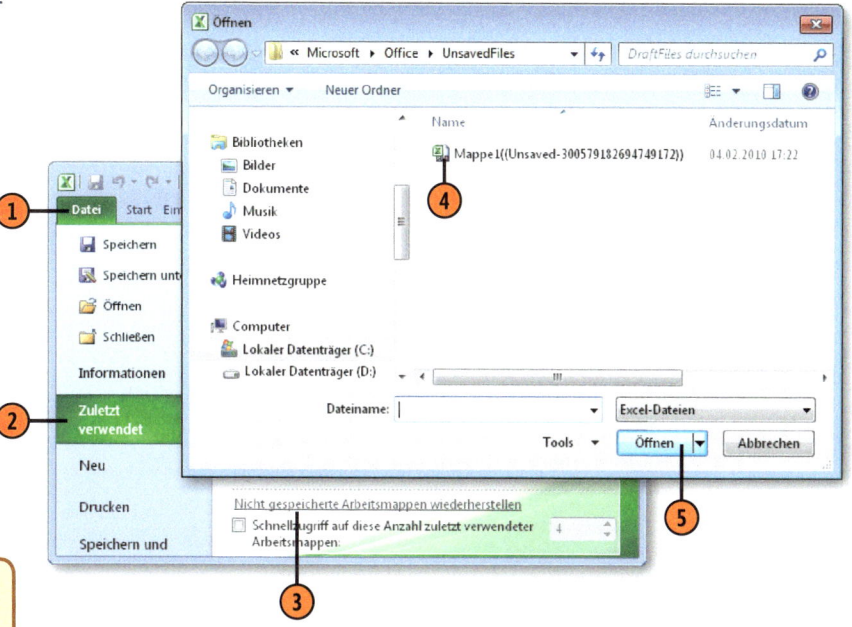

Gewusst wie

Wenn Sie rechts in der Backstage-Ansicht bei *Zuletzt verwendet* das Kontrollkästchen *Schnellzugriff auf diese Anzahl zuletzt verwendeter Arbeitsmappen* aktivieren, können Sie über das Feld rechts neben dieser Option einstellen, wie viele Dateien hier angezeigt werden. Standardmäßig sind es vier.

Achtung

Sie können nicht gespeicherte Dateien nur dann wiederherstellen lassen, wenn das Programm genügend Zeit hatte, die Daten als *AutoWiederherstellen-Informationen* in einer automatischen Sicherheitskopie zu speichern.

Siehe auch

Wie häufig ein Programm die Daten als *AutoWiederherstellen-Informationen* speichern soll, können Sie im Dialogfeld zu den Programmoptionen festlegen. Hinweise dazu finden Sie auf Seite 24.

Neue Dokumente erstellen

Sie wissen es schon: Beim Öffnen von Excel oder Word wird immer auch gleich ein neues, leeres Dokument erstellt. Wenn Sie während derselben Sitzung unter Excel weitere leere Arbeits- mappen oder bei Word neue leere Dokumente benötigen, können Sie diese aus Excel oder Word heraus erstellen.

Eine leere Arbeitsmappe erstellen

① Öffnen Sie die Registerkarte *Datei*.

② Klicken Sie auf *Neu*.

③ Klicken Sie auf das Symbol *Leere Arbeitsmappe*.

④ Klicken Sie auf *Erstellen*. Ein neues leeres Dokument wird erstellt und im Programm angezeigt. Der Name erscheint in der Titelleiste. Die Nummer im Namen wird automatisch gesetzt und fortlaufend vergeben – bei Excel folgt Mappe2 auf Mappe1, bei Word folgt Dok2 auf Dok1.

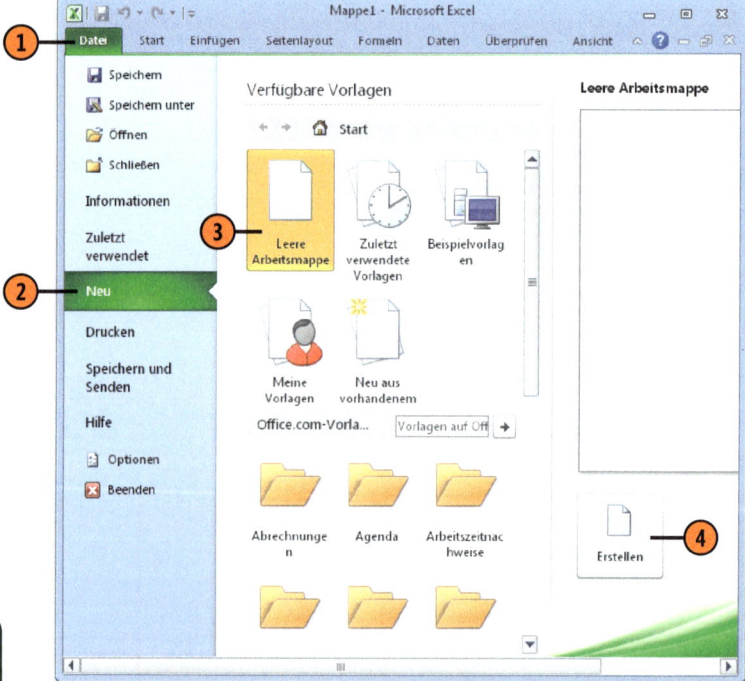

Tipp ✔

Bevor Sie bei Excel eine neue Arbeitsmappe erstellen, sollten Sie sich überlegen, ob Sie wirklich eine neue Arbeitsmappe oder nur ein weiteres Tabellenblatt in einer schon vorhan- denen Mappe benötigen. Zusammenhängende Aufgaben sollten Sie in einer einzigen Arbeitsmappe organisieren; Sie ersparen sich damit das separate Öffnen mehrerer Dateien. Neue Mappen verwenden Sie dann, wenn die darin zu erle- digenden Aufgaben von den bisherigen unabhängig sind.

Mit Vorlagen arbeiten

Mit den Office 2010-Programmen werden auch diverse Vorlagen ausgeliefert, die Ihnen einen Teil der Arbeit beim Erstellen von typischen Geschäftsdokumenten – wie beispielsweise einer Reisekostenabrechnung oder einer Rechnung – abnehmen. Wenn Sie eine solche Vorlage verwenden, haben Sie weniger Eingabearbeit. Sie können normale Mappen mit Standarddaten versehen und als eigene Vorlage speichern.

Dokument auf Basis einer Standardvorlage erstellen

① Öffnen Sie die Registerkarte *Datei*.

② Klicken Sie auf *Neu*.

③ Klicken Sie auf eine Vorlagengruppe.

④ Wählen Sie eine Vorlage aus. Rechts im Fenster wird die gewählte Vorlage skizziert.

⑤ Klicken Sie auf *Erstellen*.

Gewusst wie

Nach dem Öffnen einer Vorlage können Sie diese für die entsprechende Aufgabe – beispielsweise das Schreiben von eigenen Rechnungen – verwenden. Wenn Sie das Dokument speichern wollen, tun Sie das wie gewohnt über *Speichern unter*. Die – leere – Vorlage selbst wird damit nicht überschrieben und kann später erneut benutzt werden.

Tipp

Über den Bereich *Office.com-Vorlagen* haben Sie Zugriff auf eine Reihe von interessanten Vorlagen aus dem Internet.

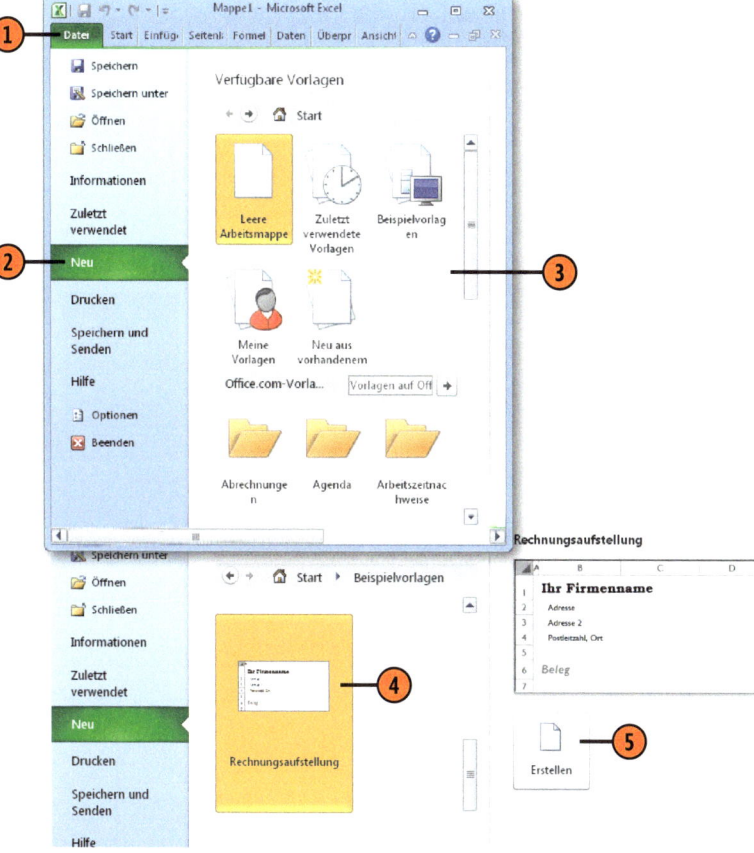

Dokument als eigene Vorlage speichern

(1) Erstellen Sie ein Dokument mit den gewünschten Daten und öffnen Sie dann die Registerkarte *Datei*.

(2) Klicken Sie auf *Speichern unter*.

(3) Öffnen Sie die Dropdownliste *Dateityp* und wählen Sie dort bei Excel die Option *Excel-Vorlage*, bei Word benutzen Sie *Word-Vorlage*.

(4) Geben Sie der Vorlage einen Namen.

(5) Klicken Sie auf *Speichern*.

Arbeitsmappe auf Basis einer eigenen Vorlage erstellen

(1) Öffnen Sie die Registerkarte *Datei*.

(2) Klicken Sie auf *Neu*.

(3) Klicken Sie auf *Meine Vorlagen*.

(4) Die vorhandenen Vorlagen werden angezeigt. Markieren Sie die gewünschte.

(5) Klicken Sie auf *OK*.

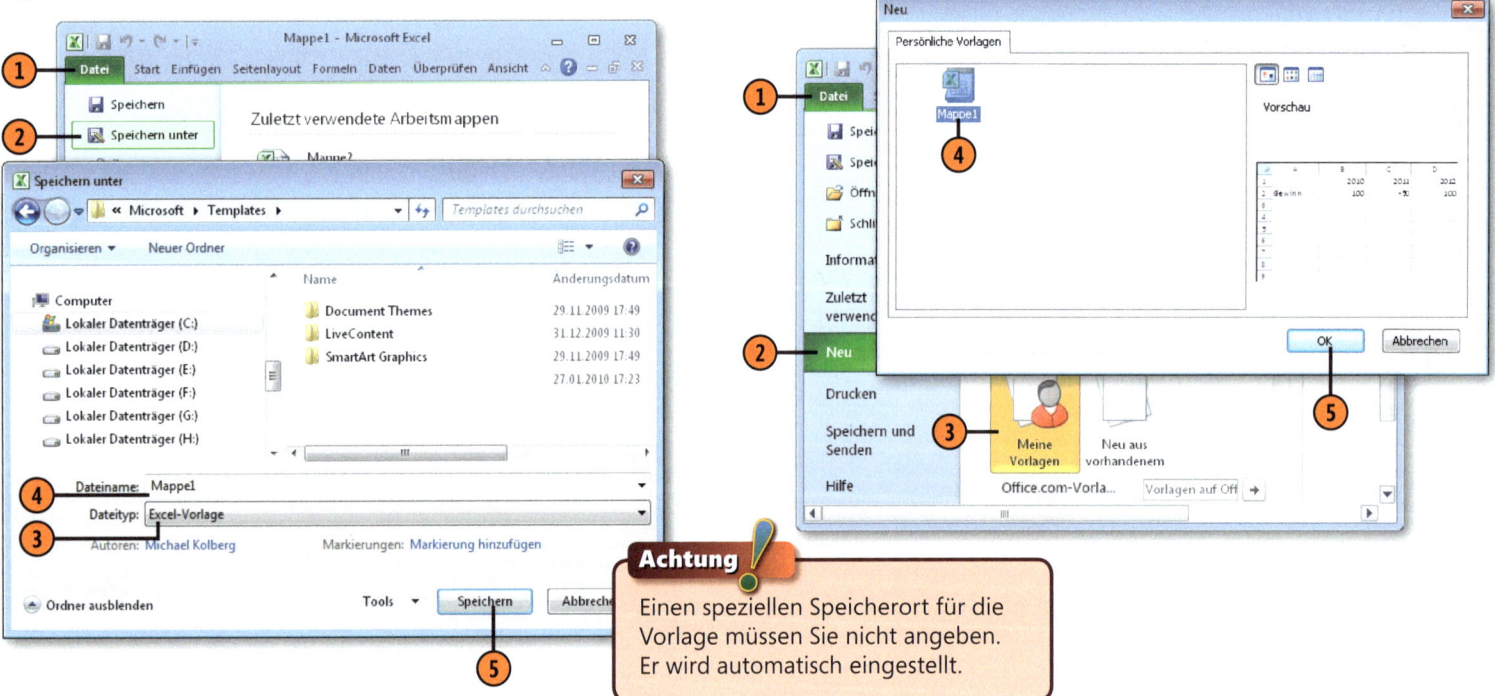

Achtung!

Einen speziellen Speicherort für die Vorlage müssen Sie nicht angeben. Er wird automatisch eingestellt.

B Textverarbeitung mit Microsoft Word 2010

In diesem Teil:

Das Programm Microsoft Word ist innerhalb der Microsoft Office 2010-Familie für den Bereich Textverarbeitung zuständig. Sie können damit Texte eingeben, korrigieren und formatieren. In den vier Kapiteln dieses Teils werden die wichtigsten Punkte bei der Arbeit mit diesem Programm vorgestellt:

- In Kapitel 3 geht es um die Eingabe und Korrektur von Texten. Dabei helfen Ihnen verschiedene Werkzeuge, die über das reine Tippen hinausgehen.

- Anschließend – oder auch parallel zur Eingabe der Texte – können Sie das Dokument formatieren, also optisch gestalten. Microsoft Word stellt dazu eine Vielzahl von Möglichkeiten zur Verfügung, die in Kapitel 4 thematisiert werden.

- Viele Informationen lassen sich besser in Tabellen darstellen. In Kapitel 5 erfahren Sie alles Wichtige zum Arbeiten mit Tabellen – angefangen beim Einfügen von Tabellen über das Navigieren in Tabellen bis hin zum Gestalten und Positionieren von Tabellen.

- Kapitel 6 befasst sich mit Aufgaben, um die Sie in umfangreichen Dokumenten nicht herumkommen werden. Dazu gehören Dinge wie das Erstellen von Inhalts- und Stichwortverzeichnissen sowie das Arbeiten mit Textbausteinen.

Die wichtigsten Neuerungen in Word 2010

Neben den schon in der Einführung zum ersten Teil genannten allgemeinen Neuerungen in Microsoft Office 2010 verfügt Word 2010 über einige spezielle neue Funktionen, die auf dieser Seite in einem knappen Überblick zusammengefasst sind.

Die neue Suche

Nach dem Starten der Suche in Word 2010 meldet sich am linken Programmfensterrand der Aufgabenbereich *Navigation*. Geben Sie darin im *Suchen*-Feld – das ist das Feld, in dem zunächst die Angabe *Dokument durchsuchen* steht – die Zeichenfolge ein, nach der gesucht werden soll. Bereits nach Eingabe der ersten Zeichen werden die Stellen im Dokument markiert, an denen diese Zeichenfolge verwendet wurde. Auch im Aufgabenbereich *Navigation* werden – neben der Anzahl der Fundstellen – die Abschnitte mit dem Vorkommen im Text aufgelistet.

Dokumente einfach neu organisieren

Der Aufgabenbereich *Navigation* erlaubt es auch, Dokumente durch Ziehen und Ablegen von Abschnitten auf einfache Weise neu zu organisieren. Sie müssen also keine langen Passagen mehr kopieren und einfügen, um die Struktur des Dokuments neu zu ordnen.

Texteffekte

Konturen, Schatten, Spiegelungen, Leuchten – die neuen Texteffekte für einzelne Zeichen, Wörter oder Textpassagen sind der absolute Hingucker. Verwenden Sie sie sparsam für die Wörter, die die Leser keinesfalls übersehen sollen. Sie können einen in Word definierten Effekt wählen, eigene Effekteinstellungen vornehmen und die Effekte mischen. Ihrer Kreativität sind kaum Grenzen gesetzt.

Siehe auch

Mehr Informationen zum neuen Aufgabenbereich *Navigation* finden Sie auf Seite 55.

Mehr zu den neuen Texteffekten finden Sie auf Seite 84.

Beachten Sie, dass die Aufgaben, die alle Programme des Office 2010-Pakets betreffen, in separaten Kapiteln erwähnt sind; das gilt auch für die in diesen Bereichen vorhandenen Neuerungen:

- Auf die Elemente zur Programmsteuerung wird in Kapitel 1 auf Seite 17 ff. eingegangen.
- Kapitel 2 beschäftigt sich auf den Seiten 29 ff. mit den Methoden zum Verwalten von Office-Dokumenten, wie das Speichern, das Öffnen oder das Anlegen von Dokumenten.
- Hinweise zum Illustrieren von Dokumenten mit grafischen Objekten finden Sie in Kapitel 17 auf den Seiten 267 ff.
- Die Techniken zum Drucken von Dokumenten sind Thema in Kapitel 18 auf den Seiten 281 ff.
- Über besondere Aufgaben beim Arbeiten in Teams wird in Kapitel 19 auf den Seiten 297 ff. gesprochen.

3 Texte eingeben und korrigieren

Nachdem Sie Microsoft Word gestartet haben, können Sie sofort mit dem Schreiben beginnen. Dabei helfen Ihnen verschiedene Werkzeuge – die für die Eingabe und Bearbeitung wichtigsten sind in diesem Kapitel zusammengefasst.

Zunächst geht es um die elementaren Arbeitstechniken für die Texteingabe und die manuelle Korrektur von eingegebenen Texten. Anschließend werden auch einfache Möglichkeiten zur Textbearbeitung angesprochen. Dies fängt beim Verschieben der Einfügemarke an und geht mit verschiedenen Verfahren zum Auswählen von Text weiter. Sie lernen, wie Sie Textbereiche kopieren und verschieben und nach Zeichenfolgen suchen und diese durch andere Zeichenfolgen ersetzen.

Word lässt Sie mit Ihren Dokumenten nie allein, sondern stellt Korrektur- und Recherchefunktionen für Sie bereit, die im Hintergrund ablaufen und Fehler entweder automatisch korrigieren oder dezent kennzeichnen. Hierzu gehören die automatische Korrekturhilfe – die sogenannte AutoKorrektur – sowie die Funktionen zum Prüfen von Rechtschreibung und Grammatik in verschiedenen Sprachen.

Die Oberfläche von Word 2010 im Überblick

Auf dieser Doppelseite können Sie sich mit den Elementen der Benutzeroberfläche von Word 2010 vertraut machen, damit Sie sich in dem Programm schnell zurechtfinden.

- Die *Titelleiste* des Fensters enthält den Dokument- und den Programmnamen, ganz links das Symbol zum Öffnen des Systemmenüs und ganz rechts die Schaltflächen zum Steuern der Fensterdarstellung sowie zum Schließen des Fensters.

- Rechts vom Systemmenüfeld befindet sich in der Standardeinstellung die *Symbolleiste für den Schnellzugriff*.

- In dem Bereich direkt unterhalb der Titelleiste finden Sie das *Menüband* mit allen Elementen, die zur Steuerung des Programms notwendig sind.

- Den Großteil des Programmfensters nimmt der eigentliche Dokumentarbeitsbereich ein. Hier geben Sie den Inhalt Ihres Dokuments ein. Der Mauszeiger hat die Form eines großen I, sofern er sich innerhalb des eigentlichen Textbereichs befindet. Er kann aber auch andere Formen annehmen. Die blinkende Einfügemarke in Form eines senkrechten Strichs kennzeichnet die Stelle, an der die eingegebenen Zeichen auf dem Bildschirm – also im Dokument – erscheinen.

- Über die Bildlaufleiste können Sie den im Fenster angezeigten Ausschnitt des Dokuments mit den üblichen Methoden verschieben: Klicken Sie auf den entsprechenden Bildlaufpfeil, um eine weitere Zeile anzuzeigen; verschieben Sie das Bildlauffeld, um größere Bereiche zu überspringen. Durch Klicken auf den Bereich zwischen Bildlauffeld und Bildlaufpfeil erreichen Sie ein Bewegen um die Breite beziehungsweise Höhe des Bildschirms.

- In der Statusleiste am unteren Rand des Fensters werden unter anderem Hinweise zum Programmablauf angezeigt.

Seite: 1 von 4	Die Einfügemarke befindet sich auf Seite *1* in einem Dokument mit insgesamt *4* Seiten.
Wörter: 4	Im Dokument sind *4* Wörter eingegeben worden.
✓	Im Dokument wurden keine Rechtschreib- oder Grammatikfehler erkannt.
✗	Sind Fehler vorhanden, wird das durch eine andere Form der Schaltfläche angezeigt. Ein Klick darauf startet dann die Rechtschreibprüfung (siehe Seite 60 f.).
Deutsch (Deutschland)	Die Standardsprache für die Dokumentprüfung ist *Deutsch*. Ein Klick auf diese Angabe erlaubt die Wahl einer anderen Sprache.
	Über diese Schaltflächen können Sie zwischen unterschiedlichen Ansichten für das Dokument wählen (siehe Seite 46 f.).

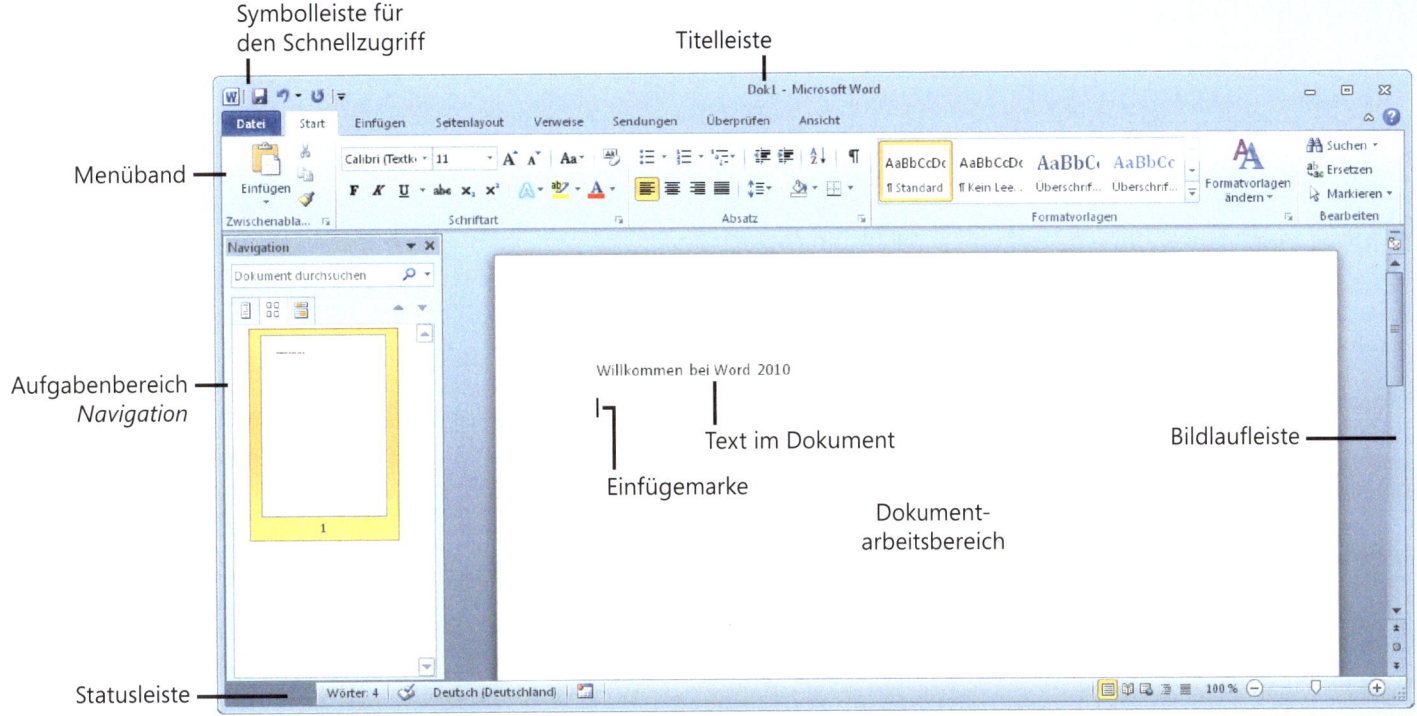

Symbolleiste für den Schnellzugriff

Titelleiste

Menüband

Aufgabenbereich *Navigation*

Statusleiste

Text im Dokument

Einfügemarke

Dokument-arbeitsbereich

Bildlaufleiste

Willkommen bei Word 2010

Siehe auch

Einige Elemente der Oberfläche können Sie ändern: Beispielsweise kann man eine andere Farbgebung der Oberfläche einstellen. Wie das geht, lesen Sie auf Seite 24 f.

Das Menüband kann in einer minimierten Form angezeigt werden. Hinweise zum Arbeiten mit diesem Werkzeug liefert Seite 20 f.

Gewusst wie

Bei fast allen Programmen finden Sie rechts in der Statusleiste mehrere Elemente, über die Sie den Vergrößerungsmaßstab einstellen können. Die Angabe mit dem Prozentzeichen zeigt die aktuell eingestellte Darstellungsgröße an. Ein Klick darauf zeigt das Dialogfeld *Zoom* an, über das Sie einen anderen Maßstab wählen können. Ein schnelles Ändern der Darstellung ist auch über den Schieberegler möglich.

Ansichten

Word stellt für die verschiedenen Bearbeitungsstadien Ihrer Dokumente unterschiedliche Ansichten zur Verfügung. Eine Ansicht eignet sich für die Eingabe und Bearbeitung von Text, eine andere dient der Positionierung von eingefügten Elementen. Eine andere wiederum kann zum schnellen Umstellen von Kapiteln in längeren Dokumenten eingesetzt werden. Nutzen Sie geschickt die Vorteile der einzelnen Ansichten beim Erstellen und Ausarbeiten Ihrer Dokumente. Sie werden sehen, um wie viel leichter manche Arbeiten dann funktionieren.

Seitenlayout

Standardmäßig werden alle Dokumente in der Ansicht *Seitenlayout* angezeigt. Hier erhalten Sie eine druckgetreue Darstellung Ihrer Dokumente. Kopf-/Fußzeilen, Bildpositionierung, Spaltensatz, Seitenlayout – all das entspricht dem späteren Ausdruck. Geben Sie in dieser Ansicht Ihrem Dokument den letzten Schliff.

Vollbild-Lesemodus

Diese Ansicht eignet sich – wie der Name schon sagt – zum Lesen von Dokumenten. Das aktuelle Dokument füllt den ganzen Bildschirm aus. Standardmäßig wird eine Doppelseite angezeigt. Das Menüband wird ausgeblendet und nur einig rudimentäre Steuerelemente angeboten. Zur besseren Lesbarkeit kann die Schrift in der Anzeige vergrößert werden.

Weblayout

Diese Ansicht eignet sich für die Bearbeitung von Onlinedokumenten. Die Anzeige entspricht der im Webbrowser. Das heißt, das Dokument wird als fortlaufende Seite ohne Umbrüche angezeigt, Spaltensatz sowie Kopf- und Fußzeilen werden nicht angezeigt. Außerdem wird der Textumbruch automatisch an die aktuelle Fensterbreite angepasst.

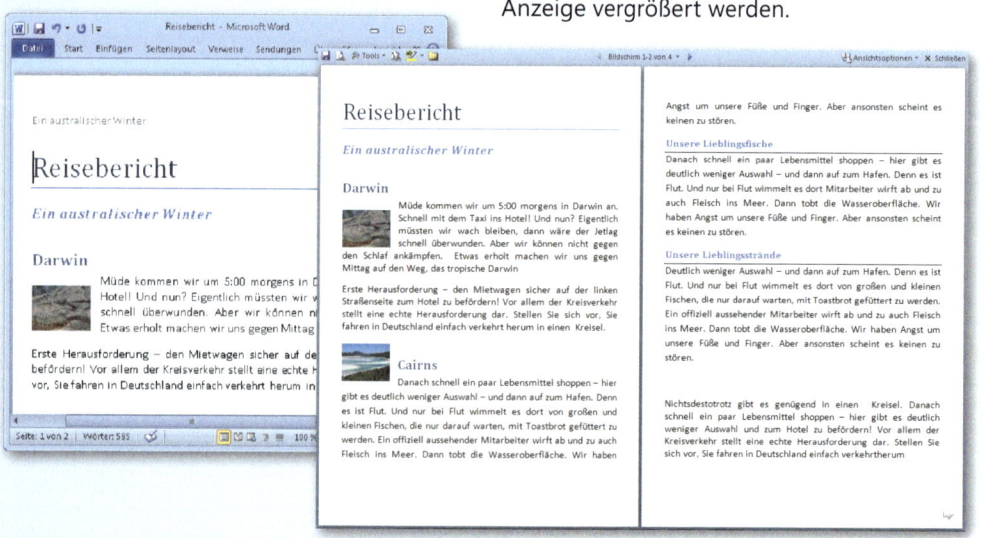

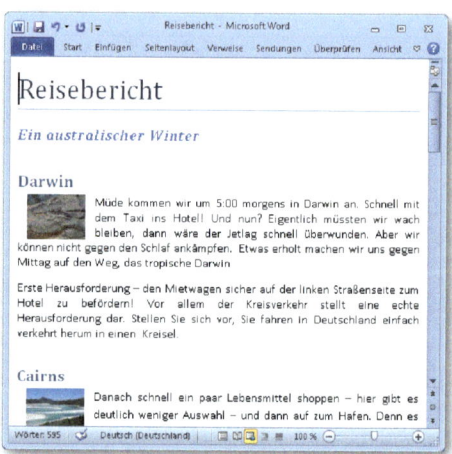

Zum schnellen Umschalten zwischen den Ansichten bieten sich die Schaltflächen rechts in der Statusleiste an. Ein Klick auf die entsprechende Schaltfläche und Sie können mit Ihrer Arbeit in der gewählten Ansicht fortfahren. Darüber hinaus können Sie auf der Registerkarte *Ansicht* in der Gruppe *Dokumentansichten* über die entsprechenden Schaltflächen zur gewünschten Ansicht wechseln. Zum Aufrufen der Seitenansicht klicken Sie dagegen auf der Registerkarte *Datei* auf den Befehl *Drucken*.

Gliederungsansicht

In der Ansicht *Gliederung* kann der Aufbau des Dokuments schnell und einfach eingeblendet und überarbeitet werden. Stufen Sie Gliederungsebenen nach oben oder nach unten oder ziehen Sie ganze Ebenen an eine neue Position. Voraussetzung ist, dass im Dokument die integrierten Überschriftvorlagen verwendet werden. Weitere Informationen hierzu finden Sie auf Seite 96 f.

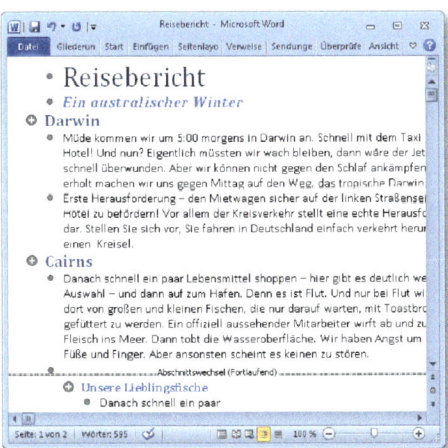

Entwurfsansicht

Die Ansicht *Entwurf* eignet sich vor allem für die Eingabe und das Formatieren von Text. Die Seitendarstellung ist recht vereinfacht. Kopf-/Fußzeilen, Spalten und Bilder werden hier nicht angezeigt. Der Dokumentinhalt wird hintereinander geschrieben. Hier geht es um den Textinhalt und nicht um die Darstellung.

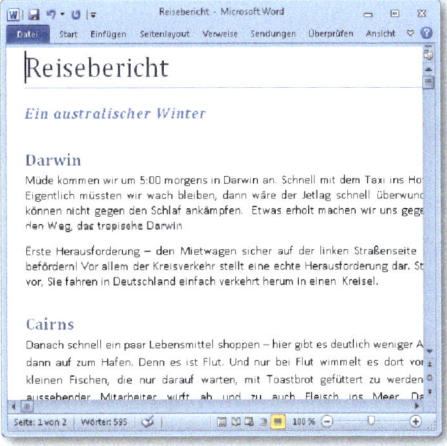

Seitenansicht

Eine separate Seitenansicht, wie Sie es evtl. noch von Word 2007 kennen, gibt es in Word 2010 nicht mehr. Wenn Sie auf der Registerkarte *Datei* den Befehl *Drucken* wählen, wird ganz rechts die Druckvorschau für die aktuelle Seite angezeigt. Nehmen Sie hier letzte Änderungen vor dem Drucken vor. Weitere Informationen hierzu finden Sie auf Seite 282.

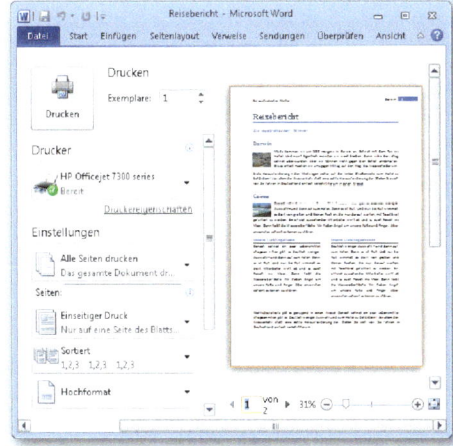

Text eingeben

Das Eingeben von Text funktioniert wie das Schreiben mit einer Schreibmaschine, mit dem Unterschied, dass Word die Zeilen automatisch umbricht. Passt ein Wort nicht mehr in eine Zeile, wird es in die nächste Zeile verschoben. Word unterscheidet zwischen Zeilen und Absätzen. Während die Zeilen fortlaufend untereinander geschrieben werden, dienen die Absätze vor allem der besseren Lesbarkeit und Gestaltung. Wenn Sie einen Absatz einfügen möchten, drücken Sie einfach die Eingabe-Taste.

Text schreiben

① Klicken Sie auf der Registerkarte *Start* in der Gruppe *Absatz* auf die Schaltfläche *Alle anzeigen*, um Absatzmarken, Leerzeichen etc. im Dokument anzuzeigen. Wenn Sie erneut auf diese Schaltfläche klicken, werden diese Formatierungssymbole wieder ausgeblendet.

② Beginnen Sie mit der Eingabe des Textes. Word umbricht die Zeilen am Ende automatisch.

③ Drücken Sie Eingabe, um eine Absatzmarke einzufügen.

④ Die Einfügemarke (Cursor) wird durch einen blinkenden, senkrechten Strich gekennzeichnet. Wenn Sie etwas eingeben, werden die Zeichen genau an dieser Stelle eingefügt.

⑤ Der Mauszeiger wird als eine Art »römische Eins« dargestellt. Klicken Sie mit dem Mauszeiger im Text, um die Einfügemarke dorthin zu verschieben.

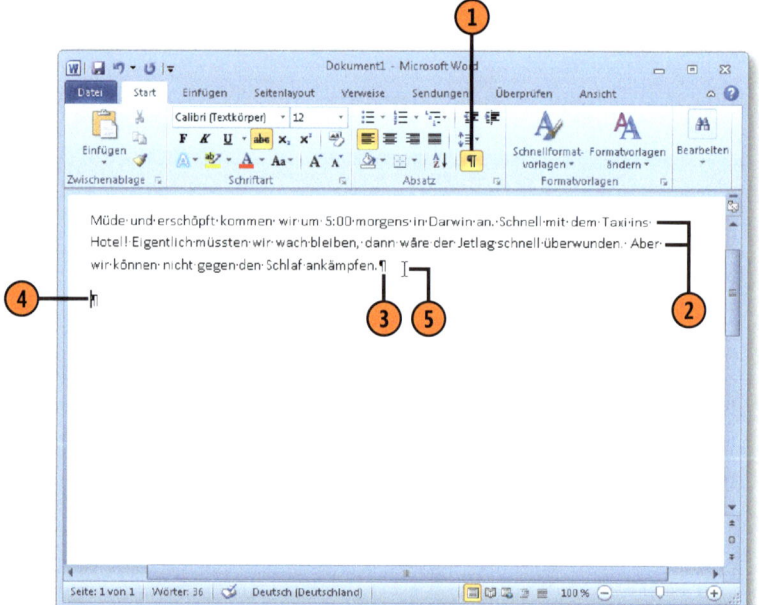

Gewusst wie

Wenn mehrere Dokumente geöffnet sind und Sie zwischen den Dokumenten hin und her wechseln möchten, zeigen Sie unter Windows 7 in der Taskleiste auf das Word-Symbol und in der dann angezeigten Liste auf das Dokument, zu dem Sie wechseln möchten.

Siehe auch

Alternative Verfahren zum Verschieben der Einfügemarke und zum Auswählen von Text finden Sie auf Seite 50 f.

Text korrigieren

Nobody is perfect. Das gilt auch für das Eingeben von Text. Sie werden sicherlich Rechtschreibfehler korrigieren und Text löschen bzw. einfügen wollen. Entscheidend beim Korrigieren ist die Posi-

tion der Einfügemarke, um dort neuen Text einzufügen, bzw. das Auswählen von Text, um ihn zu überschreiben oder komplett zu löschen. Am einfachsten funktioniert das mit der Maus.

Text bearbeiten

1. Klicken Sie im Text auf die gewünschte Stelle und geben Sie neuen Text ein.
2. Ziehen Sie mit gedrückter Maustaste über einen Textbereich.
3. Drücken Sie Entf, um den ausgewählten Text zu löschen.
4. Ziehen Sie mit gedrückter Maustaste über einen Textbereich.
5. Geben Sie neuen Text ein, um den ausgewählten Text mit dem neuen zu überschreiben.

Text löschen:

Taste(n-kombination)	Löschung
Rück	einzelnes Zeichen links von der Einfügemarke
Entf	einzelnes Zeichen rechts von der Einfügemarke
Strg+Rück	Wort links von der Einfügemarke
Strg+Entf	Wort rechts von der Einfügemarke

Achtung

Vergessen Sie nicht, die Änderungen mit Strg+S zu speichern.

Reisebericht|

Müde und erschöpft kommen wir um 5:00 morgens in Darwin an. Schnell mit dem Taxi ins Hotel! Und nun? Eigentlich müssten wir wach bleiben, dann wäre der Jetlag schnell überwunden. Aber wir können nicht gegen den Schlaf ankämpfen. Etwas erholt machen wir uns gegen Mittag auf den Weg, das tropische Darwin zu erkunden.

Reisebericht

Müde kommen wir um 5:00 morgens in Darwin an. Schnell mit dem Taxi ins Hotel! Und nun? Eigentlich müssten wir wach bleiben, dann wäre der Jetlag schnell überwunden. Aber wir können nicht gegen den Schlaf ankämpfen. Etwas erholt machen wir uns gegen Mittag auf den Weg, das tropische Darwin zu erkunden.

Reisebericht

Müde kommen wir um 5:00 morgens in Darwin an. Schnell mit dem Taxi ins Hotel! Und nun? Eigentlich müssten wir wach bleiben, dann wäre der Jetlag schnell überwunden. Aber wir können nicht gegen den Schlaf ankämpfen. Ein wenig erholt machen wir uns gegen Mittag auf den Weg, das tropische Darwin zu erkunden.

Bearbeitungsvariationen

Word bietet eine Reihe von Alternativen, um schnell zur gewünschten Textstelle zu gelangen und Textelemente auszuwählen. Zu Beginn werden Sie sicherlich häufig zur Maus greifen, da dieses Verfahren am intuitivsten funktioniert. Gerade aber wenn Sie mitten im Schreiben sind, bietet sich das Arbeiten mit den Tastenkombinationen an. Sie werden sich wundern, wie schnell das geht, wenn man sie sich erst einmal gemerkt hat.

Die Alternative zum Verschieben der Einfügemarke mit dem Mauszeiger sind die Tasten des numerischen Ziffernblocks. Und anstatt Text durch Ziehen mit der Maus auszuwählen, können Sie zahlreiche Tastenkombinationen, die sogenannte Erweiterungstaste sowie Mausvarianten einsetzen, um gezielt ein Wort, eine Zeile, eine Spalte etc. zu markieren.

Einfügemarke verschieben

Taste(nkombination)	Verschiebung
Pfeil oben	Eine Zeile nach oben
Pfeil unten	Eine Zeile nach unten
Pfeil rechts	Ein Zeichen nach rechts
Pfeil links	Ein Zeichen nach links
Bild auf	Eine Bildschirmseite nach oben
Bild ab	Eine Bildschirmseite nach unten
Pos1	An den Anfang der aktuellen Zeile
Ende	An das Ende der aktuellen Zeile
Strg+Pfeil oben	Einen Absatz nach oben
Strg+Pfeil unten	Einen Absatz nach unten
Strg+Pfeil rechts	Ein Wort nach rechts
Strg+Pfeil links	Ein Word nach links
Strg+Bild auf	An den oberen linken Fensterrand der vorherigen Seite
Strg+Bild ab	An den oberen linken Fensterrand der nächsten Seite
Strg+Pos1	An den Dokumentanfang
Strg+Ende	An das Dokumentende

Tipp

Drücken Sie Umschalt+F5, um zwischen den letzten drei Positionen der Einfügemarke hin und her zu wechseln.

Text mit der Tastatur auswählen

Tastenkombination	Auswahl
Umschalt+Pfeil rechts	Ein Zeichen rechts
Umschalt+Pfeil links	Ein Zeichen links
Umschalt+Strg+Pfeil rechts	Von Einfügemarke bis Wortende
Umschalt+Strg+Pfeil links	Von Einfügemarke bis Wortanfang
Umschalt+Ende	Von Einfügemarke bis Zeilenende
Umschalt+Pos1	Von Einfügemarke bis Zeilenanfang
Umschalt+Strg+Pfeil oben	Von Einfügemarke bis Absatzanfang
Umschalt+Strg+Pfeil unten	Von Einfügemarke bis Absatzende
Umschalt+Strg+Pos1	Von Einfügemarke bis Dokumentanfang
Umschalt+Strg+Ende	Von Einfügemarke bis Dokumentende
Strg+A	Gesamtes Dokument markieren

Siehe auch

Informationen zum Auswählen von Bildern und anderen grafischen Elementen finden Sie auf Seite 272.

Text mit der Maus auswählen

Aktion	Auswahl
Doppelklicken	Wort
Strg+Klicken	Satz
Mauszeiger am linken Seitenrand positionieren und klicken	Zeile
Mauszeiger am linken Seitenrand positionieren und doppelklicken	Absatz
Mauszeiger am linken Seitenrand positionieren und dreimalklicken	Dokument
Alt+nach unten ziehen	Spalte

Die Erweiterungstaste F8

Wenn Sie F8 drücken, wird der sogenannte Erweiterungsmodus aktiviert. Solange dieser Modus aktiv ist, können Sie die Textauswahl durch Verschieben der Einfügemarke vergrößern bzw. verkleinern. Drücken Sie Esc und klicken Sie auf eine beliebige Stelle im Dokument, um den Erweiterungsmodus auszuschalten und die aktuelle Auswahl aufzuheben.

F8	Auswahl
Zweimal F8	Wort
Dreimal F8	Satz
Viermal F8	Absatz
Fünfmal F8	Dokument
Umschalt+F8	Auswahl schrittweise wieder verkleinern
Umschalt+Strg+F8	Spaltenmodus zum Markieren von Textspalten

Text verschieben und kopieren

Gerade beim Schreiben von längeren Texten wird es immer wieder vorkommen, dass Sie Textpassagen von einer Stelle an eine andere verschieben oder Textbereiche kopieren und an anderer Position erneut einsetzen wollen. Sowohl beim Verschieben als auch beim Kopieren wird der ausgewählte Text in der Zwischenablage von Windows abgelegt – beim Verschieben die Originaltextauswahl, die im Text entfernt (= ausgeschnitten) wird, beim Kopieren eine Kopie der Textauswahl.

Text verschieben

1. Wählen Sie den Text aus, der ausgeschnitten werden soll.

2. Klicken Sie auf der Registerkarte *Start* in der Gruppe *Zwischenablage* auf die Schaltfläche *Ausschneiden* (oder drücken Sie Strg+X). Die Textauswahl wird gelöscht und in der Zwischenablage abgelegt.

Text kopieren

1. Wählen Sie den Text aus, der kopiert werden soll.

2. Klicken Sie auf die Schaltfläche *Kopieren* (oder drücken Sie Strg+C). Eine Kopie der Textauswahl wird in der Zwischenablage abgelegt. Die Originalauswahl bleibt im Text stehen.

> **Tipp** ✔
>
> Mit den hier beschriebenen Verfahren können Sie stets nur das zuletzt ausgeschnittene bzw. kopierte Element einfügen, dies aber so lange beliebig oft, bis Sie einen neuen Textbereich ausschneiden bzw. kopieren.

Reisebericht

Ein australischer Winter

Müde kommen wir um 5:00 morgens in Darwin an. Schnell mit dem Taxi ins Hotel! Und nun? Eigentlich müssten wir wach bleiben, dann wäre der Jetlag schnell überwunden.

Reisebericht

Müde kommen wir um 5:00 morgens in Darwin an. Schnell mit dem Taxi ins Hotel! Und nun? Eigentlich müssten wir wach bleiben, dann wäre der Jetlag schnell überwunden.

Reisebericht

Ein australischer Winter

Müde kommen wir um 5:00 morgens in Darwin an. Schnell mit dem Taxi ins Hotel! Und nun? Eigentlich müssten wir wach bleiben, dann wäre der Jetlag schnell überwunden.

Reisebericht

Ein australischer Winter

Müde kommen wir um 5:00 morgens in Darwin an. Schnell mit dem Taxi ins Hotel! Und nun? Eigentlich müssten wir wach bleiben, dann wäre der Jetlag schnell überwunden.

Text einfügen

①　Setzen Sie die Einfügemarke an die Position, an der Sie den ausgeschnittenen bzw. kopierten Text aus der Zwischenablage einfügen wollen, und klicken Sie auf die Schaltfläche *Einfügen* (oder drücken Sie Strg+V).

②　Der Text wird an der aktuellen Cursorposition eingefügt.

③　Die Schaltfläche *Einfügeoptionen* wird angezeigt, mit deren Hilfe das Format des eingefügten Textes geändert werden kann.

④　Wenn die Formatierung des eingefügten Textes nicht passt, klicken Sie auf den Pfeil der Schaltfläche *Einfüge-optionen* und wählen eine der folgenden Optionen (von links nach rechts):

- *Ursprüngliche Formatierung beibehalten* – Standard

- *Formatierung zusammenführen* – Kombination aus Original- und Zielformaten

- *Zieldesign verwenden* – Formatierung an das Design des Dokuments anpassen, in das der Text kopiert wird; steht nur beim Einfügen in ein anderes Dokument zur Verfügung

- *Nur den Text übernehmen* Text ohne Absatzmarken übernehmen

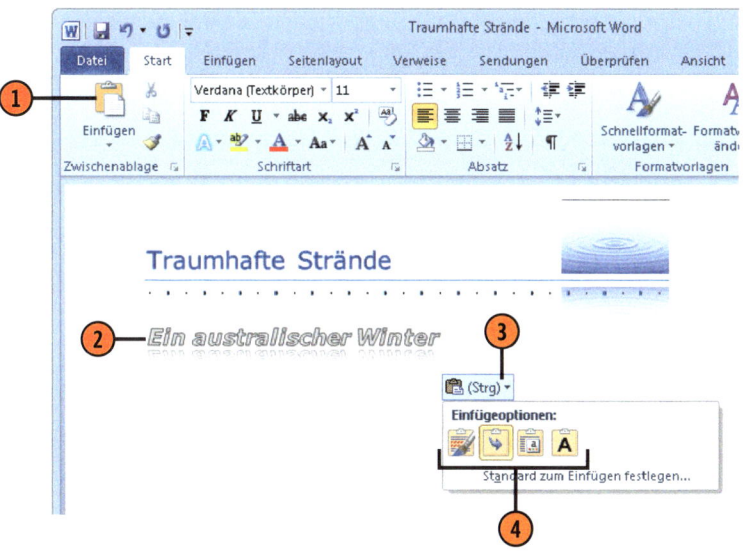

Gewusst wie

Mit F2 bzw. Umschalt+F2 können Sie ausgewählten Text ausschneiden bzw. kopieren, ohne dass er in der Zwischenablage abgelegt wird. Diese Methode ist dann hilfreich, wenn Sie den aktuellen Inhalt der Zwischenablage noch benötigen, zwischendurch aber schnell etwas ausschneiden oder kopieren wollen.

Tipp ✓

Wenn Sie in der Gruppe *Zwischenablage* auf den Pfeil der Schaltfläche *Einfügen* klicken, können Sie vorab wählen, wie der ausgeschnittene bzw. kopierte Text eingefügt werden soll.

Verschieben und Kopieren mit der Maus

Wer nicht so gerne mit Tastenkombinationen arbeitet, der wird sich freuen zu hören, dass das Verschieben, Kopieren und Einfügen nicht nur mithilfe des Menübands, über die Zwischenablage und mit den klassischen Tastenkombinationen Strg+X, Strg+C und Strg+V, sondern auch mithilfe der Maus funktioniert. Diese Methode wird auch als »Drag & Drop« bzw. als »Ziehen und Ablegen« bezeichnet. Das heißt, Sie ziehen ausgewählten Text – Original oder Kopie – an eine neue Position und legen ihn dort ab. Text, den Sie mit der Maus verschieben oder kopieren, wird nicht in der Zwischenablage abgelegt.

Text mit der Maus verschieben

① Wählen Sie den Text aus, den Sie verschieben wollen, und zeigen Sie auf die Auswahl.

② Klicken Sie auf die Auswahl, halten Sie die linke Maustaste gedrückt und ziehen Sie mit dem Mauszeiger an die gewünschte Position.

③ Sobald Sie die Maustaste wieder loslassen, wird der Text an die neue Position verschoben.

Text mit der Maus kopieren

① Wählen Sie den Text aus, den Sie kopieren wollen, und zeigen Sie auf die Auswahl.

② Klicken Sie auf die Auswahl, halten Sie Strg und die linke Maustaste gedrückt und ziehen Sie mit dem Plus-Mauszeiger an die gewünschte Position.

③ Sobald Sie die Maustaste loslassen, wird eine Kopie des Textes an der neuen Position eingefügt.

Text suchen

Angenommen, Sie können in einem umfangreichen Dokument eine bestimmte Textstelle partout nicht finden oder Sie möchten eine bestimmte Formulierung im gesamten Dokument markieren. Dann sollten Sie die Suchfunktion von Word einsetzen. Sie war schon in den Vorgängerversionen sehr leistungsstark, wurde aber in Word 2010 noch einmal optimiert. So können Sie jetzt z.B. im Aufgabenbereich *Navigation* bequem zwischen den Fundstellen im gesamten Dokument, auf einzelnen Seiten oder in Überschriften blättern. Alles sehr übersichtlich.

Nach Text suchen

① Setzen Sie die Einfügemarke in das Dokument und drücken Sie Strg+F, um den Aufgabenbereich *Navigation* zu öffnen.

② Geben Sie oben in das Textfeld den Suchbegriff ein.

③ Word durchsucht das gesamte Dokument, listet alle Fundstellen im Aufgabenbereich auf und markiert die betreffenden Stellen im Text.

④ Führen Sie im Aufgabenbereich *Navigation* eine der folgenden Aktionen aus:

- Klicken Sie oberhalb der Suchergebnisliste auf den nach unten bzw. auf den nach oben zeigenden Pfeil, um zur nächsten bzw. zur vorherigen Fundstelle zu blättern.

- Klicken Sie in der Suchergebnisliste auf eine Fundstelle. Word blättert zur entsprechenden Textpassage im Text.

- Klicken Sie auf *Durchsuchen der Seiten in Ihrem Dokument*, um die einzelnen Dokumentseiten mit den markierten Fundstellen aufzulisten. Klicken Sie auf eine Seite, um im Dokument dorthin zu wechseln.

- Klicken Sie auf *Durchsuchen der Überschriften in Ihrem Dokument*, um alle Überschriften mit dem Suchtext aufzulisten. Klicken Sie auf eine Überschrift, um im Dokument dorthin zu wechseln.

- Klicken Sie auf das »x« neben dem Feld mit dem Suchbegriff, um das Suchfeld zu leeren.

Durchsuchen der Überschriften

Durchsuchen der Seiten

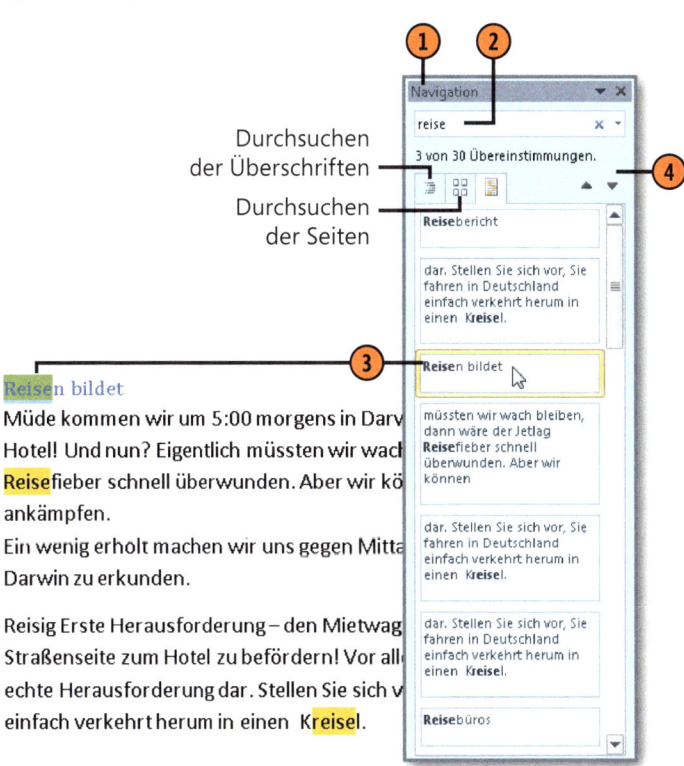

Weitere Suchmöglichkeiten

(1) Klicken Sie im Aufgabenbereich *Navigation* auf diesen kleinen Pfeil.

(2) Klicken Sie auf *Optionen*.

(3) Aktivieren bzw. deaktivieren Sie im Dialogfeld *Suchoptionen* die gewünschten Suchoptionen. Häufig verwendete Optionen sind z.B.:

- *Groß-/Kleinschreibung beachten:* Es wird nur die Zeichenfolge gefunden, deren Schreibweise exakt dem Suchtext entspricht.

- *Nur ganzes Wort suchen:* Es wird nur nach dem Suchbegriff als Wort gesucht, z.B. nach »Reise«, aber nicht nach »Reisefieber«.

- *Platzhalter verwenden:* Es können Platzhalter in der Suche eingesetzt werden. Die bekanntesten sind wohl »?« und »*«. Das Fragezeichen steht für ein beliebiges Zeichen, das Sternchen für beliebig viele Zeichen. Mit dem Suchbegriff »reise?« wird beispielsweise »reisen«, mit »reise*« wird auch »Reisebericht« gefunden.

(4) Klicken Sie auf *Ersetzen*, um einen Suchbegriff durch einen anderen Begriff zu ersetzen (siehe nächste Seite).

(5) Klicken Sie unter *Suchen* auf einen der Befehle, um nach Grafiken, Tabellen, Formeln, Fuß-/Endnoten und Kommentaren zu suchen. Suchen Sie z.B. in einem Dokument, das Bilder enthält, nach Grafiken, blättert Word zum ersten gefundenen Bild. Blättern Sie anschließend mithilfe der beiden Pfeile im Aufgabenbereich *Navigation* durch die Grafiken des Dokuments.

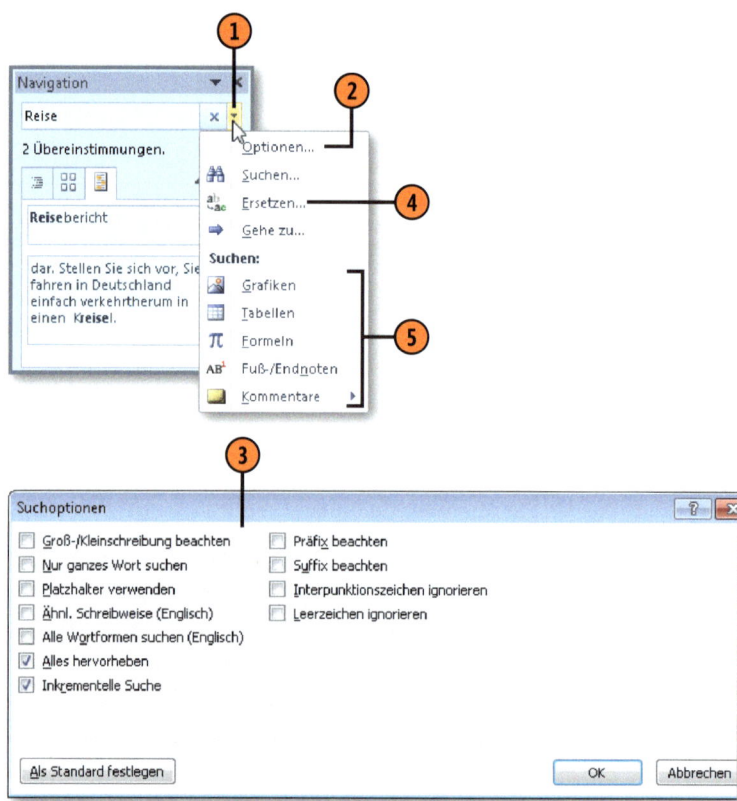

Text ersetzen

Als Erweiterung zum Suchen können Sie den gefundenen Suchtext durch einen neuen Text ersetzen. Sie haben die Möglichkeit, nicht nur Textpassagen, sondern auch Formatierungen und Sonderzeichen wie Absatzmarken oder Seitenwechsel zu suchen und zu ersetzen.

Suchbegriff ersetzen

① Drücken Strg+H, um das Dialogfeld *Suchen und Ersetzen* zu öffnen. Die Registerkarte *Ersetzen* wird angezeigt.

② Geben Sie einen Suchtext ein.

③ Geben Sie den Text ein, durch den der Suchtext ersetzt werden soll.

④ Klicken Sie hier, um den unteren Bereich des Dialogfeldes ein- und auszublenden.

⑤ Legen Sie die Suchrichtung fest und aktivieren Sie die gewünschten Optionen.

⑥ Klicken Sie sowohl für den Such- als auch für den Ersatztext auf *Format*, um Text mit bestimmten Formatierungen zu suchen bzw. zu ersetzen.

⑦ Klicken Sie sowohl für den Such- als auch für den Ersatztext auf *Sonderformat*, um spezielle Zeichen wie Absatzmarken, Seitenwechsel etc. zu suchen bzw. zu ersetzen.

⑧ Führen Sie eine der folgenden Aktionen aus:

- Klicken Sie auf *Ersetzen*, um die aktuelle Fundstelle zu ersetzen.

- Klicken Sie auf *Alle ersetzen*, um alle Fundstellen in einem Schritt zu ersetzen.

- Klicken Sie auf *Weitersuchen*, um die aktuelle Fundstelle zu ignorieren und zur nächsten zu wechseln.

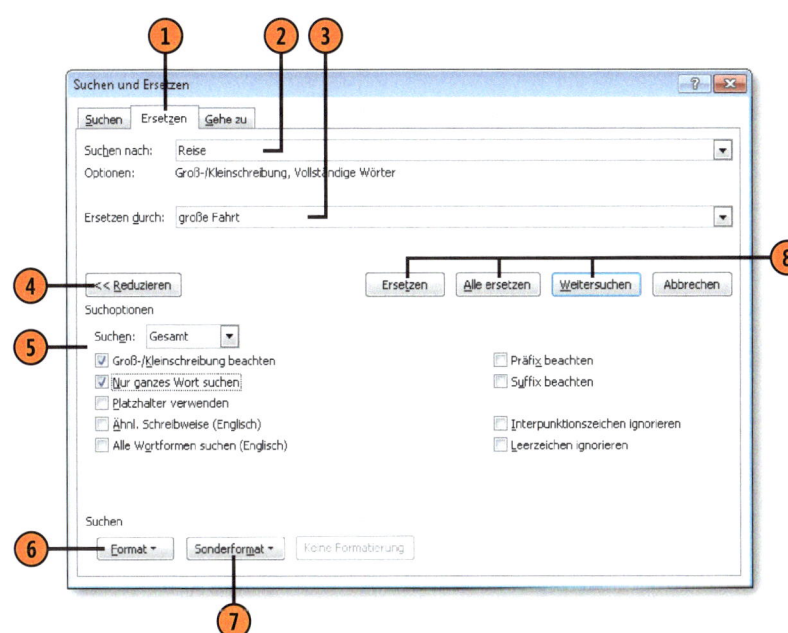

Tipp

Auf der Registerkarte *Suchen* im Dialogfeld *Suchen und Ersetzen* finden Sie zur Feinabstimmung für die Suche ähnliche Optionen wie auf der Registerkarte *Ersetzen*.

Text automatisch korrigieren

Vielleicht haben Sie schon bemerkt, dass Word während der Texteingabe bestimmte Fehler erkennt und selbstständig korrigiert. Sie beginnen z.B. einen neuen Absatz mit einem Kleinbuchstaben und schon wird er in einen Großbuchstaben umgewandelt. Das ist keine Hexerei, sondern die AutoKorrektur-Funktion von Word. Das Programm enthält eine intern geführte AutoKorrektur-Liste

AutoKorrektur-Liste bearbeiten

① Klicken Sie auf der Registerkarte *Datei* auf *Optionen* und anschließend im Dialogfeld *Word-Optionen* im linken Bereich auf *Dokumentprüfung* und dann rechts oben auf die Schaltfläche *AutoKorrektur-Optionen*, um das Dialogfeld *AutoKorrektur* zu öffnen.

② Klicken Sie unter *Während der Eingabe ersetzen*, dessen Kontrollkästchen standardmäßig aktiviert ist, in das Feld *Ersetzen* und geben Sie Ihren Tippfehler ein.

③ Klicken Sie in das Feld *Durch* und geben Sie die korrekte Schreibweise ein.

④ Klicken Sie auf *Hinzufügen*, um die Korrektur in die Liste aufzunehmen. Klicken Sie auf *Löschen* um einen ausgewählten Eintrag aus der Liste zu entfernen.

Gewusst wie

Sie können auch während der Texteingabe ein häufig falsch geschriebenes Wort in die AutoKorrektur-Liste aufnehmen: Klicken Sie mit der rechten Maustaste auf den Fehler, wählen Sie *AutoKorrektur* und dann den Vorschlag für die korrekte Schreibweise. Word korrigiert den Fehler und nimmt die Korrektur in die AutoKorrektur-Liste auf.

mit typischen Tippfehlern, die während der Eingabe automatisch korrigiert werden, sobald Sie nach Eingabe eines Wortes die Leertaste drücken. Die Liste enthält darüber hinaus auch gängige Symbole wie das Copyrightzeichen. Sie können diese Liste an Ihre eigenen Anforderungen anpassen, d.h. Ihre typischen Eingabefehler in die Liste aufnehmen und Einstellungen ändern.

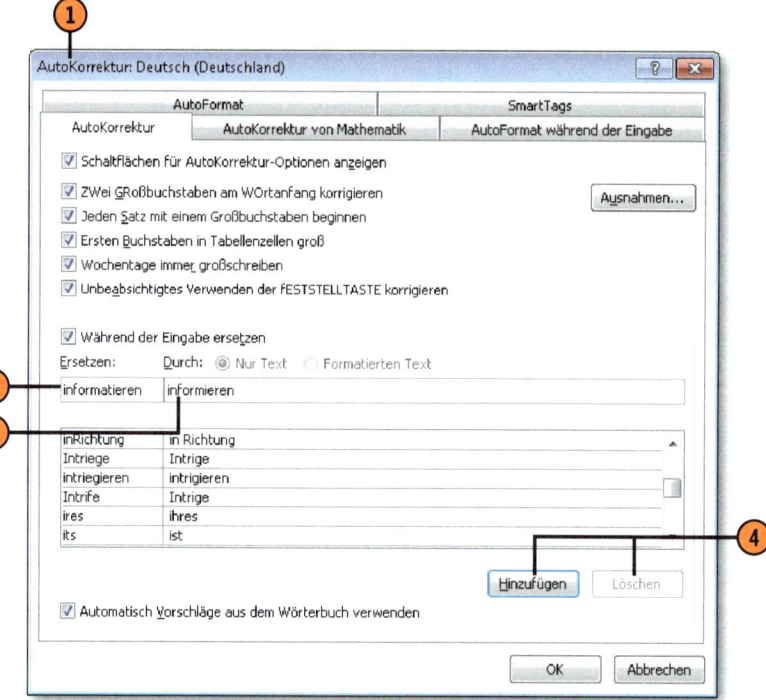

Weitere AutoKorrektur-Einstellungen anpassen

① Klicken Sie hier, um die Anzeige der Schaltfläche *AutoKorrektur-Optionen* zu aktivieren bzw. zu deaktivieren.

② Deaktivieren Sie bei Bedarf Einstellungen, die nicht automatisch durchgeführt werden sollen. Deaktivieren Sie z.B. *Jeden Satz mit einem Groß-buchstaben beginnen*, wenn Sie viel mit Auflistungen arbeiten, die mit Kleinbuchstaben beginnen.

③ Definieren Sie Ausnahmen von den Regeln, z.B. für Fälle, bei denen nach einem Punkt nicht groß weitergeschrieben werden soll oder bei denen zwei Großbuchstaben am Wortanfang korrekt sind.

Die Schaltfläche »AutoKorrektur-Optionen«

① Zeigen Sie im Dokument auf ein automatisch korrigiertes Wort. Word zeigt unter dem Wort ein kleines blaues Kästchen an. Zeigen Sie darauf, um die Schaltfläche *AutoKorrektur-Optionen* einzublenden.

② Klicken Sie auf die Schaltfläche und wählen Sie eine der folgenden Aktionen:

- Ursprünglichen Text wiederherstellen
- Wort aus der AutoKorrektur-Liste entfernen
- Zum Dialogfeld *AutoKorrektur* wechseln

Tipp

Die AutoKorrektur steht auch in anderen Sprachen zur Verfügung. Informationen zu den Spracheinstel-lungen finden Sie auf der nächsten Seite.

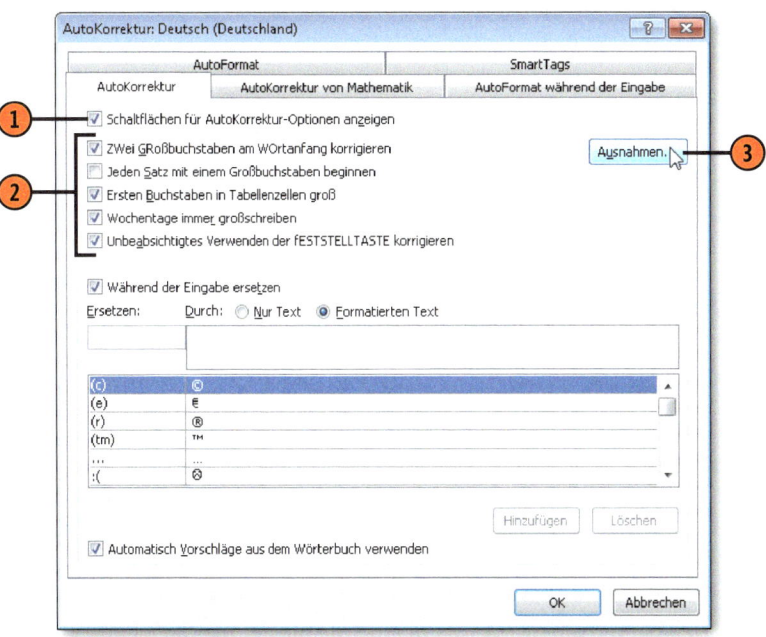

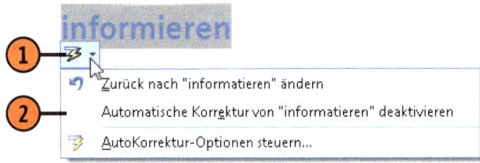

Rechtschreibung prüfen

Dokumente mit Rechtschreibfehlern machen nicht unbedingt den besten Eindruck. Word stellt daher eine Funktion zur Rechtschreibprüfung zur Verfügung, die durch rote Wellenlinien auf etwaige Tippfehler hinweist. Seine Kenntnisse bezieht das Programm aus einem integrierten Wörterbuch. Alles, was dort nicht enthalten ist, wird als Fehler gekennzeichnet. Sie können Fehler während der Texteingabe verbessern oder nach Beendigung der Eingabe die Fehler im gesamten Dokument korrigieren.

Rechtschreibung während der Eingabe prüfen

1️⃣ Klicken Sie mit der rechten Maustaste auf ein mit einer roten Wellenlinie gekennzeichnetes Wort.

2️⃣ Klicken Sie im Kontextmenü auf die korrekte Schreibweise, wenn es sich um einen Fehler handelt.

3️⃣ Handelt es sich nicht um einen Fehler, klicken Sie auf *Ignorieren*, damit Word die Schreibweise des aktuellen Worts ignoriert, bzw. auf *Alle ignorieren*, wenn das Wort im gesamten Text als korrekt erkannt werden soll.

4️⃣ Handelt es sich bei dem gekennzeichneten Wort um ein korrekt geschriebenes Wort, das Sie häufig verwenden, klicken Sie auf *Hinzufügen zum Wörterbuch*. Das Wort wird in das interne Wörterbuch aufgenommen und zukünftig nicht mehr als falsch bemängelt.

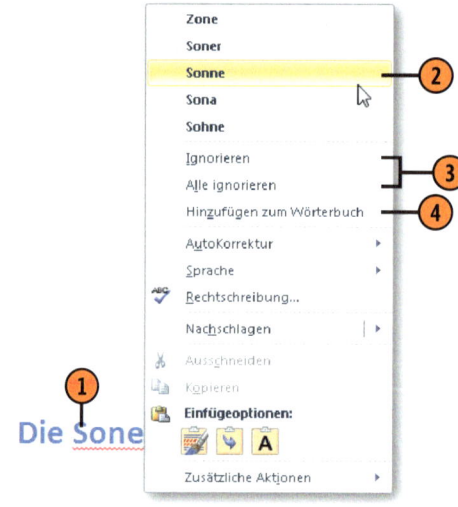

Tipp
Die Rechtschreibprüfung steht auch in anderen Sprachen zur Verfügung.

Tipp
Die von der Rechtschreibprüfung verwendeten Wörterbücher sind bei allen Programmen der Office 2010-Familie dieselben. Wenn Sie beispielsweise in Word ein neues Wort aufnehmen, steht es Ihnen auch in PowerPoint zu Verfügung.

Ganzes Dokument auf Rechtschreibung prüfen

① Klicken Sie auf der Registerkarte *Überprüfen* in der Gruppe *Dokumentprüfung* auf die Schaltfläche *Rechtschreibung und Grammatik*, um das gleichnamige Dialogfeld zu öffnen. Findet Word als Erstes einen Rechtschreibfehler, werden die Rechtschreiboptionen angezeigt, ansonsten die der Grammatikprüfung.

② Deaktivieren Sie bei Bedarf die Grammatikprüfung.

③ Klicken Sie auf den korrekten Vorschlag und danach auf die Schaltfläche *Ändern*, um den Fehler zu korrigieren. Word zeigt die nächste Fundstelle an.

④ Führen Sie abhängig davon, ob es sich um einen Rechtschreibfehler handelt oder nicht, eine der folgenden Aktionen durch:

- *Einmal ignorieren/Alle ignorieren* – aktuelle Fundstelle/alle Fundstellen nicht korrigieren

- *Zum Wörterbuch hinzufügen* – Schreibweise in das interne Wörterbuch als korrekt aufnehmen

- *Ändern/Alle ändern* – aktuelle Fundstelle/alle Fundstellen mit dem gewählten Vorschlag korrigieren

- *AutoKorrektur* – aktuellen Fehler und seine Korrektur in die Autokorrektur-Liste aufnehmen (siehe Seite 58 f.)

- *Löschen* (anstelle von *Ändern*) – doppeltes Wort entfernen, z.B. »die die«

⑤ Nach Abschluss der Rechtschreibprüfung zeigt Word eine entsprechende Meldung an, die Sie mit *OK* bestätigen.

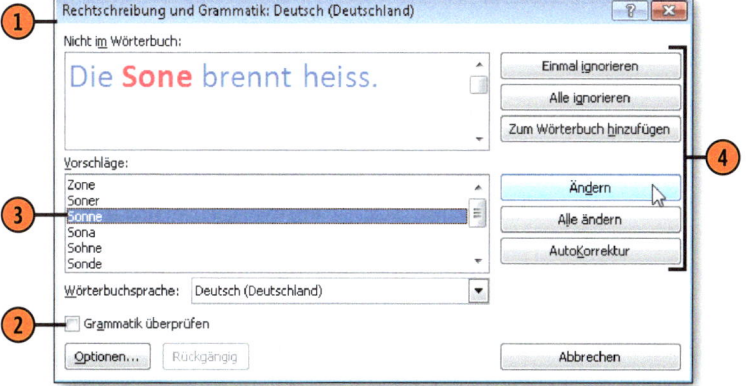

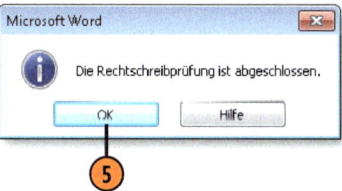

Grammatik prüfen

Word stellt eine Funktion zur Verfügung, mit der Sie Ihre Dokumente auf Grammatikfehler untersuchen können. Diese werden im Dokument durch grüne Wellenlinien angezeigt. Sie können diese Fehler während der Texteingabe korrigieren oder nach Beendigung der Eingabe im gesamten Dokument korrigieren.

Ganzes Dokument auf Grammatik prüfen

① Klicken Sie auf der Registerkarte *Überprüfen* in der Gruppe *Dokumentprüfung* auf die Schaltfläche *Rechtschreibung und Grammatik*, um das gleichnamige Dialogfeld zu öffnen. Findet Word als Erstes einen Grammatikfehler, werden die Grammatikoptionen angezeigt, ansonsten die der Rechtschreibprüfung.

② Klicken Sie auf den korrekten Vorschlag und danach auf die Schaltfläche *Ändern*, um den Fehler zu korrigieren. Word zeigt die nächste Fundstelle an.

③ Führen Sie abhängig davon, ob es sich um einen Grammatikfehler handelt oder nicht, eine der folgenden Aktionen durch:

- *Einmal ignorieren/Regel ignorieren* – aktuelle Fundstelle/alle Fundstellen nicht korrigieren
- *Nächster Satz* – nächsten Grammatikfehler anzeigen
- *Ändern* – aktuelle Fundstelle mit dem gewählten Vorschlag korrigieren
- *Erklären* – Grammatikregel in der Word-Hilfe einblenden

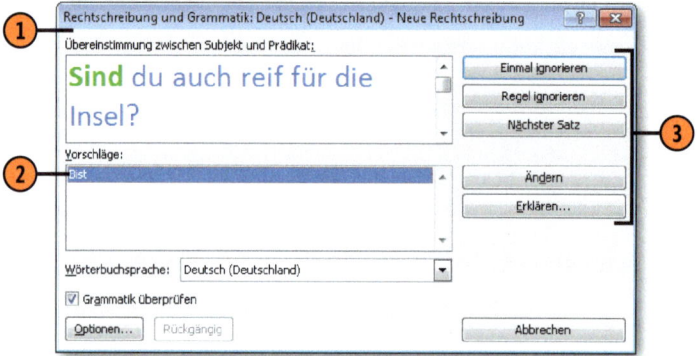

Grammatik während der Eingabe prüfen

① Klicken Sie mit der rechten Maustaste auf ein mit einer grünen Wellenlinie gekennzeichnetes Wort.

② Klicken Sie im Kontextmenü auf die korrekte Schreibweise/Formulierung, wenn es sich um einen Fehler handelt, oder ignorieren Sie den Vorschlag.

③ Blenden Sie bei Bedarf die Grammatikregel ein.

4 Textdokumente formatieren

In diesem Kapitel erfahren Sie, wie Sie Ihre Dokumente durch Zuweisung von Seiten-, Absatz- und Zeichenformaten optisch gestalten. Zu diesem Themenkreis gehört zunächst das Festlegen des Papierformats. Word stellt eine Reihe von verschiedenen Formaten zur Verfügung, u.a. verschiedene Papiergrößen und Formate für Karteikarten und Fotos.

Dann wird auf die Möglichkeit der sogenannten direkten Formatierung von Dokumenten eingegangen. Diese Vorgehensweise empfiehlt sich vor allem dann, wenn Sie sich noch nicht so gut mit Word auskennen, wenn es schnell gehen soll und wenn es sich um kürzere Texte handelt. Word unterscheidet bei der direkten Formatierung zwischen der Gestaltung ganzer Absätze und einzelner Zeichen. Ein Absatz wird durch eine Absatzmarke (¶) definiert, in der alle zugewiesenen Gestaltungsmerkmale gespeichert sind. Um einzelne Zeichen oder Textpassagen zu gestalten, müssen diese zuvor ausgewählt, d.h. markiert werden.

Sobald es aber darum geht, längeren Dokumenten eine einheitliche optische Linie zu verleihen, sollten Sie sich der Vorlagenfunktionen von Microsoft Word bedienen. Weisen Sie den Bestandteilen Ihres Dokuments Formatvorlagen zu und bestimmen Sie das grundlegende Dokumentdesign, um Farbwahl und Schriftarten zu vereinheitlichen.

Standardseiten einrichten

Dokumentformate liefern die Randbedingungen für die weitere Formatierung. Dazu gehören beispielsweise das Format der Seiten und der Satzspiegel – also der zu bedruckende Bereich der Seite.

Standardpapierformat wählen

1. Klicken Sie auf der Registerkarte *Seitenlayout* in der Gruppe *Seite einrichten* auf die Schaltfläche *Größe*.

2. Klicken Sie auf das gewünschte Standardformat.

3. Klicken Sie auf *Weitere Papierformate*, um im Dialogfeld *Seite einrichten* auf der Registerkarte *Papier* ein eigenes Papierformat für das gesamte Dokument bzw. ab der aktuellen Seite zu definieren. Wenn Sie häufig mit einem selbst erstellten Papierformat arbeiten wollen, können Sie es zum Standardpapierformat für alle neuen Dokumente machen, die mit der Standarddokumentvorlage *Normal* erstellt werden. Klicken Sie dazu im Dialogfeld auf die Schaltfläche *Als Standard festlegen*.

Diese Formate gelten im einfachsten Fall für das gesamte Dokument. Beim Einrichten der Standardseiten legen Sie das Papierformat, die Seitenränder und die Seitenausrichtung fest.

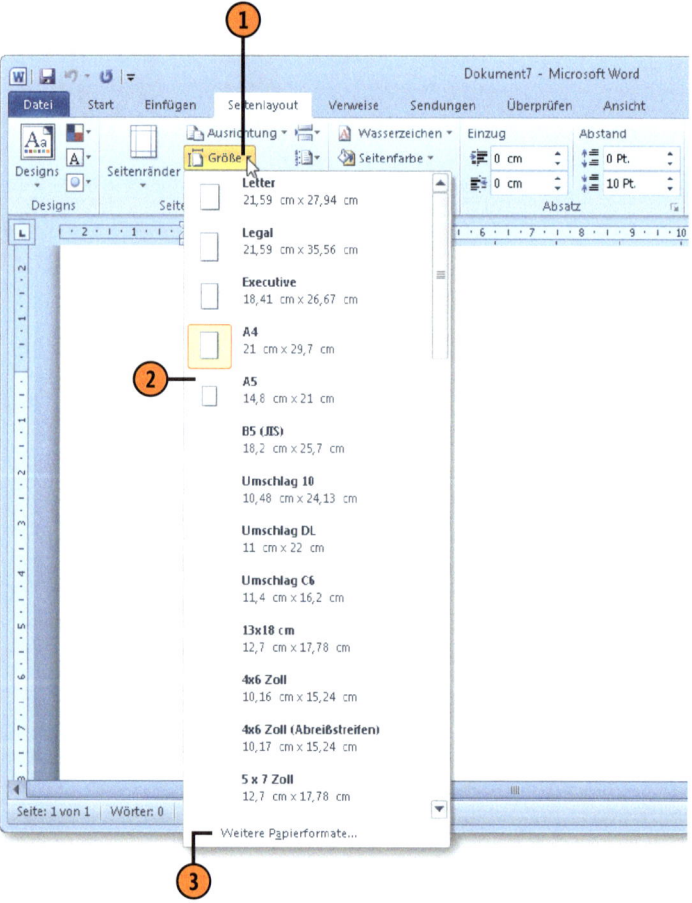

Tipp

Standardmäßig wird jedem Dokument das Papierformat A4 zugewiesen. Die Liste der integrierten Seitenformate enthält darüber hinaus weitere Formate nach DIN, amerikanische und englische Papierformate sowie Formate für Umschläge, Karteikarten und Fotogrößen.

Seitenränder festlegen

① Klicken Sie auf der Registerkarte *Seitenlayout* in der Gruppe *Seite einrichten* auf die Schaltfläche *Seitenränder*.

② Klicken Sie auf das gewünschte Standardformat.

③ Klicken Sie auf *Benutzerdefinierte Seitenränder*, um im Dialogfeld *Seite einrichten* auf der Registerkarte *Seitenränder* eigene Randeinstellungen für das gesamte Dokument bzw. ab der aktuellen Seite zu definieren. Wenn Sie häufig mit eigenen Seitenrändern arbeiten wollen, können Sie Ihre Einstellungen zum Standard für alle neuen Dokumente machen, die mit der Standarddokumentvorlage *Normal* erstellt werden. Klicken Sie hierzu auf die Schaltfläche *Als Standard festlegen*.

Seitenausrichtung wählen

① Klicken Sie auf der Registerkarte *Seitenlayout* in der Gruppe *Seite einrichten* auf die Schaltfläche *Ausrichtung*.

② Klicken Sie auf *Hochformat* (A4: Höhe 29,7 cm; Breite 21 cm) bzw. auf *Querformat* (A4: Höhe 21 cm; Breite 29,7 cm), um die Seitenausrichtung festzulegen.

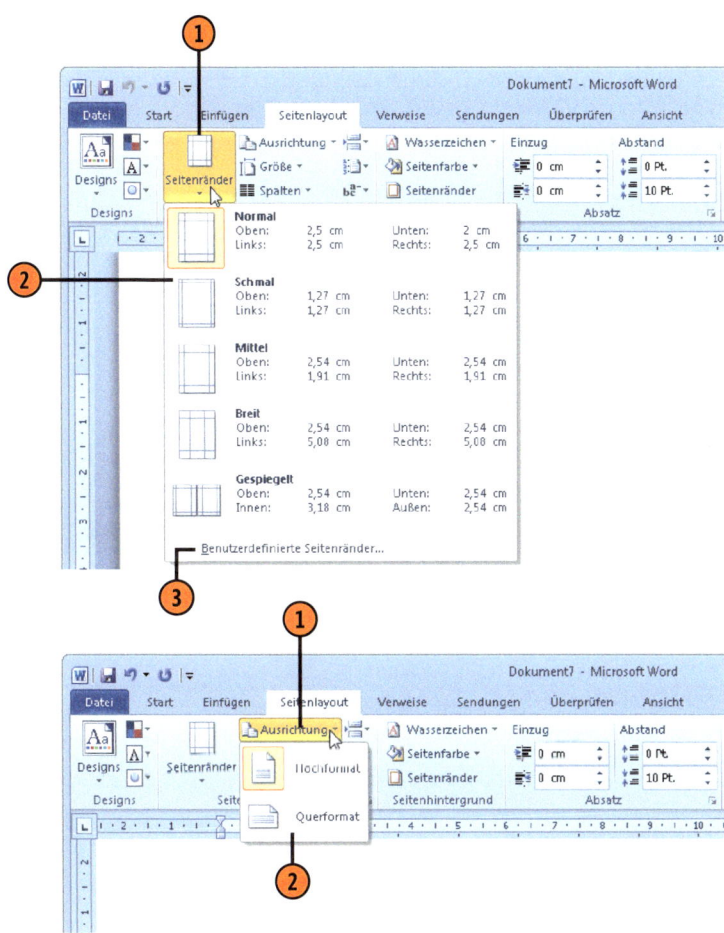

Spaltensatz

Sie können Dokumenttext wie im Zeitungssatz in mehreren Spalten anordnen. Die erste Spalte verläuft bis zum Seitenende und der Text wird anschließend in der zweiten Spalte auf derselben Seite fortgesetzt usw. Word fügt automatisch vor und nach dem in Spalten gesetzten Text einen Abschnittswechsel ein.

Spalten setzen

① Wählen Sie den Text aus, der in Spalten gesetzt werden soll, und klicken Sie auf der Registerkarte *Seitenlayout* in der Gruppe *Seite einrichten* auf die Schaltfläche *Spalten*.

② Wählen Sie die Spaltenanzahl aus.

③ Der markierte Text wird im gewählten Layout in Spalten gesetzt.

④ Vor sowie nach den Spalten wird ein fortlaufender Abschnittswechsel eingefügt.

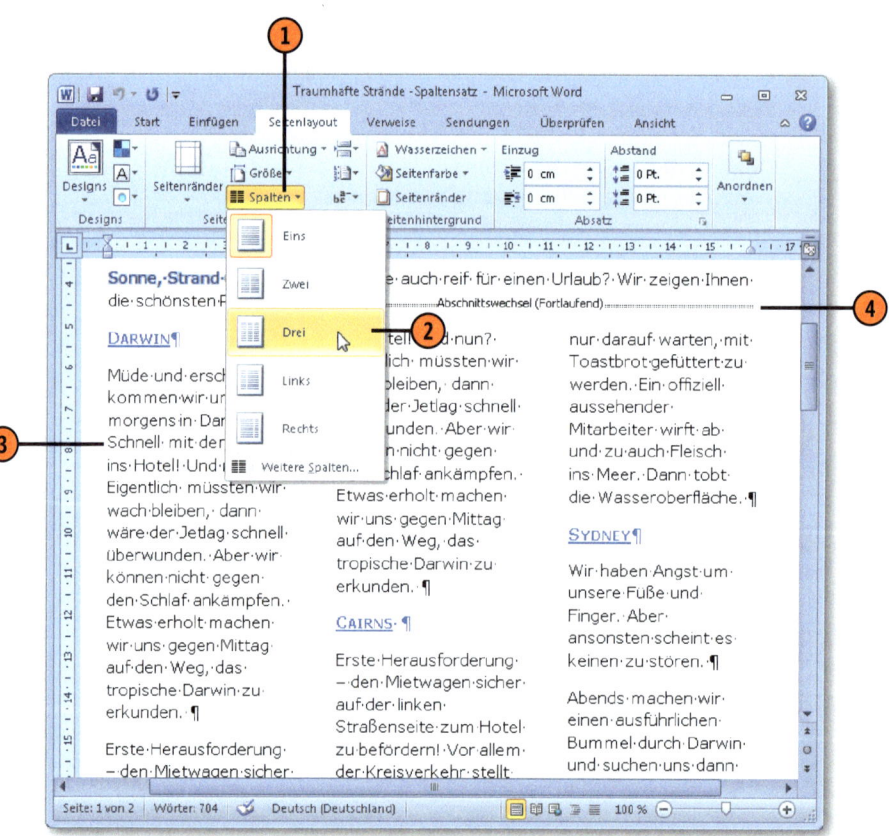

Gewusst wie

Wenn einzelne Bereiche des Dokuments anders als der Rest dargestellt werden sollen - beispielsweise mit einer anderen Spaltenzahl oder mit verschiedenen Kopf- und Fußzeilen -, müssen Sie das Dokument in mehrere Abschnitte unterteilen und diese entsprechend formatieren.

Spalten anpassen

① Setzen Sie die Einfügemarke in den Spalten-
abschnitt, klicken Sie auf der Registerkarte
Seitenlayout in der Gruppe *Seite einrichten* auf
die Schaltfläche *Spalten* und dann auf *Weitere
Spalten*, um das Dialogfeld *Spalten* zu öffnen.

② Wählen Sie eine andere Spaltenvoreinstellung
oder geben Sie eine andere Spaltenanzahl ein.

③ Deaktivieren Sie dieses Kontrollkästchen und
legen Sie bei Bedarf unterschiedliche Breiten
und Abstände fest.

④ Klicken Sie hier und legen Sie den Bereich fest,
für den die geänderten Spaltensatzeinstel-
lungen gelten sollen.

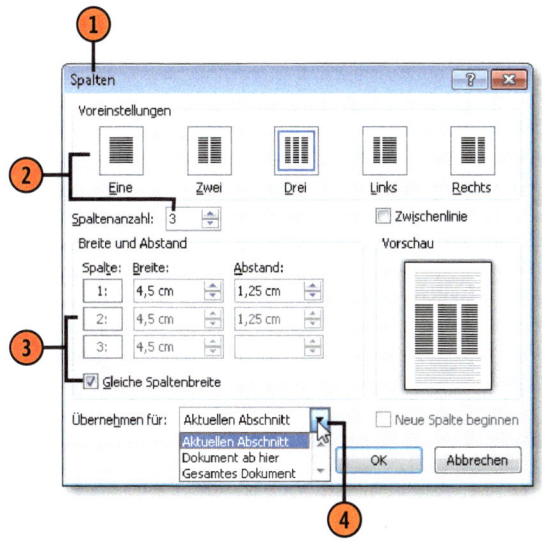

Tipp ✓

Sie können an jeder Position einen Spaltenumbruch
erzwingen. Klicken Sie dazu auf der Registerkarte *Seitenlayout* in der Gruppe *Seite einrichten* auf die Schaltfläche
Umbrüche und wählen Sie den Eintrag *Spalte*.

Gewusst wie

Wenn Spalten am Abschnittsende nicht gleichmäßig gefüllt sind, können Sie am Ende einer
Spalte einen fortlaufenden Abschnittswechsel
einfügen, um die Spalten auszugleichen.

Absatzausrichtung

Bei der Ausrichtung von Absätzen definieren Sie die Position des Absatzes innerhalb des Satzspiegels bzw. zwischen den Einzügen vom linken und rechten Rand. Sie können einen Absatz, mehrere Absätze, aber auch das gesamte Dokument auswählen und ausrichten.

Absatzausrichtung einstellen

① Markieren Sie einen oder mehrere Absätze, für den/die Sie eine andere Ausrichtung festlegen wollen.

② Klicken Sie auf der Registerkarte *Start* in der Gruppe *Absatz* auf eine der Ausrichtungsschaltflächen (von links nach rechts):

- *Text linksbündig ausrichten:* Der Absatztext wird am linken Rand bzw. am linken Einzug ausgerichtet.

- *Zentriert:* Der Absatztext wird mittig zwischen linkem und rechtem Rand bzw. Einzug ausgerichtet. Dieses Format wird häufig für Überschriften verwendet.

- *Text rechtsbündig ausrichten:* Der Absatztext wird am rechten Rand bzw. am rechten Einzug ausgerichtet, beispielsweise für das Datum in einem Anschreiben.

- *Blocksatz:* Der Absatztext wird bündig zwischen linkem und rechtem Rand bzw. Einzug ausgerichtet. Dazu wird zwischen den einzelnen Wörtern Leerraum eingefügt. Dies kann zu unschönen Lücken führen, was durch Silbentrennung wieder ausgeglichen werden kann. Blocksatz wird vorzugsweise bei der Darstellung von Text in Spalten verwendet.

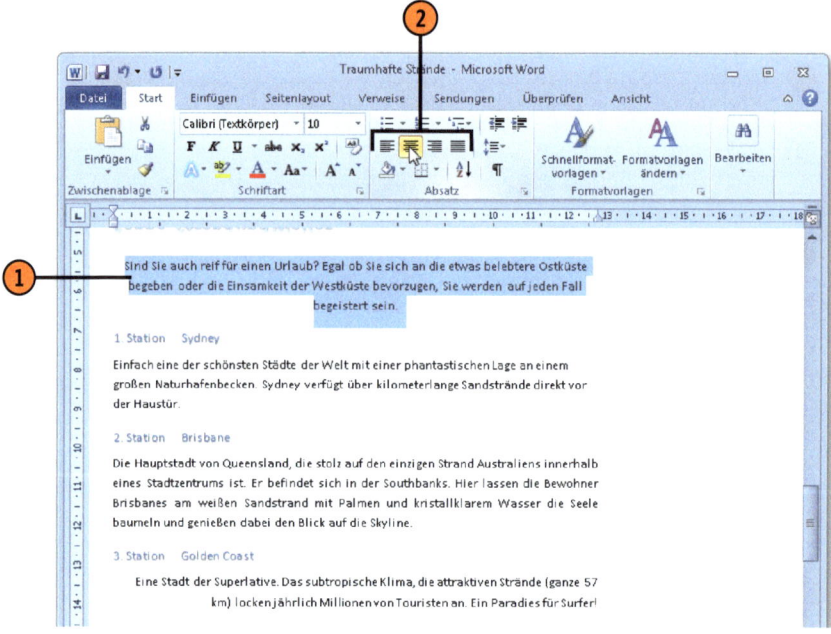

Absatzeinzüge

Unter einem Einzug versteht man das Einrücken eines Absatzes vom linken und rechten Seitenrand bzw. das Einrücken der ersten Absatzzeile oder aller Absatzzeilen außer der ersten Zeile.

Verwenden Sie beispielsweise Absätze mit eingerückter erster Zeile, um den Beginn eines neuen Absatzes besonders zu kennzeichnen.

Absatzeinzüge einstellen

① Markieren Sie einen oder mehrere Absätze, für den/die Sie Einzüge festlegen wollen, und klicken Sie auf der Registerkarte *Seitenlayout* in der Gruppe *Absatz* auf das Startprogramm für das Dialogfeld *Absatz*.

② Klicken Sie in das Feld *Links* bzw. *Rechts* und geben Sie einen Abstand zum linken bzw. rechten Seitenrand ein.

③ Wählen Sie im Listenfeld *Sondereinzug* zwischen:

- *Erste Zeile* – erste Absatzzeile einrücken

- *Hängend* – alle Absatzzeilen außer der ersten Zeile einrücken

④ Klicken Sie in das Feld *Um* und geben Sie die Einzugs-größe ein.

⑤ Bestätigen Sie mit *OK*.

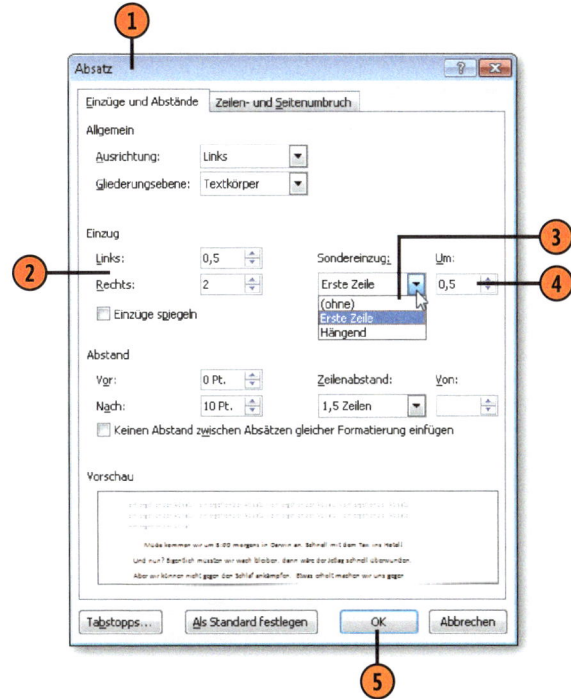

Tipp

Alternativ dazu können Sie den linken und rechten Einzug sowie den Erstzeileneinzug im Lineal definieren. Ziehen Sie dazu das entsprechende Steuerelement an die gewünschte Position.

Gewusst wie

Um einen Einzug zu erstellen, der über den linken bzw. rechten Rand hinausragt, geben Sie im Feld *Links* und/oder im Feld *Rechts* eine negative Zahl ein.

Absatz- und Zeilenabstände

Die Lesbarkeit Ihrer Texte wird durch Abstände vor und nach Absätzen deutlich erhöht. Diese Abstände werden in Punkt definiert (1 pt = 1/72 Zoll). Word stellt standardmäßig einen Abstand von 10 Punkt nach jedem Absatz ein. Darüber hinaus können Sie auch den Zeilenabstand innerhalb der Absätze regeln und wählen, ob die Abstände bei unterschiedlichen Schriftgrößen angepasst werden oder nicht.

Absatzabstände festlegen

① Markieren Sie einen oder mehrere Absätze.

② Klicken Sie auf der Registerkarte *Start* in der Gruppe *Absatz* auf die Schaltfläche *Zeilen- und Absatzabstand*.

③ Klicken Sie auf *Abstand vor Absatz hinzufügen*, um einen Standardabstand von 12 Punkt vor dem Absatz einzufügen. Wurde bereits ein Abstand vor dem Absatz definiert, lautet der Befehl *Abstand vor Absatz entfernen*, d.h., Sie können einen zuvor definierten Abstand vor dem Absatz löschen.

④ Klicken Sie auf *Abstand nach Absatz entfernen*, um den Standardabstand von 10 Punkt nach dem Absatz zu löschen. Wurde der Standardabsatz bereits gelöscht, lautet der Befehl *Abstand nach Absatz hinzufügen*, d.h., Sie können einen Standardabstand von 10 Punkt nach dem Absatz einfügen.

⑤ Um eigene Abstände zu definieren, klicken Sie auf *Zeilenabstandsoptionen* und geben im Dialogfeld *Absatz* auf der Registerkarte *Einzüge und Abstände* unter *Abstand* im Feld *Vor* und/oder *Nach* den betreffenden Wert ein.

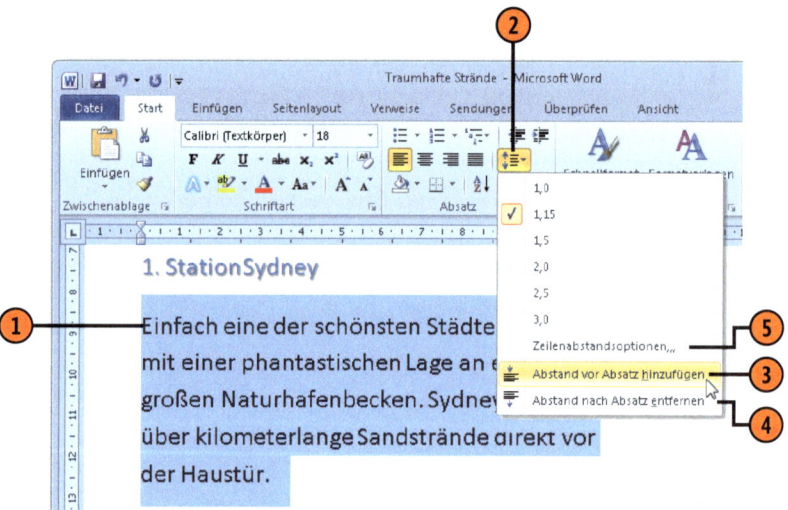

Tipp

Wenn Sie für einen Absatz einen Endabstand definieren (z.B. 10 pt) und der nachfolgende Absatz einen Anfangsabstand (z.B. 12 pt) aufweist, summiert sich der Abstand zwischen den beiden Absätzen nicht. Der Abstand entspricht dann der höheren pt-Zahl (hier: 12 pt).

Zeilenabstände festlegen

① Markieren Sie einen oder mehrere Absätze und klicken Sie auf der Registerkarte *Start* in der Gruppe *Absatz* auf die Schaltfläche *Zeilen- und Absatzabstand.*

② Wählen Sie einen Zeilenabstand aus.

③ Wird der gewünschte Abstand nicht angeboten oder wollen Sie die Anpassung bei unterschiedlichen Zeichengrößen regeln, klicken Sie auf *Zeilenabstandsoptionen.*

④ Wählen Sie im Dialogfeld *Absatz* einen Zeilenabstand aus.

● *Einfach, 1,5 Zeilen, Doppelt, Mehrfach* – Zeilenabstand von 1 Zeile, 1,5 Zeilen, 2 Zeilen oder mehreren Zeilen wählen; im Fall von *Mehrfach* müssen Sie die Anzahl der Zeilen im Feld *Von* eingeben. Bei allen vier Möglichkeiten wird der Zeilenabstand automatisch an das größte Zeichen angepasst.

● *Mindestens* – Mindestabstand im Feld *Von* in Punkt angeben, der bei einer größeren Schriftart automatisch angepasst wird.

● *Genau* – festen Zeilenabstand im Feld *Von* in Punkt eingeben, der bei einer größeren Schriftart nicht angepasst wird; dies kann zu Überschneidungen von Zeilen führen.

⑤ Bestätigen Sie mit *OK*.

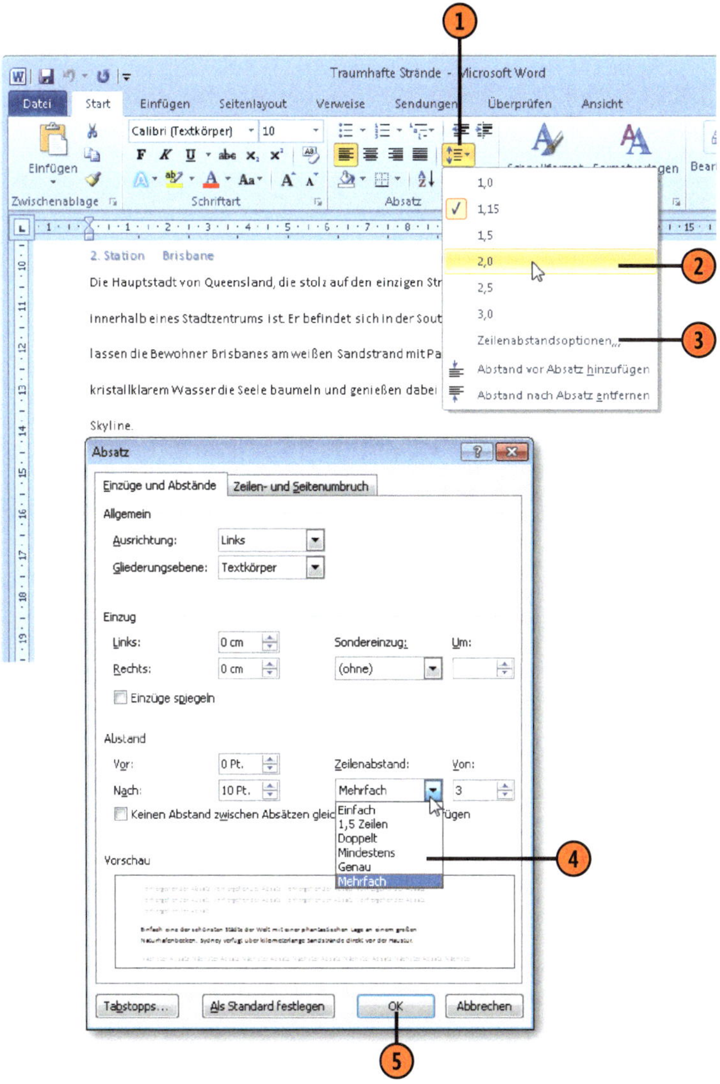

Tipp

Alternativ dazu können Sie die Zeilenabstände auch mithilfe von Tastenkombinationen definieren: Strg+1 für einen einfachen, Strg+2 für einen doppelten und Strg+5 für einen 1,5-fachen Zeilenabstand.

Mit Tabstopps arbeiten

Tabstopps dienen als eine Art Haltepunkt für die Eingabe innerhalb einer Zeile. Drücken Sie Tab, um zum nächsten Haltepunkt in der aktuellen Zeile zu gelangen. Word setzt standardmäßig alle 1,25 cm einen linksbündigen Tabstopp. Sobald Sie einen eigenen Tabstopp definieren, werden alle links davon befindlichen Standardtabstopps von Word aufgehoben. Sie können Tabstopps mit unterschiedlichen Ausrichtungen und Füllzeichen definieren.

Tabstopps im Lineal setzen

(1) Klicken Sie hier, um die Lineale einzublenden.

(2) Markieren Sie einen oder mehrere Absätze, für die die Tabulatoren gelten sollen.

(3) Wählen Sie den Tabulatortyp aus. Klicken Sie so lange, bis der gewünschte Typ angezeigt wird.

(4) Klicken Sie im Lineal auf die gewünschte Tabstopp-position. Wiederholen Sie die Schritte 2 und 3, um weitere Tabstopps zu definieren. Ziehen Sie einen gesetzten Tabstopp bei Bedarf an eine andere Stelle im horizontalen Lineal, um ihn zu verschieben, bzw. aus dem Lineal heraus, um ihn zu löschen.

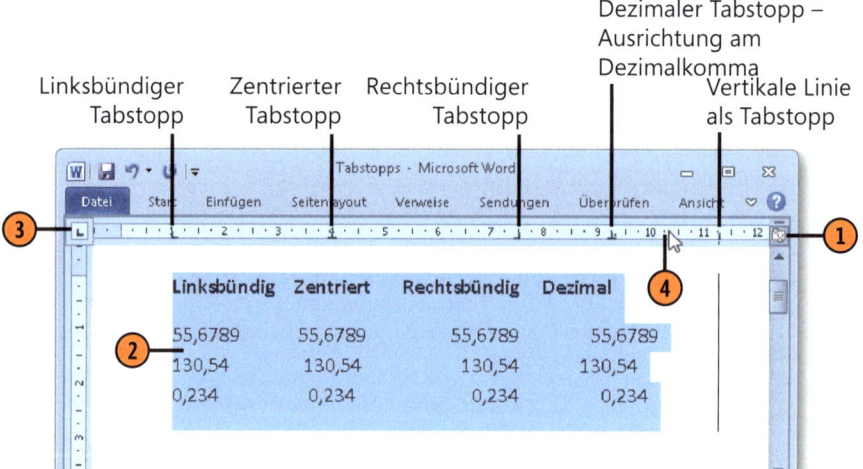

Linksbündiger Tabstopp • Zentrierter Tabstopp • Rechtsbündiger Tabstopp • Dezimaler Tabstopp – Ausrichtung am Dezimalkomma • Vertikale Linie als Tabstopp

Achtung!

Wenn Sie mehrere Absätze markieren, für die nicht dieselben Tabstopps definiert wurden, werden die Tabulatorzeichen für den ersten markierten Absatz im horizontalen Lineal hellgrau dargestellt.

Siehe auch

Wenn Sie häufig Text untereinander ausrichten, empfiehlt es sich, mit Tabellen statt mit Tabstopps zu arbeiten. Informationen über Tabellen finden Sie auf Seite 85 ff.

Tabstopps bearbeiten

① Markieren Sie die Absätze, deren Tabulatoren geändert werden sollen, und doppelklicken Sie im Lineal auf einen beliebigen Tabstopp, um das Dialogfeld *Tabstopps* zu öffnen.

② Klicken Sie auf den zu ändernden Tabstopp.

③ Definieren Sie die folgenden Elemente für den Tabstopp:

- Geben Sie eine neue Position ein.
- Definieren Sie eine andere Ausrichtung.
- Wählen Sie ein Füllzeichen.

④ Klicken Sie auf *Festlegen*. Wiederholen Sie die Schritte 2 und 3, um weitere Tabstopps zu bearbeiten.

⑤ Führen Sie bei Bedarf eine der folgenden Aktionen aus:

- Tabstopp löschen: Wählen Sie einen Tabstopp aus und klicken Sie auf *Löschen*.
- Alle Tappstopps löschen: Klicken Sie auf *Alle löschen*.
- Standardtabstopp ändern: Geben Sie im Feld *Standardtabstopps* einen anderen Wert ein.

⑥ Bestätigen Sie mit *OK*.

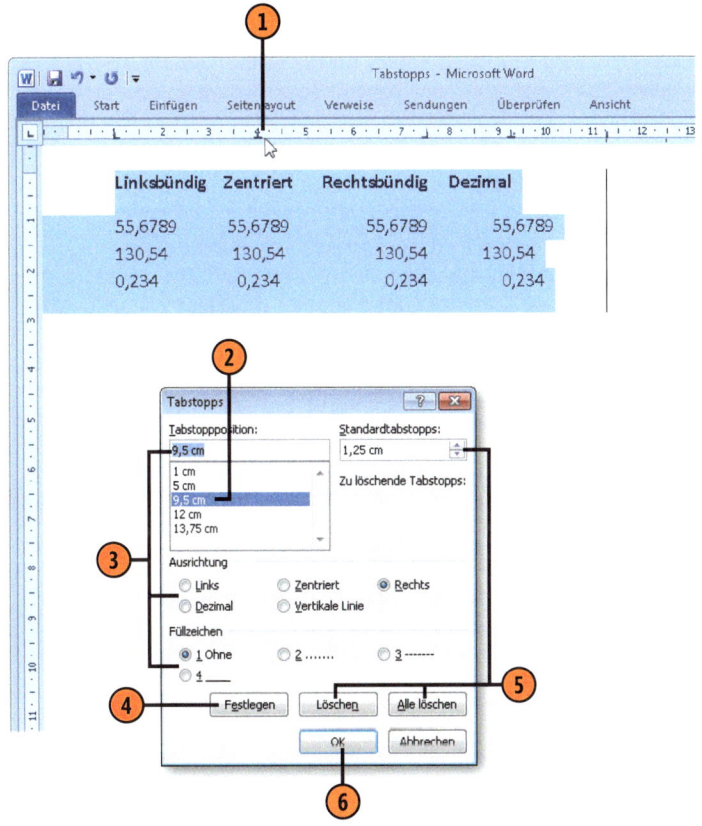

Tipp ✓

Da die Tabulatoren zu den Absatzformaten gehören, können Sie das Dialogfeld *Tabstopps* auch öffnen, indem Sie im Dialogfeld *Absatz* auf die Schaltfläche *Tabstopps* klicken.

Achtung !

Wenn Sie im Lineal auf ein Tabstoppzeichen doppelklicken und nicht richtig treffen, wird statt des Dialogfeldes *Tabstopps* das Dialogfeld *Seite einrichten* geöffnet.

Schriftart und Schriftgröße

Das Schriftbild ist entscheidend für die Lesbarkeit des Textes. In der Regel wird in einem Text mit einer Schriftart gearbeitet, während die Schriftgröße und sonstige Schriftattribute variieren, z.B. in Überschriften. Sie können aber auch Textbereiche auswählen und in einer anderen Schrift und Größe darstellen.

Schriftart ändern

① Wählen Sie den Text aus, dessen Schriftart geändert werden soll, und klicken Sie auf der Registerkarte *Start* in der Gruppe *Schriftart* auf den Pfeil des Feldes *Schriftart*.

② Wählen Sie eine Schriftart in der Liste aus. Es stehen folgende Gruppen zur Verfügung:

- *Designschriftarten* – eine Schriftart für Überschriften sowie eine für den Fließtext, die beide vom verwendeten Design abhängen

- *Zuletzt verwendete Schriftarten* – eine Liste mit Schriftarten, mit denen Sie vor Kurzem gearbeitet haben

- *Alle Schriftarten* – eine Liste mit allen Schriftarten, aus denen Sie wählen können

Tipp ✔

Wenn Sie in der Liste auf eine Schriftart zeigen, wird die Livevorschau von Word aktiv und Sie sehen den ausgewählten Text in der betreffenden Schriftart.

Gewusst wie 🖱

Um alle zugewiesenen Zeichenformate in einem Arbeitsgang wieder rückgängig zu machen, markieren Sie die entsprechende Textpassage und klicken dann auf der Registerkarte *Start* in der Gruppe *Schriftart* auf die Schaltfläche *Formatierung löschen*.

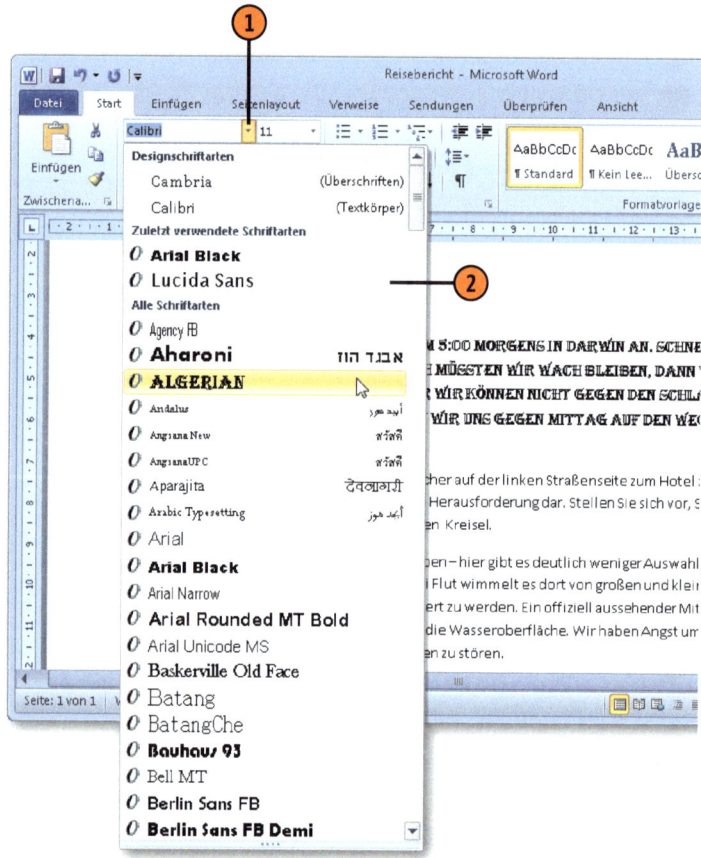

Schriftgröße und -attribute ändern

(1) Wählen Sie den Text aus, dessen Schriftgröße geändert werden soll, und klicken Sie auf der Registerkarte *Start* in der Gruppe *Schriftart* auf das Startprogramm für das Dialogfeld *Schriftart*.

(2) Wählen Sie im Listenfeld *Schriftschnitt* eine andere Darstellung.

(3) Wählen Sie im Listenfeld *Größe* eine Schriftgröße.

(4) Wählen Sie eine Schriftfarbe, eine Unterstreichungsart sowie eine Farbe für die Unterstreichung.

(5) Klicken Sie auf den gewünschten Effekt:

- *Durchgestrichen* – ~~Erste Herausforderung~~

- *Doppelt durchgestrichen* – ~~Erste Herausforderung~~

- *Hochgestellt* – E^rste H^erausforderung

- *Tiefgestellt* – E~rste~ H~erausforderung~

- *Kapitälchen* – ᴇʀsᴛᴇ Hᴇʀᴀusꜰoʀᴅᴇʀuɴɢ

- *Großbuchstaben* – ERSTE HERAUSFORDERUNG

- *Ausgeblendet* – Erste Herausforderung (nur sichtbar bei eingeschalteten Formatierungssymbolen

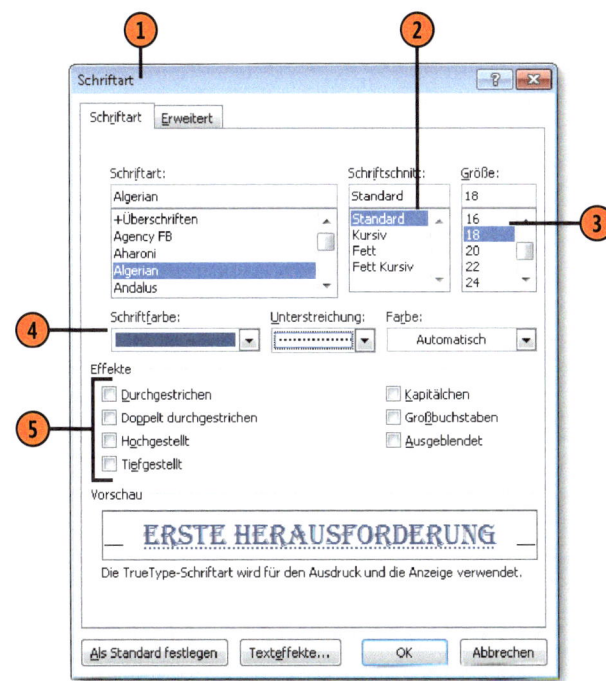

Tipp ✓

Für die meisten Schriftattribute gibt es auf der Registerkarte *Start* in der Gruppe *Schriftart* auch die entsprechenden Schaltflächen, über die Sie die Formate zuweisen können. Außerdem wird, sobald Sie Text auswählen, die sogenannte Minisymbolleiste neben der Markierung eingeblendet, die die wichtigsten Schaltflächen zum Ändern der Darstellung von Text enthält.

Nummerierte Listen

Eine nummerierte Liste setzt sich aus einer Folge von Absätzen mit fortlaufender Nummerierung zusammen. Word übernimmt alle notwendigen Formatzuweisungen für Sie. Wenn Sie nachträglich Absätze einfügen, löschen oder umstellen, passt das Programm die Nummerierung automatisch an.

Liste erstellen

1. Geben Sie den Listentext zeilenweise ein und wählen Sie anschließend alle Listeneinträge aus.

2. Klicken Sie auf der Registerkarte *Start* in der Gruppe *Absatz* auf die Schaltfläche *Nummerierung*, um die Standardnummerierung zuzuweisen.

3. Setzen Sie die Einfügemarke an das Listenende und drücken Sie zweimal Eingabe, um die Liste zu beenden.

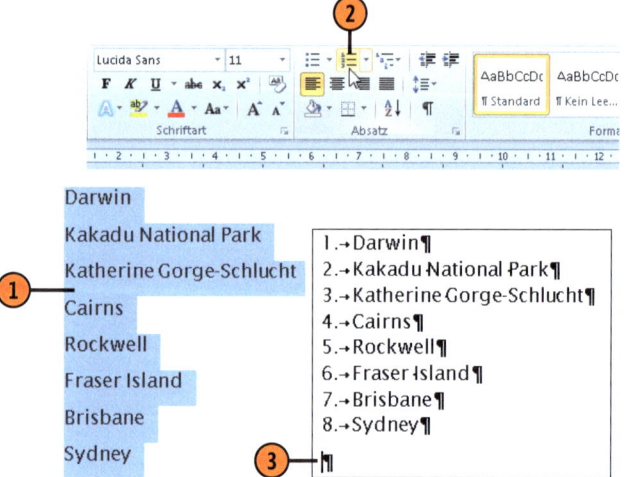

Liste neu nummerieren

1. Klicken Sie mit der rechten Maustaste auf den Listeneintrag, ab dem neu nummeriert werden soll.

2. Klicken Sie im Kontextmenü auf *Neu beginnen mit 1*.

3. Ab dem aktuell markierten Absatz wird neu nummeriert.

4. Weitere Optionen in diesem Kontextmenü, die die gesamte Liste betreffen:

- *Nummerierungswert festlegen* – die Nummerierung der nachfolgenden Listenelemente ab einer angegebenen Zahl fortsetzen

- *Nummerierung fortsetzen* – die Nummerierung der vorherigen Liste fortsetzen

- *Listeneinzug anpassen* – den Einzug der Nummerierung sowie den Texteinzug ändern

- *Aufzählungszeichen* – die nummerierte Liste in eine Aufzählungsliste umwandeln

- *Nummerierung* – die Nummerierung bearbeiten

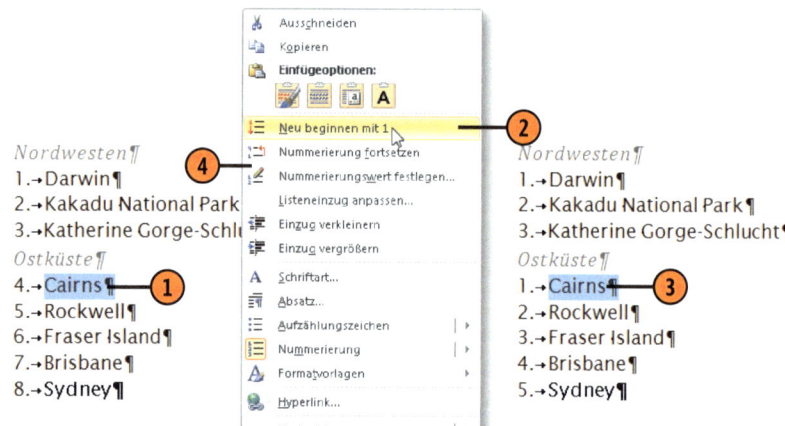

Aufzählungslisten

Eine Aufzählungsliste setzt sich aus einer Folge von Absätzen mit voranstehendem Aufzählungszeichen zusammen. Word übernimmt alle notwendigen Formatzuweisungen für Sie. Jeder Listeneintrag kann mit einem anderen Aufzählungszeichen versehen werden.

Aufzählungsliste erstellen

① Geben Sie den Listentext ein und beginnen Sie für jeden Eintrag einen neuen Absatz. Wählen Sie alle Listeneinträge aus.

② Klicken Sie auf der Registerkarte *Start* in der Gruppe *Absatz* auf die Schaltfläche *Aufzählungszeichen*, um das Standardaufzählungszeichen zuzuweisen.

③ Setzen Sie die Einfügemarke an das Listenende und drücken Sie zweimal Eingabe, um die Liste zu beenden.

Aufzählungszeichen ändern

① Wählen Sie einen oder mehrere Listeneinträge aus, dessen/deren Aufzählungszeichen geändert werden soll.

② Klicken Sie auf der Registerkarte *Start* in der Gruppe *Absatz* auf den Pfeil der Schaltfläche *Aufzählungszeichen*.

③ Klicken Sie auf ein Aufzählungszeichen Ihrer Wahl.

Tipp ✓

Um eine Aufzählungsliste zu teilen, klicken Sie mit der rechten Maustaste auf den ersten Eintrag der gewünschten zweiten Liste und wählen dann im Kontextmenü den Befehl *Separate Liste*.

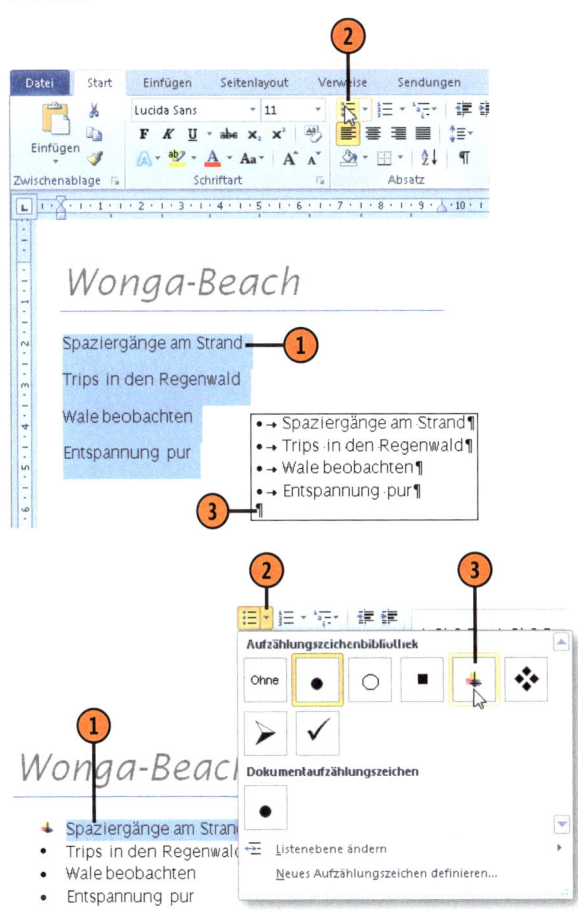

Gegliederte Listen

In einer Liste mit mehreren Ebenen können Sie Hierarchien darstellen. Eine solche gegliederte Liste kann sich aus nummerierten Einträgen oder Einträgen mit vorangestelltem Aufzählungszeichen zusammensetzen. Auch Mischformen aus beiden Listentypen sind möglich. Sie können bis zu neun Listenebenen darstellen.

Liste mit mehreren Ebenen erstellen

① Schreiben Sie den ersten Listeneintrag.

② Klicken Sie auf der Registerkarte *Start* in der Gruppe *Absatz* auf die Schaltfläche *Aufzählungszeichen* oder auf die Schaltfläche *Nummerierung*, um den Listeneintrag als Aufzählungs- bzw. nummerierten Eintrag zu formatieren, und drücken Sie Eingabe.

③ Drücken Sie am Anfang des zweiten Absatzes Tab, um den zweiten Listeneintrag eine Ebene tieferzustufen, geben Sie den zweiten Listeneintrag ein und drücken Sie dann Eingabe.

④ Drücken Sie am Anfang des dritten Absatzes erneut Tab, um den dritten Listeneintrag auf die dritte Ebene zu setzen.

⑤ Drücken Sie am Anfang eines Absatzes Umschalt+Tab, um den aktuellen Eintrag eine Ebene höherzustufen.

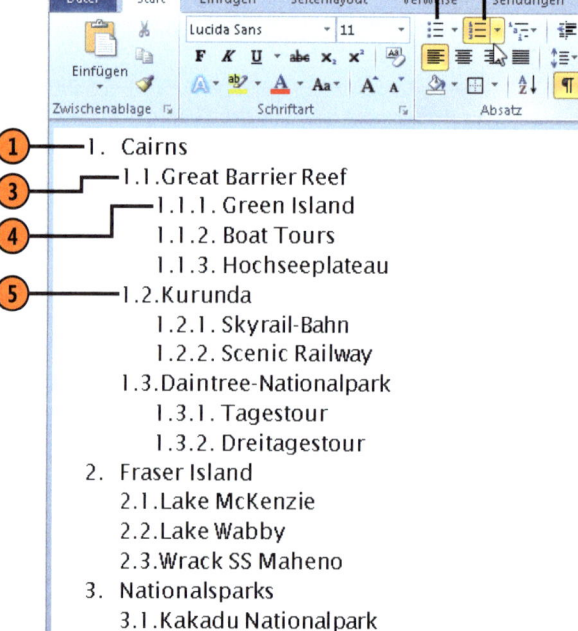

Achtung !

Verwechseln Sie Listen mit mehreren Ebenen nicht mit der Gliederungsfunktion von Word. Informationen zum Arbeiten mit Gliederungen finden Sie auf Seite 96 f.

Formate übertragen

Wenn Sie ein Absatz-, Listen- oder Zeichenformat kreiert haben, das Ihnen gefällt, können Sie es schnell und einfach auf andere Textpassagen im Dokument übertragen. So ist eine schnelle einheitliche optische Darstellung Ihrer Dokumente ein Kinderspiel.

Formate mehrfach nutzen

① Klicken Sie auf der Registerkarte *Start* in der Gruppe *Absatz* auf die Schaltfläche *Alle anzeigen*, um Absatz-, Leerzeichen etc. einzublenden.

② Wählen Sie das Absatzzeichen des gewünschten Absatzes aus, um das Format des gesamten Absatzes zu kopieren, bzw. markieren Sie eine Zeichenfolge, um das betreffende Zeichenformat zu übertragen.

③ Klicken Sie auf der Registerkarte *Start* in der Gruppe *Zwischenablage* auf die Schaltfläche *Format übertragen*.

④ Ziehen Sie mit dem Mauszeiger (Pinselform) über die Absätze bzw. über die Zeichen, auf die das Format übertragen werden soll.

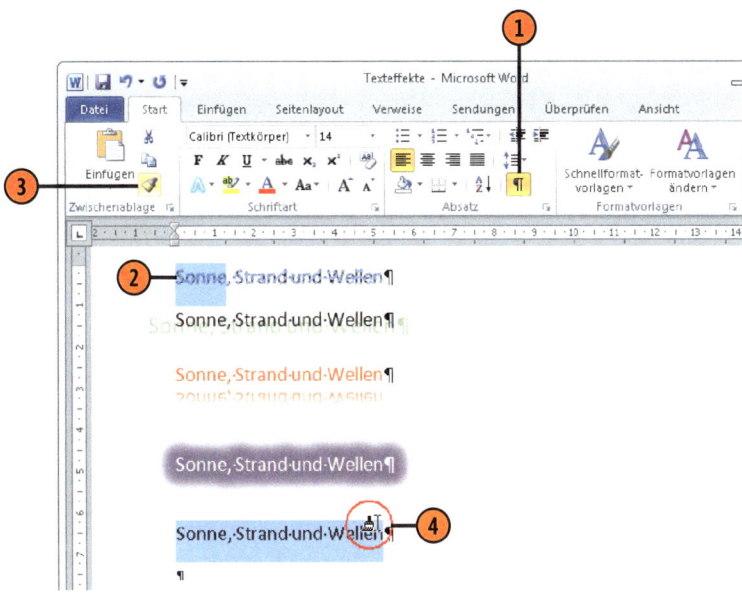

Gewusst wie

Wenn Sie ein Absatz- oder Zeichenformat mehrfach übertragen wollen, wählen Sie den entsprechenden Absatz bzw. die gewünschten Zeichen aus und doppelklicken auf die Schaltfläche *Format übertragen*. Ziehen Sie dann nacheinander über alle Bereiche, auf die das Format übertragen werden soll. Klicken Sie abschließend erneut auf die Schaltfläche *Format übertragen*, um das Übertragen zu beenden.

Mit Schnellformatvorlagen arbeiten

Der Schnellformatvorlagen-Katalog enthält ein Set mit Formatvorlagen, die in der Regel ausreichen, um ein einfaches Dokument ansprechend und einheitlich zu gestalten. Darüber hinaus haben Sie die Möglichkeit, eigene Formate zu erstellen und diese in den aktuellen Katalog aufzunehmen, sowie nicht benötigte Formate aus dem Katalog zu entfernen. Word stellt zusätzlich verschiedene Stil-Sets mit Schnellformatvorlagen zur Verfügung, mit denen Sie für Ihre Dokumente eine bestimmte Richtung vorgeben können.

Schnellformatvorlage zuweisen

① Wählen Sie den Dokumentbereich aus, dem Sie eine Schnellformatvorlage zuweisen wollen.

② Klicken Sie auf der Registerkarte *Start* in der Gruppe *Formatvorlagen* auf die Schaltfläche *Weitere*, um den Katalog mit Schnellformatvorlagen aufzuklappen.

③ Klicken Sie auf eine Vorlage, um sie dem Dokumentbereich zuzuweisen.

④ Klicken Sie im Schnellformatvorlagen-Katalog auf *Formatierung löschen*, um eine zuvor zugewiesene Formatierung wieder aufzuheben.

⑤ Über *Formatvorlagen übernehmen* können Sie der Textauswahl eine Formatvorlage aus der Dokumentvorlage für das aktuelle Dokument zuweisen.

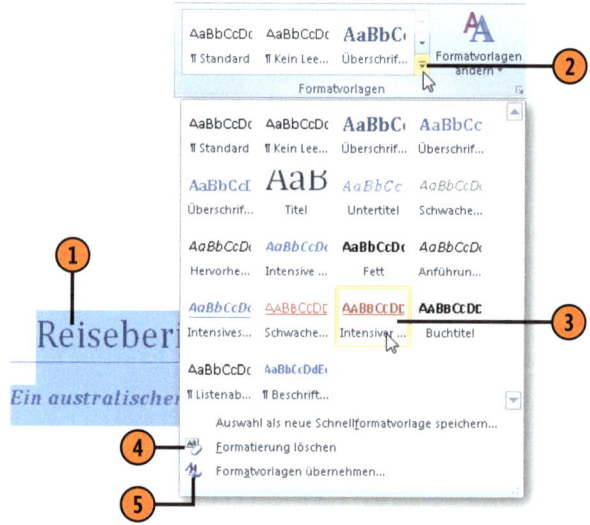

Tipp ✓

Klicken Sie mit der rechten Maustaste auf eine Schnellformatvorlage im Katalog und dann im Kontextmenü auf den Befehl *Aus Schnellformatvorlagen-Katalog entfernen*, um die Vorlage aus dem Katalog zu nehmen.

Neue Vorlage in den Katalog aufnehmen

① Formatieren Sie im Dokument einen Absatz oder einen Textbereich, dessen Formatierung Sie als Schnellformatvorlage
in den Katalog aufnehmen wollen, und wählen Sie ihn aus.

② Klicken Sie auf der Registerkarte *Start* in der Gruppe *Formatvorlagen* auf die Schaltfläche *Weitere* und dann auf *Auswahl
als neue Schnellformatvorlage speichern*.

③ Vergeben Sie im Dialogfeld *Neue Formatvorlage von Formatierung erstellen* einen Vorlagennamen.

④ Bestätigen Sie mit *OK*, um die neue Vorlage an erster Position in den Schnellformatvorlagen-Katalog aufzunehmen.

Stil-Set wechseln

① Klicken Sie auf der Registerkarte *Start* in der Gruppe *Formatvorlagen* auf die Schaltfläche *Formatvorlagen ändern*.

② Klicken Sie auf *Stil-Set* und zeigen Sie dann auf ein Set.

③ Prüfen Sie das Set in der Livevorschau, bevor Sie es durch
<Klicken zuweisen.

④ Speichern Sie das gewählte Set bei Bedarf als neues Stil-Set
unter einem Namen Ihrer Wahl. Das neue Set wird dann in
die Liste der Stil-Sets aufgenommen.

Gewusst wie

Sie können für Schnellformatvorlagen nicht nur das Stil-Set
ändern, sondern auch neue Farbkombinationen, andere Schriftarten für die Überschriften und den Fließtext sowie andere
Absatzabstände wählen. Damit ändern Sie für das aktuelle Dokument die verfügbaren Designfarben und Standardschriftarten
für Überschrift und Fließtext sowie den Standardzeilenabstand.

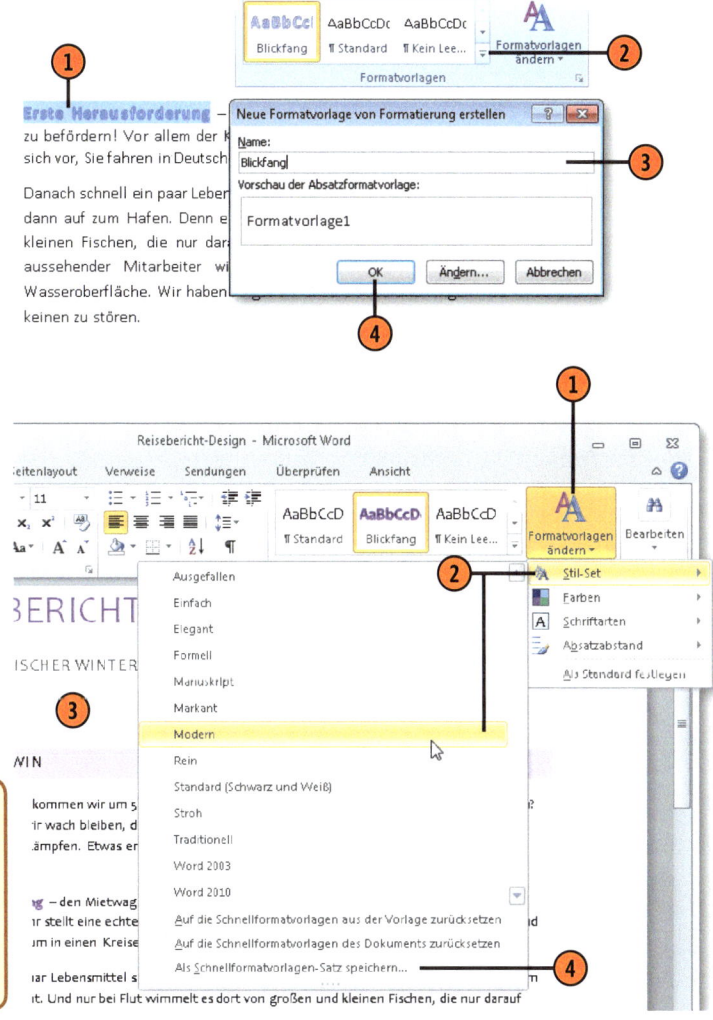

Dokumentdesigns

Word stellt für das Gestalten von Dokumenten verschiedene Designs zur Verfügung. Mit einem Design wird das gesamte Aussehen eines Dokuments bestimmt. Zu einem Design gehören Sets mit Schnellformatvorlagen, eine harmonisch aufeinander abgestimmte Auswahl von Farben, Standardschriften für Überschriften und Fließtext sowie bestimmte Effekte für das Einfügen von grafischen Elementen. Die auf das aktuelle Dokumentde-sign abgestimmten Farben, Schriften und Effekte (Linien und Fülleffekte) werden über die betreffenden Schaltflächen auf der Registerkarte *Seitenlayout* in der Gruppe *Designs* zur Verfügung gestellt.

Design wählen

① Klicken Sie auf der Registerkarte *Seitenlayout* in der Gruppe *Designs* auf die Schaltfläche *Designs*.

② Zeigen Sie in der Designliste auf ein Design Ihrer Wahl, um seine Wirkung in der Livevorschau zu testen. Klicken Sie auf ein Design, um es zuzuweisen.

③ Des Weiteren können Sie folgende Aktionen ausführen:

- Das Vorlagendesign wiederherstellen.

- In einem Öffnen-Dialogfeld nach einem Design oder einem Dokument, dessen Design übernommen werden soll, suchen.

- Das vorliegende Dokumentdesign unter einem Namen Ihrer Wahl als *.thmx*-Datei (Dateityp: *Office-Design*) speichern.

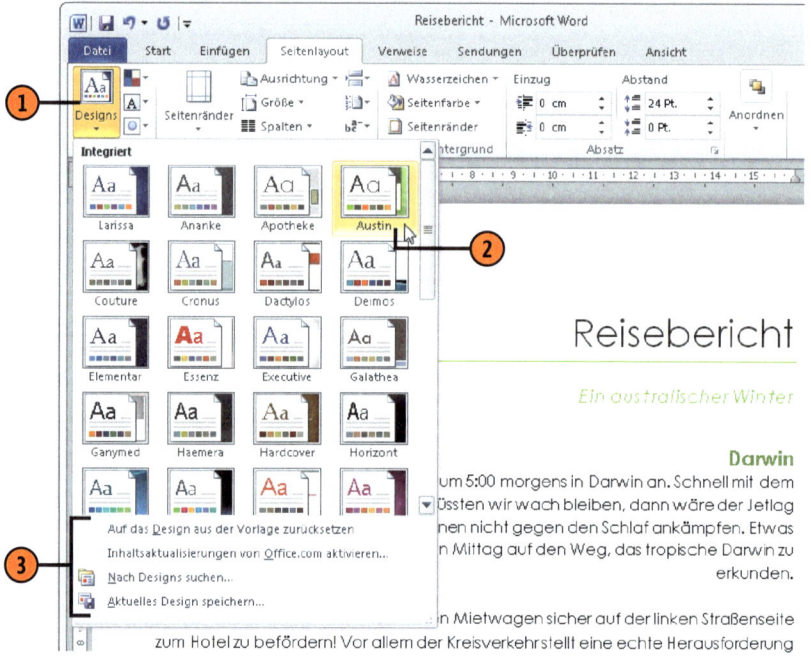

Siehe auch

Informationen zu den Schnellformatvorlagen-sets eines Designs finden Sie auf Seite 80 f.

Design bearbeiten und speichern

① Klicken Sie auf der Registerkarte *Seitenlayout* in der Gruppe *Designs* auf die Schaltfläche *Designfarben* und wählen Sie in der Liste eine Farbkombination aus. Wenn Sie ganz unten in der Liste auf *Neue Designfarben erstellen* klicken, können Sie ein eigenes Farbschema erstellen.

② Klicken Sie auf die Schaltfläche *Designschriftarten* und wählen Sie in der Liste eine andere Schriftkombination für Überschriften und Textkörper aus. Wenn Sie ganz unten in der Liste auf *Neue Designschriftarten erstellen* klicken, können Sie eine eigene Schriftkombination definieren.

③ Klicken Sie auf die Schaltfläche *Designeffekte* und wählen Sie in der Liste eine Kombination aus Linien- und Fülleffekten für grafische Elemente aus.

④ Klicken Sie auf der Registerkarte *Seitenlayout* in der Gruppe *Designs* auf die Schaltfläche *Designs* und dann auf *Aktuelles Design speichern*. Vergeben Sie einen Namen für das geänderte Design, um es als Designdatei im Dateiformat *Office-Design* mit der Erweiterung *.thmx* zu speichern.

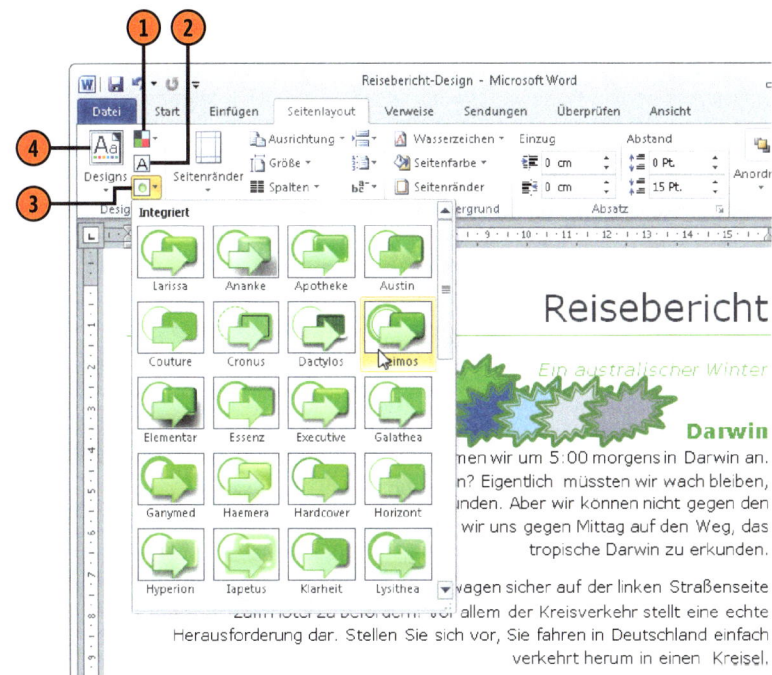

Tipp

Wenn Sie auf die Schaltfläche *Designs* klicken, werden die von Ihnen erstellten und gespeicherten Designs oben in der Designliste im Abschnitt *Benutzerdefiniert* aufgelistet.

Texteffekte

Die Texteffekte für einzelne Zeichen, Wörter oder Textpassagen sind neu in Word 2010. Sie sind ein echter Hingucker. Verwenden Sie sie sparsam für die Wörter, die die Leser keinesfalls übersehen sollen. Sie können einen in Word definierten Effekt wählen, eigene Effekteinstellungen vornehmen und die Effekte mischen. Ihrer Kreativität sind kaum Grenzen gesetzt.

Integrierten Texteffekt zuweisen

① Wählen Sie den Text aus, dem Sie einen Texteffekt zuweisen wollen.

② Klicken Sie auf der Registerkarte *Start* in der Gruppe *Schriftart* auf die Schaltfläche *Texteffekte*.

③ Wählen Sie einen vorgefertigten Texteffekt aus.

Texteffekt erstellen

① Wählen Sie den Text aus, dem Sie einen Texteffekt zuweisen wollen, und klicken Sie dann auf der Registerkarte *Start* in der Gruppe *Schriftart* auf die Schaltfläche *Texteffekte*.

② Klicken Sie auf die gewünschte Effektart und nehmen Sie die gewünschten Einstellungen vor:

- *Kontur:* Wählen Sie Textfarbe, Konturfarbe, Linienstärke und Linienart.
- *Schatten:* Wählen Sie einen Innen-, Außen- oder perspektivischen Schatten.
- *Spiegelung:* Wählen Sie unter verschiedenen Spiegelvarianten und -optionen.
- *Leuchten:* Wählen Sie unter verschiedenen Leuchtvarianten, -farben und -optionen.

5 Tabellen einsetzen

Tabellen dienen in erster Linie dazu, Daten und Fakten übersichtlich und strukturiert darzustellen. Eine ordentliche Darstellung reißt aber noch keinen Betrachter vom Hocker. Machen Sie in Word mehr aus Ihren Tabellen und gestalten Sie sie zum optischen Anziehungspunkt Ihrer Dokumente.

Eine Tabelle ist schnell eingefügt, sei es, dass Sie sie von Grund auf neu erstellen, auf integrierte Schnelltabellen zurückgreifen, Text in eine Tabelle umwandeln oder eine Tabelle mit Stift und Radiergummi ausgestattet zeichnen.

Word stellt für das Bearbeiten von Tabellen zwei spezielle *Tabellentools*-Registerkarten zur Verfügung: *Entwurf* und *Layout*. Dort stehen alle Überarbeitungsfunktionen zur Verfügung. Auf der Registerkarte *Entwurf* finden Sie alle wichtigen Befehle, die die Tabellenoptik betreffen. Hier wählen Sie Formatvorlagen, Schattierungen und Rahmen etc. Auf der Registerkarte *Layout* befinden sich alle Funktionen, die die Struktur – das Tabellenlayout – betreffen. Dazu gehören Befehle zum Einfügen und Löschen von Zeilen, Spalten, Zellen, Ändern von Zeilenhöhen und Spaltenbreiten, Sortieren der Tabelle u.v.m.

Tabellen erstellen

Tabellen dienen der übersichtlichen Darstellung von zusammengehörigen Informationen. Am einfachsten fügen Sie eine leere, unformatierte Tabelle ein, deren Darstellung und Anordnung Sie anschließend nach Bedarf anpassen. Für das Erstellen einer leeren Tabelle gibt es verschiedene Vorgehensweise. Die beiden gängigsten werden hier vorgestellt.

Tabelle einfügen – Variante 1

① Klicken Sie auf der Registerkarte *Einfügen* in der Gruppe *Tabellen* auf die Schaltfläche *Tabelle*.

② Ziehen Sie mit dem Mauszeiger über die Anzahl der gewünschten Zeilen und Spalten und klicken Sie auf das letzte Feld Ihrer Auswahl. Word fügt die Tabelle ein und verteilt die Spalten gleichmäßig über die gesamte Satzspiegelbreite.

③ Klicken Sie bei Bedarf in die erste Zelle und geben Sie Text ein. Drücken Sie Tab, um zur Zelle rechts daneben zu wechseln, und geben Sie Text in die zweite Zelle der ersten Zeile ein. Wiederholen Sie diesen Schritt für alle weiteren Tabelleneingaben.

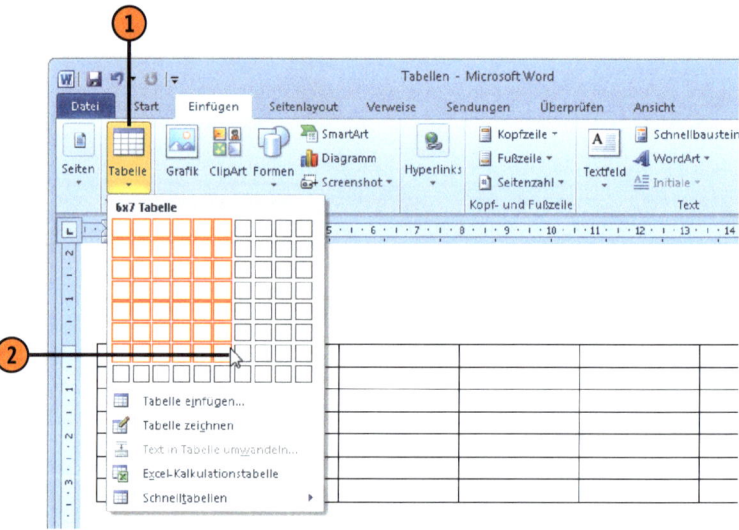

Tipp ✔

Wenn Sie am Ende der Tabelle eine weitere Zeile benötigen, drücken Sie in der letzten Tabellenzelle Tab. Word fügt automatisch eine neue Zeile an.

Tipp ✔

Wenn Sie auf den Befehl *Tabelle zeichnen* klicken, verwandelt sich der Mauszeiger in einen Stift, mit dem Sie eine Tabelle zeichnen können.

③	Tour 1	Tour 2	Tour 3
Queensland	Cairns	Wonga Beach	Rockhampton
	Scenic Railway	Daintree	Carves
Northern Territory	Darwin	Kakadu-Cooinda	Katherine
	Harbor	Kakadu- East Alligator River	Katherine Gorge
West Australia	Perth	Broome	Coral Bay

Tabelle einfügen – Variante 2

(1) Klicken Sie auf der Registerkarte *Einfügen* in der Gruppe *Tabellen* auf die Schaltfläche *Tabelle* und wählen Sie den Eintrag *Tabelle einfügen*, um das gleichnamige Dialogfeld zu öffnen.

(2) Wählen Sie die Anzahl der Spalten und Zeilen.

(3) Legen Sie eine Option für die Spaltenbreite fest:

- *Feste Spaltenbreite* – feste Spaltenbreite für alle Spalten der Tabelle eingeben oder *Auto* wählen, um die Spalten gleichmäßig über den Satzspiegel zu verteilen.

- *Optimale Breite: Inhalt* – Spaltenbreite wird durch den längsten Eintrag in der Spalte bestimmt.

- *Optimale Breite: Fenster* – Spaltenbreiten werden in der Ansicht *Weblayout* und im Webbrowser-Fenster automatisch an die jeweilige Fensterbreite angepasst.

(4) Aktivieren Sie dieses Kontrollkästchen, um die Einstellungen als Standard für neue Tabellen zu definieren.

Die Spaltenbreiten werden im Lineal angezeigt.

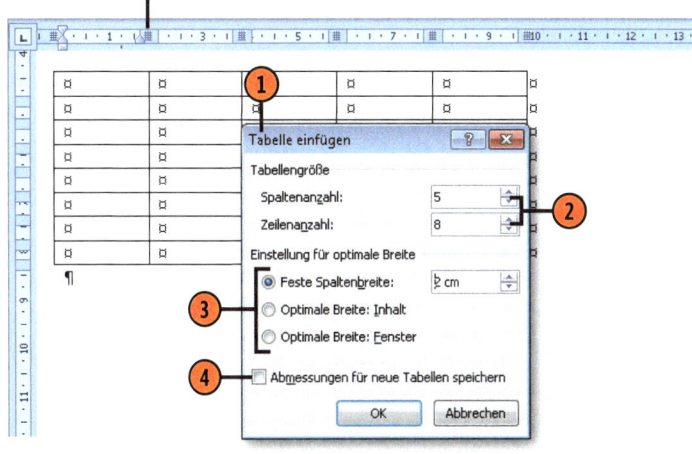

Tipp ✔

Wenn Sie im Menü zur Schaltfläche *Tabelle* den Befehl *Excel-Kalkulationstabelle* wählen, wird ein Excel-Arbeitsblatt mit einer Tabelle mit sieben Spalten und zehn Zeilen eingefügt. Darüber hinaus stehen die Excel-Registerkarten mit allen Excel-Befehlen zur Verfügung, solange die Tabelle ausgewählt ist.

Tipp ✔

Wenn Sie eine Tabelle am Dokumentanfang eingefügt haben und oberhalb der Tabelle einen neuen Absatz einfügen wollen, setzen Sie die Einfügemarke in die erste Tabellenzelle und drücken Eingabe. Word fügt dann oberhalb der Tabelle eine Absatzmarke ein.

Integrierte Schnelltabellen verwenden

Word stellt eine Reihe von integrierten Schnelltabellen für verschiedene Themen, z.B. Kalender, und Tabellenstrukturen, zum Teil mit Titel und Untertitel, zur Verfügung. So müssen Sie das Layout Ihrer Tabellen nicht komplett neu erstellen, sondern können auf bereits Vorhandenes zurückgreifen und ggf. an Ihre Anforderungen anpassen.

Schnelltabelle auswählen

(1) Klicken Sie auf der Registerkarte *Einfügen* in der Gruppe *Tabellen* auf die Schaltfläche *Tabelle* und wählen Sie den Eintrag *Schnelltabellen*.

(2) Wählen Sie eine Tabellenvorlage in der Liste aus.

(3) Markieren Sie die komplette Tabelle und drücken Sie Entf, um den Text der Schnelltabelle zu löschen. Das Zellformat bleibt erhalten.

(4) Klicken Sie in die erste Zelle, geben Sie Text ein und wechseln Sie mit Tab zur nächsten Zelle, um weiteren Text einzugeben. Wiederholen Sie diesen Schritt, bis Sie die gesamte Schnelltabelle mit Text gefüllt haben.

Tipp ✓

Sie können ein eigenes Tabellenformat kreieren und die ausgewählte Tabelle über *Einfügen/ Tabelle/Schnelltabellen/Auswahl in Schnelltabellenkatalog speichern* als benutzerdefinierte Schnelltabelle in den Katalog aufnehmen.

Siehe auch

Schnelltabellen gehören zu den sogenannten Bausteinen von Word (Details hierzu auf Seite 106 f.).

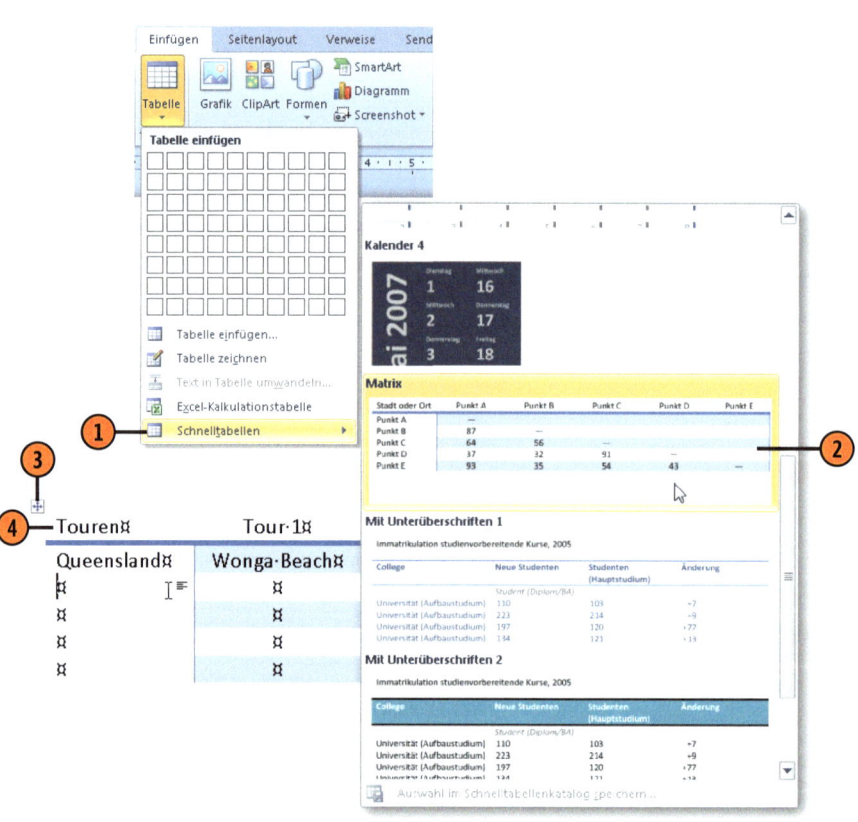

Tabellen aus Text erstellen

Wenn Ihnen Text vorliegt, der durch Tabstopps oder andere Trennzeichen tabellenförmig aufgebaut ist, können Sie ihn in eine Word-Tabelle umwandeln. Dies hat den Vorteil, dass Sie den Text mit den Tabellenwerkzeugen von Word bequem bearbeiten und gestalten können.

Text in eine Tabelle umwandeln

① Achten Sie darauf, dass die Spalteninformationen im Text jeweils durch ein Trennzeichen, z.B. Tabulatorzeichen, voneinander getrennt sind.

② Wählen Sie die Daten aus, die in eine Tabelle umgewandelt werden sollen.

③ Klicken Sie auf der Registerkarte *Einfügen* in der Gruppe *Tabellen* auf die Schaltfläche *Tabelle* und wählen Sie *Text in Tabelle umwandeln*, um das gleichnamige Dialogfeld zu öffnen.

④ Geben Sie bei Bedarf eine höhere Spaltenzahl ein, um zusätzliche leere Spalten einzufügen. Die Zeilenzahl ist durch die vorherige Auswahl fix.

⑤ Wählen Sie das Trennzeichen aus, mit dem die Spalten gekennzeichnet sind.

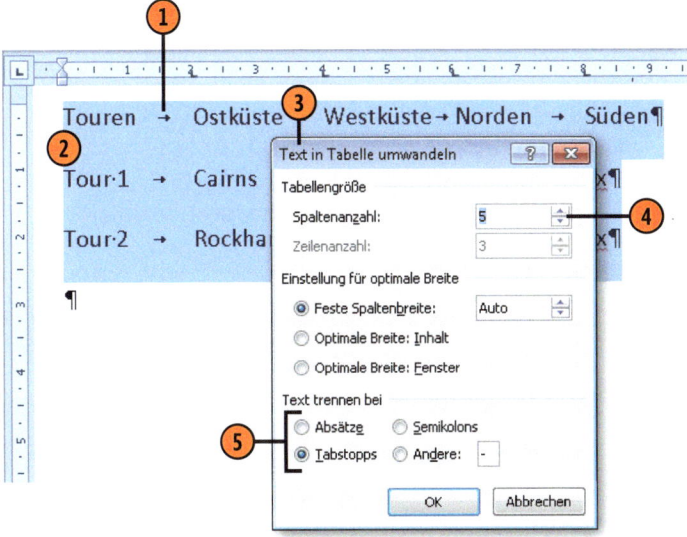

Siehe auch

Informationen zur Einstellung der optimalen Spaltenbreite finden Sie auf Seite 92.

Tabellenstruktur bearbeiten

Bearbeiten Sie bei Bedarf die Tabellenstruktur, indem Sie Spalten und Zeilen hinzufügen oder löschen. Außerdem können Sie ein-zelne Zellen bzw. Zellinhalte löschen sowie Zellen verbinden und teilen.

Zeilen/Spalten einfügen

① Klicken Sie in der Tabelle auf eine Stelle, an der eine Zeile oder Spalte eingefügt werden soll.

② Klicken Sie auf der Registerkarte *Tabellentools/Layout* in der Gruppe *Zeilen und Spalten* auf eine der ange-botenen Einfügen-Schaltflächen, um eine Zeile ober-halb bzw. unterhalb oder eine Spalte rechts bzw. links neben der aktuellen Zelle einzufügen.

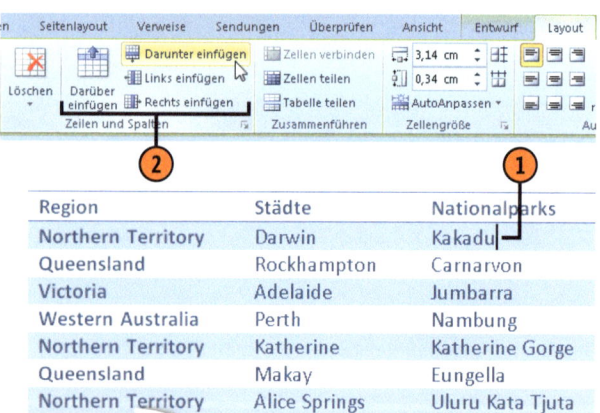

Gewusst wie

Wenn Sie mehrere Zeilen/Spalten markieren und auf eine der Einfügen-Schaltfläche klicken, wird die Anzahl der ausgewählten Zeilen bzw. Spalten ober-/unterhalb oder neben der Auswahl eingefügt.

Zellen teilen

① Klicken Sie in die Zelle, die geteilt werden soll.

② Klicken Sie auf der Registerkarte *Tabellentools/Layout* in der Gruppe *Zusammenführen* auf *Zellen teilen*, um das gleichnamige Dialogfeld zu öffnen.

③ Geben Sie an, in wie viele Zeilen und/oder Spalten die Zelle geteilt werden soll.

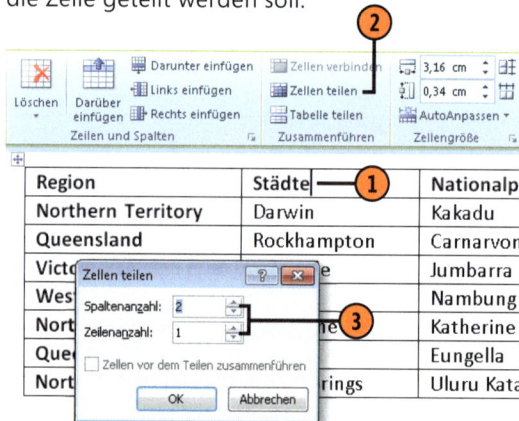

Gewusst wie

Wenn Sie mehrere Zellen vor dem Teilen markieren, werden die ausgewählten Zellen vor dem Teilen zu einer Zelle ver-bunden. So ändern Sie schnell die Tabellenstruktur.

Spalten/Zeilen/Zellen löschen

① Klicken Sie in der Tabelle auf die Stelle, an der eine Spalte, Zeile oder Zelle gelöscht werden soll.

② Klicken Sie auf der Registerkarte *Tabellentools/Layout* in der Gruppe *Zeilen und Spalten* auf *Löschen* und wählen Sie in der Liste das zu entfernende Element aus:

● *Tabelle löschen*: Die gesamte Tabelle wird gelöscht.

● *Spalten/Zeilen löschen:* Die aktuelle Spalte bzw. Zeile wird entfernt.

● *Zellen löschen:* Wählen Sie im Dialogfeld *Zellen löschen*, ob die Lücke durch die Zellen rechts davon bzw. darunter gefüllt werden soll, oder entscheiden Sie sich zum Löschen der ganzen Zeile bzw. Spalte.

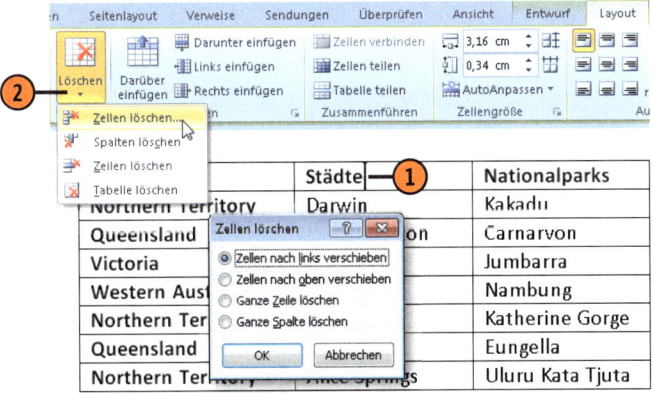

Zellen verbinden

① Wählen Sie die Zellen aus, die verbunden werden sollen.

② Klicken Sie auf der Registerkarte *Tabellentools/Layout* in der Gruppe *Zusammenführen* auf *Zellen verbinden*.

③ Die Zellinhalte verbundener Zellen werden untereinander in eine Zelle geschrieben, jeweils in einen separaten Absatz.

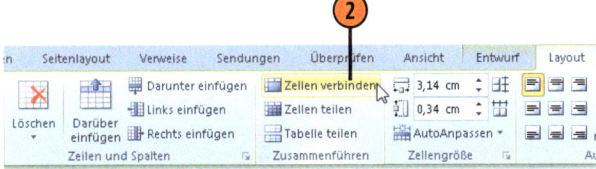

Region¤	Städte¤	Nationalparks¤
Northern·Territory¤	Darwin¤	Kakadu¤
Queensland¤	Rockhampton¤	Carnarvon¤
Victoria¤	Adelaide¤	Jumbarra¤
Western·Australia¤	Perth¤	Nambung¤
Northern·Territory¤	Katherine¶	Katherine·Gorge¤
Queensland¤	Makay¶	Eungella¤
Northern·Territory¤	Alice·Springs¤	Uluru·Kata·Tjuta¤

Achtung

Wenn Sie eine Zelle markieren und Entf drücken, wird der Zellinhalt gelöscht. Die Zelle selbst bleibt erhalten.

Zeilenhöhe und Spaltenbreite definieren

Ändern Sie bei Bedarf die Höhe und Breite einzelner Zeilen und Spalten und legen Sie die allgemeine Spaltenanpassung fest, d.h. ob die Spalte bei einem längeren Zelleintrag automatisch in der Breite angepasst wird oder nicht.

Höhe/Breite definieren

① Klicken Sie in die gewünschte Zeile bzw. Spalte.

② Machen Sie auf der Registerkarte *Tabellentools/Layout* in der Gruppe *Zellengröße* die betreffende(n) Angabe(n):

- Klicken Sie in das Feld *Tabellenzeilenhöhe* und geben Sie einen Wert für die Höhe der Zeile ein.

- Klicken Sie in das Feld *Tabellenspaltenbreite* und geben Sie einen Wert für die Breite der Spalte ein.

Spaltenanpassung einstellen

① Klicken Sie in die Tabelle und dann auf der Registerkarte *Tabellentools/Layout* in der Gruppe *Zellengröße* auf *AutoAnpassen* und wählen Sie eine der folgenden Möglichkeiten:

- *Inhalt automatisch anpassen*: Spaltenbreite dem längsten Inhalt in der Spalte anpassen.

- *Fenster automatisch anpassen*: Spaltenbreite in der Ansicht *Weblayout* und im Webbrowser der Fenstergröße anpassen.

- *Feste Spaltenbreite*: Die aktuellen Spaltenbreiten fixieren; benötigt der Text mehr Platz, wird automatisch ein Zeilenumbruch in der Zelle durchgeführt.

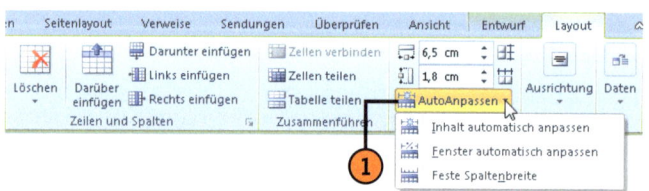

Tipp

Wenn Sie unterschiedliche Zeilenhöhen/Spaltenbreiten wieder ausgleichen wollen, klicken Sie in der Gruppe *Zellengröße* auf *Zeilen verteilen* bzw. *Spalten verteilen*.

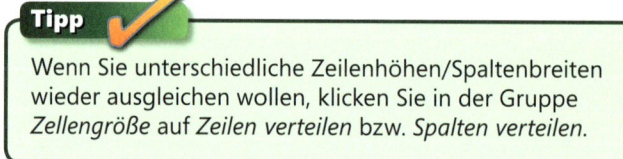

Zellenausrichtung auswählen

Bei der Textausrichtung in Zellen können Sie Ihre Kreativität voll entfalten. Word erlaubt fast alles. Sie können in jeder Zelle nicht nur entscheiden, ob Sie den Text links, zentriert oder rechts anordnen wollen, sondern können auch wählen, auf welcher Höhe der Text in der Zelle stehen soll, d.h. oben, zentriert oder unten. Und wenn mal wenig Platz ist, drehen Sie den Text und bestimmen seine Position innerhalb der Zelle.

Ausrichtung von Zellen festlegen

① Wählen Sie die Zelle(n) aus, deren Ausrichtung geändert werden soll.

② Klicken Sie auf der Registerkarte *Tabellentools/Layout* in der Gruppe *Ausrichtung* auf eine der Schaltflächen, um folgende Aktionen durchzuführen:

- Verwenden Sie beispielsweise *Mitte links ausrichten*, um die aktuelle Zelle mittig zwischen oberem und unterem Zellenrand sowie linksbündig am linken Zellenrand auszurichten.

- Verwenden Sie *Textrichtung*, um den Text im Uhrzeigersinn zu drehen. Die Zeilenhöhe wird dabei automatisch angepasst.

- Verwenden Sie *Zellenbegrenzungen*, um im Dialogfeld *Tabellenoptionen* den Abstand des Zellinhalts von den Zellenrändern zu definieren und einen Abstand zwischen den einzelnen Zellen einzufügen.

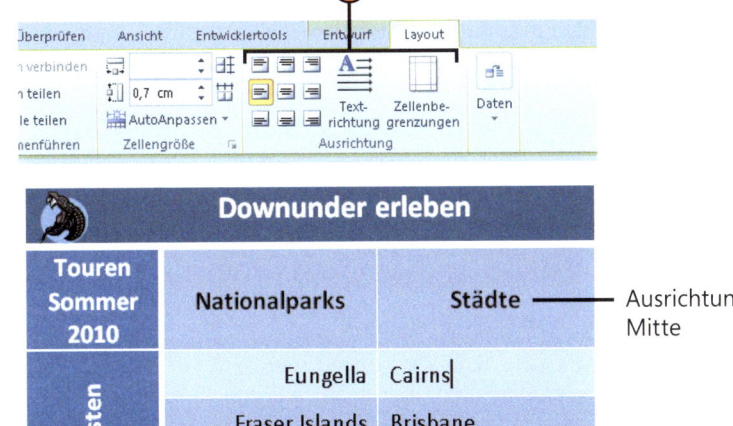

Tipp

Wenn Sie die Textrichtung geändert haben, werden im Menüband die Schaltflächen zum Ausrichten des Zellinhalts entsprechend gedreht angezeigt. So kann man sich die Ausrichtung, die die jeweilige Schaltfläche bewirkt, einfacher vorstellen.

Tabelleninhalte sortieren

Sie haben die Möglichkeit, eine Tabelle nach bis zu drei Spalten zu sortieren. Inhaltlich kann alphabetisch, numerische und chronologisch in auf- oder absteigender Reihenfolge sortiert werden.

Reihenfolge der Tabelleninhalte ändern

① Klicken Sie in die Tabelle und danach auf der Registerkarte *Tabellentools/Layout* in der Gruppe *Daten* auf *Sortieren*, um das gleichnamige Dialogfeld zu öffnen.

② Klicken Sie auf *Überschrift*, um festzulegen, dass die Tabelle Spaltenüberschriften enthält, die dann vom Sortiervorgang ausgeschlossen werden. Ansonsten klicken Sie auf *Keine Überschrift*.

③ Legen Sie folgende Kriterien fest:

- Titel der Spalte, nach der sortiert wird; enthält die Tabelle keine Überschrift, werden stattdessen fortlaufend nummerierte Spalten angeboten (*Spalte1*, *Spalte2* etc.)

- Inhalt der Spalte, d.h. Text, Zahl oder Datum

- Sortierreihenfolge; aufsteigend von A bis Z, niedrigste bis höchste Zahl, ältestes bis neuestes Datum; absteigend in umgekehrter Reihenfolge

④ Wiederholen Sie Schritt 3 bei Bedarf für ein zweites und drittes Sortierkriterium.

Die Sortierfunktion funktioniert nicht nur in Tabellen. Sie können damit auch Fließtext nach Absätzen sortieren.

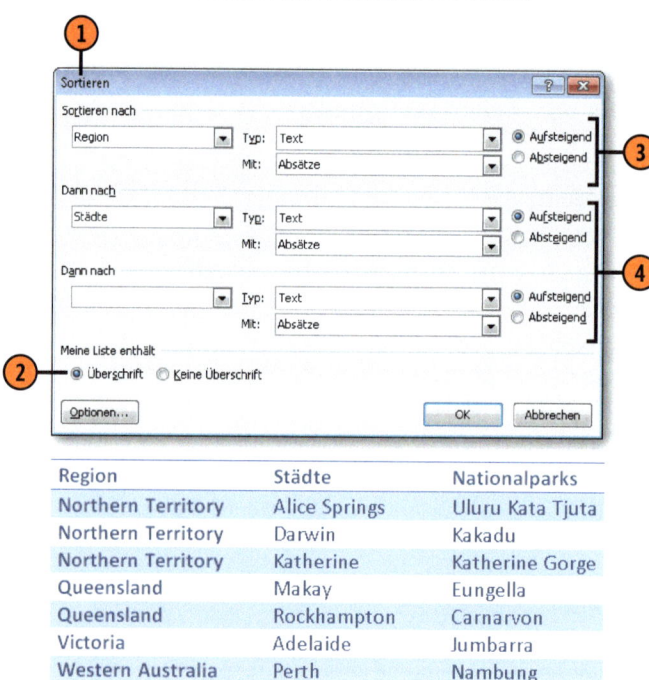

Region	Städte	Nationalparks
Northern Territory	Alice Springs	Uluru Kata Tjuta
Northern Territory	Darwin	Kakadu
Northern Territory	Katherine	Katherine Gorge
Queensland	Makay	Eungella
Queensland	Rockhampton	Carnarvon
Victoria	Adelaide	Jumbarra
Western Australia	Perth	Nambung

Tabelle sortiert nach Region und dann nach Städten

Gewusst wie

So wie Sie Tabellen sortieren, können Sie auch die Reihenfolge von Text und Listen ändern. Im Fall von nummerierten Listen passt Word die Nummerierung automatisch an.

6 Mit umfangreichen Dokumenten arbeiten

In diesem Kapitel lernen Sie die wichtigen Funktionen kennen, die Word für das Arbeiten mit und Verwalten von umfangreichen Dokumenten zur Verfügung stellt. Da wäre zunächst die Gliederungsfunktion, mit deren Hilfe Sie die Struktur Ihrer Dokumente schnell und einfach ändern.

Auf Beschriftungen, Querverweise im Dokument, Verzeichnisse und Indizes zum schnellen Nachschlagen und Bausteine zum Einfügen von Textbausteinen können Sie eigentlich beim Arbeiten mit umfangreicheren Dokumenten nicht verzichten.

Wenn Sie die Überschriften Ihres Dokuments mithilfe der integrierten Formatvorlagen formatiert haben, können Sie ein dreistufiges Inhaltsverzeichnis quasi per Mausklick erstellen. Zum Erstellen eines Stichwortverzeichnisses müssen Sie zuvor die Indexeinträge an den betreffenden Stellen kennzeichnen.

AutoTexte und Schnellbausteine sind Elemente, die quasi griffbereit per Mausklick zur Verfügung stehen sollen. Der Katalog für Schnellbausteine ist leer und wartet darauf, von Ihnen gefüllt zu werden.

Dokumentgliederung erstellen

Angenommen, Sie schreiben ein umfangreiches Dokument – ein Buch oder eine Diplomarbeit. Da ist es nicht immer einfach, die Struktur des Dokuments im Auge zu behalten. Mit Word können Sie schnell und einfach in der Gliederungsansicht eine Gliederung Ihres Dokuments auf verschiedensten Ebenen anzeigen.

Voraussetzung dafür sind allerdings Überschriften, denen die integrierten Formatvorlagen für Überschriften, *Überschrift 1* bis *Überschrift 9*, zugewiesen wurden. Alle anderen Dokumentelemente werden als Textkörper behandelt.

Gliederungsansicht einstellen

① Klicken Sie auf der Registerkarte *Ansicht* in der Gruppe *Dokumentansichten* auf die Schaltfläche *Gliederung*, um zur Gliederungsansicht zu wechseln.

② Auf der Registerkarte *Gliederung* stehen Ihnen in der Gruppe *Gliederungstools* folgende Optionen zum Gestalten der Ansicht zur Verfügung:

- Klicken Sie auf den Pfeil neben *Ebene anzeigen* und legen Sie fest, bis zu welcher Gliederungsebene die Gliederung angezeigt werden soll. Mit *Ebene 3* werden z.B. alle Überschriften mit den Formatvorlagen *Überschrift 1* bis *Überschrift 3* angezeigt.

- Aktivieren Sie das Kontrollkästchen *Textformatierung anzeigen*, um Formatierungen im Giederungstext anzuzeigen.

- Aktivieren Sie das Kontrollkästchen *Nur erste Zeile*, um für alle Textkörper nur die erste Zeile einzublenden. So haben Sie einen besseren Überblick über das gesamte Dokument.

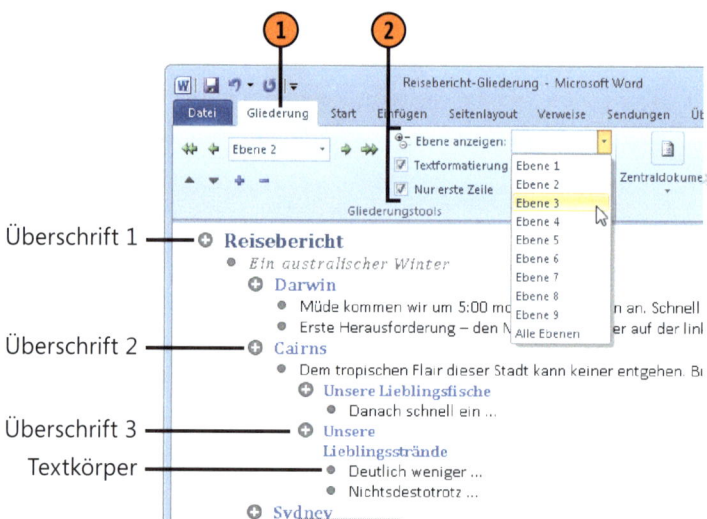

Gewusst wie

Anstelle der Überschriftenformatvorlagen können Sie auch Absätzen eine Gliederungsebene zuweisen: Klicken Sie auf der Registerkarte *Start* in der Gruppe *Absatz* auf das Startprogramm für ein Dialogfeld und weisen Sie dem aktuellen Absatz im Dialogfeld *Absatz* auf der Registerkarte *Einzüge und Abstände* eine Gliederungsebene zu, die dann in der Gliederungsansicht automatisch erkannt wird.

Gliederungsebenen bearbeiten

① Setzen Sie die Einfügemarke an den Zeilenanfang der Gliederungsebene, die Sie bearbeiten möchten.

② Um die Ebene zu wechseln, führen Sie auf der Registerkarte *Gliederung* in der Gruppe *Gliederungstools* eine der folgenden Aktionen durch:

- Klicken Sie auf den nach links bzw. auf den nach rechts zeigenden Doppelpfeil, um die aktuelle Ebene als höchste Ebene bzw. als Textkörper einzustufen.

- Klicken Sie auf den nach links bzw. auf den nach rechts zeigenden Einfachpfeil, um die aktuelle Ebene eine Ebene höher oder niedriger zu stufen.

- Klicken Sie auf den Pfeil des Dropdown-Listenfeldes *Gliederungsebene* und wählen Sie die Ebene aus, die der aktuellen Ebene zugewiesen werden soll.

③ Klicken Sie auf das Plus- bzw. auf das Minuszeichen, um alle Unterebenen der aktuellen Ebene ein- bzw. auszublenden.

④ Klicken Sie auf den nach oben bzw. auf den nach unten zeigenden Pfeil, um die aktuelle Ebene mit all ihren Unterebenen in der Gliederung um eine Position nach oben bzw. nach unten zu verschieben.

⑤ Klicken Sie auf die Schaltfläche *Gliederungsansicht schließen*, um zur Ansicht *Seitenlayout* zurückzuschalten.

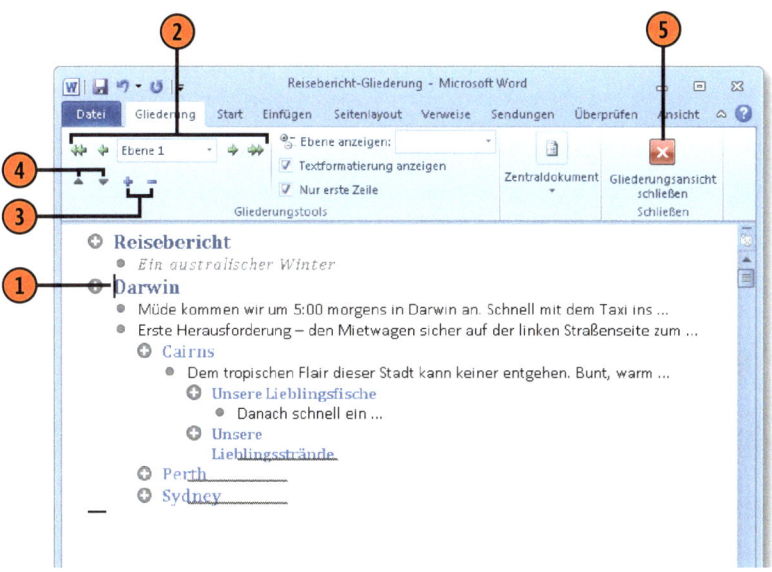

> **Gewusst wie**
>
> Sie können die Gliederung eines Word-Dokuments in Power-Point als Präsentation übernehmen. Klicken Sie dazu in PowerPoint auf der Registerkarte *Datei* auf den Befehl *Öffnen* und wählen Sie im Dialogfeld *Öffnen* als Dateityp *Alle Gliederungen* und danach das betreffende Word-Dokument.

Beschriftungen erstellen

Sie können mit Word verschiedenste Dokumentelemente mit einer fortlaufend nummerierten Beschriftung versehen. Dies ist in längeren Dokumenten häufig für Bild- oder Tabellenunter- schriften erforderlich. Wird ein Bild oder eine Tabelle verschoben, wird die gesamte Nummerierung im Dokument automatisch aktualisiert.

Beschriftung einfügen

(1) Wählen Sie das Element aus, z.B. eine Abbildung, die mit einer Beschriftung versehen werden soll.

(2) Klicken Sie auf der Registerkarte *Verweise* in der Gruppe *Beschriftungen* auf die Schaltfläche *Beschriftung ein- fügen*, um das Dialogfeld *Beschriftung* zu öffnen.

(3) Führen Sie folgende Einstellungen durch:

- Wählen Sie eine integrierte Bezeichnung, *Abbil- dung*, *Formel* oder *Tabelle*, oder klicken Sie auf *Neue Bezeichnung* und geben Sie eine eigene Beschrif- tungskategorie, z.B. **Fotos**, ein.

- Legen Sie die *Position* der Beschriftung fest.

- Aktivieren Sie das Kontrollkästchen *Bezeichnung nicht in der Beschriftung verwenden*, um statt »Abbildung 1« einfach nur »1« in der Beschriftung anzuzeigen.

- Ändern Sie über *Nummerierung* die Nummerierungs- art.

- Klicken Sie auf *AutoBeschriftung* und legen Sie fest, für welche Elemente, z.B. alle Excel-Diagramme, beim Einfügen automatisch eine Beschriftung eingefügt werden soll.

(4) Sobald Sie auf *OK* klicken, fügt Word unter oder über dem Element die Bezeichnung sowie die Nummerierung ein. Fügen Sie bei Bedarf eigenen Text hinzu.

Querverweise erstellen

Ein Querverweis bezieht sich beispielsweise auf Abbildung 10.1 auf Seite 255. Wenn sich die Abbildungsnummer oder die Seitennummer ändert, weil Sie Ihr Dokument nachträglich bearbeitet haben, wird der Querverweis automatisch aktualisiert. Sie können auf verschiedenste im Dokument enthaltene Elemente verweisen, z.B. Textmarken, Überschriften, Abbildungen, Tabellen etc.

Querverweis einfügen

1. Geben Sie den Verweistext in das Dokument ein, z.B. **Siehe auch**.

2. Klicken Sie auf der Registerkarte *Verweise* in der Gruppe *Beschriftungen* auf die Schaltfläche *Querverweis*, um das gleichnamige Dialogfeld zu öffnen.

3. Öffnen Sie das Dropdown-Listenfeld *Verzeichnistyp* und wählen Sie das Element aus, auf das verwiesen werden soll. Standardmäßig können Sie auf nummerierte Elemente, Überschriften, Textmarken, Fuß- und Endnoten, Abbildungen, Formeln und Tabellen verweisen.

4. Öffnen Sie das Dropdown-Listenfeld *Verweisen auf* und entscheiden Sie, was im Verweis stehen soll. Sie können wählen zwischen gesamter Beschriftung, nur Kategorie und Nummer (z.B. Abbildung 4), nur Beschriftungstext, Seitenzahl und dem Text »oben« bzw. »unten«.

5. Wählen Sie das Element aus, auf das verwiesen werden soll.

6. Klicken Sie auf *Einfügen*. Der Querverweis wird als Feld an der aktuellen Cursorposition eingefügt. Das Dialogfeld *Querverweis* bleibt zum Einfügen weiterer Querverweise geöffnet. Klicken Sie auf *Schließen*, um die Arbeit mit Querverweisen zu beenden.

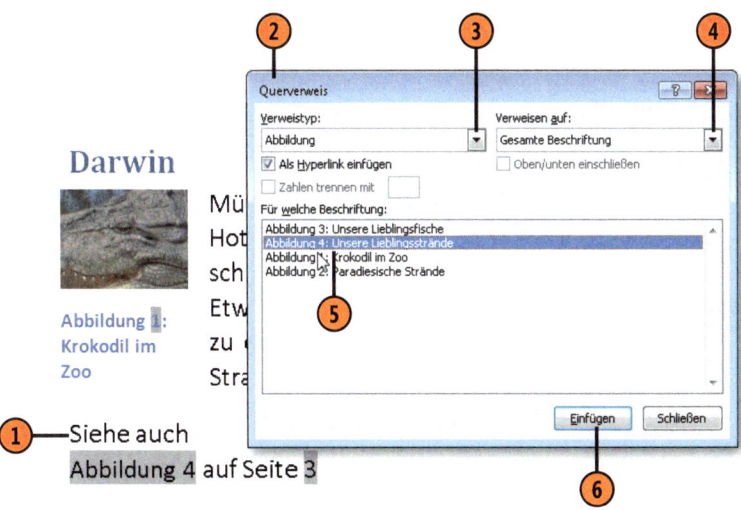

Darwin

Abbildung 1:
Krokodil im Zoo

1. Siehe auch
Abbildung 4 auf Seite 3

Gewusst wie

Wird das Verweisziel verschoben oder ändert sich beispielsweise der Text einer Überschrift, auf die verwiesen wird, wählen Sie den Querverweis aus und drücken F9, um den Verweis zu aktualisieren.

Inhaltsverzeichnisse generieren

Wenn Sie die Überschriften Ihres Dokuments mithilfe der integrierten Überschriftenformatvorlagen erstellt haben, können Sie ein dreistufiges Inhaltsverzeichnis quasi per Mausklick erstellen. Word erkennt anhand der Überschriftebenen die Gliederung des Dokuments und kann so das Inhaltsverzeichnis zusammenstellen. Aber auch wenn Sie mehr als drei Ebenen darstellen wollen

oder mit anderen Formatvorlagen gearbeitet haben, ist es kein Problem, ein Inhaltsverzeichnis zu generieren. Sie müssen Word lediglich mitteilen, welche Ebenen dargestellt werden sollen bzw. welche Formatvorlage für welche Ebene des Inhaltsverzeichnisses steht.

Verzeichnis anhand integrierter Überschriften erstellen

① Klicken Sie auf der Registerkarte *Ansicht* in der Gruppe *Dokumentansichten* auf die Schaltfläche *Gliederung*, um Ihr Dokument in der Gliederungsansicht anzeigen zu lassen. Prüfen Sie die Gliederungsebenen. Nur die Überschriften mit der Gliederungsebene 1 bis 3 werden in das Inhaltsverzeichnis aufgenommen. Stufen Sie bei Bedarf die Überschriftsebenen nach oben bzw. nach unten.

Wechseln Sie zurück zur Ansicht *Seitenlayout*, drücken Sie Strg+Pos1, um die Einfügemarke an den Dokumentanfang zu setzen, und klicken Sie auf der Registerkarte *Verweise* in der Gruppe *Inhaltsverzeichnis* auf die Schaltfläche *Inhaltsverzeichnis*.

② Klicken Sie auf eine integrierte automatische Tabelle.

③ Das Inhaltsverzeichnis wird am Dokumentanfang eingefügt. Klicken Sie auf *Tabelle aktualisieren*, um das Inhaltsverzeichnis nach Änderungen zu aktualisieren.

④ Klicken Sie hier, um ein bereits eingefügtes Inhaltsverzeichnis zu löschen.

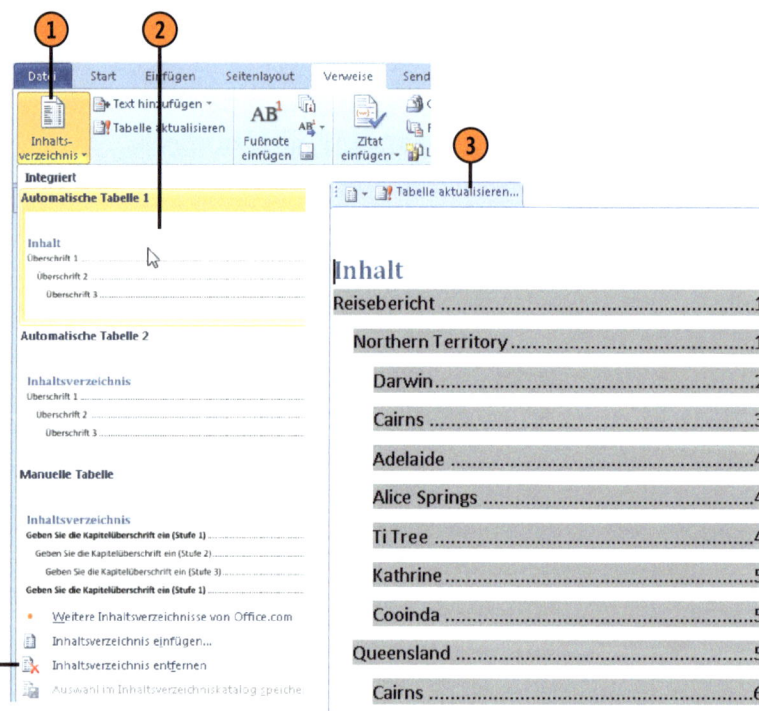

Verzeichnis anhand anderer Formatvorlagen erstellen

① Klicken Sie auf der Registerkarte *Verweise* in der Gruppe *Inhaltsverzeichnis* auf die Schaltfläche *Inhaltsverzeichnis* und dann auf den Eintrag *Inhaltsverzeichnis einfügen*, um das Dialogfeld *Inhaltsverzeichnis* zu öffnen.

② Klicken Sie auf die Schaltfläche *Optionen*, um das Dialogfeld *Optionen für Inhaltsverzeichnis* zu öffnen. Dort sind standardmäßig die Überschriften 1 bis 3 mit einem Häkchen versehen

③ Klicken Sie in der Liste mit allen im Dokument enthaltenen Formatvorlagen rechts in das Feld der gewünschten Formatvorlage, z.B. *Titel*, und geben Sie **1** für die erste Ebene des Inhaltsverzeichnisses ein. Verfahren Sie so mit allen weiteren Ebenen.

④ Bestätigen Sie zweimal mit *OK*.

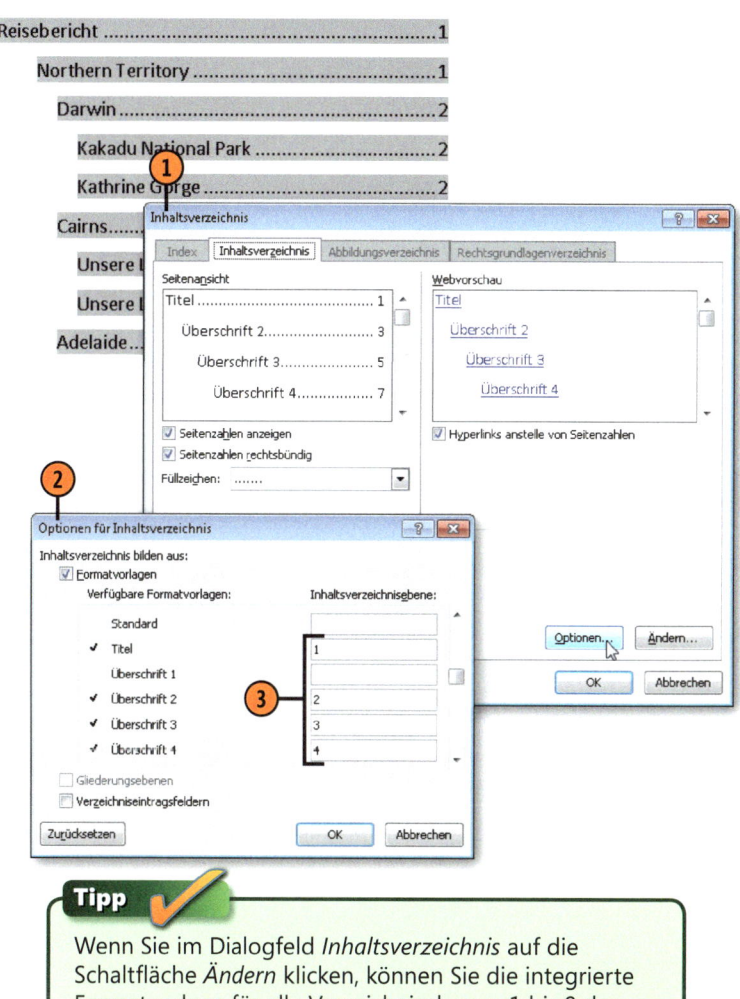

Gewusst wie

Enthält Ihr Dokument bereits ein an Ihre Anforderungen angepasstes Inhaltsverzeichnis, markieren Sie es und wählen im Katalog zur Schaltfläche *Inhaltsverzeichnis* die Option *Auswahl im Inhaltsverzeichniskatalog speichern*. Vergeben Sie einen Namen und bestätigen Sie mit *OK*. Ihr Inhaltsverzeichnis wird daraufhin zukünftig im Inhaltsverzeichniskatalog angeboten.

Tipp ✓

Wenn Sie im Dialogfeld *Inhaltsverzeichnis* auf die Schaltfläche *Ändern* klicken, können Sie die integrierte Formatvorlage für alle Verzeichnisebenen 1 bis 9 des Inhaltsverzeichnisses an Ihre Anforderungen anpassen.

Index erstellen

Jedes längere Dokument sollte am Ende einen Index mit Stichwörtern und Seitenverweisen enthalten, mit deren Hilfe der Leser schnell zu der Seite blättern kann, die Informationen zu dem entsprechenden Stichwort enthält. Bevor Sie den eigentlichen Index erstellen, definieren Sie die Indexeinträge an den betreffenden Stellen. Indexeinträge werden verborgen dargestellt, können aber zur Bearbeitung eingeblendet werden. Der erstellte Index kann mehrere Ebenen, Seiten-, Quer- und Bereichsverweise enthalten.

Indexeinträge definieren

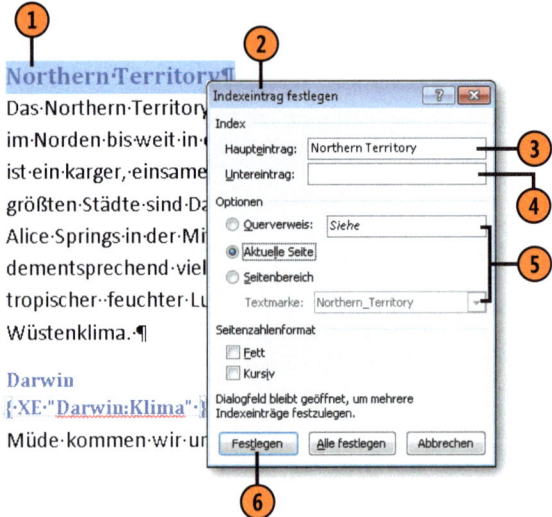

① Wählen Sie den Text aus, der als Indexeintrag gekennzeichnet werden soll.

② Klicken Sie auf der Registerkarte *Verweise* in der Gruppe *Index* auf die Schaltfläche *Eintrag festlegen*, um das Dialogfeld *Indexeintrag festlegen* zu öffnen.

③ Word übernimmt den ausgewählten Text im Feld *Haupteintrag*. Sie können ihn hier nach Belieben ändern.

④ Geben Sie hier einen Untereintrag ein, um eine zweite Ebene zum Haupteintrag zu erstellen.

⑤ Legen Sie die Verweisart fest:

- *Querverweis:* Geben Sie einen anderen Indexeintrag an, unter dem der Leser nachschlagen soll. Sie können auch den Verweistext *Siehe* bearbeiten.

- *Aktuelle Seite:* Neben dem Indexeintrag wird die aktuelle Seitenzahl angezeigt.

- *Seitenbereich:* Wurde ein Dokumentbereich als Textmarke definiert, wird diese in der Dropdownliste angeboten. Umfasst die Textmarke z.B. die Seiten 5 bis 7, lautet der Seitenverweis für den Indexeintrag *5-7.*

⑥ Klicken Sie auf *Festlegen*, um den Indexeintrag an der aktuellen Cursorposition einzufügen. Das Dialogfeld bleibt für die Eingabe weiterer Indexeinträge geöffnet.

 **Achtung**

Wenn keine Indexeinträge im Text angezeigt werden, klicken Sie auf der Registerkarte *Start* in der Gruppe *Absatz* auf *Alle anzeigen* (die Schaltfläche mit dem Absatzzeichen).

Index generieren

① Drücken Sie Strg+Ende, um die Einfügemarke an das Dokumentende zu setzen, und klicken Sie auf der Registerkarte *Verweise* in der Gruppe *Index* auf die Schaltfläche *Index einfügen*, um das Dialogfeld *Index* zu öffnen.

② Hier stehen folgende Optionen zur Verfügung:

● Klicken Sie auf *Eingezogen*, um die Untereinträge eingezogen in separaten Zeilen anzuordnen, bzw. auf *Fortlaufend*, um die Untereinträge hintereinander durch Semikolon voneinander getrennt anzuzeigen.

● Klicken Sie auf den Pfeil neben *Spalten* und bestimmen Sie die Anzahl der Indexspalten.

● Aktivieren Sie das Kontrollkästchen *Seitenzahlen rechtsbündig* und wählen Sie bei Bedarf ein Füllzeichen zwischen Indexeintrag und rechtsbündiger Seitenzahl. Ansonsten werden die Seitenzahlen unmittelbar hinter den Indexeintrag gesetzt.

● Klicken Sie auf den Pfeil neben *Formate* und wählen Sie die Darstellung des Index. Neben den integrierten Indexformatvorlagen gibt es verschiedene weitere Darstellungen wie klassisch, modern etc.

③ Klicken Sie auf *Ändern*, um die Darstellung der Indexformatvorlagen für die verschiedenen Indexebenen zu ändern.

④ Sobald Sie mit *OK* bestätigen, wird der Index an der aktuellen Cursorposition eingefügt.

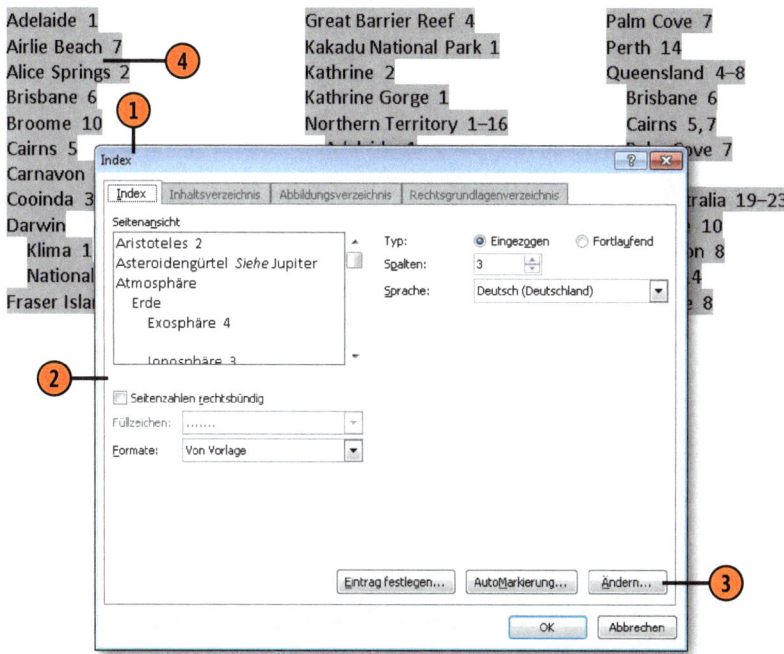

Tipp

Wenn Sie manuelle Änderungen in den Indexeinträgen vorgenommen haben, setzen Sie die Einfügemarke in den Index und klicken auf der Registerkarte *Verweise* in der Gruppe *Index* auf die Schaltfläche *Index aktualisieren*, um die Änderungen in den Index zu übernehmen.

Schnellbausteine erstellen

Schnellbausteine sind Elemente, die quasi griffbereit per Maus-klick zur Verfügung stehen sollen. Der Katalog für Schnellbau-steine ist leer und wartet darauf, von Ihnen gefüllt zu werden.

Schnellbaustein in den Katalog aufnehmen

① Wählen Sie das Element im Dokument aus, das Sie in den Schnellbausteinkatalog einfügen wollen.

② Klicken Sie auf der Registerkarte *Einfügen* in der Gruppe *Text* auf die Schaltfläche *Schnellbausteine* und dann auf den Eintrag *Auswahl im Schnellbaustein-Katalog speichern.*

③ Geben Sie im Dialogfeld *Neuen Baustein erstellen* im Text-feld *Name* einen Namen ein.

④ Klicken Sie hier und wählen Sie einen Katalog:

- Soll das Element zukünftig angezeigt werden, wenn Sie auf die Schaltfläche *Schnellbausteine* klicken, wählen Sie den Katalog *Schnellbausteine*.

- Wählen Sie einen anderen Katalog, z.B. den für Deckblät-ter, Formeln, Tabellen etc., wenn das Element zukünftig im Katalog der gewählten Kategorie, aber nicht im Kata-log für die Schnellbausteine angezeigt werden soll.

⑤ Wählen Sie als Kategorie *Allgemein* oder erstellen Sie eine eigene Kategorie.

⑥ Klicken Sie hier und wählen Sie, ob der neue Baustein in der Dokumentvorlage *Normal* oder in der globalen Vorlage *Building Blocks* gespeichert werden soll. Alle in Building Blocks abgelegten Elemente stehen immer zur Verfügung, egal mit welcher Dokumentvorlage Sie arbeiten.

⑦ Klicken Sie hier und wählen Sie, ob der Inhalt, der Inhalt in einem Absatz oder der Inhalt auf einer separaten Seite ein-gefügt werden soll.

Nur die in diesem Katalog abgelegten Bausteine können ange-zeigt werden, wenn Sie auf die Schaltfläche *Schnellbausteine* klicken.

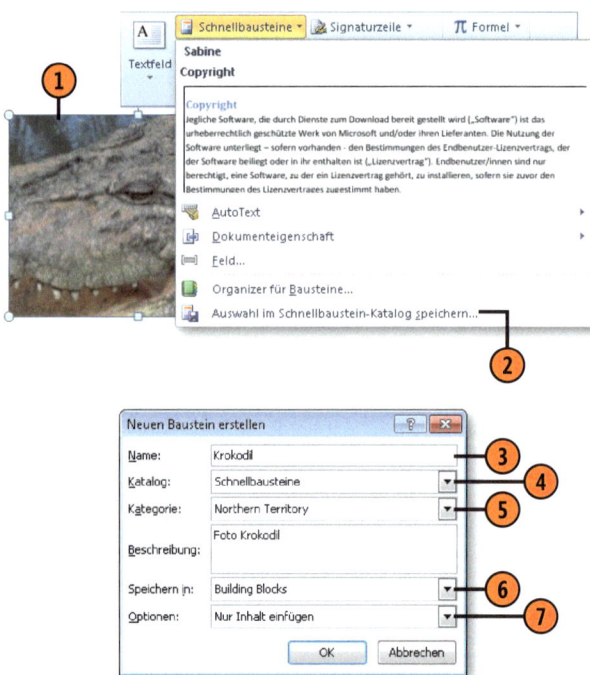

Mit AutoTexten arbeiten

Bei den AutoTexten handelt es sich um sogenannte Bausteine, die Sie immer wieder benötigen und die Sie griffbereit im Katalog *AutoText* bereithalten möchten. Sie werden in der Dokumentvor-lage *Normal* gespeichert. So können Sie für unterschiedliche Vor-lagen verschiedene AutoText-Listen führen.

AutoText erstellen

① Wählen Sie das Element im Dokument aus, das Sie in den Textbausteinkatalog einfügen wollen.

② Klicken Sie auf der Registerkarte *Einfügen* in der Gruppe *Text* auf die Schaltfläche *Schnellbausteine* und dann auf den Eintrag *AutoText* und abschließend auf *Auswahl im AutoText-Katalog speichern*.

③ Geben Sie im Dialogfeld *Neuen Baustein erstellen* im Textfeld *Name* einen möglichst kurzen, aber trotzdem eindeutigen Namen ein.

Siehe auch

Die Optionen des Dialogfeldes *Neuen Baustein erstellen* werden auf der vorhergehenden Seite erläutert.

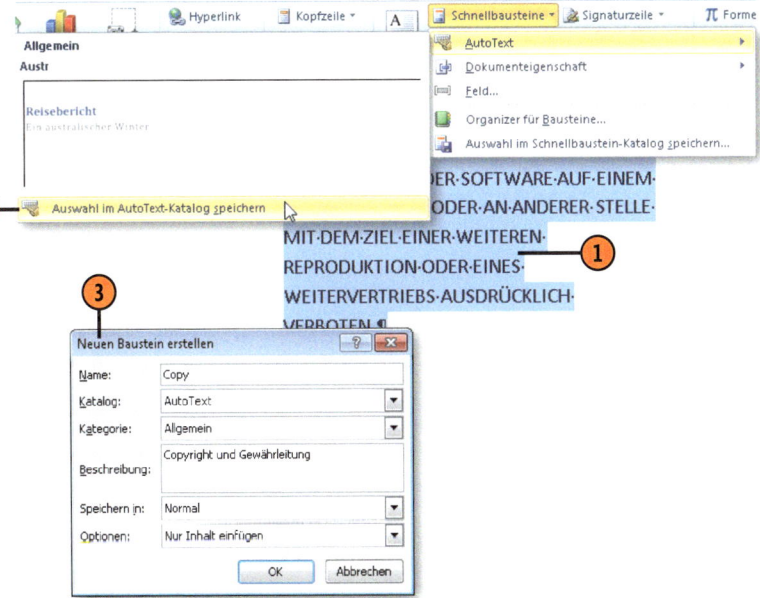

AutoText einfügen

① Setzen Sie die Einfügemarke an die Position, an der der AutoText-Eintrag eingefügt werden soll, und geben Sie den Namen des AutoTextes ein.

② Word blendet in einer QuickInfo Informationen zum Bau-stein ein. Drücken Sie Eingabe. Der gesamte AutoText-Inhalt wird an der aktuellen Cursorposition eingefügt.

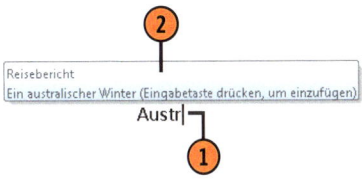

Bausteine organisieren

Word stellt für verschiedene Dokumentelemente – AutoTexte, Deckblätter, Formeln, Kopf-/Fußzeilen, Inhaltsverzeichnisse, Seitenzahlen, Tabellen, Textfelder, Wasserzeichen – Kataloge mit integrierten Vorlagen zur Verfügung. Bei diesen Vorlagen handelt es sich um sogenannte Bausteine, die von Ihnen zentral an einer Stelle verwaltet werden.

Baustein verwalten

① Klicken Sie auf der Registerkarte *Einfügen* in der Gruppe *Text* auf die Schaltfläche *Schnellbausteine* und dann auf den Eintrag *Organizer für Bausteine*, um das gleichnamige Dialogfeld zu öffnen.

② Klicken Sie auf die Spaltenüberschrift, nach der die Bausteine sortiert werden sollen. Standardmäßig wird nach Katalog sortiert.

③ Wählen Sie den gewünschten Baustein aus.

④ Sie können folgende Aktionen durchführen:

- Klicken Sie auf *Eigenschaften bearbeiten*, um Name, Katalog, Kategorie etc. des ausgewählten Bausteins zu ändern.

- Klicken Sie auf *Löschen*, um den ausgewählten Baustein zu löschen.

- Klicken Sie auf *Einfügen*, um den ausgewählten Baustein an der aktuellen Cursorposition einzufügen.

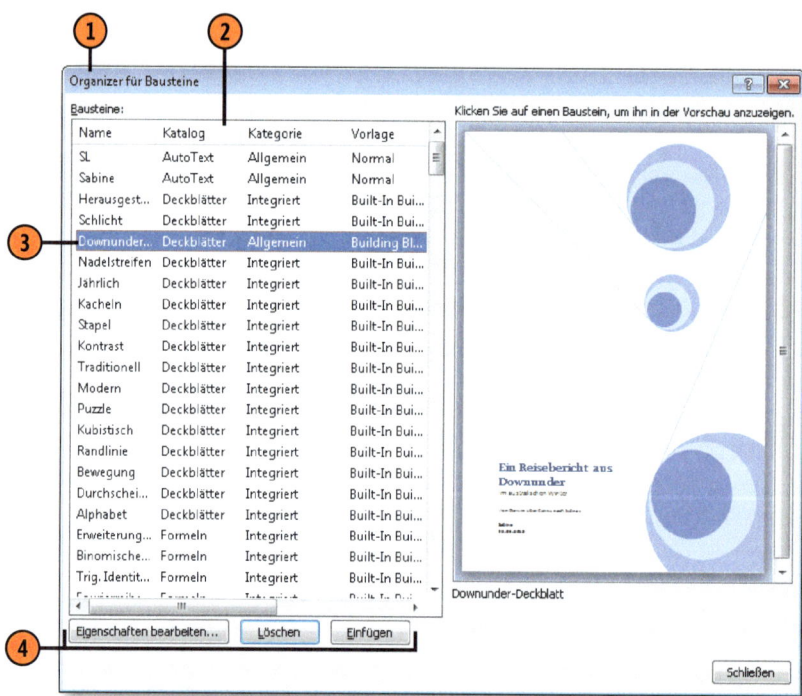

Gewusst wie

Geben Sie den Namen eines Bausteins im Dokument ein, z.B. **Puzzle**, und drücken Sie F3, um den Baustein an der aktuellen Cursorposition einzufügen.

C Tabellenkalkulation mit Microsoft Excel 2010

Das Programm Microsoft Excel ist innerhalb der Microsoft Office 2010-Familie für den Bereich Tabellenkalkulation zuständig. Sie können darüber Berechnungen durchführen und die Ergebnisse optisch darstellen und analysieren. In den vier Kapiteln dieses Teils stellen wir Ihnen die wichtigsten Punkte bei der Arbeit mit diesem Programm vor:

■ Wir zeigen Ihnen zunächst in Kapitel 7, wie man Daten in eine Tabelle eingibt. Das Grundprinzip dazu ist einfach, es gibt aber einige Besonderheiten, die Sie beachten sollten.

■ In Kapitel 8 geht es dann um das Durchführen von Berechnungen auf Basis der eingegebenen Daten. Sie können dafür einfache Formeln oder auch kompliziertere Funktionen einsetzen.

■ Besonders beim Aufbauen größerer Tabellen werden Sie während der Arbeit noch Änderungen an der Struktur durchführen müssen. Außerdem wollen Sie sicherlich die Daten in den Tabellen mit speziellen Formaten darstellen oder optisch verfeinern. Wie man dazu vorgeht, beschreibt Kapitel 9.

■ In Kapitel 10 zeigen wir Ihnen u.a., wie man die in einer Tabelle vorhandenen Daten in Form von Diagrammen darstellt oder mithilfe von PivotTables analysiert.

Die wichtigsten Neuerungen in Excel 2010

Neben den schon in der Einführung zum ersten Teil genannten allgemeinen Neuerungen in Microsoft Office 2010 verfügt Excel 2010 über einige spezielle neue Funktionen, die wir auf dieser Seite in einem Überblick zusammengefasst haben.

Die Einfügevorschau

Beim Einfügen von Daten aus der Zwischenablage können Sie bereits vor der eigentlichen Aktion entscheiden, wie bzw. in welcher Form die Daten eingefügt werden sollen.

Sparklines

Sparklines sind kleine Diagramme, die in eine Zelle passen und die eine visuelle Übersicht eines Trends in den Daten bereitstellen.

Datenschnitte

In PivotTable-Berichten haben Sie die Möglichkeit, *Datenschnitte* zum Filtern der vorhandenen Daten zu verwenden.

Erweiterungen für die bedingte Formatierung

Mithilfe der bedingten Formatierung können unter Verwendung von Datenbalken, Farbskalen und Symbolsätzen interessante Zellen hervorgehoben und Daten visualisiert werden.

Siehe auch

Wie man mit den Einfügeoptionen umgeht, beschreiben die Seiten 138 f.

Das Arbeiten mit Sparklines beschreibt die Seite 166.

Den Einsatz von Datenschnitten beschreiben die Seiten 160 f.

Mehr zur bedingten Formatierung erfahren Sie auf der Seite 152.

Beachten Sie, dass wir die Aufgaben, die alle Programme des Office 2010-Pakets betreffen, in separaten Kapiteln angesprochen haben. Das gilt auch für die in diesen Bereichen vorhandenen Neuerungen.

- Auf die Elemente zur Programmsteuerung gehen wir in Kapitel 1 auf Seite 17 ff. ein.
- Kapitel 2 liefert Ihnen die Methoden zum Verwalten von Office-Dokumenten – wie das Speichern, Öffnen oder das Anlegen neuer Dokumente – auf den Seiten 29 ff.
- Hinweise zum Illustrieren von Dokumenten mit grafischen Elementen finden Sie in Kapitel 17 auf den Seiten 267 ff.
- Die Techniken zum Drucken von Dokumenten sprechen wir in Kapitel 18 auf den Seiten 281 ff. an.
- Über besondere Aufgaben beim Arbeiten in Teams reden wir in Kapitel 19 auf den Seiten 297 ff.

7 Daten in Tabellen-blättern eingeben

Bei Excel 2010 wird nach dem Starten des Programms automatisch ein neues, leeres Dokument angezeigt. Solche Dokumente nennt man bei Excel auch Arbeitsmappen. Wir wollen Ihnen zunächst die einzelnen Elemente einer Arbeitsmappe vorstellen und Ihnen auch zeigen, was es mit den Tabellenblättern auf sich hat, aus denen eine Arbeitsmappe besteht.

In die Zellen eines Tabellenblatts können Sie Texte oder Zahlenwerte eingeben. Texteingaben werden fast ausschließlich dazu benutzt, die Bedeutung der Zahlenwerte zu beschreiben. Zahlen können als einzelne Daten eingegeben werden und ermöglichen dann – und darin liegt die wesentlichste Aufgabe von Excel – das Durchführen von Berechnungen, auf das wir im nachfolgenden Kapitel eingehen werden.

Wichtig ist zunächst, dass Sie jede Eingabe in einer einzelnen Zelle des Tabellenblatts vornehmen. Um festzulegen, in welcher Zelle des Tabellenblatts die Eingabe auftauchen soll, müssen Sie die Zelle vor der Eingabe markieren. Dazu stehen Ihnen mehrere Möglichkeiten zur Verfügung. Nach dem Markieren nehmen Sie die Eingabe vor und bestätigen diese, wenn Sie fertig sind. Ihre Eingaben können Sie anschließend auch korrigieren.

Die Oberfläche von Excel 2010

Nach dem Starten von Excel wird – nach einer kurzen Einblendung des Programmlogos – die Oberfläche des Programms angezeigt.

■ Das Programmfenster von Excel ist der durch den äußeren Rahmen umschlossene Bereich. Es beinhaltet ein als Arbeitsmappe bezeichnetes Dokument.

■ Diese Arbeitsmappe hat zunächst den allgemeinen Namen *Mappe1*, der in der Titelleiste des Programmfensters angezeigt wird.

■ Oben im Programmfenster finden Sie das Menüband, das die Menüs und die Symbolleisten der früheren Versionen ersetzt.

■ Eine Arbeitsmappe beinhaltet mehrere – standardmäßig drei – Arbeitsblätter, die auch als Tabellenblätter bezeichnet werden. Zwischen diesen Blättern können Sie durch Klicken auf eines der Blattregister *Tabelle1*, *Tabelle2* und *Tabelle3* im unteren Bereich des Fensters wechseln.

■ Ein Tabellenblatt selbst besteht aus einem rechteckigen Gitternetz mit 16.384 Spalten und bis zu 1.048.576 Zeilen.

■ Die Spalten sind von links nach rechts mit den Buchstaben *A* bis *Z* beschriftet. Nach *Z* wird die Beschriftung mit *AA* bis *AZ* fortgeführt, dann *BA* bis *BZ* usw. bis *XFD*.

■ Die Zeilen sind von *1* bis *1048576* nummeriert. Damit stehen 1.500 % mehr Zeilen und 6.300 % mehr Spalten als bei Excel 2003 zur Verfügung.

Siehe auch

Einige Elemente der Oberfläche können Sie ändern; beispielsweise können Sie eine andere Farbgebung der Oberfläche einstellen. Wie Sie das tun, lesen Sie auf Seite 24 f.

Sie sollten sich mit den Elementen dieser Oberfläche und ihren Namen vertraut machen, damit Sie sich in diesem Buch und mit Excel allgemein schnell zurechtfinden.

■ Die Schnittflächen der Spalten und Zeilen werden als Zellen bezeichnet. Eine Zelle ist die Grundeinheit der Tabelle. Darin werden die einzelnen Daten eingegeben. Mindestens eine der Zellen ist immer markiert. Diese erkennen Sie an der stärkeren Umrandung.

■ Zellen werden mit den Bezeichnungen der dazugehörenden Spalte und Zeile benannt. Beispielsweise trägt die Zelle in der oberen linken Ecke – also die in der ersten Zeile der ersten Spalte – den Namen *A1*. Diese Angabe wird auch als Zelladresse bezeichnet. Welche Zelle gerade markiert ist, wird im Namenfeld angezeigt.

■ Der Mauszeiger hat die Form eines Kreuzes, solange er sich innerhalb der Tabelle befindet. Wenn Sie diesen Mauszeiger auf eine Zelle bewegen und dann die linke Maustaste drücken, wird diese Zelle aktiviert. Den Erfolg erkennen Sie an der stärkeren Umrandung der Zelle.

■ In der Bearbeitungsleiste erscheinen während der Eingabe die eingegebenen Zeichen. Später werden hierin die Inhalte der gerade markierten Zelle angezeigt.

■ Am unteren Rand des Excel-Fensters befindet sich die Statusleiste, die nützliche Informationen und zusätzliche Elemente zur Steuerung bereithält.

■ Über die Bildlaufleisten können Sie den im Fenster angezeigten Bereich der Tabelle wie üblich verschieben: Klicken Sie auf die entsprechende Pfeilschaltfläche, um eine weitere Zeile oder Spalte anzuzeigen; verschieben Sie das Bildlauffeld, um größere Bereiche zu überspringen. Durch Klicken auf den Bereich zwischen Bildlauffeld und Pfeilschaltflächen erreichen Sie eine Bewegung um die Breite bzw. Höhe des Bildschirms.

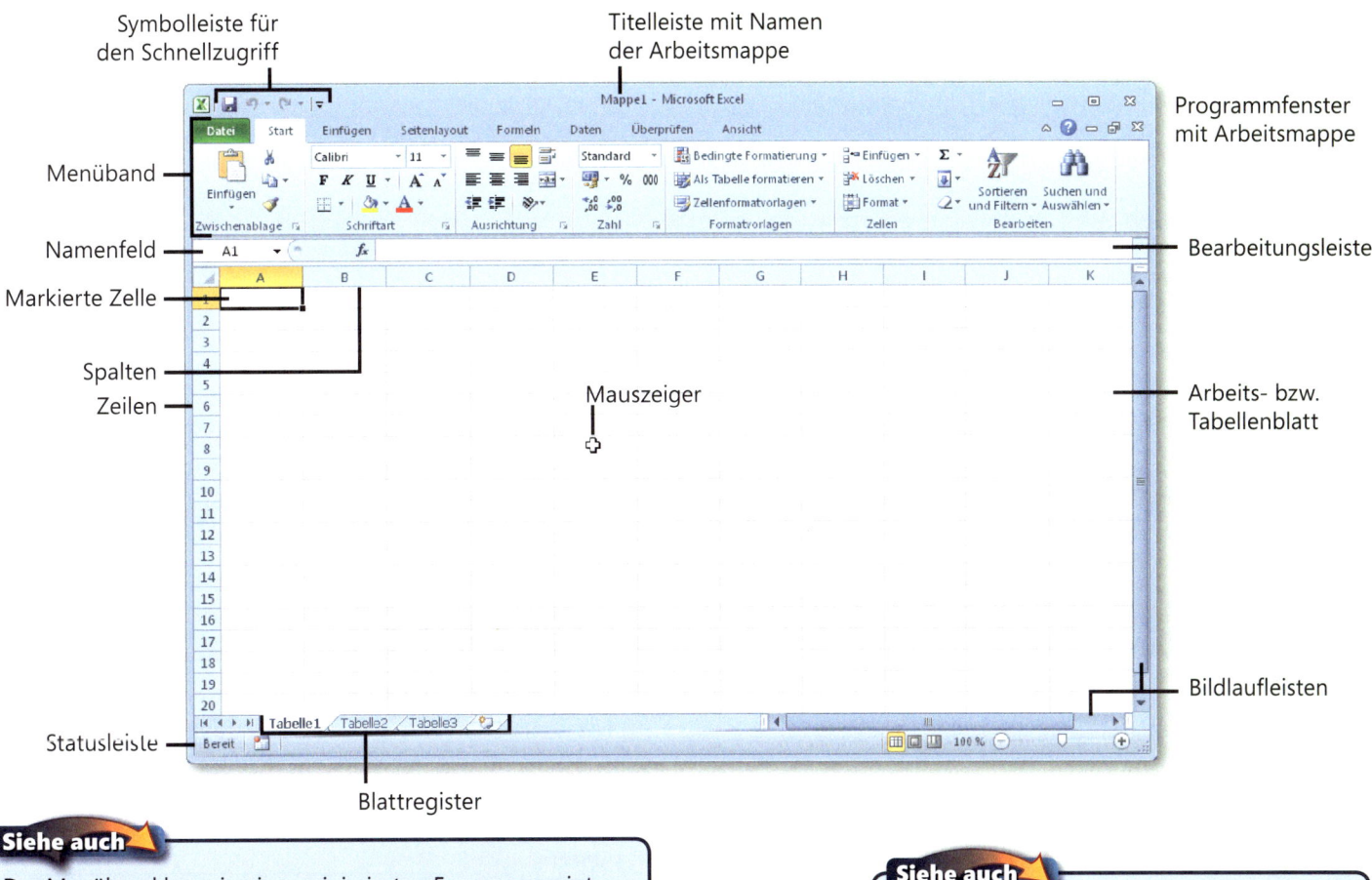

Symbolleiste für den Schnellzugriff

Titelleiste mit Namen der Arbeitsmappe

Programmfenster mit Arbeitsmappe

Menüband

Namenfeld

Bearbeitungsleiste

Markierte Zelle

Spalten

Zeilen

Mauszeiger

Arbeits- bzw. Tabellenblatt

Bildlaufleisten

Statusleiste

Blattregister

Siehe auch

Das Menüband kann in einer minimierten Form angezeigt werden. Hinweise zur Arbeit mit diesem Werkzeug liefert die Seite 20 f.

Auch einen anderen Vergrößerungsmaßstab können Sie einstellen. Darüber gibt die Seite 45 Auskunft.

Siehe auch

Einige Bildschirmelemente können Sie abschalten. Dazu gehören die Bearbeitungsleiste, die Zeilen- und Spaltenüberschriften und das die Zellen trennende Gitternetz.

Blätter in einer Arbeitsmappe auswählen

Eine Arbeitsmappe ist standardmäßig in drei Blätter unterteilt, in denen Sie Eingaben vornehmen können. Dies erlaubt es, verschiedene Gruppen von Daten in einer gemeinsamen Arbeitsmappe abzulegen. Wählen Sie vor einer Eingabe immer zuerst das gewünschte Blatt aus. Sie können auch mehrere Blätter einer Mappe gemeinsam markieren, um sie anschließend in einem Arbeitsgang zu bearbeiten.

Ein Blatt auswählen

① Die Blattregisterkarte des aktiven Blattes ist hervorgehoben dargestellt (standardmäßig mit fetter Schrift).

② Klicken Sie auf eine andere Blattregisterkarte, um dieses Blatt zu aktivieren und die Inhalte darin anzuzeigen.

Mehrere Blätter gemeinsam auswählen

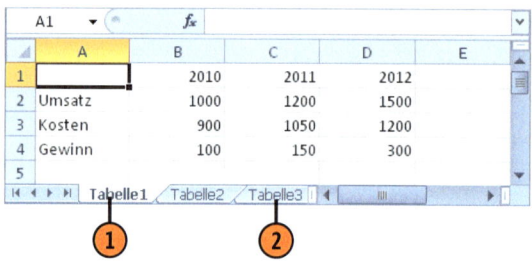

- Halten Sie die Strg-Taste gedrückt und klicken Sie nacheinander auf die Blattregisterkarten der zu bearbeitenden Blätter. Alle markierten Blattregister werden dann hervorgehoben angezeigt.

- Wollen Sie ein Blatt aus der gemeinsamen Markierung ausschließen, halten Sie Strg gedrückt und klicken dann auf die betreffende Blattregisterkarte.

- Um eine gemeinsame Markierung wieder auszuschalten, klicken Sie ohne eine weitere Taste zu drücken auf die Blattregisterkarte eines einzelnen Blattes.

Die Registerlaufpfeile

- Verschiebt das Blattregister zur ersten Tabelle.
- Verschiebt das Blattregister um eine Tabelle nach links.
- Verschiebt das Blattregister um eine Tabelle nach rechts.
- Verschiebt das Blattregister zur letzten Tabelle.

Tipp

Wenn Sie alle Blätter der Mappe gemeinsam auswählen wollen, klicken Sie mit der rechten Maustaste auf eine Blattregisterkarte und wählen dann *Alle Blätter auswählen* im Kontextmenü.

Achtung

Das Klicken auf einen der Registerlaufpfeile verschiebt nur die gerade angezeigten Registerkarten, wechselt aber nicht das aktive Blatt. Zum endgültigen Wechseln müssen Sie anschließend noch auf die Registerkarte des Blattes klicken.

Blätter hinzufügen und löschen

Wenn Sie mehr als drei Blätter in einer Arbeitsmappe benötigen, können Sie weitere hinzufügen. Nicht benötigte Blätter einer Mappe können Sie auch löschen. Ein solches Löschen kann aber nicht rückgängig gemacht werden!

Ein Blatt einfügen

① Klicken Sie im Blattregister auf die Schaltfläche *Tabellenblatt einfügen*.

② Ein neues Tabellenblatt wird angezeigt. Der Name wird automatisch vergeben – auf *Tabelle3* folgt *Tabelle4* usw.

Ein Blatt löschen

① Klicken Sie mit der rechten Maustaste auf die Registerkarte des Blattes, das Sie löschen wollen.

② Wählen Sie *Löschen* im Kontextmenü. Wenn das Blatt bereits Daten enthält, werden Sie vor den Konsequenzen gewarnt.

③ Nur wenn Sie das Blatt wirklich löschen wollen, klicken Sie auf *Löschen*.

Weitere Blattregisterkarten sichtbar machen

① Wenn eine Mappe über viele Blätter verfügt, wird immer nur ein Teil der Blattregisterkarten angezeigt. Verwenden Sie die Registerlaufpfeile, um weitere Registerkarten anzuzeigen (siehe auch vorherige Seite).

② Um mehr Registerkarten sichtbar zu machen, verschieben Sie die Trennlinie rechts von den Blattregisterkarten.

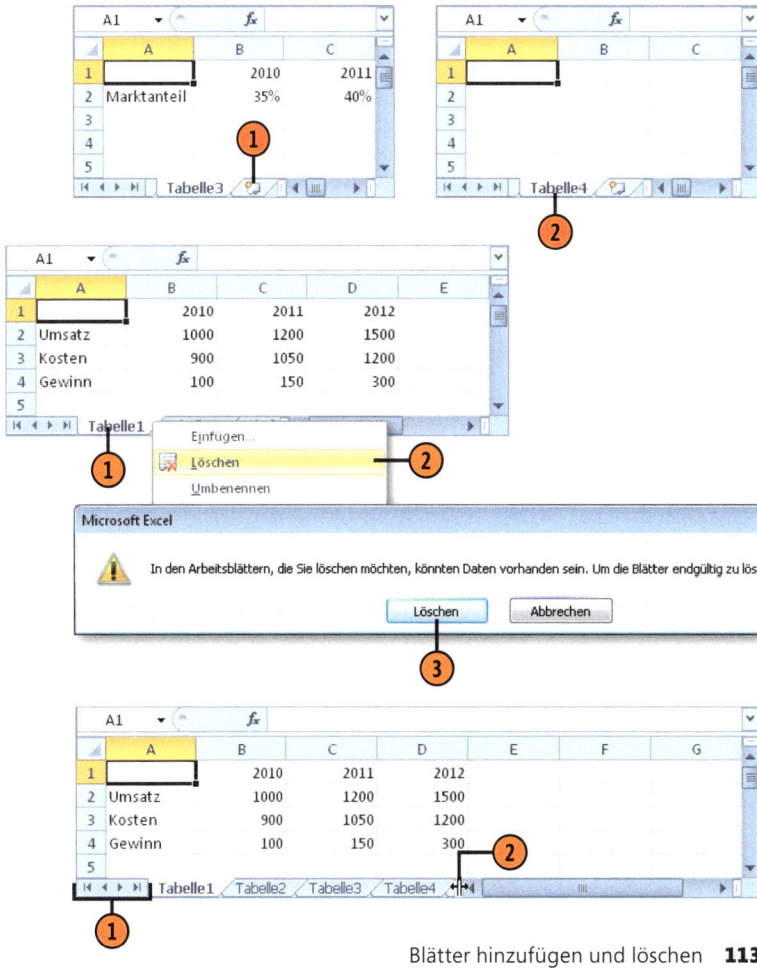

Zellen und Bereiche auswählen

Bevor Sie einen Text oder einen Zahlenwert eingeben, müssen Sie immer zuerst die Zelle – oder den Zellbereich – auswählen, in der/dem der eingegebene Wert erscheinen soll. Das können Sie durch Klicken mit der Maustaste erledigen oder auch die Tastatur dafür benutzen. Letzteres geht meist schneller, wenn Sie anschlie- ßend sowieso gleich Daten eingeben wollen. Sie können auch mehrere Zellen gemeinsam markieren – beispielsweise ganze Zeilen oder Spalten, rechteckige Bereiche von nebeneinander liegenden Zellen, nicht benachbarte Zellen oder auch ein ganzes Tabellenblatt.

Markieren mit der Maus

① Bewegen Sie den Mauszeiger auf die zu markierende Zelle. Der Mauszeiger hat die Form eines Kreuzes, solange er sich innerhalb der Tabelle befindet.

② Klicken Sie dann die Zelle mit der linken Maustaste an. Die gerade markierte Zelle erkennen Sie an einer stärkeren Umrandung.

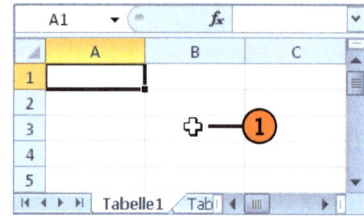
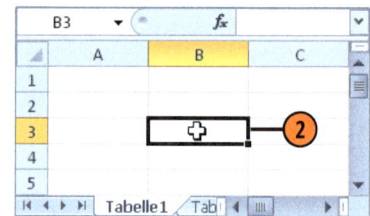

Markieren über die Tastatur

Taste bzw. Tastenkombination	Beschreibung
Pfeil oben, Pfeil unten, Pfeil links, Pfeil rechts	Bewegen um eine Zelle nach oben, unten, links oder rechts
Strg+Pfeil links, Strg+Pfeil rechts, Strg+Pfeil oben, Strg+Pfeil unten	Bewegen an den Rand des aktuellen Datenblocks
Pos1	Bewegen an den Anfang der Zeile
Strg+Pos1	Bewegen an den Anfang des Tabellenblatts
Strg+Ende	Bewegen zur letzten verwendeten Zelle im Tabellenblatt
Bild ab, Bild auf	Bewegen um eine Bildschirmseite nach unten bzw. oben
Alt+Bild ab, Alt+Bild auf	Bewegen um eine Bildschirmseite nach rechts bzw. links

Tipp

Wenn Sie mit der rechten Maustaste klicken, erscheint ein Kontextmenü, über dessen Befehle Sie die wichtigsten Aufgaben für eine Zelle ansprechen können.

Markieren von Zellbereichen

① Zum Markieren einer ganzen Zeile klicken Sie auf den Zeilenkopf – das ist das Feld, in dem die Zeilennummer angezeigt wird.

② Zum Markieren von Spalten gehen Sie entsprechend vor: Klicken Sie auf den Spaltenkopf – also das Feld, in dem der oder die Buchstaben zur Spaltenkennung angezeigt werden.

③ Wenn Sie mehrere Zellen gemeinsam markieren wollen, die in Form eines rechteckigen Bereichs zusammenhängen, setzen Sie den Mauszeiger auf eine Ecke des Zellbereichs und ziehen mit gedrückter Maustaste über den Bereich.

④ Um mehrere nicht benachbarte Zellen zu markieren, halten Sie die Taste Strg gedrückt und klicken dann nacheinander die gewünschten Zellen an.

⑤ Um die gesamte Tabelle zu markieren, klicken Sie in das Feld, in dem sich Zeilen- und Spaltenköpfe treffen.

Gewusst wie

Wenn Sie mehrere benachbarte Zeilen oder Spalten gemeinsam auswählen wollen, markieren Sie erst eine davon, halten die Maustaste gedrückt und verschieben dann die Maus in die entsprechende Richtung.

Das Grundprinzip der Eingabe

Das Grundprinzip der Eingabe ist immer gleich. In der Regel – aber nicht immer – wird jede Eingabe in einer anderen Zelle der Tabelle vorgenommen, die Sie zuerst markieren müssen. Das gilt auch umgekehrt: Jede Zelle kann nur eine Eingabe aufnehmen.

Daten eingeben

① Markieren Sie zuerst die Zelle, in der Sie die Eingabe vornehmen wollen. Geben Sie dann die Daten über die Tastatur ein. Die Daten erscheinen während der Eingabe in der Zelle.

② Außerdem erscheint die aktuelle Eingabe auch in der Bearbeitungsleiste unterhalb des Menübands.

③ Klicken Sie zur Bestätigung auf die Schaltfläche *Eingeben* in der Bearbeitungsleiste. Als Ergebnis erscheint die Eingabe in der vorher markierten Zelle.

Tipp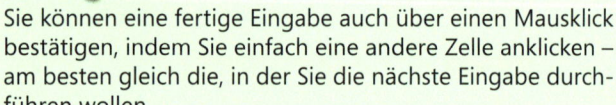

Sie können eine fertige Eingabe auch über einen Mausklick bestätigen, indem Sie einfach eine andere Zelle anklicken – am besten gleich die, in der Sie die nächste Eingabe durchführen wollen.

Gewusst wie

Gern wird zur Bestätigung die Taste Eingabe verwendet. Standardmäßig markiert Excel dann damit auch gleich die darunter liegende Zelle. Wenn Sie dieses automatische Bewegen nicht wünschen, können Sie das über das Dialogfeld *Excel-Optionen* in der Kategorie *Erweitert* unter *Markierung nach Drücken der Eingabetaste verschieben* abschalten.

Jede Eingabe müssen Sie separat bestätigen. Daran erkennt Excel, dass Sie mit der Eingabe in dieser Zelle fertig sind. Zum Bestätigen können Sie mit einem Mausklick oder – was meist schneller geht – über die Tastatur arbeiten.

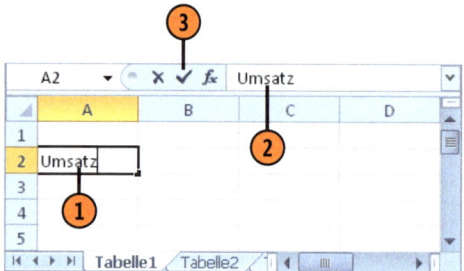

Tasten zum Bestätigen

Taste bzw. Tastenkombination	Beschreibung
Eingabe	Bestätigen und die Zelle darunter markieren
Tab	Bestätigen und die Zelle rechts daneben markieren
Umschalt+Tab	Bestätigen und die Zelle links daneben – wenn vorhanden – markieren
Pfeil links, Pfeil rechts, Pfeil oben, Pfeil unten	Bestätigen und die Zelle in der Richtung der verwendeten Pfeiltaste markieren

Eingaben löschen

Wenn Sie Eingaben in einer Zelle vorgenommen haben, die Sie nicht benötigen, können Sie diese wieder entfernen. Das Löschen solcher Eingaben ist ebenfalls sehr einfach. Nachdem Sie die Zelle wieder markiert haben, können Sie solche Inhalte über die Tastatur oder auch mithilfe der Maus löschen. Benutzen Sie immer das Werkzeug, auf dem sich gerade Ihre Finger befinden.

Eingaben über das Kontextmenü löschen

1. Klicken Sie mit der rechten Maustaste auf die Zelle, aus der Sie die vorhandene Eingabe entfernen wollen.

2. Wählen Sie *Inhalte löschen* im Kontextmenü. Der Zellinhalt wird sowohl aus der Bearbeitungsleiste als auch aus der Zelle entfernt.

Achtung

Benutzen Sie für diesen Zweck aber nicht den Kontextmenübefehl *Zellen löschen*. Damit entfernen Sie nicht nur den Inhalt aus der Zelle, sondern auch die Zelle selbst.

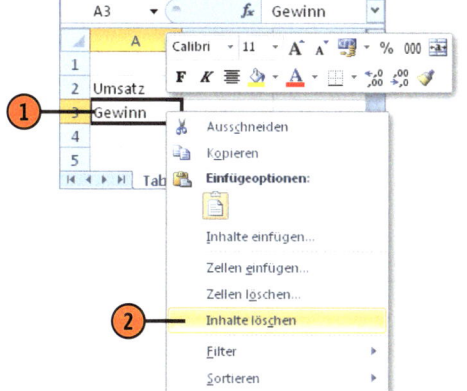

Löschen mit der Maus

1. Markieren Sie die Zelle oder den Zellbereich, deren/dessen Inhalt Sie löschen wollen.

2. Positionieren Sie den Mauszeiger auf dem Ausfüllkästchen in der unteren rechten Ecke der Auswahl. Der Zeiger wird daraufhin als ein kleines Kreuz dargestellt.

3. Ziehen Sie das Ausfüllkästchen in die obere linke Ecke des zuvor markierten Bereichs. Die ganze Auswahl wird grau angezeigt. Lassen Sie die Maustaste los. Die Eingaben im Bereich werden daraufhin gelöscht.

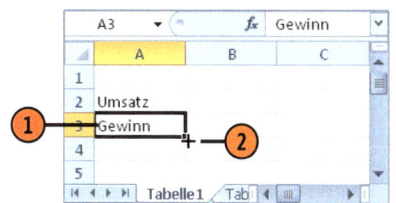
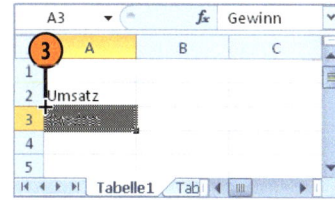

Tipp

Wenn Sie die Hände gerade auf der Tastatur haben, können Sie eine Eingabe auch wie folgt löschen: Markieren Sie die Zelle und drücken Sie die Taste Entf.

Korrekturen durchführen

Es kann passieren, dass Sie während der Eingabe – und noch vor der Bestätigung – merken, dass Sie die Eingabe doch nicht vornehmen wollen. Dann können Sie die Eingabe abbrechen. Aber auch wenn Sie bereits bestätigt haben, können Sie die Eingabe immer noch rückgängig machen.

Wenn Sie den Fehler erst später bemerken, können Sie die Eingabe korrigieren. Dazu können Sie die in der Zelle vorhandenen Daten mit der richtigen Eingabe überschreiben. Bei längeren oder komplizierten Eingaben empfiehlt es sich aber, die vorhandene fehlerhafte Eingabe zu berichtigen.

Die Eingabe verwerfen

① Markieren Sie zuerst die Zelle, in der Sie die Eingabe vornehmen wollen, und geben Sie dann die Daten über die Tastatur ein.

② Wenn Sie die begonnene Eingabe verwerfen wollen, klicken Sie auf die Schaltfläche *Abbrechen* oder drücken Sie Esc.

③ Die Zelle ist dann wieder leer.

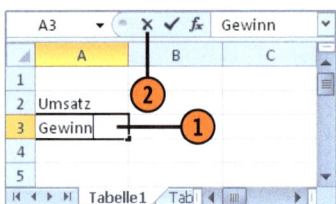 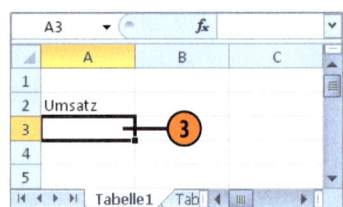

Eingaben rückgängig machen

① Um die letzte Eingabe oder die letzte durchgeführte Änderung rückgängig zu machen, klicken Sie in der Symbolleiste für den Schnellzugriff auf die Schaltfläche *Rückgängig*.

② Wenn Sie nicht nur die letzte, sondern auch gleich noch weitere Eingaben rückgängig machen wollen, benutzen Sie die Dropdownliste zur Schaltfläche *Rückgängig*: Klicken Sie auf den Pfeil neben der Schaltfläche und dann in der Liste auf den Eintrag, bis zu dem die Eingaben rückgängig gemacht werden sollen.

Tipp ✔

Um eine eben rückgängig gemachte Eingabe wieder gültig zu machen, klicken Sie in der Symbolleiste für den Schnellzugriff auf die Schaltfläche *Wiederholen*.

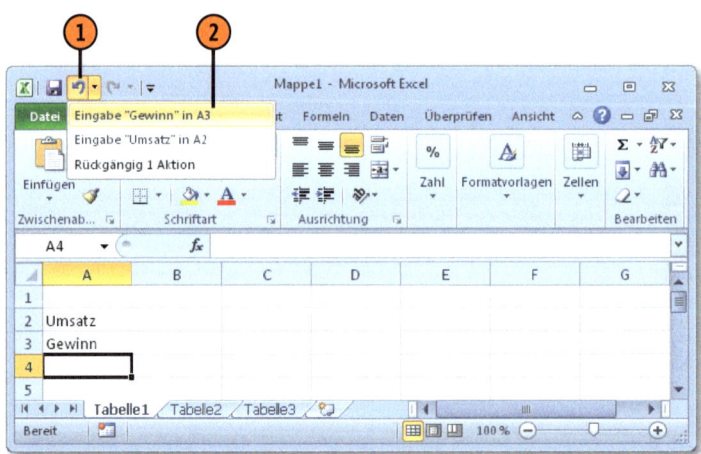

Eine Eingabe in der Bearbeitungsleiste korrigieren

① Markieren Sie die Zelle mit den zu korrigierenden Daten.

② Klicken Sie dann in der Bearbeitungsleiste die zu bearbeitende Stelle an. Die Einfügemarke erscheint in Form eines senkrechten Strichs.

③ Korrigieren Sie dann den Zellinhalt und bestätigen Sie wieder mit einer der bekannten Methoden. Die korrigierten Daten erscheinen in der Zelle.

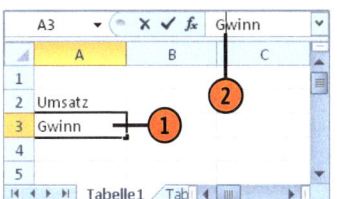 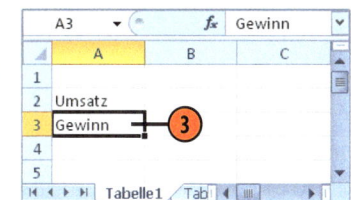

Eine Eingabe in der Zelle selbst korrigieren

① Markieren Sie die Zelle mit den zu korrigierenden Daten.

② Doppelklicken Sie in der Zelle die zu bearbeitende Stelle an. Die Einfügemarke erscheint in Form eines senkrechten Strichs.

③ Korrigieren Sie dann den Zellinhalt und bestätigen Sie wieder mit einer der bekannten Methoden. Die korrigierten Daten erscheinen in der Zelle.

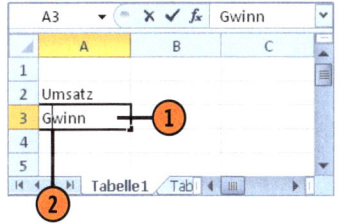 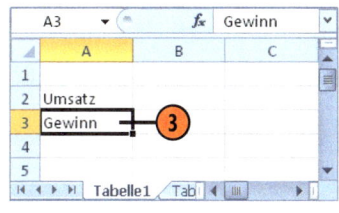

Tasten zum Bewegen in der Bearbeitungsleiste

Taste	Beschreibung
Pfeil links	Um ein Zeichen nach links
Pfeil rechts	Um ein Zeichen nach rechts
Pos1	An den Anfang der Zeile
Ende	An das Ende der Zeile

Tasten zum Löschen von Zeichen in der Bearbeitungsleiste

Taste	Beschreibung
Entf	Löscht das Zeichen rechts von der Einfügemarke.
Rück	Löscht das Zeichen links von der Einfügemarke.

Zahlenwerte eingeben

Sie können in eine Tabelle Zahlen in unterschiedlichen Formaten eingeben, ohne dass Sie spezielle Formatanweisungen geben müssen. Dazu gehören sowohl normale Zahlenwerte als auch Datums- und Uhrzeitangaben sowie logische Konstanten. Auch die beiden logischen Konstanten *WAHR* und *FALSCH* können Sie direkt eingeben. Im Prinzip geben Sie einen Zahlenwert so über die Tastatur ein, wie er anschließend in der Tabelle dargestellt werden soll. Einige Dinge sollten Sie dabei aber beachten.

Normale Zahlenwerte eingeben

① Positive ganze Zahlen geben Sie direkt ein.

② Bei negativen Zahlen setzen Sie ein Minuszeichen davor.

③ Dezimalzahlen – also Zahlen mit Ziffern hinter dem Komma – können mit maximal 15 Stellen hinter dem Dezimalzeichen eingegeben werden.

④ Durch Anfügen oder Voranstellen des Währungszeichens € schalten Sie das Währungsformat ein.

⑤ Negative Werte im Währungsformat werden in der Grundeinstellung automatisch rot dargestellt.

⑥ Brüche können ebenfalls direkt eingegeben werden, beispielsweise in der Form **6 1/3**. Wichtig ist, dass Sie die Eingabe mit einer ganzen Zahl beginnen und zwischen dieser und dem Bruch ein Leerzeichen einfügen.

⑦ Durch Anfügen des Prozentzeichens schalten Sie das Prozentformat für diese Eingabe ein.

⑧ Auch das Format für die wissenschaftliche Darstellung – das die Eingabe von Zehnerpotenzen benutzt – können Sie direkt zur Eingabe verwenden. Statt des Wertes *8120* können Sie beispielsweise auch **8,12E3** schreiben – für $8,12*10^3$.

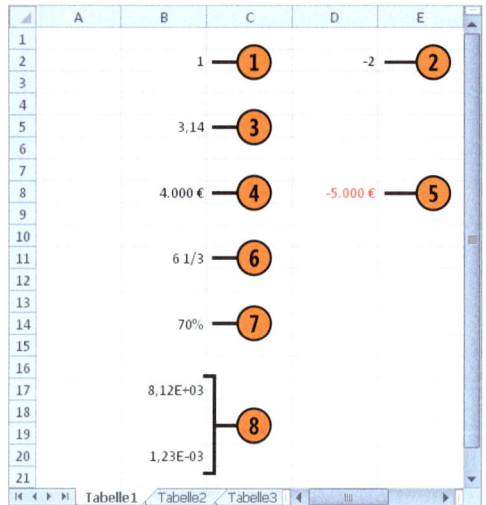

Achtung

Wenn Sie eine Dezimalzahl eingeben, zeigt Excel im Format *Standard* die Stellen hinter dem Komma nur so weit wie notwendig an: Die Eingabe **2,14000** führt zur Anzeige *2,14*, die nicht notwendigen Nullen werden also weggelassen. Sie können das aber jederzeit durch Anpassen des Zahlenformats ändern (siehe Seite 150 f.).

Datums- und Uhrzeitangaben eingeben

① Zur Eingabe von Datumsangaben benutzen Sie im Allgemeinen einen Punkt zur Trennung zwischen Tag, Monat und Jahr. Tag und Monat können als ein- oder zweistellige Zahl, das Jahr als zwei- oder vierstellige Zahl eingegeben werden – beispielsweise können Sie **1.1.10** oder **01.01.2010** oder auch Mischformen davon eingeben.

② Nach dem Bestätigen der Eingabe werden aber Tag und Monat als zweistellige Zahl und das Jahr als vierstellige Zahl angezeigt.

③ Den Monatsnamen können Sie auch ausschreiben bzw. eine Abkürzung für den Namen verwenden, also beispielsweise in der Form **24. Dezember 2010** oder **24. Dez. 2010**.

④ Nach dem Bestätigen erscheint als Anzeige immer die Abkürzung für den Monatsnamen, also beispielsweise in der Form 24. Dez. 2010.

⑤ Auch die Uhrzeit können Sie direkt eingeben. Dazu trennen Sie die Werte für Stunden, Minuten und Sekunden durch Doppelpunkt voneinander ab. Stunde, Minute und Sekunde können als ein- oder zweistellige Zahlen eingegeben werden.

⑥ Die Anzeige einer Uhrzeitangabe erfolgt standardmäßig immer zweistellig.

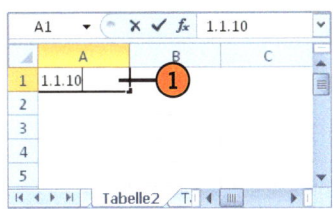
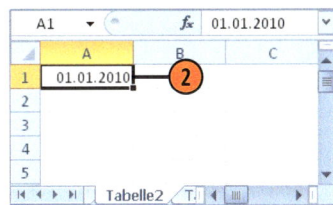
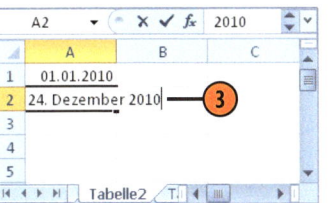
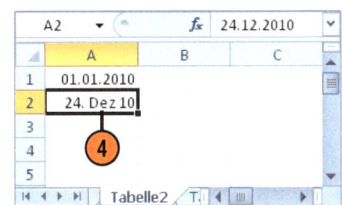
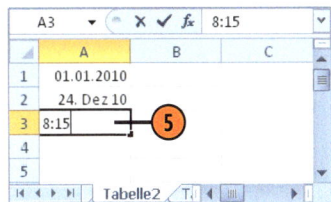
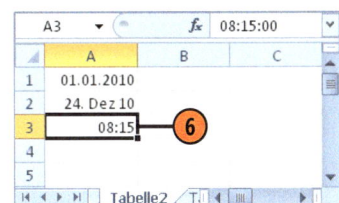

Gewusst wie

Datums- und Uhrzeitangaben werden intern als normale Zahlen verarbeitet, aber mit einem besonderen Format angezeigt.

Siehe auch

Die Form der Anzeige – das Format – von Datums- und Uhrzeitangaben können Sie jederzeit ändern; siehe hierzu Seite 150 f.

Probleme bei der Eingabe

Manchmal erscheint nach dem Bestätigen einer Eingabe in der Tabelle eine Anzeige, die Sie nicht gewünscht haben. Sie sollten die häufigsten Fälle kennen und auch wissen, wie man darauf reagiert.

Datum oder Uhrzeit wird statt Zahlenwert angezeigt

① Wenn Sie eine Datumsangabe eingeben, formatieren Sie damit automatisch die Anzeige im Datumsformat.

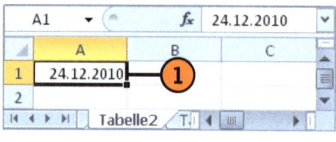 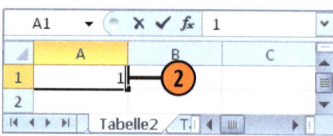

② Wenn Sie diese Eingabe anschließend mit einem normalen Zahlenwert – beispielsweise **1** – überschreiben, erscheint dieser Wert zwar während der Eingabe.

③ Nach dem Bestätigen erscheint allerdings ein Datumswert.

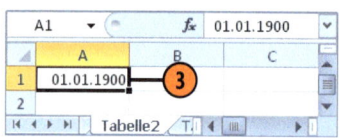

> **Gewusst wie**
>
> Zur Korrektur setzen Sie das Format der Zelle auf die Einstellung *Standard* zurück. Dazu drücken Sie Strg+Umschalt+&.

Anzeige bei geringer Spaltenbreite

① Große Zahlen werden vollständig in der Zelle angezeigt, wenn die Breite der Spalte dazu ausreicht.

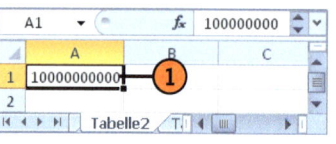 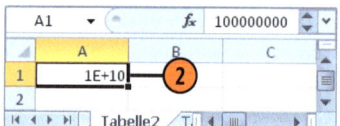

② Etwas kleinere Spaltenbreiten führen dazu, dass für die Anzeige das wissenschaftliche Format verwendet wird.

③ Ist die Breite der Spalte selbst dafür zu klein, erscheinen nur die Zeichen ### in der Zelle.

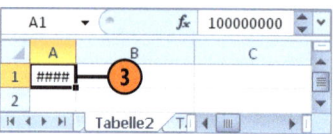

> **Gewusst wie**
>
> Zur Korrektur vergrößern Sie die Breite der Spalte, um den Wert wie eingegeben anzuzeigen.

> **Siehe auch**
>
> Wie man die Breite einer Spalte vergrößert, erfahren Sie auf Seite 145.

8 Berechnungen mit Formeln und Funktionen

Die Durchführung von Berechnungen auf der Basis von eingegebenen Werten mithilfe von Formeln oder Funktionen ist der eigentliche Sinn eines Programms wie Excel.

Für einfachere Berechnungen verwenden Sie Formeln, in denen Werte miteinander verknüpft werden. Formeln sind so etwas wie Gleichungen, die Berechnungen für Werte im Arbeitsblatt durchführen. Zur Eingabe müssen Sie zuerst – wie bei der einfachen Eingabe von Werten – eine vorerst noch leere Zelle markieren, in der die Berechnung durchgeführt und das Ergebnis später angezeigt werden soll. In diese Zelle geben Sie dann die Berechnungsvorschrift ein. Das ist meist ganz einfach: Wenn Sie beispielsweise die Werte in den Zellen *A1* und *B1* addieren wollen, geben Sie **=A1+B1** ein.

Funktionen arbeiten ähnlich, leisten aber mehr. Sie erleichtern einerseits die Eingabe: Wenn Sie beispielsweise die Werte in den Zellen *A1*, *A2*, *A3* und *A4* addieren möchten, können Sie dafür den Funktionsausdruck **=SUMME(A1:A4)** eintippen. Funktionen erlauben aber auch Berechnungen, die Sie mit einfachen Formeln nicht oder nur sehr aufwendig durchführen können: Die Eingabe **=WURZEL(B1)** berechnet beispielsweise die Quadratwurzel des Wertes in der Zelle *B1*.

Formeln eingeben und korrigieren

Ein schneller Weg zur Eingabe einer Formel besteht darin, diese direkt in die Zelle einzugeben. Formeln beginnen mit einem Gleichheitszeichen, gefolgt von der eigentlichen Gleichung. Im Allgemeinen benutzt man in dieser Gleichung Zelladressen, die miteinander verknüpft werden. Diese Adressen werden auch als die Bezüge der Formel bezeichnet.

Die Elemente, die Sie zur Verknüpfung verwenden, werden als Operatoren bezeichnet. Das klingt etwas hochtrabend: gemeint sind hier nur die üblichen Zeichen für die Grundrechenarten. Sie können aber eine Formel auch für andere Zwecke benutzen – beispielsweise zum Übertragen von Werten in andere Zellen.

Formel eingeben

(1) Markieren Sie die Zelle, in der die Formel eingefügt werden soll.

(2) Geben Sie dort die Formel ein. Wenn Sie beispielsweise den Wert in der Zelle *B3* vom Wert in der Zelle *B2* abziehen wollen, benutzen Sie **=B2-B3**.

(3) Bestätigen Sie abschließend mit Eingabe. In der Zelle der Tabelle wird das Ergebnis der Berechnung angezeigt.

(4) Die Formel selbst sehen Sie in der Bearbeitungsleiste.

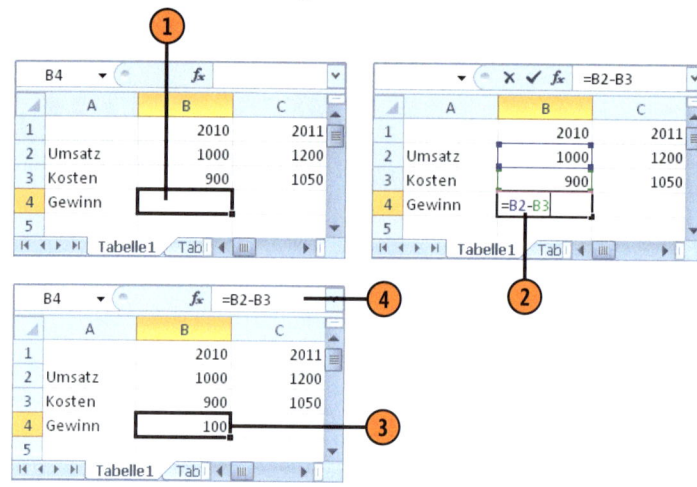

Typen von Formeln

Beschreibung	Beispiel
Im einfachsten Fall besteht die Formel aus zwei Zahlen, die durch einen Operator verknüpft sind.	*=2010+2*
Mithilfe von Übertragungsformeln können Sie Zellinhalte in andere Zellen übertragen.	*=D2*
Im Allgemeinen besteht der Formelausdruck aber aus Bezügen aus zwei oder mehr Zelladressen, die mit Operatoren verknüpft sind.	*=D2-D3*
Auch Kombinationen sind möglich – beispielsweise Bezüge zu Zelladressen und einem festen Faktor.	*=C1/S2*100*

Operatoren

Operator	Beschreibung	Beispiel
+	Addieren	*=B1+B2*
–	Subtrahieren	*=B1-B2*
*	Multiplizieren	*=B1*B2*
/	Dividieren	*=B1/B2*
^	Potenzieren	*=B1^B2*
&	Texte verknüpfen	*=A2 & A3* (wenn *A4* und *A3* Text als Inhalt haben)

Formeln korrigieren

① Markieren Sie die Zelle, in der die Formel eingegeben wurde.

② Wenn Sie die Taste F2 drücken, werden die einzelnen Bezugsadressen in der Formel verschiedenfarbig dargestellt. Auf diese Weise sehen Sie, auf welche Zellen sich die Formel bezieht.

③ Setzen Sie die Einfügemarke in der Bearbeitungsleiste an die zu korrigierende Stelle. Einzelne Adressen können Sie auch durch einen Doppelklick insgesamt markieren.

④ Führen Sie dann die Korrektur durch. Wenn die Formel korrigiert ist, bestätigen Sie wie gewohnt.

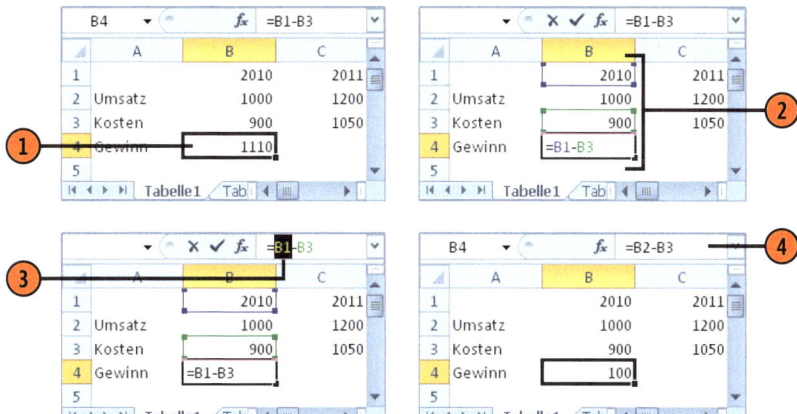

Formeln in der Zelle selbst korrigieren

① Doppelklicken Sie auf die Zelle mit der Formel. Die Bezugselemente werden farbig markiert.

② Setzen Sie die Einfügemarke in der Zelle an die zu korrigierende Stelle.

③ Führen Sie dann die Korrektur durch und bestätigen Sie.

Tipp ✔

Excel berechnet zusammengesetzte Ausdrücke in der üblichen Reihenfolge: Zuerst werden die Inhalte von Ausdrücken in Klammern berechnet, dann werden Exponenten berechnet, es folgen die Berechnungen von Multiplikationen und Divisionen; Additionen und Subtraktionen werden abschließend durchgeführt.

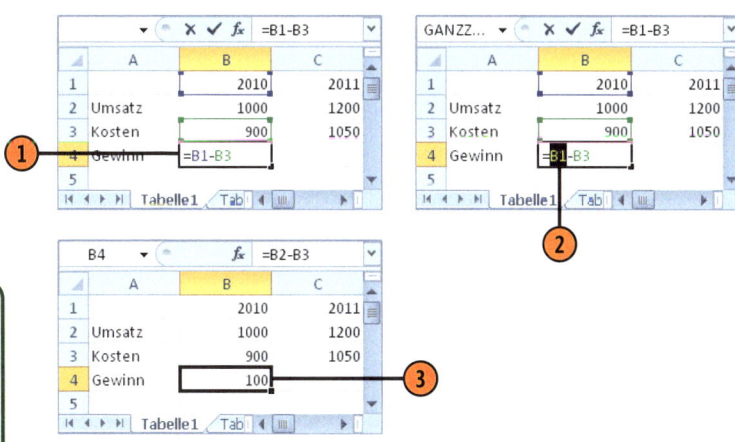

Formeln durch Zeigen mit der Maus erstellen

Alternativ können Sie die in der Formel miteinander zu verknüpfenden Zelladressen nacheinander mit der Maus auswählen. Man redet dann auch von der Methode des »Zeigens«. Diese Methode hat den Vorteil, dass Sie die Adressen der Zellen nicht erst ablesen müssen, um sie anschließend einzugeben. Der Nachteil ist, dass Sie öfter zwischen Tastatur und Maus wechseln müssen.

Formel durch Zeigen erstellen

① Markieren Sie die Zelle, in der die Formel erscheinen soll.

② Geben Sie ein Gleichheitszeichen über die Tastatur ein.

③ Klicken Sie auf die erste Zelle, deren Inhalt Sie zur Berechnung benutzen wollen. Die gewählte Zelle wird farbig markiert und mit einem Laufrahmen versehen. Ihre Adresse erscheint in der Zelle und in der Bearbeitungsleiste.

④ Fügen Sie über die Tastatur den gewünschten Operator hinzu, mit dem der Inhalt der nächsten Zelle verknüpft werden soll – beispielsweise +, –, * oder /.

⑤ Klicken Sie dann auf die nächste Zelle, deren Inhalt Sie zur Berechnung verwenden wollen. Auch diese wird farbig markiert und mit einem Laufrahmen versehen.

⑥ Fahren Sie auf diese Weise fort. Wenn die Formel fertig ist, bestätigen Sie mit einer der bekannten Methoden. Nach der Bestätigung finden Sie den Formelausdruck in der Bearbeitungsleiste, solange die Zelle mit der Formel markiert ist. Das Ergebnis der Berechnung finden Sie – wie immer – in der Zelle selbst.

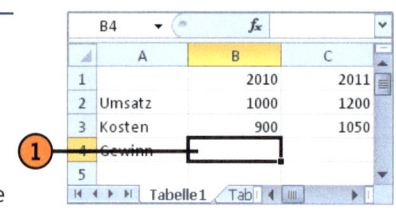
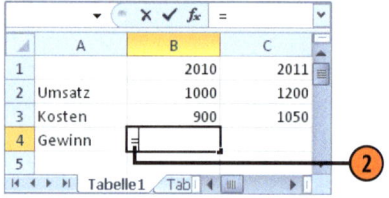
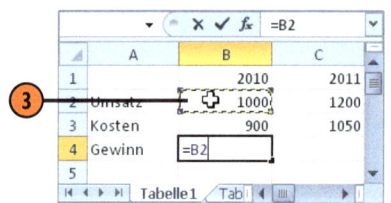
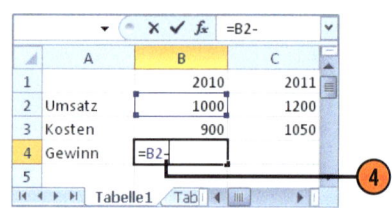
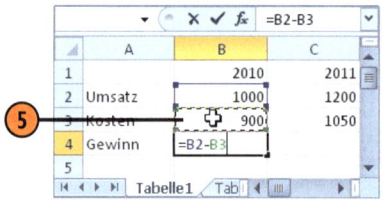
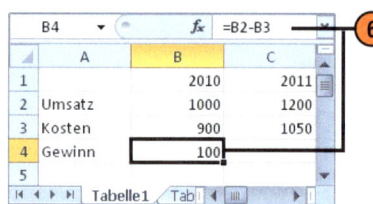

Gewusst wie

Sie können auch die farbig markierten Bezugszellen mit der Maus an andere Stellen in der Tabelle verschieben. Beispielsweise können Sie die Formel =B2-C3 in =B2-B3 ändern, indem Sie die farbige Markierung der Zelle C3 auf die Zelle B3 verschieben.

Auf Zellen in anderen Blättern verweisen

① Markieren Sie die Zelle, in der Sie die Berechnung durchführen möchten, und beginnen Sie den Ausdruck mit einem Gleichheitszeichen.

② Wechseln Sie zu dem Blatt, in dem die Zellen mit den Daten stehen, die zur Berechnung benutzt werden sollen.

③ Klicken Sie auf die Zelle mit den gewünschten Daten.

④ Bestätigen Sie die Eingabe. Das Ergebnis erscheint in der Zelle.

Formeln durch Zeigen korrigieren

① Markieren Sie die Zelle, in der die Formel steht.

② Doppelklicken Sie auf die Zelle. Die farbigen Markierungen zeigen die Bezüge an.

③ Setzen Sie den Mauszeiger auf den Rand der Bezugsmarkierung, die Sie ändern wollen.

④ Verschieben Sie die Markierung auf die gewünschte Zelle und bestätigen Sie durch einen Klick auf die Schaltfläche *Eingeben*.

Tipp ✔

Es ist oft einfacher, wenn Sie alle Tabellenblätter, mit denen Sie arbeiten, in separaten Fenstern anzeigen lassen.

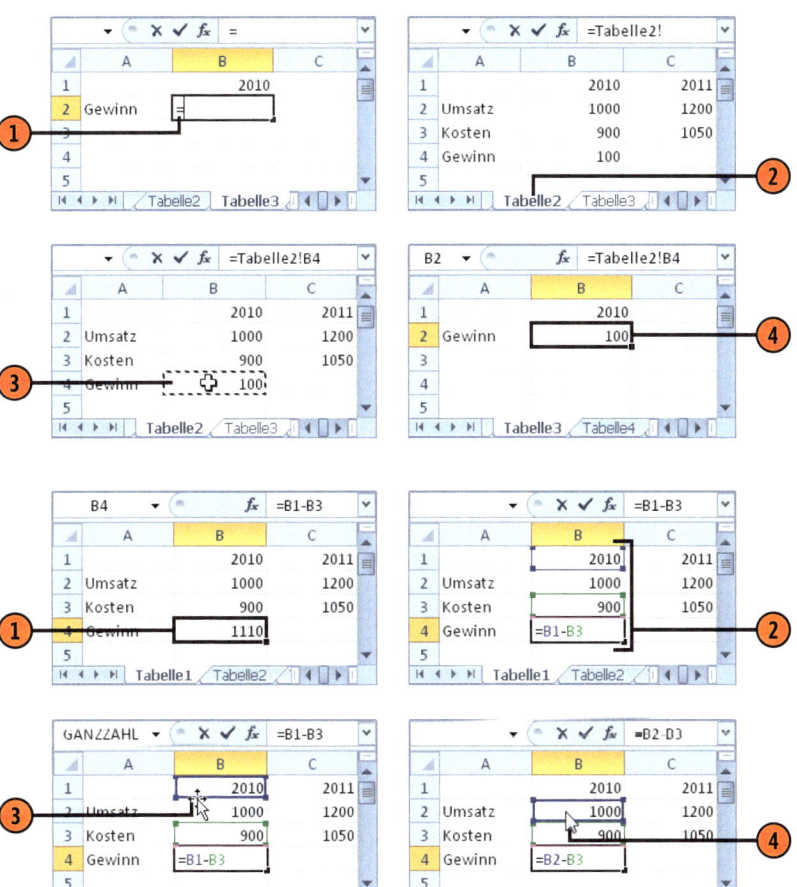

Formeln durch Zeigen mit der Maus erstellen **127**

Fehler in Formeln

Bei der Eingabe von Formeln kann man Fehler machen. Sehr oft handelt es sich dabei um die Angabe eines falschen Zellbezugs oder die Verwendung eines falschen Operators. Excel ist so intelligent, dass es die Formel in einer Zelle mit den Formeln in den Nachbarzellen vergleicht und mitteilt, wenn sich dabei Besonderheiten zeigen.

Auf Fehlerindikatoren reagieren

① Ein grüner Fehlerindikator taucht links oben in der Zelle auf, wenn die Formel in dieser Zelle von den anderen Formeln im benachbarten Bereich abweicht.

② Markieren Sie dann die Zelle, in der die Meldung erscheint. Neben der Zelle wird eine Optionsschaltfläche angezeigt.

③ Klicken Sie auf den Dropdownpfeil, werden unter dem Hinweis *Ungültige Formel* mehrere Alternativen für eine mögliche Fehlerkorrektur angezeigt. Wählen Sie die geeignete:

- *Formel ... kopieren* nimmt an, dass die Formeln in den Nachbarzellen richtig sind und übernimmt deren Struktur für die Zelle.

- Mit *Fehler ignorieren* geben Sie an, dass die Formel so wie eingegeben richtig ist. Der Fehlerindikator wird dann ausgeblendet.

- Mit *Optionen zur Fehlerüberprüfung* lassen Sie die Kategorie *Formeln* im Dialogfeld *Excel-Optionen* anzeigen, in dem Sie unter *Fehlerüberprüfung* diese Funktion ausschalten oder eine andere Farbe für den Indikator wählen können.

Wenn statt eines Berechnungsergebnisses nach der Bestätigung eine Meldung auftaucht, die mit dem Zeichen # beginnt, ist das ein Zeichen dafür, dass mit der eingegebenen Formel etwas nicht stimmt. Solche Meldungen tauchen beispielsweise auf, wenn Sie versuchen, einen Wert durch *0* (null) zu dividieren, was die Mathematik nicht zulässt.

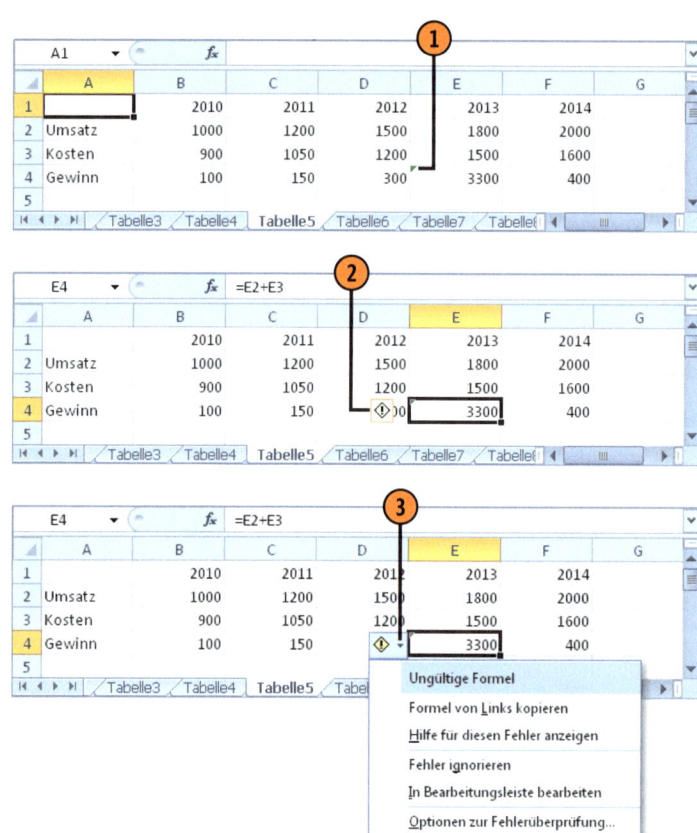

Auf Fehlermeldungen reagieren

(1) Wenn ein Ausdruck angezeigt wird, der mit dem Zeichen # beginnt, markieren Sie die Zelle.

(2) Kontrollieren Sie die in der Formel verwendeten Bezüge.

(3) Bei weiteren Fragen öffnen Sie die Liste zur Optionsschaltfläche.

(4) Mit *Berechnungs-Schritte anzeigen* öffnen Sie beispielsweise ein Dialogfeld, in dem die Inhalte der Bezugszellen angegeben werden.

(5) Der Fehler kann beispielsweise daran liegen, dass Sie eine Zelle mit Text in der Berechnung verwenden.

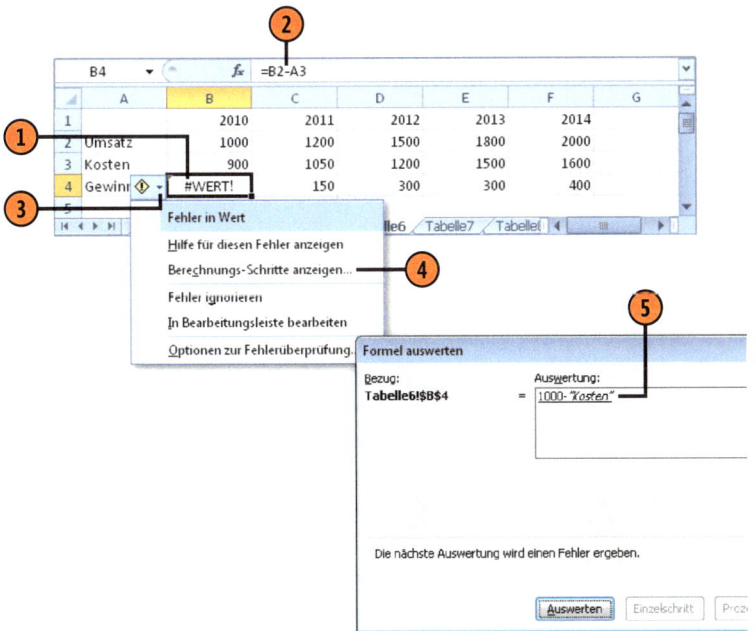

Typische Fehlermeldungen

Fehlermeldung	Beschreibung
#BEZUG!	Die Formel bezieht sich auf eine unzulässige Zelle: Sie haben beispielsweise Zellen gelöscht, auf die sich andere Formeln beziehen.
#DIV/0!	In einer Formel wurde eine Division durch null versucht: Sie haben beispielsweise einen Bezug auf eine leere Zelle oder auf eine Zelle mit dem Inhalt null verwendet.
#NAME?	Ein Name wird nicht erkannt, der in einer Formel verwendet wird: Sie haben beispielsweise den Namen falsch eingegeben.
#NULL!	Sie haben beispielsweise einen falschen Bereichsoperator oder einen falschen Bezug verwendet.
#WERT!	Der Typ eines Arguments oder Operanden ist falsch: Sie haben beispielsweise Text an einer Stelle der Formel eingegeben, an der eine Zahl erforderlich ist. Oder Sie haben einem Operator oder einer Funktion, die einen einzelnen Wert erfordern, einen Bereich zugewiesen.
#ZAHL!	Es besteht ein Problem mit einer Zahl: Sie haben beispielsweise ein unzulässiges Argument in einer Funktion verwendet.

Einfache Funktionen eingeben

Einfache Funktionen können Sie wie einfache Formeln direkt eingeben. Dazu müssen Sie aber die Syntax – also den korrekten Namen und die jeweils notwendigen Argumente in der richtigen Reihenfolge – kennen. Sollte Ihnen diese Syntax nicht bekannt sein, sollten Sie die Funktion über ein Dialogfeld einfügen, das Ihnen genauere Hinweise zu deren Aufbau gibt.

Eine Funktion eingeben

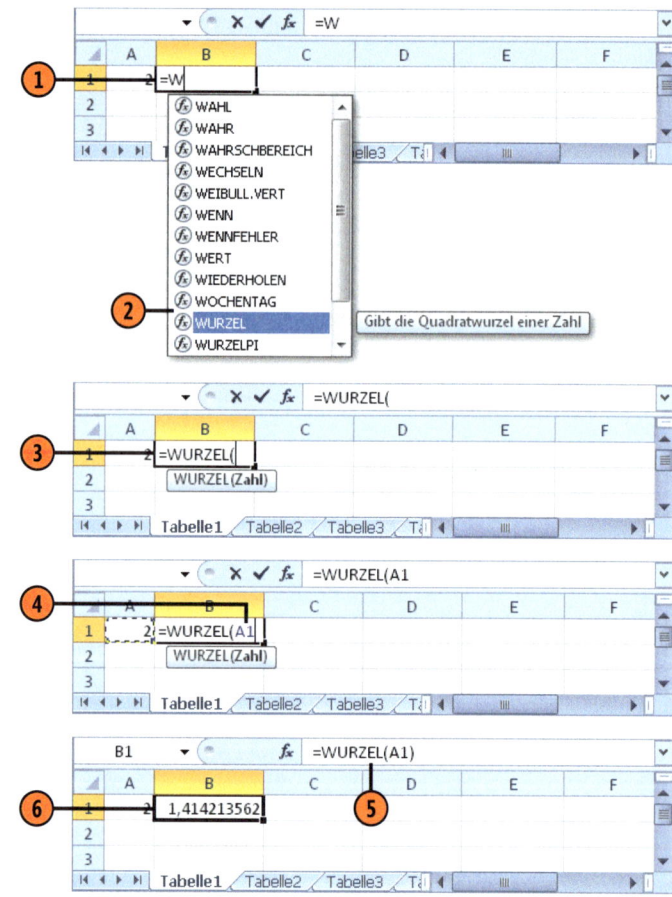

① Markieren Sie zuerst die Zelle, in der das Ergebnis der Berechnung gezeigt werden soll. Starten Sie die Eingabe mit einem Gleichheitszeichen und dem ersten Buchstabe des Funktionsnamens.

② Die Funktionen, die mit diesem Buchstaben beginnen, werden eingeblendet. Wählen Sie die gewünschte durch einen Doppelklick aus oder fahren Sie mit der Eingabe fort.

③ Die Funktion erscheint mit einer angehängten Klammer in der Zelle und in der Bearbeitungsleiste.

④ Geben Sie die Adresse der Zelle ein, auf die die Funktion Bezug nehmen soll, oder klicken Sie auf die entsprechende Zelle.

⑤ Fügen Sie eine abschließende Klammer hinzu und bestätigen Sie. Die Funktion wird in der Bearbeitungsleiste angezeigt.

⑥ In der Zelle erscheint das Ergebnis der Berechnung.

Siehe auch

Funktionen können Sie wie eine normale Eingabe oder eine Formel editieren; siehe zum Vorgehen Seite 124 f.

Das Dialogfeld »Funktion einfügen«

① Markieren Sie zuerst die Zelle, in der das Ergebnis der Berechnung gezeigt werden soll.

② Klicken Sie auf die Schaltfläche *Funktion einfügen* in der Bearbeitungsleiste.

③ Wenn Sie den genauen Namen der Funktion nicht kennen, können Sie im Feld *Funktion suchen* einen geeigneten Begriff eingeben – beispielsweise **Wurzel ziehen**. Bestätigen Sie das mit Eingabe.

④ Im Feld *Funktion auswählen* wird eine Liste von möglichen Funktionsnamen angezeigt. Markieren Sie die gewünschte Funktion.

⑤ Klicken Sie auf *OK*.

⑥ Das Dialogfeld *Funktionsargumente* wird angezeigt, das Ihnen bei der Auswahl der notwendigen Argumente hilft. Klicken Sie in das Feld für das Argument.

⑦ Klicken Sie dann auf die Zelle, in der der zu verwendende Wert steht, um die Adresse zu übernehmen.

⑧ Klicken Sie auf *OK*.

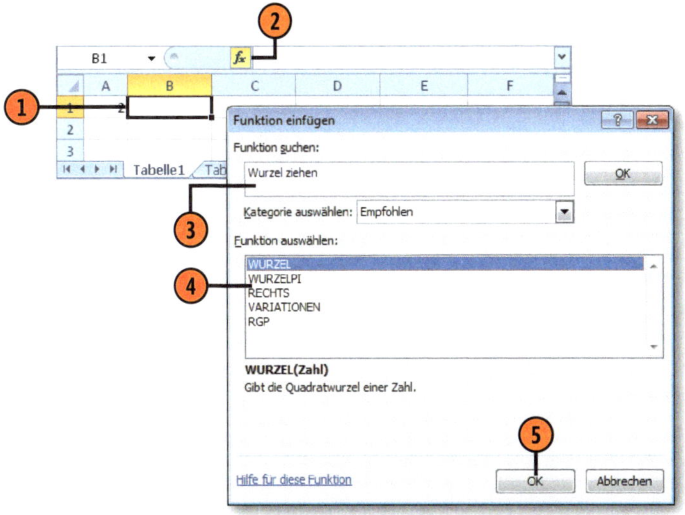

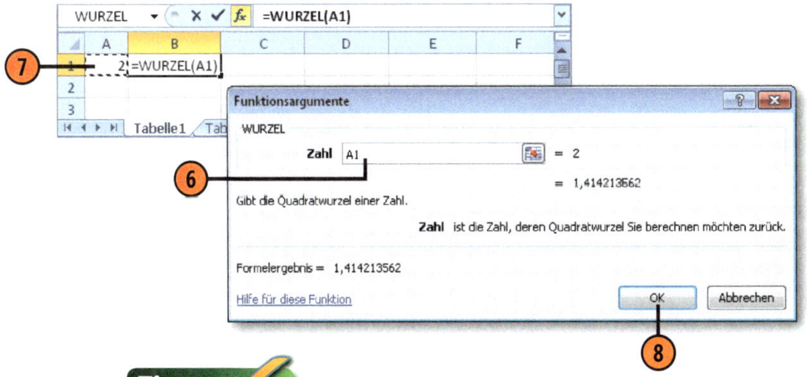

Das Dialogfeld verkleinern

Wenn das Dialogfeld *Funktionsargumente* Ihnen die Sicht auf die Tabelle verdecken sollte, können Sie es durch einen Klick auf die Schaltfläche *Dialog reduzieren* verkleinern.

Um es wieder vollständig anzeigen zu lassen, klicken Sie auf die Schaltfläche *Dialog anzeigen*.

Tipp

Über das Dropdown-Listenfeld *Kategorie auswählen* können Sie eine Funktionskategorie wählen. Die dazugehörenden Funktionen werden dann im Dialogfeld aufgelistet.

Funktionen mit mehreren Bezügen

Viele Funktionen benutzen nur eine einzige Bezugsadresse – wie beispielsweise die Funktion *WURZEL(Zahl)*, die die Quadratwurzel einer Zahl berechnet. Andere verwenden zwei oder sogar mehr Adressen – beispielsweise die Funktion *RUNDEN(Zahl;Stellenzahl)*, die eine Zahl auf eine bestimmte Stellenzahl rundet. Bei solchen Funktionen müssen Sie die einzelnen Bezüge durch Semikolon voneinander abgrenzen.

Eine Zahl runden

① Markieren Sie die Zelle, in der das Ergebnis der Berechnung gezeigt werden soll, und starten Sie die Eingabe mit einem Gleichheitszeichen, dem Funktionsnamen und einer Klammer – also **=RUNDEN(**.

② Geben Sie den Bezug zur ersten Adresse ein oder klicken Sie auf die entsprechende Zelle.

③ Fügen Sie ein Semikolon hinzu und geben Sie das zweite Argument ein.

④ Schließen Sie den Funktionsausdruck durch eine Klammer ab. Nach der Bestätigung erscheint das Berechnungsergebnis in der Zelle.

⑤ Die Funktion sehen Sie in der Bearbeitungsleiste.

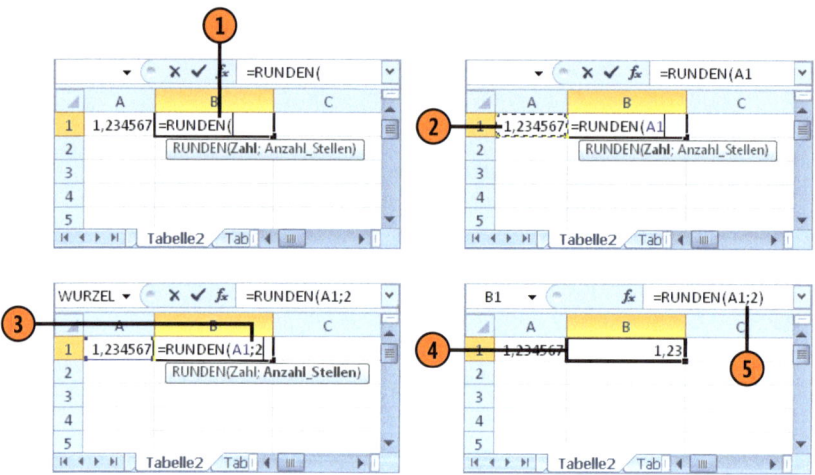

Mehrere Argumente einfügen

① Wenn Sie die Funktionen einfügen, zeigt das Dialogfeld *Funktionsargumente* mehrere Eingabefelder für die einzelnen Argumente an. Sie können dann darin die Bezugszellen oder Werte einzeln festlegen.

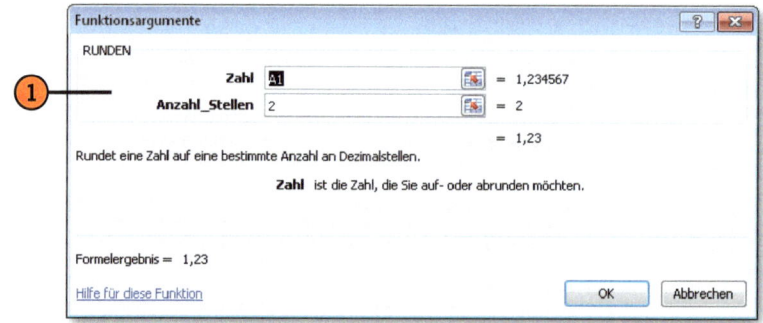

Die Funktionsbibliothek

Jeder Anwender wird aufgrund seines Aufgabenspektrums vordringlich mit bestimmten Funktionen oder Funktionskategorien arbeiten. Viele Funktionen werden Sie vielleicht nie anwenden, einige sind aber von allgemeinem Interesse.

Die Registerkarte *Formeln* des Menübands von Excel stellt in der Gruppe *Funktionsbibliothek* mehrere Befehlsschaltflächen bereit, über die Sie die gerade benötigte Funktion auswählen können.

Eine Funktionsbibliothek benutzen

1. Markieren Sie die Zelle, in der das Ergebnis der Berechnung erscheinen soll.

2. Wählen Sie dann die Registerkarte *Formeln*.

3. Klicken Sie in der Gruppe *Funktionsbibliothek* auf die Schaltfläche für den Bereich, der die gewünschte Funktion beinhaltet.

4. Klicken Sie auf die Funktion.

5. In fast allen Fällen wird das Dialogfeld *Funktionsargumente* angezeigt. Darin wird der Zweck der Funktion beschrieben. Fahren Sie fort wie beim Einfügen der Funktion:

   - Klicken Sie in das Feld für das Argument, das Sie festlegen wollen.

   - Klicken Sie auf die Zelle, die den Wert für das Argument enthält. Die Adresse wird dann übernommen.

   - Klicken Sie auf *OK*. Die Funktion wird dann eingefügt.

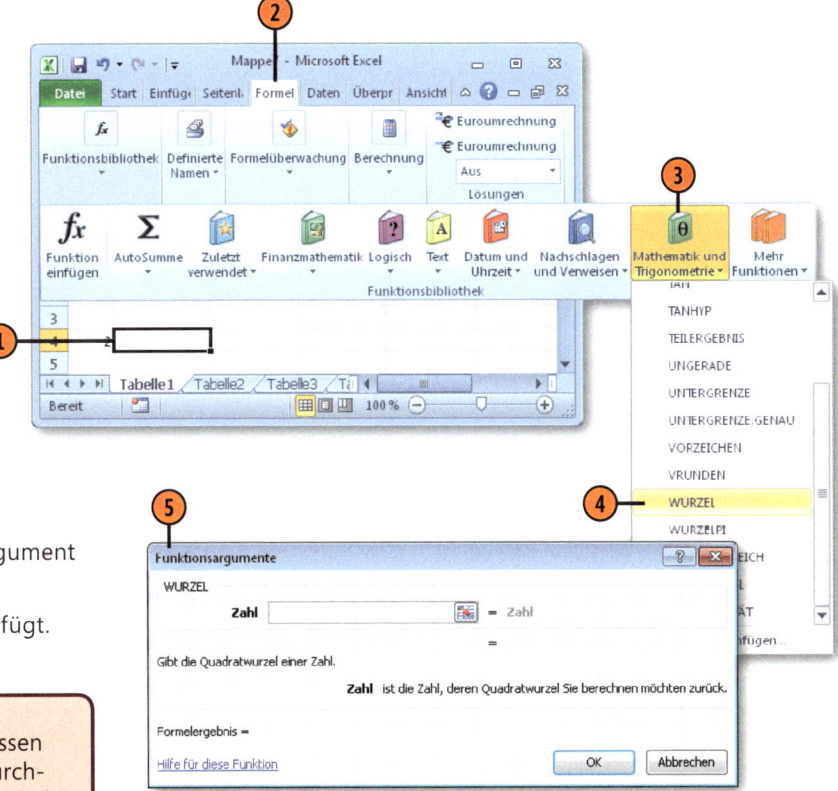

Achtung

Wenn eine Funktion mehrere Argumente verlangt, müssen Sie die in Schritt 5 beschriebenen Schritte mehrfach durchführen. Die für eine Funktion notwendigen Argumente sind fett angezeigt.

Die Berechnungsoptionen einstellen

Standardmäßig wird eine Neuberechnung aller Formeln der Tabelle nach jeder Eingabe durchgeführt. Da jede Berechnung Zeit erfordert, empfiehlt es sich bei Tabellen mit vielen Formeln, den Berechnungsmodus auf *Manuell* umzuschalten.

Die manuelle Neuberechnung benutzen

① Lassen Sie die Registerkarte *Formeln* im Menüband anzeigen.

② Klicken Sie in der Gruppe *Berechnung* auf *Berechnungsoptionen*.

③ Wählen Sie *Manuell*.

④ Um die Wirkung zu kontrollieren, ändern Sie einen Zahlenwert in der Tabelle, der in einer Formel verwendet wird.

⑤ Nach der Änderung liefert eine Formel, die sich auf diese Zelle bezieht, nicht den korrekten Wert.

⑥ Drücken Sie die Taste F9. Die Formel zeigt jetzt wieder den richtigen Wert an.

> **Achtung!**
>
> Die Einstellung einer manuellen Neuberechnung gilt für alle Blätter der aktuellen Arbeitsmappe und auch für alle zu diesem Zeitpunkt geöffneten Arbeitsmappen.

> **Achtung!**
>
> Vergessen Sie nicht, die Berechnungsoptionen wieder auf *Automatisch* umzuschalten, nachdem Sie die Eingabearbeiten erledigt haben.

Beachten Sie auch die zusätzlichen Einstellungen, die Ihnen in der Kategorie *Formeln* im Dialogfeld *Excel-Optionen* zur Verfügung stehen. Im Allgemeinen werden Sie aber die hier eingestellten Standardwerte nur selten ändern.

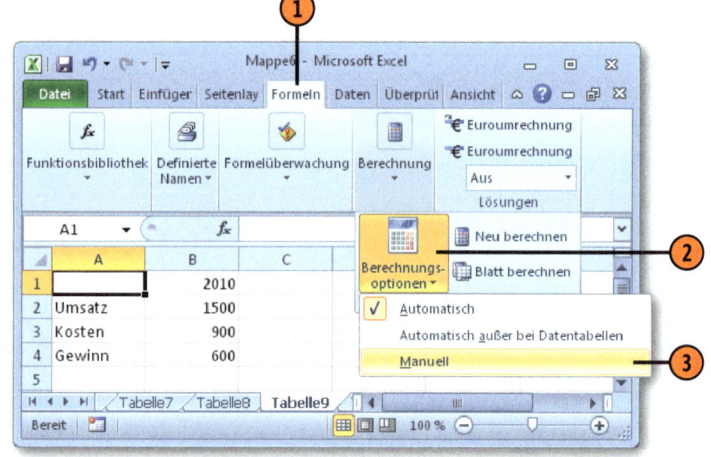

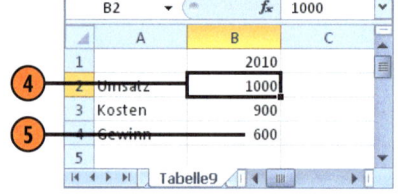

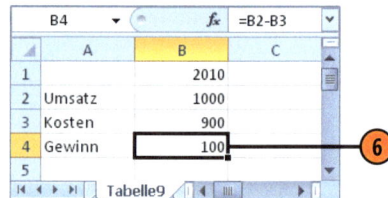

> **Tipp** ✓
>
> Sie können zum manuellen Berechnen auch die Befehle *Neu berechnen* oder *Blatt neu berechnen* in der Gruppe *Berechnung* verwenden.

9 Tabellen editieren und formatieren

Besonders beim Aufbau größerer Tabellenblätter werden Sie während der Arbeit feststellen, dass Sie bestimmte Bereiche anders als anfangs gedacht organisieren müssen. Sie werden dann zusätzliche Bereiche in die Tabelle einfügen oder andere löschen wollen. Für die effiziente Abwicklung solcher Aufgaben stellt Excel eine Reihe von Werkzeugen zur Verfügung.

Eine typische Aufgabe besteht darin, bestimmte Bereiche der Tabelle an andere Stellen zu verschieben oder dorthin zu kopieren. Dazu können Sie die üblichen Methoden zum Ausschneiden oder Kopieren und Einfügen benutzen oder spezielle Excel-Verfahren verwenden. Es gibt aber noch eine Vielzahl weiterer Aufgaben zum Editieren von Tabellen; die wichtigsten wollen wir Ihnen hier vorstellen.

Unter dem Begriff »Formatieren« versteht man bei Excel alle Tätigkeiten, die die optische Gestaltung der Tabellen betreffen. Dazu gehören sowohl Angaben für die Form der Anzeige – z.B. die Darstellung mit einem Währungszeichen – als auch solche zu grafischen Fragen – z.B. die Wahl der Schriftart oder -größe. Die Zelleinträge können unterschiedlich ausgerichtet oder auch über mehrere Zellen hinweg positioniert werden. Zellbereiche können mit Rahmen und Linien sowie mit Farben und Mustern versehen werden.

Daten verschieben und kopieren

Das Verschieben oder Kopieren von Daten in einem Blatt funktioniert am schnellsten mittels Maus und Drag & Drop. Sie können dazu aber auch immer die Windows-Zwischenablage verwenden – dabei legen Sie zunächst die Daten durch *Ausschneiden* oder *Kopieren* in dieser Ablage ab und benutzen dann den Befehl *Einfügen*, um sie an einer anderen Stelle wieder in die Arbeitsmappe einzufügen.

Verschieben über die Maus

① Markieren Sie zuerst die entsprechende(n) Zelle(n).

② Positionieren Sie den Zeiger auf einem Rand des Rahmens.

③ Ziehen Sie die Auswahl mit gedrückter Maustaste zu dem Bereich, in den Sie die Daten verschieben wollen.

④ Wenn Sie sich an der gewünschten Stelle befinden, lassen Sie die Maustaste los. Der vorher markierte Bereich wird verschoben.

Kopieren über die Maus

① Gehen Sie genauso vor wie beim Verschieben, halten Sie aber zusätzlich die Taste Strg gedrückt. Ein kleines Pluszeichen zeigt an, dass Sie gerade kopieren.

② Wenn Sie sich an der gewünschten Stelle befinden, lassen Sie die Maustaste und die Taste Strg los.

Zwischen vorhandene Zellen verschieben

① Markieren Sie zuerst die entsprechende(n) Zelle(n) und positionieren Sie den Zeiger auf einem Rand des Auswahlrahmens.

② Ziehen Sie die Auswahl mit gedrückter Umschalt-Taste an die gewünschte Stelle. Lassen Sie die Maustaste und die Taste Umschalt los. Der Bereich wird verschoben.

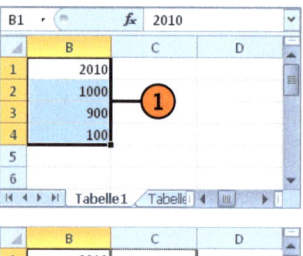
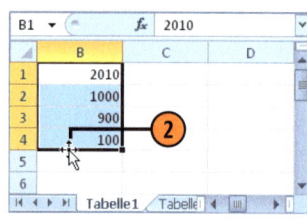
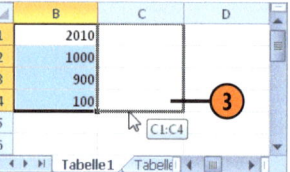
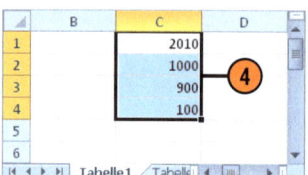
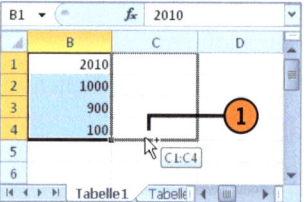
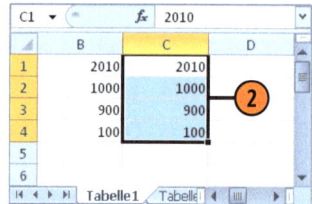
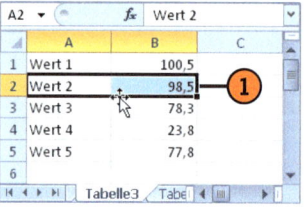
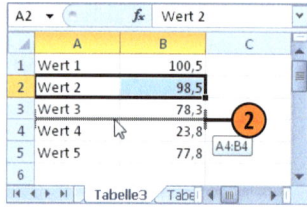

In die Zwischenablage verschieben

① Markieren Sie zunächst die Zelle(n), die verschoben werden soll(en).

② Klicken Sie auf die Registerkarte *Start*.

③ Klicken Sie in der Gruppe *Zwischenablage* auf *Ausschneiden*. Der markierte Bereich wird mit einem Laufrahmen versehen, bleibt aber noch sichtbar.

In die Zwischenablage kopieren

① Markieren Sie auch in diesem Fall zunächst die Zelle(n), die kopiert werden soll(en).

② Wenn notwendig, klicken Sie auf die Registerkarte *Start*.

③ Klicken Sie in der Gruppe *Zwischenablage* auf *Kopieren*. Der markierte Bereich wird mit einem Laufrahmen versehen.

Aus der Zwischenablage einfügen

① Aktivieren Sie das Blatt, in dem Sie die Daten einfügen wollen.

② Markieren Sie die Zelle, in der die obere linke Zelle des Bereichs nach dem Einfügen erscheinen soll.

③ Klicken Sie auf die Registerkarte *Start*.

④ Klicken Sie in der Gruppe *Zwischenablage* auf *Einfügen*. Der Inhalt der Zwischenablage wird eingefügt.

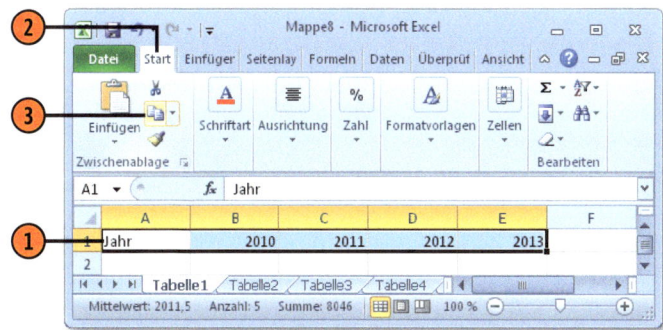

Die Inhalte beim Einfügen kontrollieren

Beim Einfügen aus der Zwischenablage können Sie die einzufügenden Daten nicht nur einfach übernehmen, sondern auch gleich noch abwandeln. Dazu können Sie einerseits die *Einfügeoptionen* verwenden und dann angeben, wie die Daten verwendet werden sollen.

Noch mehr Möglichkeiten stehen Ihnen zur Verfügung, wenn Sie stattdessen den Befehl *Inhalte einfügen* benutzen. Dabei können Sie bestimmte Attribute der einzufügenden Daten verwenden oder eine mathematische Operation auf die einzufügenden Daten anwenden.

Die Einfügeoptionen verwenden

1. Klicken Sie zum Einfügen zuvor in der Zwischenablage abgelegter Inhalte auf den Pfeil der Schaltfläche *Einfügen*.

2. Wählen Sie, was bzw. wie Sie einfügen wollen.

   Oder:

1. Bewegen Sie nach dem Einfügen aus der Zwischenablage den Mauszeiger auf die Schaltfläche *Einfügeoptionen* und klicken Sie darauf.

2. Wählen Sie, was bzw. wie Sie einfügen wollen.

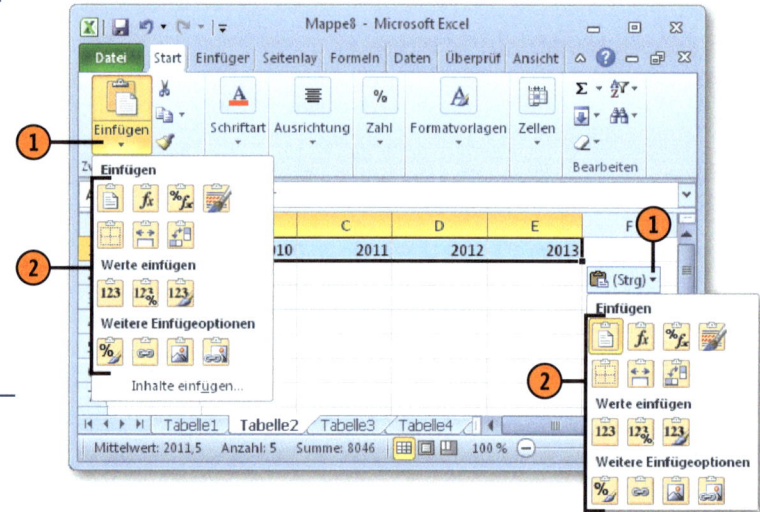

Die wichtigsten Einfügeoptionen

Einfügen: Die Standardeinstellung; die Werte, Formeln und alle Formate werden übernommen.

Formeln: Fügt nur die Daten und Formeln – aber keine Formate – ein.

Formeln und Zahlenformat: Übernimmt neben den Formeln auch ein eingestelltes Zahlenformat. Andere Formate werden nicht übernommen.

Transponieren: Vertauscht beim Einfügen Zeilen und Spalten. Dazu muss sich ein Bereich aus mehreren Zeilen und Spalten in der Zwischenablage befinden.

Werte: Fügt nur die in den Zellen angezeigten Werte der kopierten Daten ein. Formeln werden nicht übernommen.

Achtung

Je nach Art der Daten in der Zwischenablage können auch andere Einstellmöglichkeiten angeboten werden. Wenn sich beispielsweise in der Zwischenablage eine Grafik befindet, können Sie diese nur als Grafik einfügen.

Inhalte einfügen

(1) Kopieren bzw. verschieben Sie die betreffenden Inhalte in die Zwischenablage.

(2) Klicken Sie auf der Registerkarte *Start* in der Gruppe *Zwischenablage* auf den Pfeil der Schaltfläche *Einfügen*.

(3) Wählen Sie den Befehl *Inhalte einfügen*.

(4) Wählen Sie im gleichnamigen Dialogfeld die gewünschten Optionen.

- Im Bereich *Einfügen* finden Sie die Optionen, die Ihnen auch in den *Einfügeoptionen* zur Verfügung stehen.

- Mit den Optionen unter *Vorgang* können Sie mit den einzufügenden und den bereits im Zielbereich vorhandenen Daten Rechenoperationen durchführen.

(5) Bestätigen Sie über *OK*.

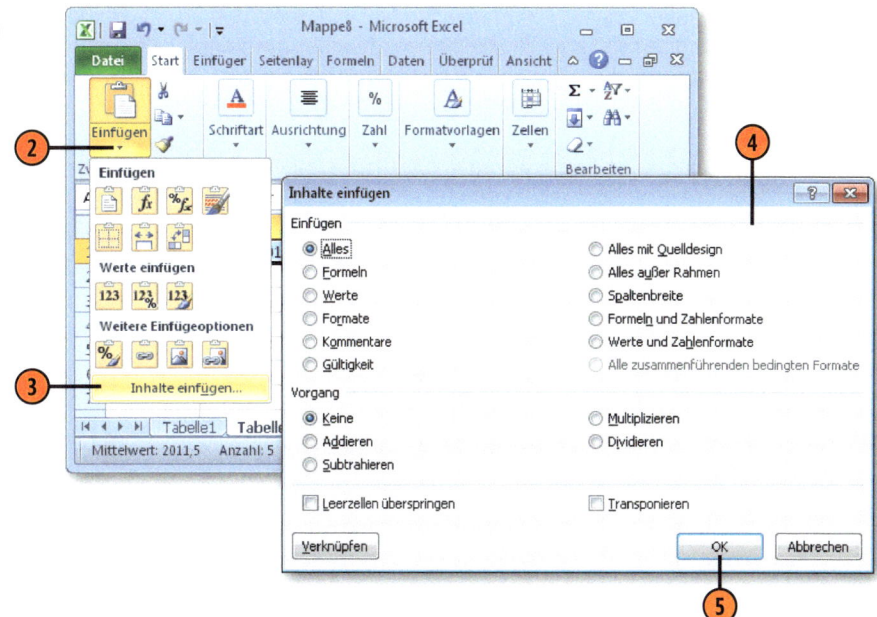

Die Optionen im Abschnitt »Vorgang«

- *Keine*: Die Standardeinstellung; gibt an, dass keine mathematische Operation auf die kopierten Daten angewendet wird.

- *Addieren*, *Subtrahieren*, *Multiplizieren*, *Dividieren*: Gibt an, dass die eingefügten Daten zu den an der Zielstelle bereits vorhandenen Daten addiert, von diesen subtrahiert, mit diesen multipliziert oder durch diese dividiert werden sollen.

Sonstige Optionen

- *Leerzellen überspringen*: Verhindert, dass Werte im Bereich zum Einfügen ersetzt werden, wenn im Bereich zum Kopieren leere Zellen vorhanden sind.

- *Transponieren*: Die Spalten der kopierten Daten werden in Zeilen geändert und umgekehrt.

- *Verknüpfen*: Stellt eine Verknüpfung zwischen den eingefügten Daten in dem aktiven Arbeitsblatt und den kopierten Daten her.

Formeln kopieren

Besonderheiten beim Kopieren treten auf, wenn Sie eine Formel oder eine Funktion an eine andere Stelle in der Tabelle kopieren. Dabei kann die Formel an ihre neue Position angepasst werden oder nicht. Ob angepasst wird, regeln Sie durch die Art der Bezüge in der Formel. Es gibt relative, absolute und gemischte Bezüge. Diese unterscheiden sich durch die Verwendung eines $-Zeichens in der Adresse.

Relative, absolute und gemischte Bezüge

■ Im Allgemeinen verwenden Sie relative Bezüge – beispielsweise in einer Formel wie =B2-B3. Solche Bezüge werden beim Kopieren an die neue Position angepasst. Wenn Sie diese Formel von der Zelle B4 zur Zelle C4 kopieren, erhalten Sie =C2-C3. Das erlaubt ein schnelles Übernehmen der Struktur einer Formel in benachbarte Zellen.

■ Absolute Bezüge haben beispielsweise die Form =$B$2-$B$3. Diese Bezüge werden beim Kopieren nicht angepasst. Gleichgültig, wohin Sie diese Formel kopieren, Sie erhalten als Ergebnis immer =$B$2-$B$3.

■ Es gibt auch gemischte Bezüge, die relative und absolute Elemente kombinieren:

● Ein absoluter Spaltenbezug mit einem relativen Zeilenbezug, beispielsweise in der Form =$B2.

● Ein relativer Spaltenbezug mit einem absoluten Zeilenbezug, beispielsweise in der Form =B$2.

Beim Kopieren von gemischten Bezügen wird der relative Teil der Adresse an die neue Position angepasst, der absolute Teil bleibt konstant.

Typen von Bezügen umwandeln

① Markieren Sie die Zelle mit der Formel, deren Bezüge Sie ändern wollen.

② Markieren Sie den Formelausdruck in der Bearbeitungsleiste.

③ Drücken Sie F4. Die relativen Bezüge werden zu absoluten Bezügen umgewandelt.

④ Drücken Sie nochmals F4. Der Spaltenbezug der Formel bleibt relativ, der Zeilenbezug wird absolut.

⑤ Drücken Sie wiederum F4. Der Zeilenbezug der Formel ist jetzt relativ, der Spaltenbezug absolut.

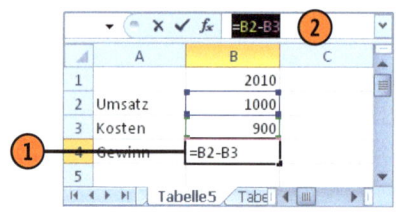

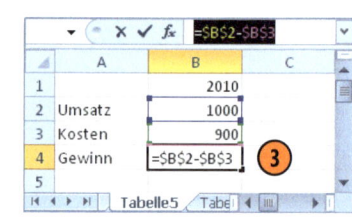

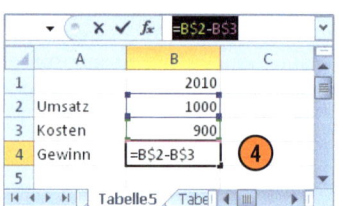

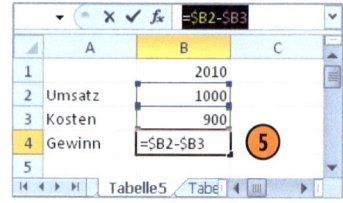

Eine Formel mit relativen Zellbezügen kopieren

① Markieren Sie die Zelle mit der Formel, positionieren Sie den Zeiger auf einem Rand des Auswahlrahmens und halten Sie die Taste Strg gedrückt.

② Ziehen Sie die Auswahl zu dem Bereich, in den Sie die Formel kopieren wollen.

③ Lassen Sie die Maustaste los. Die vorher markierte Formel wird kopiert.

④ Die Zelladressen in der kopierten Formel werden an die neue Position angepasst – beispielsweise wird aus der Formel =B2-B3 die Formel =C2-C3.

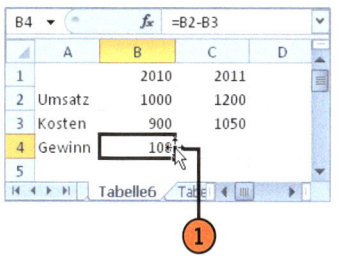
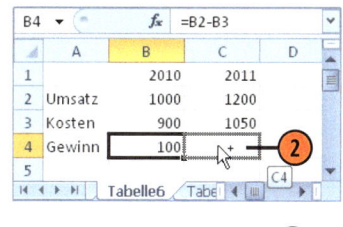
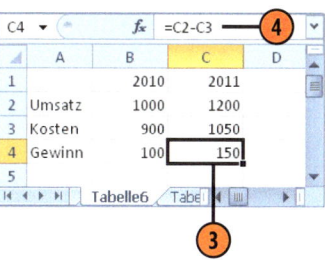

Eine Formel mit absoluten Zellbezügen kopieren

① Markieren Sie die Zelle mit der Formel, positionieren Sie den Zeiger auf einem Rand des Auswahlrahmens und halten Sie die Taste Strg gedrückt.

② Ziehen Sie die Auswahl zu dem Bereich, in den Sie die Formel kopieren wollen.

③ Lassen Sie die Maustaste los. Die vorher markierte Formel wird kopiert.

④ Die Zelladressen in der kopierten Formel bleiben dieselben – beispielsweise bleibt die Formel =$B$2-$B$3 erhalten.

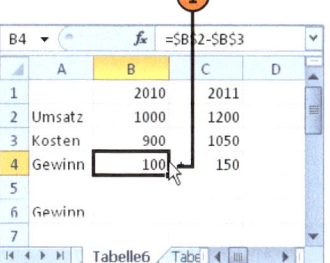
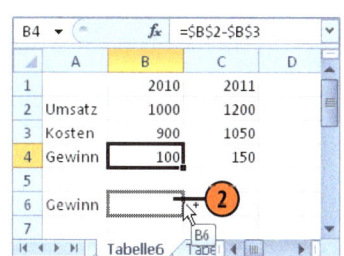
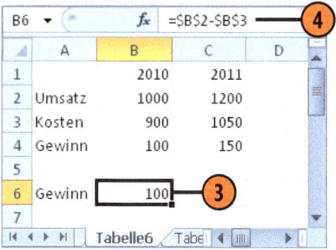

Achtung!

Wenn Sie die Zelle mit der Formeladresse nicht kopieren, sondern verschieben, gibt es keinerlei Unterschiede zwischen absoluten und relativen Bezügen.

Bereiche mit Daten ausfüllen

Wenn die Zellen, in die kopiert werden soll, direkt neben, unter oder über den Zellen liegen, die kopiert werden sollen, können Sie den Kopierprozess einfacher gestalten, indem Sie die automatische Ausfüllfunktion nutzen. Besonders dann, wenn benachbarte Zellen eine identische Formelstruktur aufweisen sollen, spart der Einsatz dieser Funktion einige Arbeit.

Eine Bereichsformel erzeugen

① Markieren Sie die Zelle, deren Formelinhalt Sie übertragen wollen, und positionieren Sie den Zeiger auf dem Ausfüllkästchen in der rechten unteren Ecke der Auswahl.

② Halten Sie die Maustaste gedrückt und markieren Sie dann den Bereich, der mit Daten ausgefüllt werden soll.

③ Lassen Sie abschließend die Maustaste los. Die Formel wird in den Bereich kopiert.

④ Die Schaltfläche *Auto-Ausfülloptionen* wird angezeigt.

⑤ Wie beim normalen Kopieren werden die Zelladressen an ihre neue Position angepasst.

Auto-Ausfülloptionen

① Wenn Sie auf die Schaltfläche *Auto-Ausfülloptionen* klicken, wird ein Dropdownmenü angezeigt:

- *Zellen kopieren* kopiert Inhalte und Formate.

- Alternativ können Sie nur die Formate oder nur die Inhalte fortschreiben. Die Verfügbarkeit der Optionen hängt vom Inhalt der Daten ab, die Sie übertragen möchten.

② Nach einer weiteren Eingabe verschwindet diese Schaltfläche wieder.

Aber Sie können nicht nur Formeln, sondern auch einfache Daten auf diese Weise fortschreiben lassen. Eine QuickInfo zeigt den Wert an, der in die aktuell markierte Zelle eingegeben wird. Wenn Sie beim Ausfüllen zusätzlich Strg drücken, können Sie Werte fortschreiben. Ein zusätzliches Pluszeichen wird dann neben dem Ausfüllen-Mauszeiger angezeigt.

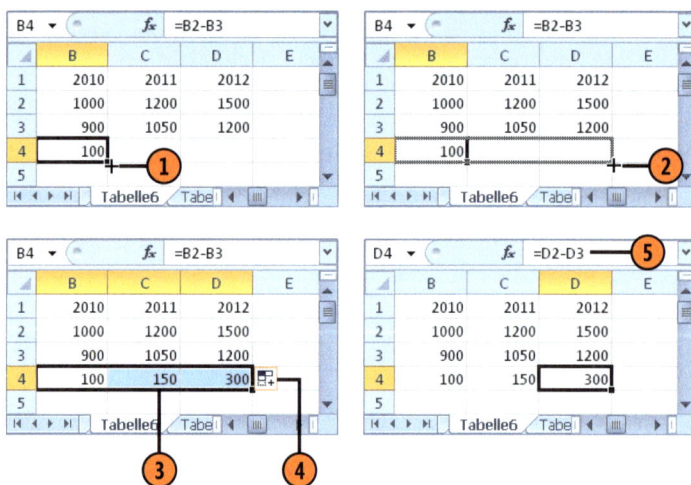

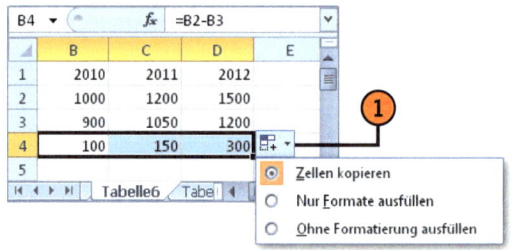

Eine Datumseingabe fortschreiben

(1) Markieren Sie eine Zelle, deren Inhalt Sie übertragen wollen – beispielsweise eine Zelle mit einer Datumsangabe.

(2) Positionieren Sie den Zeiger auf dem Ausfüllkästchen in der rechten unteren Ecke der Auswahl.

(3) Halten Sie die Maustaste gedrückt und markieren Sie dann den Bereich, der mit Daten gefüllt werden soll.

(4) Lassen Sie abschließend die Maustaste los. Der Inhalt der Zelle wird in den Bereich kopiert und angepasst.

Andere Daten fortschreiben

(1) Einfache Zahlenwerte werden wie eingegeben kopiert, ändern sich also nicht.

(2) Datumsangaben werden jeweils um einen Tag erhöht.

(3) Uhrzeitangaben werden um eine Stunde erhöht.

(4) Ausgeschriebene Monatsangaben und Wochentage werden ebenfalls auf den nächsten Wert gesetzt.

(5) Bei aus Texten und Zahlenwerten kombinierten Angaben wird der Zahlenteil um jeweils 1 erhöht.

Daten mit gedrückter Strg-Taste fortschreiben

(1) Zahlenwerte werden um den Wert 1 erhöht.

(2) Das gilt auch für Dezimalzahlen.

(3) Alle anderen Daten bleiben konstant.

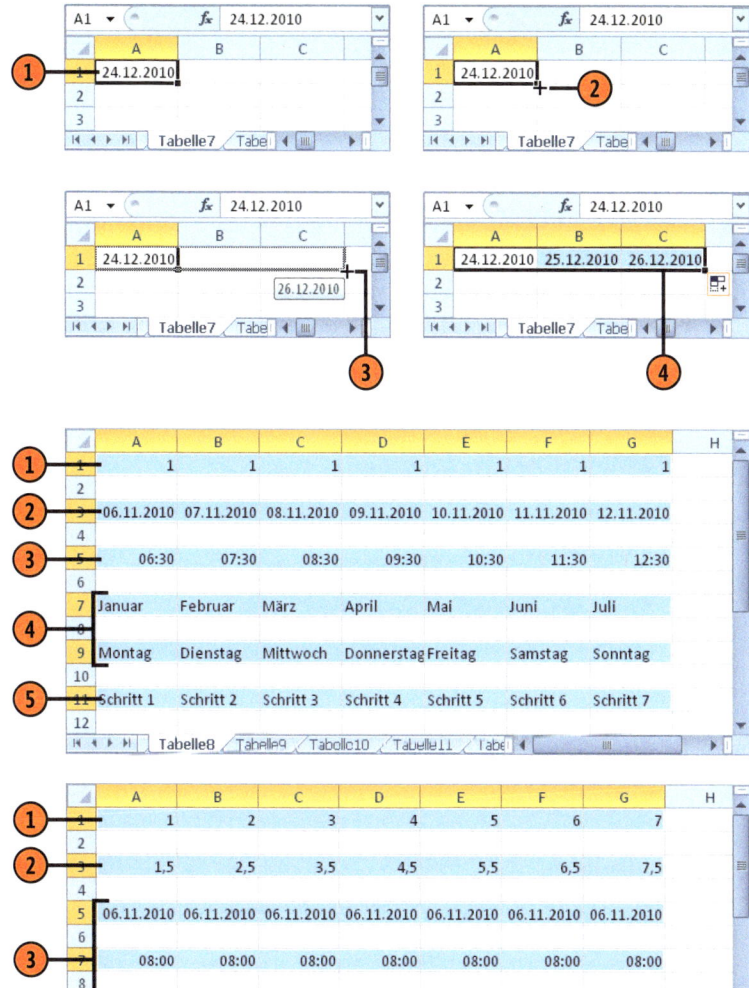

Spalten oder Zeilen einfügen

Falls Sie zwischen Zellen, in denen Sie bereits Daten eingegeben haben, zusätzliche Eingaben vornehmen wollen, brauchen Sie die vorhandenen Eingaben nicht zu verschieben. Sie können stattdessen Spalten oder Zeilen in die Tabelle einfügen.

Eine Spalte einfügen

1. Markieren Sie die Spalte, vor der die neue Spalte eingefügt werden soll.

2. Klicken Sie mit der rechten Maustaste in den markierten Bereich.

3. Wählen Sie *Zellen einfügen* im Kontextmenü. Eine neue Spalte wird eingefügt.

Eine Zeile einfügen

1. Markieren Sie die Zeile, vor der die neue Zeile eingefügt werden soll.

2. Klicken Sie mit der rechten Maustaste in den markierten Bereich.

3. Wählen Sie *Zellen einfügen* im Kontextmenü. Eine neue Zeile wird eingefügt.

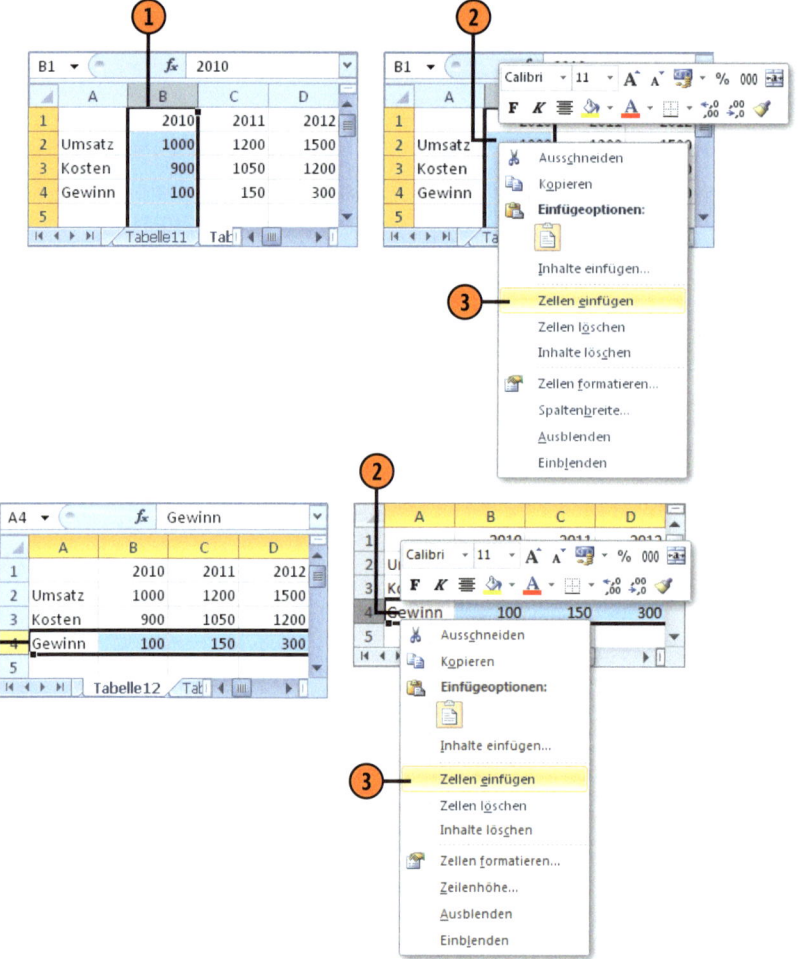

> **Gewusst wie**
>
> Sie können zum Einfügen von Spalten oder Zeilen auch die Befehle im Menü zur Schaltfläche *Einfügen* (Gruppe *Zellen* auf der Registerkarte *Start*) benutzen. Dazu müssen Sie vorher nur eine Zelle markieren. Wählen Sie dann *Blattzeilen einfügen* bzw. *Blattspalten einfügen*.

Spaltenbreite und Zeilenhöhe einstellen

Excel-Tabellen besitzen zunächst einen Standardwert für die Zeilenhöhe und die Spaltenbreite. Sie können diese Standardwerte direkt über die Maus oder mithilfe von Befehlen an die speziellen Erfordernisse der Spalten und Zeilen anpassen.

Die Spaltenbreite einstellen

① Setzen Sie den Mauszeiger auf die rechte Begrenzungslinie des Kopfes der Spalte, deren Breite Sie ändern wollen. Klicken Sie und halten Sie die Maustaste gedrückt. Die Breite wird angezeigt.

② Ziehen Sie mit gedrückter Maustaste waagerecht in die betreffende Richtung. Lassen Sie die Maustaste an der gewünschten Stelle los.

Die Zeilenhöhe einstellen

① Setzen Sie den Mauszeiger auf die untere Begrenzungslinie des Kopfes der Zeile, deren Höhe Sie ändern wollen. Klicken Sie und halten Sie die Maustaste gedrückt. Die Höhe wird angezeigt.

② Ziehen Sie mit gedrückter Maustaste senkrecht in die betreffende Richtung. Lassen Sie die Maustaste an der gewünschten Stelle los.

Optimale Breite einstellen

① Setzen Sie den Mauszeiger auf die rechte Begrenzungslinie des Kopfes der Spalte, deren Breite Sie ändern wollen.

② Doppelklicken Sie auf diese Stelle. Die Breite der Spalte wird so eingestellt, dass der längste Eintrag darin vollständig angezeigt wird.

Für Spalten und Zeile gibt es auch optimale Werte. Eine optimale Breite ist die, bei der der längste Eintrag in der Spalte vollständig angezeigt wird. Eine optimale Zeilenhöhe orientiert sich an den größten in der Zeile vorhandenen Zeichen.

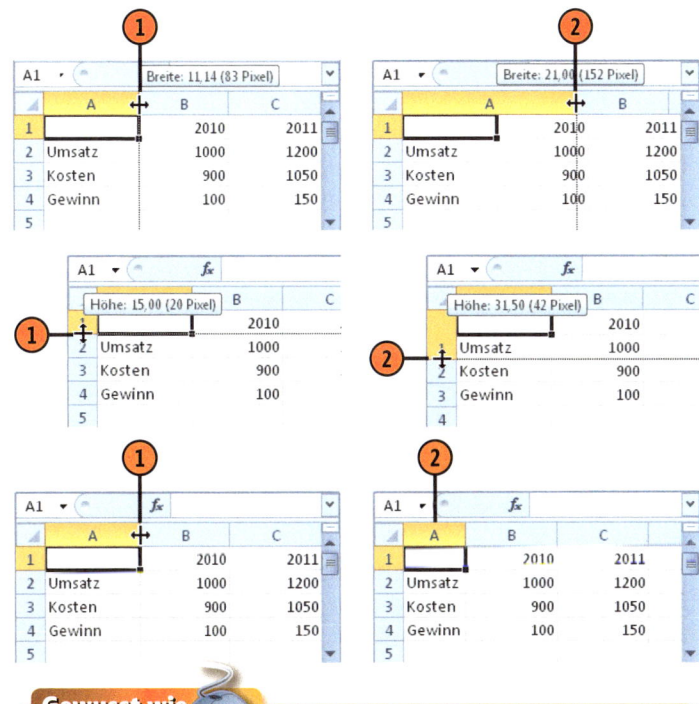

Gewusst wie

Sie können zum Einstellen der Maße auch die Befehle im Menü zur Schaltfläche *Format* (Gruppe *Zellen* auf der Registerkarte *Start*) benutzen. Markieren Sie aber zuerst eine Zelle im gewünschten Bereich.

Das Dokumentdesign einsetzen

Mithilfe eines Dokumentdesigns können Sie eine ganze Tabelle schnell durchgängig formatieren. Ein solches Dokumentdesign ist eine Gruppe von Formatierungsoptionen, die aus einer Gruppe von Designfarben, einer Gruppe von Designschriftarten und einer Gruppe von Designeffekten besteht.

Damit eine Tabelle auf ein bestimmtes Dokumentdesign reagieren kann, müssen Sie einzelnen Elementen darin unterschiedliche Zellenformatvorlagen zuweisen. Danach können Sie die Gestaltung schnell ändern, indem Sie ein anderes Design darauf anwenden.

Zellenformatvorlage zuweisen

① Markieren Sie den zu formatierenden Bereich.

② Lassen Sie die Registerkarte *Start* anzeigen und öffnen Sie in der Gruppe *Formatvorlagen* den Katalog zur Schaltfläche *Zellenformatvorlagen*.

③ Wählen Sie eine Formatvorlage für den Bereich aus. Wiederholen Sie diese Schritte für weitere Zellbereiche.

Achtung

Bei Tabellen, auf deren Elemente noch keine Formatvorlagen angewendet wurden, haben verschiedene Designs nur die Auswirkung, dass die verwendete Schrift in der gesamten Tabelle geändert wird. Das gilt auch für die Bezeichnung in den Spalten- und Zeilenköpfen der Tabelle.

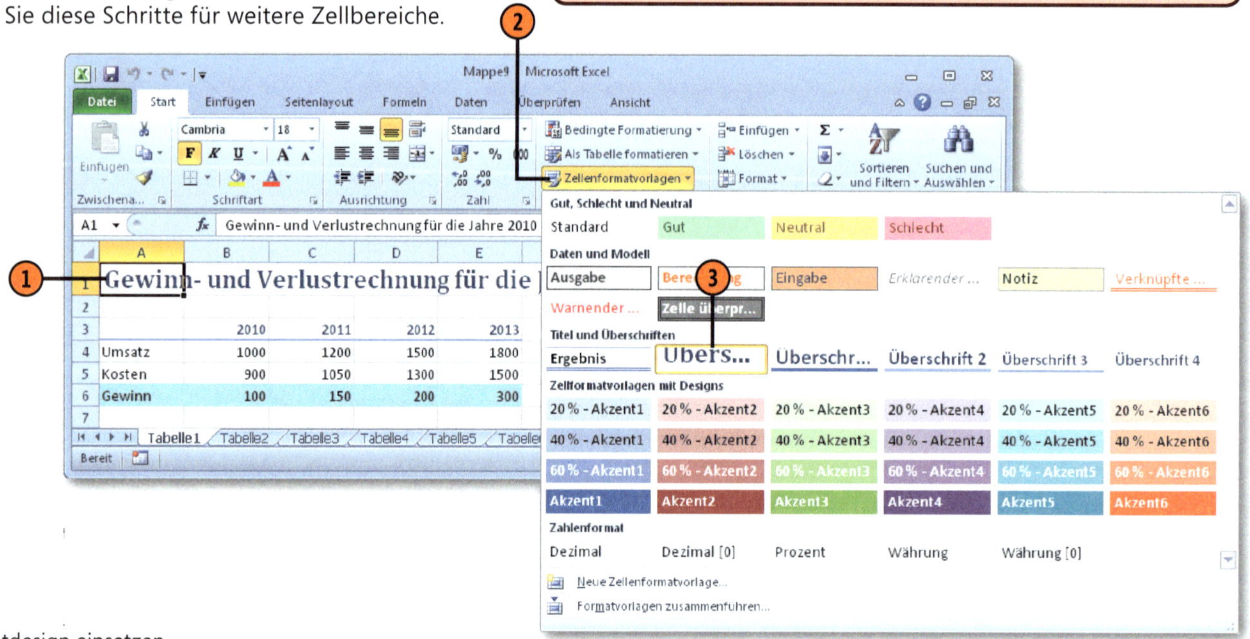

Ein anderes Design wählen

① Lassen Sie die Registerkarte *Seitenlayout* anzeigen.

② Klicken Sie auf die Schaltfläche *Designs*. Die Liste der auf Ihrem Rechner verfügbaren Designs wird angezeigt.

③ Wählen Sie ein Design aus.

④ Beachten Sie in der Livevorschau die geänderten Schriftarten, Farben und Spaltenbreiten.

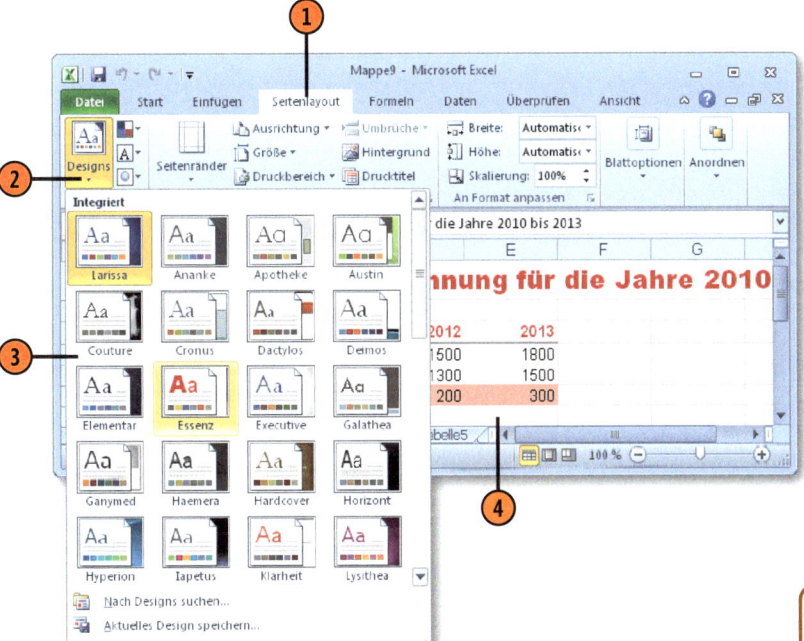

Neue Designelemente wählen

① Wählen Sie auf der Registerkarte *Seitenlayout* in der Gruppe *Designs* über die Kataloge der entsprechenden Schaltflächen einen anderen Satz von Designschriftarten, Designfarben und/oder Designeffekten.

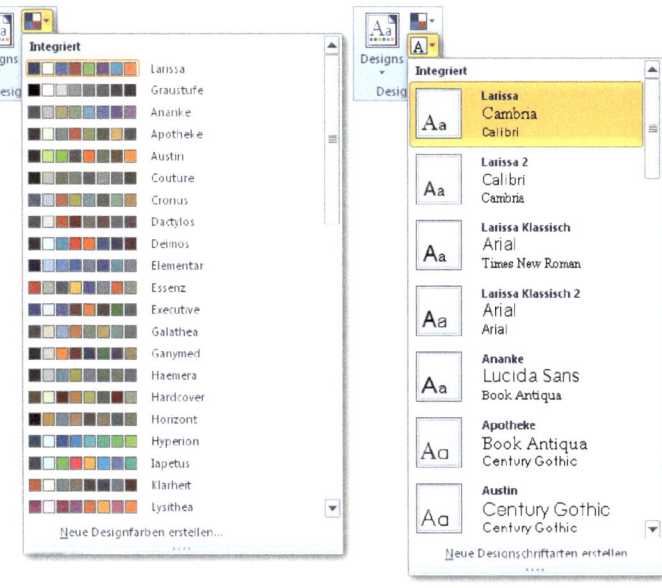

Gewusst wie

Für die Designfarben und die Designschriftarten können Sie auch eigene Kombinationen einstellen. Benutzen Sie dazu die Befehle *Neue Designfarben erstellen* und *Neue Design-schriftarten erstellen* unten in den Katalogen.

Schriftformate einstellen

Zu den Schriftformaten gehören beispielsweise die Art und Größe der Schrift, die Attribute *Fett*, *Kursiv* und *Unterstrichen* sowie die Farbgebung für den Hintergrund und für die Schrift selbst. Am schnellsten funktioniert das Zuweisen solcher Formate über die Minisymbolleiste.

Die Minisymbolleiste zur Schriftformatierung verwenden

① Markieren Sie den zu formatierenden Zellbereich.

② Klicken Sie auf den markierten Bereich mit der rechten Maustaste. Das blendet die Minisymbolleiste ein.

③ Legen Sie die gewünschte Formatierung fest – klicken Sie beispielsweise auf die Schaltfläche *Fett*.

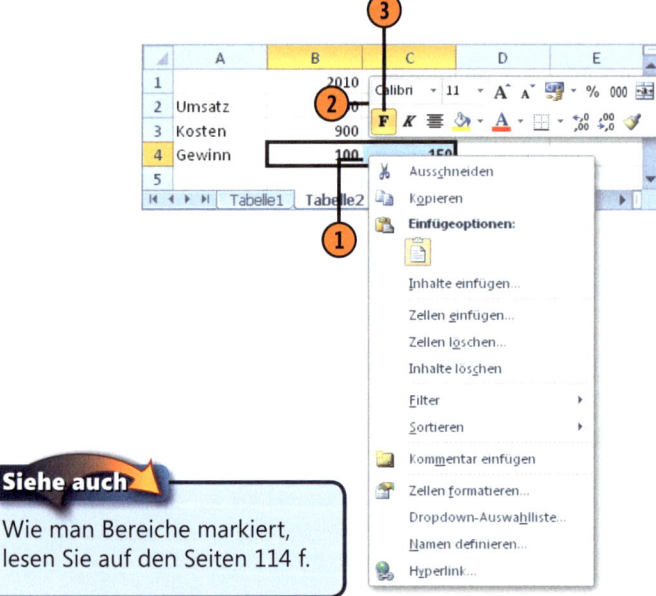

Siehe auch

Wie man Bereiche markiert, lesen Sie auf den Seiten 114 f.

Die wichtigsten Schriftparameter

Symbol	Beschreibung
Calibri	*Schriftart*: Zeigt die aktuell verwendete Schriftart an. Über das Dropdown-Listenfeld können Sie eine andere Schriftart einstellen.
11	*Schriftgrad*: Zeigt die aktuell verwendete Schriftgröße an. Über das Dropdown-Listenfeld können Sie eine andere Größe einstellen.
F K U	Den Inhalt der Zelle *Fett*, *Kursiv*, *Unterstrichen* formatieren. Hierbei handelt es sich um Umschalter: Ein erster Klick schaltet das Attribut ein; ein zweiter Klick schaltet es wieder aus. Zwei Formen der Unterstreichung sind möglich.
A A	*Schriftgrad vergrößern* und *Schriftgrad verkleinern*: Ändert die Größe der Schrift stufenweise.
⬧ A	*Füllfarbe* und *Schriftfarbe*: Färbt standardmäßig den Hintergrund gelb bzw. die Schrift rot ein. Ein Klick auf den Dropdownpfeil öffnet eine Liste mit Farben.

Tipp

Die können zum Zuweisen von Schriftformaten auch die Befehle in der Gruppe *Schriftart* auf der Registerkarte *Start* benutzen.

Ausrichtung und Einzüge

Standardmäßig werden in einer Zelle Texte linksbündig, Zahlenwerte rechtsbündig und Wahrheitswerte zentriert ausgerichtet. Damit erkennen Sie immer auch schnell den Typ der Eingabe.

Die Ausrichtung in der Zelle festlegen

① Markieren Sie den zu formatierenden Zellbereich.

② Wählen Sie die Registerkarte *Start*.

③ Stellen Sie in der Gruppe *Ausrichtung* den gewünschten Typ ein.

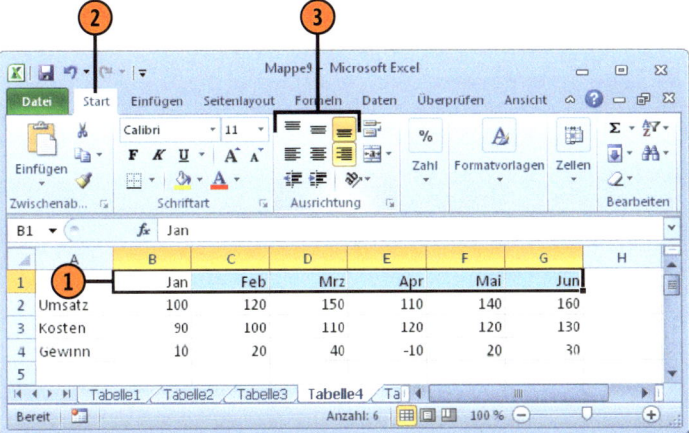

Sie können diese Voreinstellungen ändern und außerdem die horizontale und vertikale Ausrichtung, den Einzug in der Zelle, den Winkel und diverse andere Parameter einstellen.

Die Parameter zur Ausrichtung

Symbol	Beschreibung
▤ ▤ ▤	*Oben ausrichten, Zentriert ausrichten, Unten ausrichten*: Legt die vertikale Ausrichtung in der Zelle fest.
▤ ▤ ▤	*Text linksbündig ausrichten, Zentriert, Text rechtsbündig ausrichten*: Legt die horizontale Ausrichtung des Zellinhalts fest.
▥ ▥	*Einzug verkleinern, Einzug vergrößern*: Verschiebt den Einzug des Zellinhalts schrittweise nach links bzw. verschiebt den Zellinhalt entsprechend nach rechts.
▤	*Zeilenumbruch*: Erzeugt bei langen Texteintragungen in einer Zelle eine mehrzeilige Darstellung. Die Zeilenhöhe wird dabei vergrößert.
▦ ▾	*Verbinden und zentrieren*: Verbindet zwei vorher markierte benachbarte Zellen miteinander und zeigt den Inhalt der linken Zelle zentriert an.
◈ ▾	*Ausrichtung*: Dreht den Zellinhalt vertikal oder diagonal.

Tipp ✔

Die Änderung der vertikalen Ausrichtung können Sie in der Tabelle nur sehen, wenn die Automatik zum Festlegen der optimalen Zeilenhöhe aktiviert ist, ansonsten müssen Sie eine ausreichend große Zeilenhöhe manuell einstellen.

Siehe auch

Wie man die Höhe einer Zeile ändert, erfahren Sie auf Seite 145.

Zahlenformate einstellen

Zahlen in einer Tabelle – dazu gehören auch Datums- und Uhrzeitangaben sowie Wahrheitswerte – können in unterschiedlichen Formaten angezeigt werden. Zum Festlegen der Zahlenformate steht Ihnen das entsprechende Dropdown-Listenfeld sowohl in der Minisymbolleiste als auch im Menüband auf der Registerkarte

Start zur Verfügung; für die gängigsten Zahlenformate sind auch Tastenkombinationen definiert. Zudem können Sie über das Dialogfeld *Zellen formatieren* detaillierte Einstellungen für die verschiedenen Zahlenformate vornehmen.

Ein Zahlenformat auswählen

1 Markieren Sie den zu formatierenden Zellbereich.

2 Lassen Sie die Registerkarte *Start* anzeigen.

3 Klicken Sie in der Gruppe *Zahl* auf den Dropdownpfeil der Schaltfläche *Zahlenformat*.

4 Wählen Sie das gewünschte Zahlenformat aus.

Die wichtigsten Zahlenformate

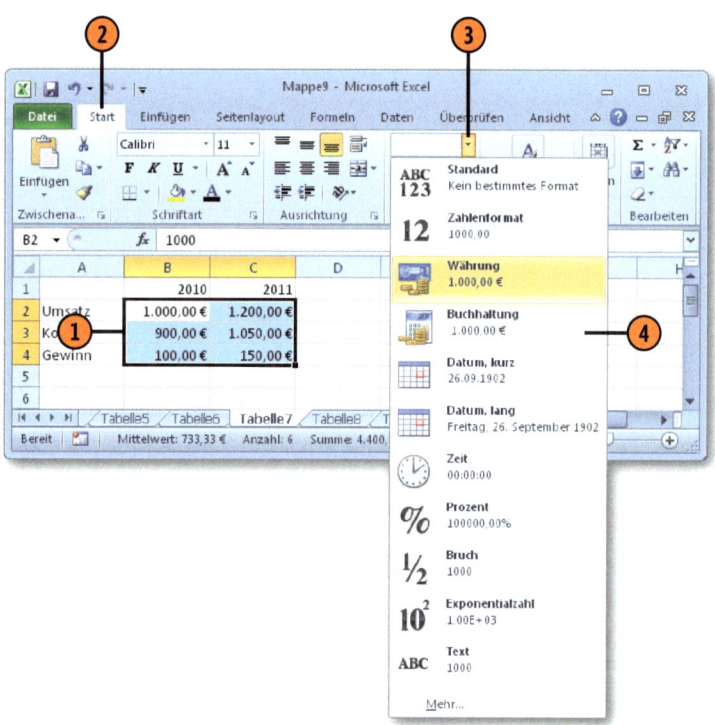

- Die Option *Standard* bewirkt die Übernahme der Grundeinstellungen, die Sie von der Dateneingabe über die Tastatur her kennen. Zahlenwerte werden mit allen Dezimalstellen (bei ausreichender Spaltenbreite; maximal 15 Zeichen) angezeigt.

- *Zahlenformat* zeigt zunächst zwei Stellen hinter dem Komma an. Diese Anzahl können Sie separat ändern.

- *Währung* fügt ein €-Zeichen hinzu, zeigt zwei Dezimalstellen an und fügt ein Tausendertrennzeichen ein. Die Form des Trennzeichens wird über die Ländereinstellung des Betriebssystems geregelt.

- *Buchhaltung* bewirkt dasselbe wie *Währung*. Zusätzlich wird rechts ein Einzug festgelegt. Das Minuszeichen für negative Werte wird nach links herausgezogen.

- *Prozent* multipliziert den Zahlenwert mit dem Faktor 100 und fügt ein %-Zeichen hinzu. Beispielsweise wird die Eingabe *0,65* im Format *Prozent* als *65%* dargestellt.

Siehe auch

Hinweise zum Einsatz von Datums- und Zeitformaten finden Sie auf Seite 121.

Das Dialogfeld zur Feineinstellung

① Markieren Sie den zu formatierenden Zellbereich.

② Lassen Sie die Registerkarte *Start* anzeigen.

③ Klicken Sie in der Gruppe *Zahl* auf das Startprogramm für ein Dialogfeld.

④ Wählen Sie zuerst eine *Kategorie*.

⑤ Bestimmen Sie dann die zusätzlichen Parameter.

⑥ Bestätigen Sie über *OK*.

Die wichtigsten Parameter

■ In der Kategorie *Zahlen* können Sie die Zahl der anzuzeigenden Dezimalstellen, ein Tausendertrennzeichen oder die Form der Anzeige von negativen Zahlenwerten regeln.

■ Für die Kategorien *Währung* und *Buchhaltung* können Sie zwischen verschiedenen Währungskennzeichen wählen.

■ In den Kategorien *Datum* und *Uhrzeit* haben Sie die Wahl zwischen unterschiedlichen Darstellungsformen für Datums- und Uhrzeitangaben.

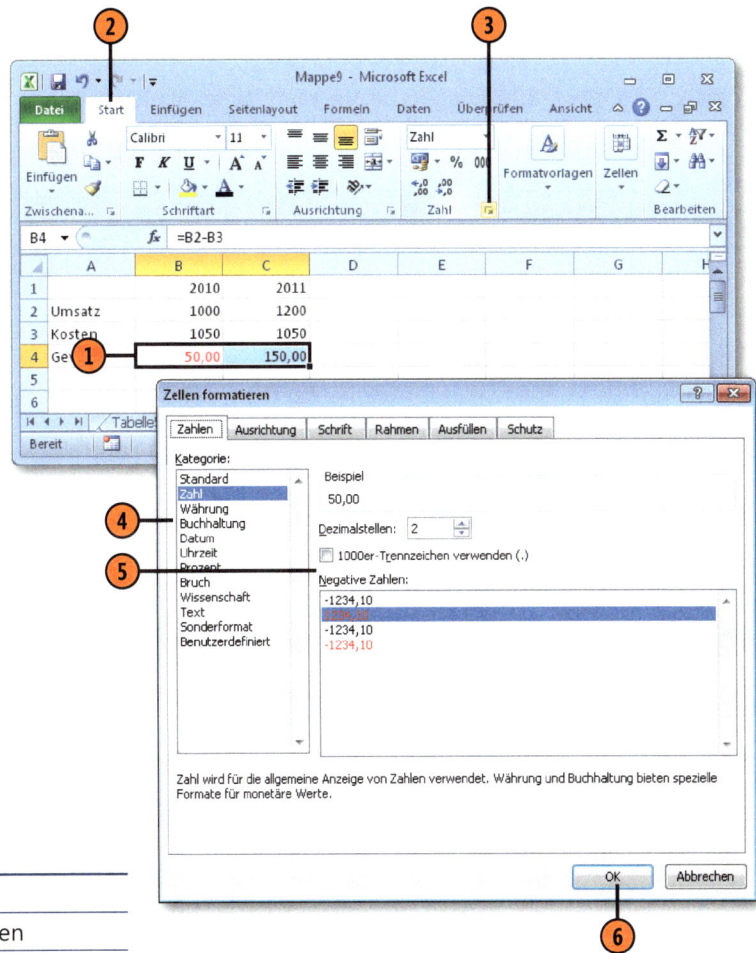

Die Tastatur verwenden

Tastenkombination	Beschreibung
Strg+Umschalt+&	Das Zahlenformat *Standard*
Strg+Umschalt+$	Das Format *Währung* mit zwei Dezimalstellen
Strg+Umschalt+%	Das Format *Prozent* ohne Dezimalstellen
Strg+Umschalt+"	Das Zahlenformat *Wissenschaft* mit zwei Dezimalstellen
Strg+#	Das Format *Datum* mit Tag, Monat und Jahr

Die bedingte Formatierung benutzen

Mithilfe der bedingten Formatierung können Sie erreichen, dass Excel ein Format in Abhängigkeit von bestimmten Bedingungen – beispielsweise als Resultat des in der Zelle angezeigten Wertes – selbstständig zuweist.

Im einfachsten Fall können Sie eine solche bedingte Formatierung einsetzen, um Zellen zu kennzeichnen, die besonderen Bedingungen genügen – beispielsweise negativ sind oder in anderer Form von den sonstigen Werten abweichen.

Einfache bedingte Formatierung

① Markieren Sie den Zellbereich, für den die Regel gelten soll.

② Lassen Sie die Registerkarte *Start* anzeigen.

③ Öffnen Sie in der Gruppe *Formatvorlagen* das Dropdownmenü *Bedingte Formatierung*.

④ Wählen Sie eine Gruppe von Regeln – beispielsweise *Regeln zum Hervorheben von Zellen*.

⑤ Wählen eine Regel – beispielsweise *Kleiner als*, wenn Sie Zellen hervorheben wollen, deren Inhalt kleiner ist als ein bestimmter Wert.

⑥ Geben Sie einen Zahlenwert an, für den die Regel gelten soll.

⑦ Wählen Sie die Form der Kennzeichnung.

⑧ Bestätigen Sie mit *OK*.

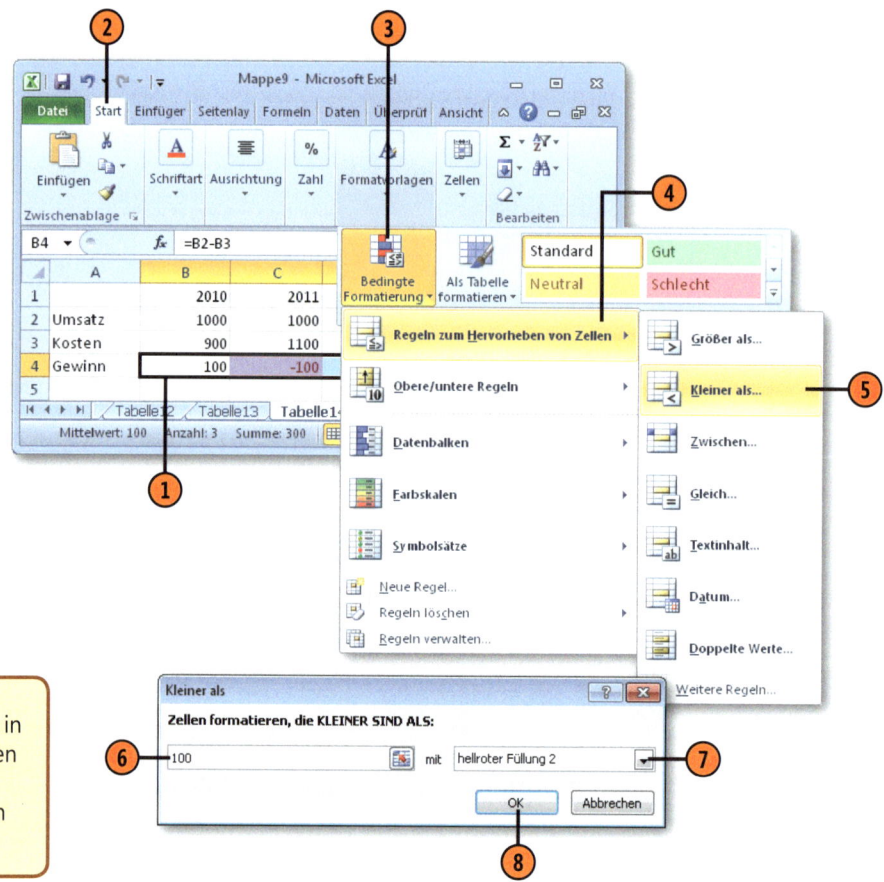

Gewusst wie

Sie können beispielsweise auch festlegen, dass der Wert in einer Zelle kleiner sein muss als der Wert in einer anderen Zelle. Geben Sie dazu im Dialogfeld statt eines Zahlenwerts die Bezugsadresse der Zelle ein, mit der verglichen werden soll.

10 Excel-Tabellen und Diagramme

In diesem Kapitel geht es um die Analyse der Daten einer Tabelle und um deren grafische Darstellung.

Unter einer Excel-Tabelle versteht man einen zusammenhängenden Bereich in einem Blatt, der aus einer Überschriftenzeile und darunter aus mehreren gleichförmigen Datenzeilen besteht. Oft wird dafür auch der Begriff Liste verwendet. Eine solche Liste kann als Datenbank verwendet werden. Jede einzelne Datenzeile in dieser Liste wäre ein Datensatz, die Spalten beschreiben die einzelnen Felder.

Nachdem Sie die gewünschten Informationen in einer Excel-Tabelle vorliegen haben, können Sie die vorhandenen Daten auf verschiedene Arten organisieren oder verarbeiten. Sie können beispielsweise durch Filtern oder Sortieren Informationen daraus abrufen oder auch weitergehende Analysen durchführen – beispielsweise Ergebnisse berechnen oder Kreuztabellen erstellen, die Häufigkeiten unter den Datensätzen ermitteln.

Diagramme sagen viel mehr als Zahlen allein, da sie Informationen anschaulich darstellen und so die Bedeutung der Daten klarer machen. Standardmäßig sind solche Diagramme in Excel mit den Tabellendaten verknüpft, aus denen sie erstellt wurden, und werden immer dann angepasst, wenn Sie Ihre Tabelle aktualisieren.

Excel-Tabellen

Eine Excel-Tabelle ist ein zusammenhängender Bereich in einer Tabelle, der zum Organisieren, Verarbeiten und Abrufen von Informationen aus umfangreichen Datenbeständen dient. Das Arbeiten damit hat den Vorteil, dass Sie Sortier- und Filteraktionen darin durchführen können, ohne dass rechts neben diesem Bereich vorhandene Eintragungen davon betroffen werden.

Eine Excel-Tabelle erstellen

① Sorgen Sie dafür, dass der Datenbestand in einem geschlossenen Tabellenbereich vorliegt:

- Es dürfen keine leeren Zeilen oder Spalten vorhanden sein.
- Die Zeilen müssen über eine identische Struktur verfügen.

② Markieren Sie mindestens eine Zelle des Bereichs, in dem bereits Daten eingegeben wurden. Sie können auch den gesamten Bereich mit den Daten markieren.

③ Klicken Sie dann auf der Registerkarte *Einfügen* in der Gruppe *Tabellen* auf *Tabelle*. Excel sollte den Bereich der Liste automatisch ermitteln.

④ In einem Dialogfeld müssen Sie ihn aber noch bestätigen.

- Sie können die Größe der Tabelle verändern, indem Sie die Markierung in der unteren rechten Ecke verschieben.
- Beachten Sie die zusätzliche Option *Tabelle hat Überschriften*.

⑤ Klicken Sie auf *OK*.

⑥ Danach wird die Excel-Tabelle erstellt. Jede Spalte verfügt über eine Überschrift mit einem Dropdownpfeil. Außerdem wird der Tabellenbereich automatisch formatiert. Sie können das Erscheinungsbild aber später noch ändern.

Wenn Sie eine solche Tabelle später durch weitere Daten nach unten erweitern wollen, können Sie die Vorteile der Funktion *Auto-Eingabe* benutzen. Zusätzliche Spalten können Sie ebenfalls schnell einfügen.

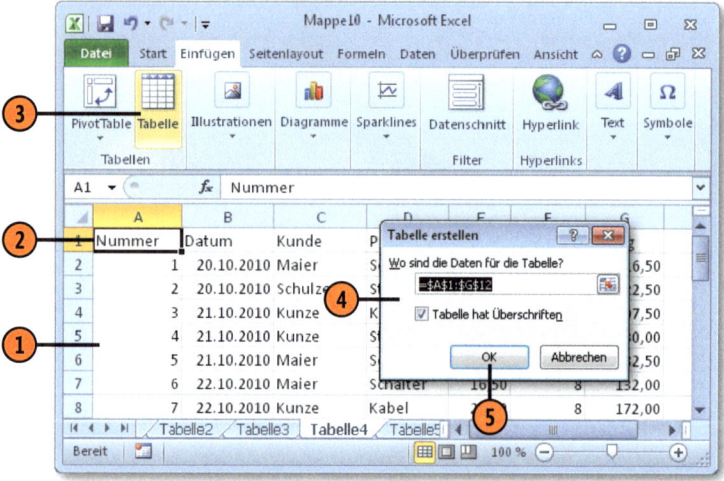

Die AutoEingabe benutzen

① Markieren Sie die erste Zelle direkt unterhalb der in der Excel-Tabelle bereits vorhandenen Daten.

② Geben Sie einen passenden Wert ein. Falls die ersten Buchstaben eines neuen Spalteneintrags mit denen eines bereits vorhandenen Eintrags in dieser Spalte übereinstimmen, setzt Excel automatisch die restlichen Zeichen ein. Wenn Sie mit dem Vorschlag einverstanden sind, drücken Sie Eingabe. Anderenfalls fahren Sie mit der Eingabe fort.

Formeln übernehmen

① Fügen Sie alle Zahlenwerte ein, die für die Berechnungsformeln benötigt werden.

② Die Berechnungsformeln werden automatisch übertragen.

Die Tabelle mit weiteren Spalten erweitern

① Geben Sie in die nächste freie Spalte neben der Tabelle eine Überschrift ein.

② Die Spalte wird automatisch in die Tabelle aufgenommen.

Tipp ✔

Solange mindestens eine Zelle in einer Excel-Tabelle markiert ist, wird im Menüband die Registerkarte *Tabellentools/ Entwurf* angezeigt. Sie beinhaltet viele Werkzeuge zum Arbeiten mit Excel-Tabellen. Beispielsweise finden Sie in der Gruppe *Tabellenformatvorlagen* in der Liste der *Schnellformatvorlagen* verschiedenste Layouts für die Excel-Tabelle.

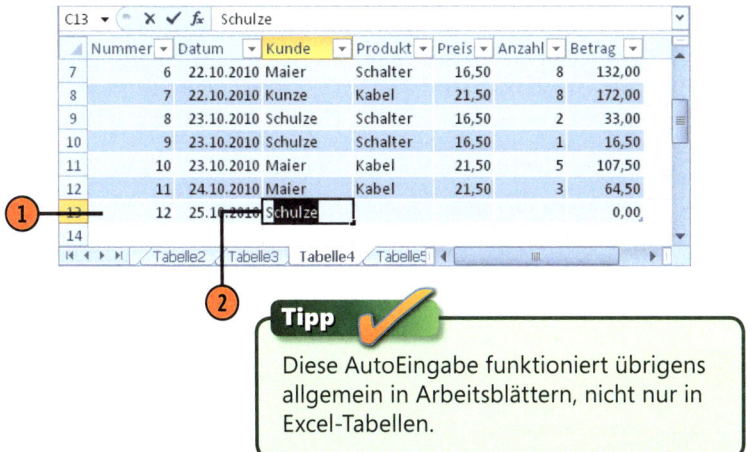

Tipp ✔

Diese AutoEingabe funktioniert übrigens allgemein in Arbeitsblättern, nicht nur in Excel-Tabellen.

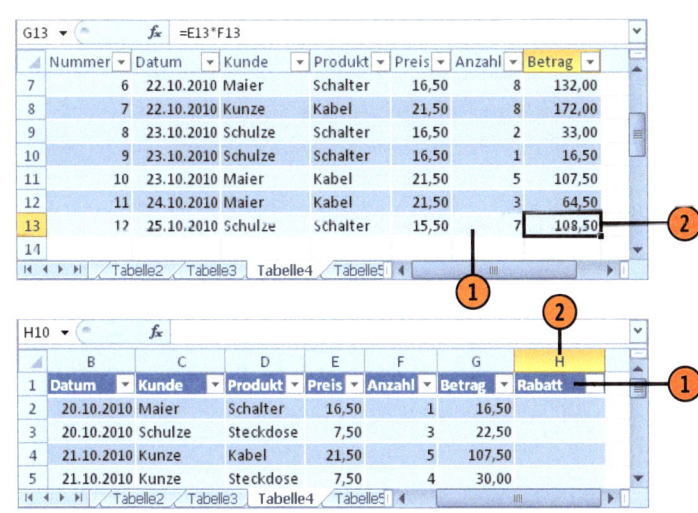

Sortieren

Die Einträge in einer Excel-Tabelle können Sie nach unterschiedlichen Kriterien sortieren lassen. Auf diese Weise können Sie die Eintragungen in einer Tabelle schnell in die gewünschte Ordnung bringen. Sortiert werden kann nach Texteinträgen, Zahlenwerten sowie Datums- und Uhrzeitangaben.

Nach Texteintragungen sortieren

① Klicken Sie in der Überschriftenzeile auf den Dropdownpfeil in der Spalte, nach deren Textinhalten Sie sortieren wollen.

② Wählen Sie beispielsweise *Von A bis Z sortieren*, wenn Sie in aufsteigender Reihenfolge sortieren wollen – oder *Von Z bis A sortieren*, wenn die Sortierung umgekehrt erfolgen soll.

Nach Zahlenwerten sortieren

① Klicken Sie der Überschriftenzeile auf den Dropdownpfeil in der Spalte, nach deren Zahlenwerten Sie sortieren wollen.

② Wählen Sie beispielsweise *Nach Größe sortieren (aufsteigend)*, wenn Sie in aufsteigender Reihenfolge sortieren wollen, oder *Nach Größe sortieren (absteigend)*, wenn zuerst die größeren Werte angezeigt werden sollen.

Sie können auch nach mehreren Kriterien gleichzeitig sortieren lassen: Wenn in dem Feld, nach dem zuerst sortiert wird, bei mehreren Datensätzen derselbe Eintrag vorliegt – wenn beispielsweise derselbe Name mehrfach auftritt –, tritt das zweite Sortierkriterium in Kraft.

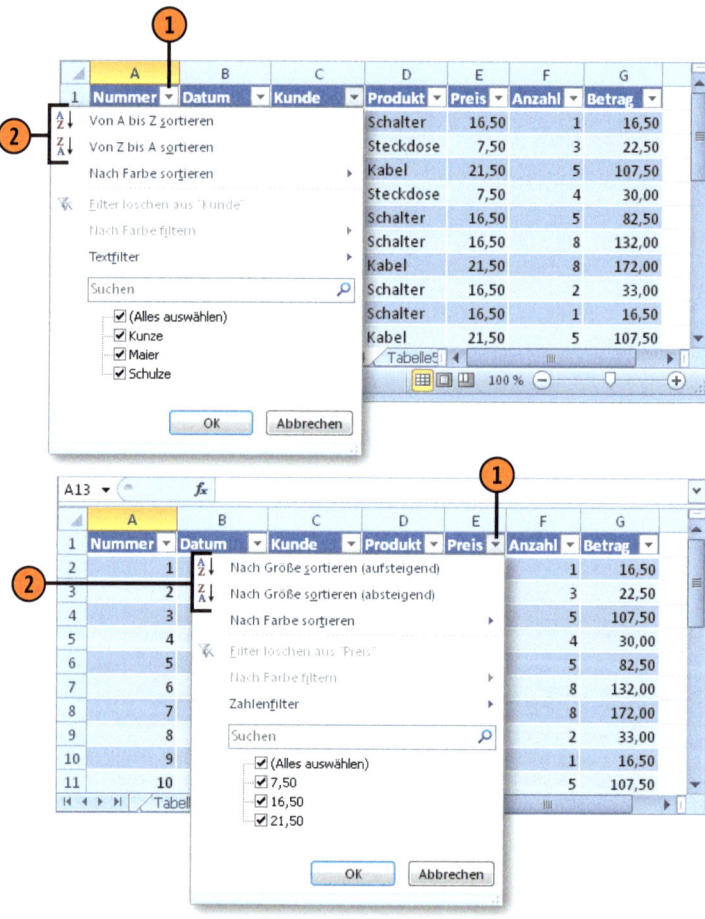

Filtern

Durch Filtern können Sie die für Sie gerade wichtigen Datensätze in der Liste anzeigen lassen. Über die Dropdownpfeile können Sie solche Datensätze aus einer Liste herausfiltern, bei denen die Einträge in einer Spalte einen bestimmten Wert enthalten oder bestimmte Kriterien erfüllen. Gefilterte Daten zeigen nur die Zeilen an, die den angegebenen Kriterien entsprechen; die anderen Zeilen werden vorübergehend ausgeblendet, können aber jederzeit wieder angezeigt werden.

Einfaches Filtern

1. Klicken Sie in der Überschriftenzeile auf den Dropdownpfeil in der Spalte, nach deren Inhalten Sie filtern wollen.

2. Deaktivieren Sie das Kontrollkästchen *(Alles auswählen)*.

3. Klicken Sie dann auf die Kontrollkästchen des bzw. der Einträge, die angezeigt werden bleiben sollen.

4. Klicken Sie auf *OK*, um den Filter anzuwenden.

Filter abschalten

1. Dass ein Filter aktiv ist, erkennen Sie an dem Filtersymbol in der Schaltfläche mit dem Dropdownpfeil. Klicken Sie auf diese Schaltfläche.

2. Wählen Sie *Filter löschen*, um wieder alle Einträge anzuzeigen.

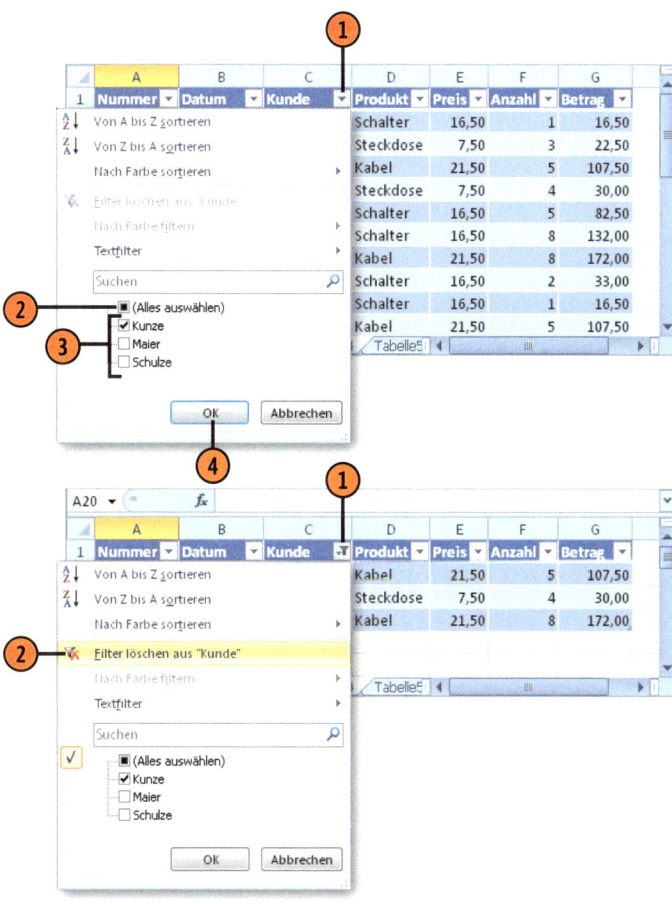

Analysen mit Pivot-Tabellen durchführen

Pivot-Tabellen – auch PivotTables genannt – erlauben es, die Daten in einer Excel-Tabelle in Form einer zusammenfassenden Kreuztabelle zu analysieren. Beispielsweise können Sie so schnell herausfinden, welche Kunden welche Produkte gekauft haben.

Eine Pivot-Tabelle erstellen

① Markieren Sie eine beliebige Zelle in der Tabelle.

② Lassen Sie die Registerkarte *Tabellentools/Entwurf* anzeigen.

③ Klicken Sie in der Gruppe *Tools* auf *Mit PivotTable zusammenfassen*.

④ Legen Sie fest, wo die Tabelle angelegt werden soll. Es empfiehlt sich, die Option *Neues Arbeitsblatt* zu benutzen.

⑤ Klicken Sie auf *OK*.

⑥ Die noch leere Grundstruktur einer Pivot-Tabelle wird erstellt.

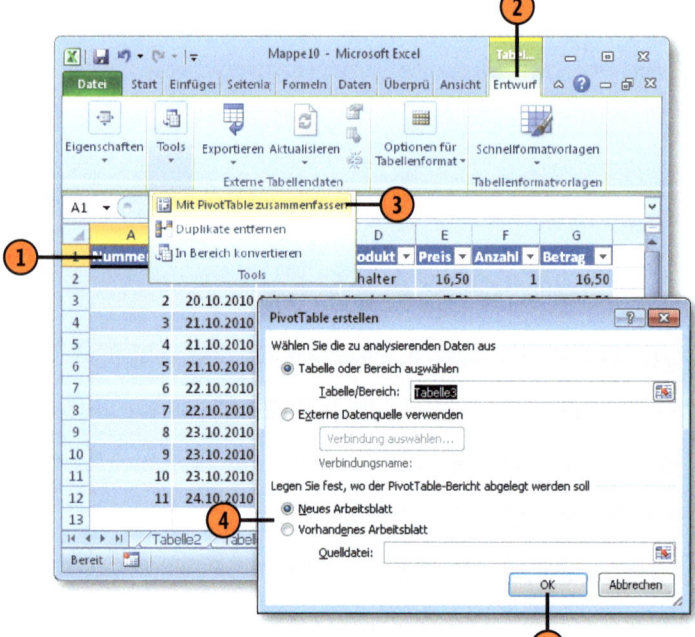

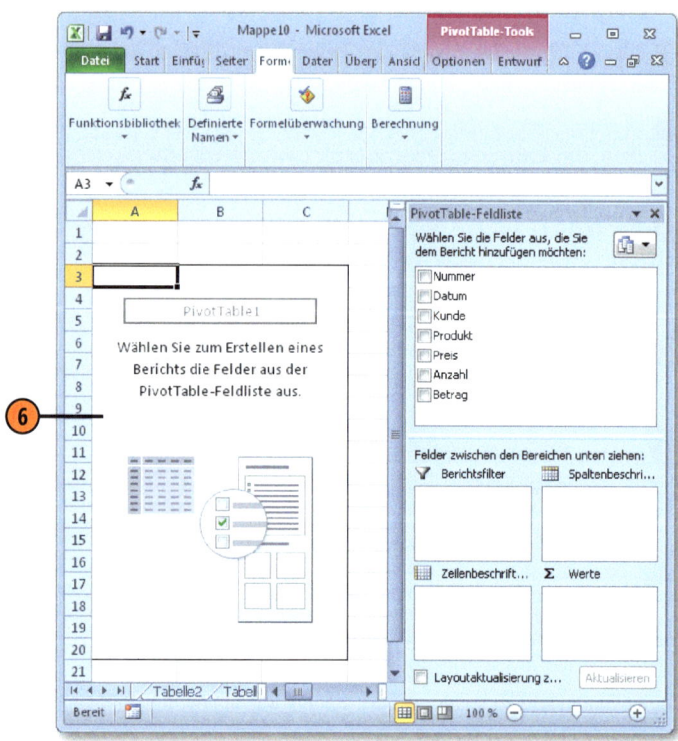

Die Daten eingeben

① Markieren Sie im oberen Bereich der rechts angezeigten *PivotTable-Feldliste* ein Feld.

② Ziehen Sie es mit gedrückter Maustaste in den Bereich *Spaltenbeschriftungen* unterhalb in der Liste.

③ Ziehen Sie auf dieselbe Weise ein weiteres Element aus der Feldliste in den Bereich *Zeilenbeschriftungen*.

④ Ziehen Sie dann ein drittes Feld in den Bereich *Werte*.

⑤ Die Pivot-Tabelle wird erstellt. In den Spalten und Zeilen finden Sie Zusammenfassungen der verwendeten Felder.

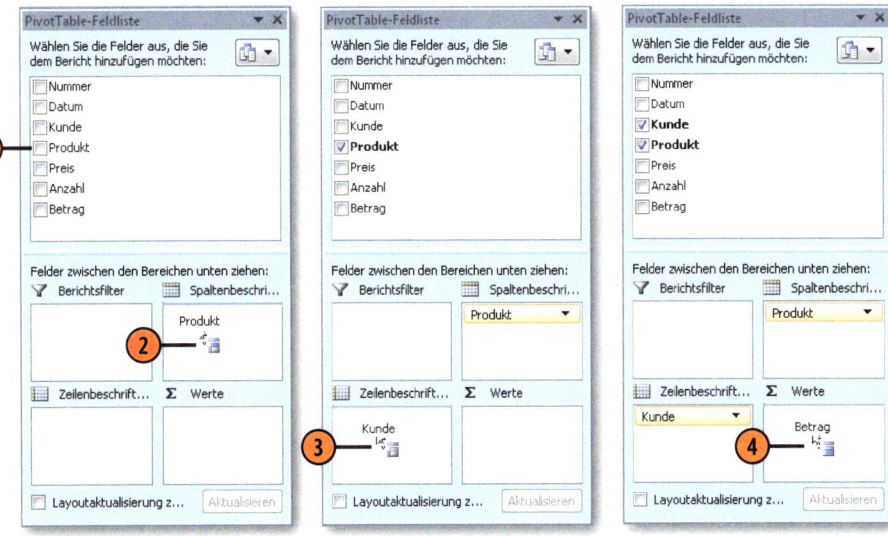

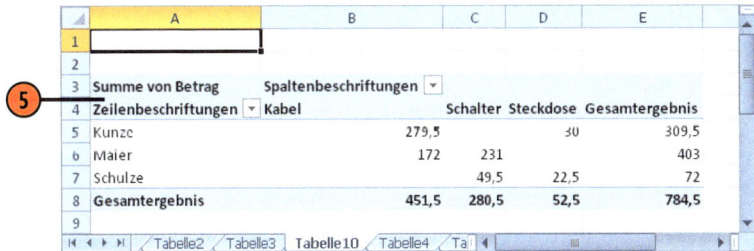

Tipp ✔

Zum Ausprobieren sollten Sie für die Bereiche *Spaltenbeschriftungen* und *Zeilenbeschriftungen* ein Feld mit Texteintragungen verwenden, für das Feld *Werte* eines mit Zahlenwerten.

Datenschnitte

Nachdem Sie eine Pivot-Tabelle erstellt haben, können Sie in Excel 2010 eine neue Funktion nutzen, die sich »Datenschnitt« nennt. Datenschnitte bieten einfach zu verwendende Schaltflächen, mit deren Hilfe Sie die in der Pivot-Tabelle angezeigten Daten filtern können. Wenn Ihre Pivot-Tabelle beispielsweise Kunden und Produkte aufzeigt, können Sie schnell die Daten für einzelne Kunden anzeigen lassen.

Einen Datenschnitt einfügen

① Klicken Sie an einer beliebigen Stelle in die Pivot-Tabelle, für die Sie einen Datenschnitt erstellen möchten.

② Wählen Sie die Registerkarte *PivotTable-Tools/Optionen*.

③ In der Gruppe *Sortieren und Filtern* klicken Sie auf den Pfeil der Schaltfläche *Datenschnitt einfügen* und wählen *Datenschnitt einfügen*.

④ Aktivieren Sie im Dialogfeld *Datenschnitt auswählen* das Kontrollkästchen des Feldes, für das Sie einen Datenschnitt erstellen möchten. Benutzen Sie beispielsweise das Feld *Kunde*.

⑤ Klicken Sie auf *OK*.

⑥ Für das aktivierte Feld wird ein Datenschnitt angezeigt.

Tipp

Im Dialogfeld *Datenschnitt auswählen* können Sie auch mehrere Felder auswählen. Beachten Sie auch, dass hier nicht nur die Felder zur Verfügung stehen, die in der Pivot-Tabelle verwendet werden, sondern alle in der zugrunde liegenden Excel-Tabelle enthaltenen Felder.

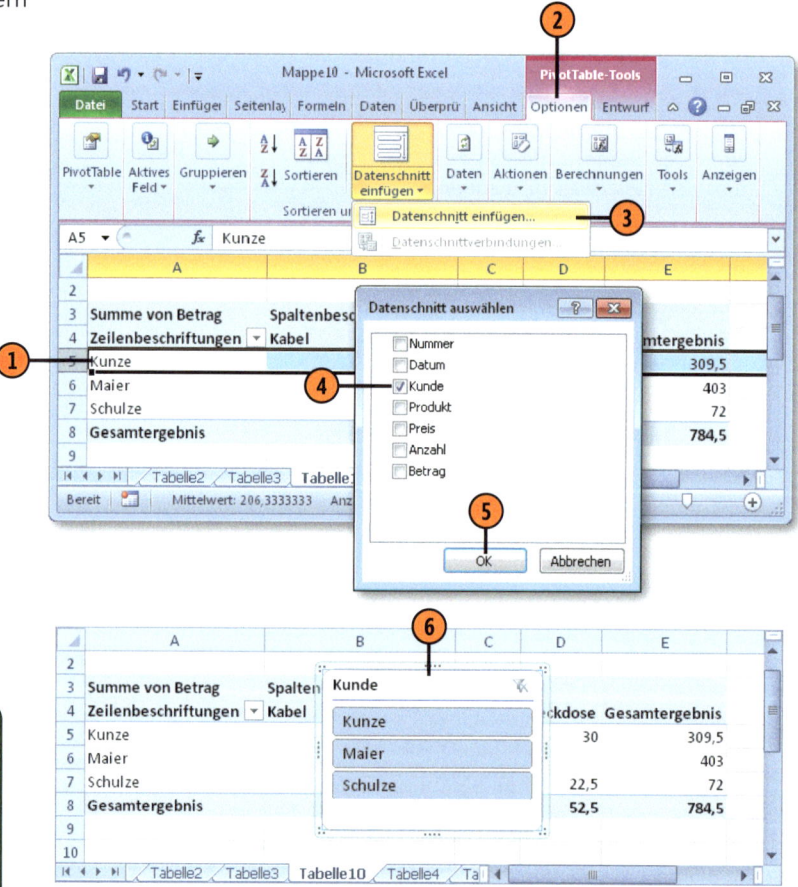

Filtern

①   Klicken Sie in einem Datenschnitt auf das Element, nach dem gefiltert werden soll.

②   Um die Filterwirkung wieder abzuschalten, klicken Sie auf die Schaltfläche *Filter löschen*.

Tipp ✔

Sie können mehrere Elemente zum Filtern auswählen, indem Sie die Taste Strg gedrückt halten und anschließend auf die zu filternden Elemente klicken.

Datenschnitte formatieren

①   Klicken Sie auf den zu formatierenden Datenschnitt. Dadurch wird die Registerkarte *Datenschnitttools/Optionen* angezeigt.

②   Öffnen Sie in der Gruppe *Datenschnitt-Formatvorlagen* den Formatvorlagenkatalog.

③   Wählen Sie das gewünschte Format aus.

Einen Datenschnitt entfernen

①   Klicken Sie mit der rechten Maustaste auf das Datenschnittobjekt.

②   Wählen Sie im Kontextmenü *<Feldname> entfernen* – beispielsweise *Kunde entfernen*.

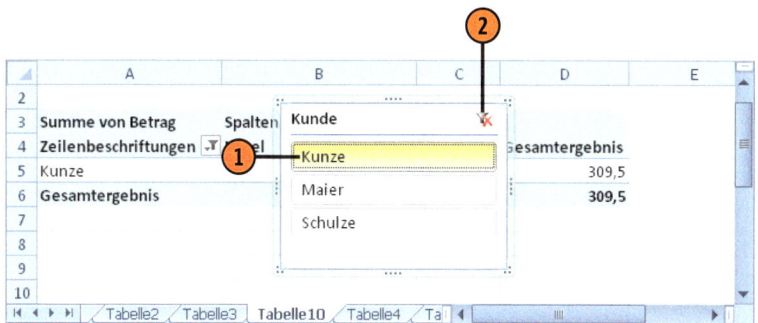

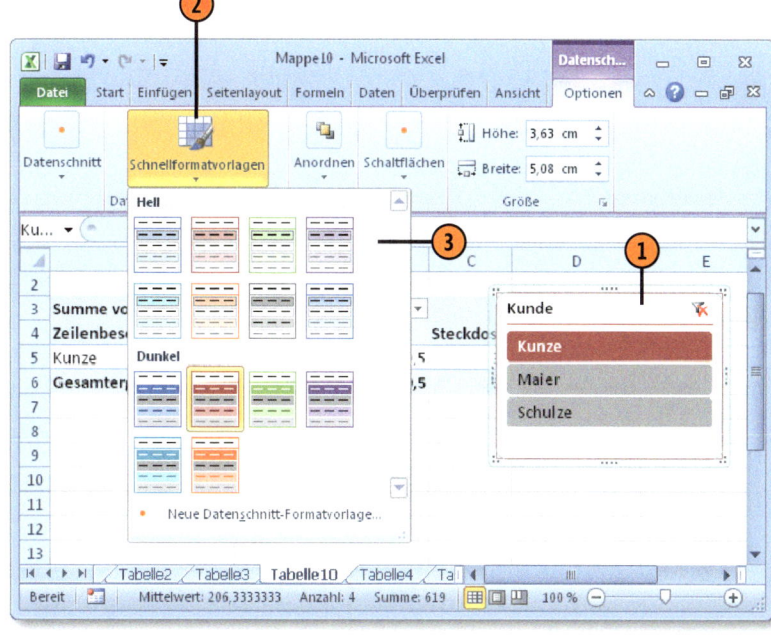

Diagramme erstellen

Mit Microsoft Excel haben Sie die Möglichkeit, Ihre Daten grafisch in Form von Diagrammen zu präsentieren. Diagramme sind mit den Tabellendaten verknüpft, aus denen sie erstellt wurden, und werden immer dann aktualisiert, wenn Sie Ihre Tabelle aktualisieren. Es werden also immer die aktuellen Daten der Tabelle im Diagramm angezeigt. Um ein Diagramm zu erstellen, müssen Sie nur zwei Dinge tun: Sie müssen angeben, welche Daten im Tabellenblatt im Diagramm dargestellt werden sollen, und Sie müssen den zu verwendenden Diagrammtyp auswählen.

Diagramm im selben Blatt erstellen

1. Aktivieren Sie das Tabellenblatt mit den darzustellenden Daten.

2. Markieren Sie die Daten, die im Diagramm angezeigt werden sollen.

3. Klicken Sie auf die Registerkarte *Einfügen*.

4. Öffnen Sie den Katalog zu einem Diagrammtyp.

5. Klicken Sie auf den gewünschten Untertyp.

6. Das Diagramm wird im selben Arbeitsblatt erstellt.

Gewusst wie

Auch nicht direkt aufeinanderfolgende Zeilen oder Spalten können Sie gemeinsam markieren, indem Sie die Taste Strg gedrückt halten und dann die Markierung der einzelnen Bereiche durchführen.

Siehe auch

Weitere Hinweise zum Markieren von Daten in einem Tabellenblatt finden Sie auf Seite 114 f.

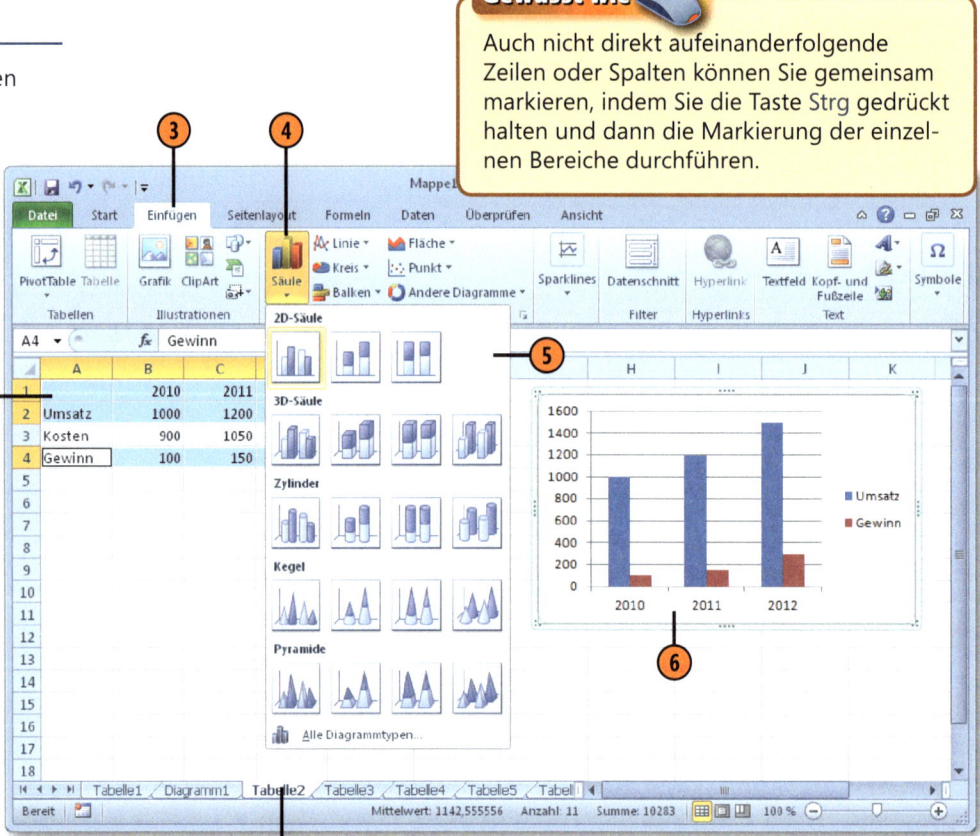

Hinweise zum Markieren der Daten

- Wenn Sie ein Diagramm mit senkrecht aufeinander angeordneten Achsen erstellen wollen – also beispielsweise als Balkendiagramm, Säulendiagramm oder Liniendiagramm –, sollten Sie immer gleich mindestens zwei Datenreihen markieren. Diese können in Zeilen oder in Spalten angeordnet sein. Die horizontale Achse wird in der Grundeinstellung bei einer zeilenförmigen Darstellung durch die oberste Zeile, bei einer spaltenförmigen Darstellung durch die am weitesten links stehende Spalte gebildet. Die anderen markierten Zeilen oder Spalten werden dann im Diagramm in der Senkrechten angezeigt.

- Wenn sich in den betreffenden Zeilen oder Spalten nur Daten befinden, die auch im Diagramm dargestellt werden sollen, können Sie auch durch einen Klick die gesamte Zeile bzw. Spalte markieren, ansonsten führen Sie eine Bereichsmarkierung durch.

- Texte in Spalten- und Zeilenüberschriften können Sie ebenfalls markieren, müssen es aber nicht. Wenn Sie sie markieren, werden diese Texte automatisch als Voreinstellung für Achsenbezeichnungen und Legenden verwendet.

- Wenn Sie zusätzliche Texte markieren, achten Sie darauf, dass die Zelle in der oberen linken Ecke leer ist. Andernfalls wird der Eintrag an dieser Stelle als Element der waagerechten Achse missverstanden.

Diagramm in separatem Blatt erstellen

① Markieren Sie die im Diagramm darzustellenden Daten.

② Drücken Sie die Taste F11. Excel erstellt vor dem Blatt mit den markierten Daten ein neues Blatt und fügt darin das Diagramm ein.

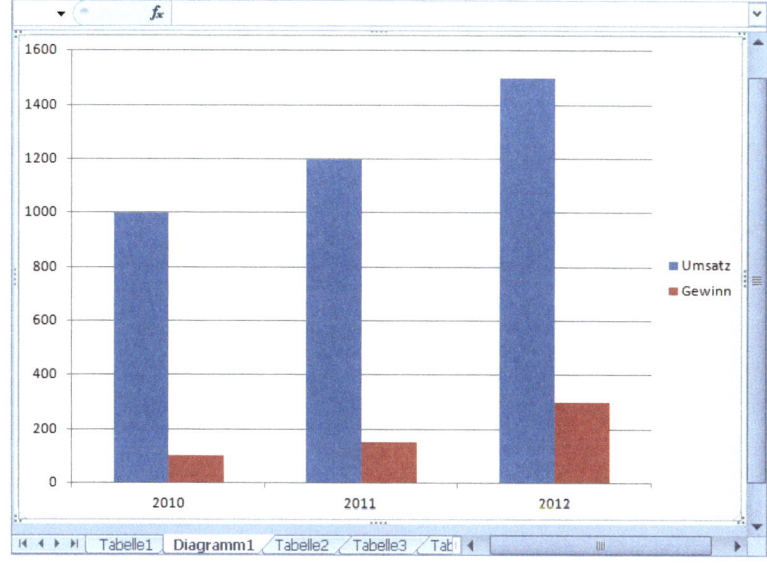

Schnellformatvorlagen und Schnelllayouts benutzen

Wahrscheinlich werden Sie bald nach dem Erstellen des Diagramms darangehen wollen, einige Verfeinerungen daran vorzunehmen. Dafür liefert Ihnen Excel zwei wichtige Werkzeuge. Mithilfe der *Schnellformatvorlagen* können Sie Ihrem Diagramm schnell ein bestimmtes Aussehen verleihen. Die *Schnelllayouts*

gehen noch einen Schritt weiter: Damit können Sie schnell Platzhalter zur Anzeige von Titeln und sonstigen Beschriftungen einblenden lassen. Die verfügbaren Schnelllayouts hängen von dem gewählten Diagrammtyp ab.

Das Schnelllayout festlegen

① Markieren Sie das Diagrammobjekt, indem Sie auf seinen Rahmen klicken.

② Lassen Sie die Registerkarte *Diagrammtools/Entwurf* anzeigen.

③ Öffnen Sie in der Gruppe *Diagrammlayouts* den Katalog.

④ Wählen Sie ein Schnelllayout aus.

Die Vorteile des Arbeitens mit Schnelllayouts

- Sie können schnell Platzhalter für Titel, Achsenbeschriftungen und ähnliche Textelemente hinzufügen.
- Gitternetzlinien können ein- und ausgeblendet werden.
- Die dargestellten Zahlenwerte können zusätzlich im Diagramm in Form einer kleinen Tabelle angezeigt werden.

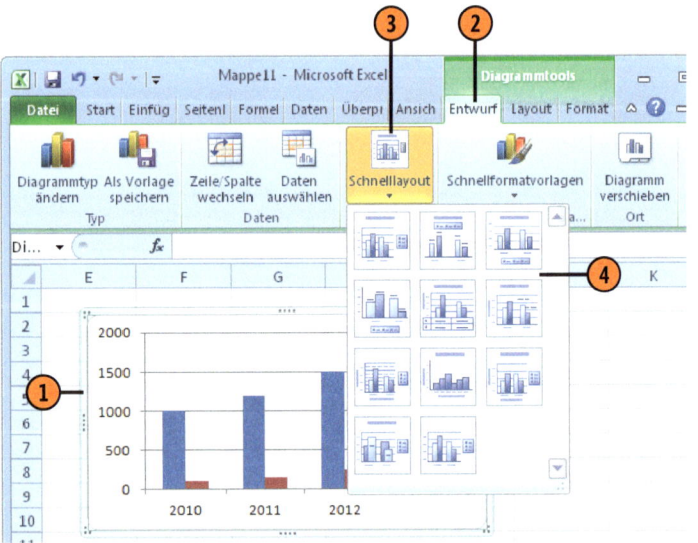

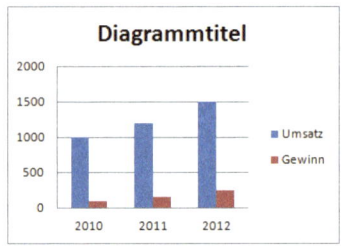

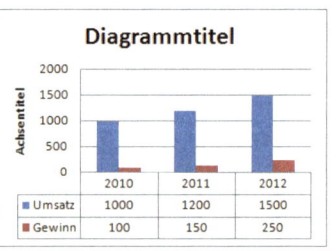

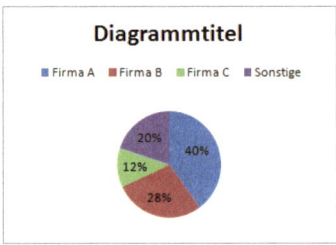

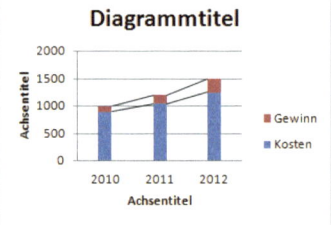

Die Schnellformatvorlagen einsetzen

(1) Markieren Sie das Diagrammobjekt, indem Sie auf seinen Rahmen klicken.

(2) Lassen Sie die Registerkarte *Diagrammtools/ Entwurf* anzeigen.

(3) Öffnen Sie in der Gruppe *Diagrammformatvorlagen* den Katalog.

(4) Wählen Sie eine Vorlage.

Tipp

Diese Schnellformatvorlagen formatieren immer das Diagramm insgesamt. Wie sich die verschiedenen Optionen auf das Diagramm auswirken, können Sie sofort in der Livevorschau sehen, wenn Sie den Mauszeiger auf eine der Optionen im Katalog bewegen.

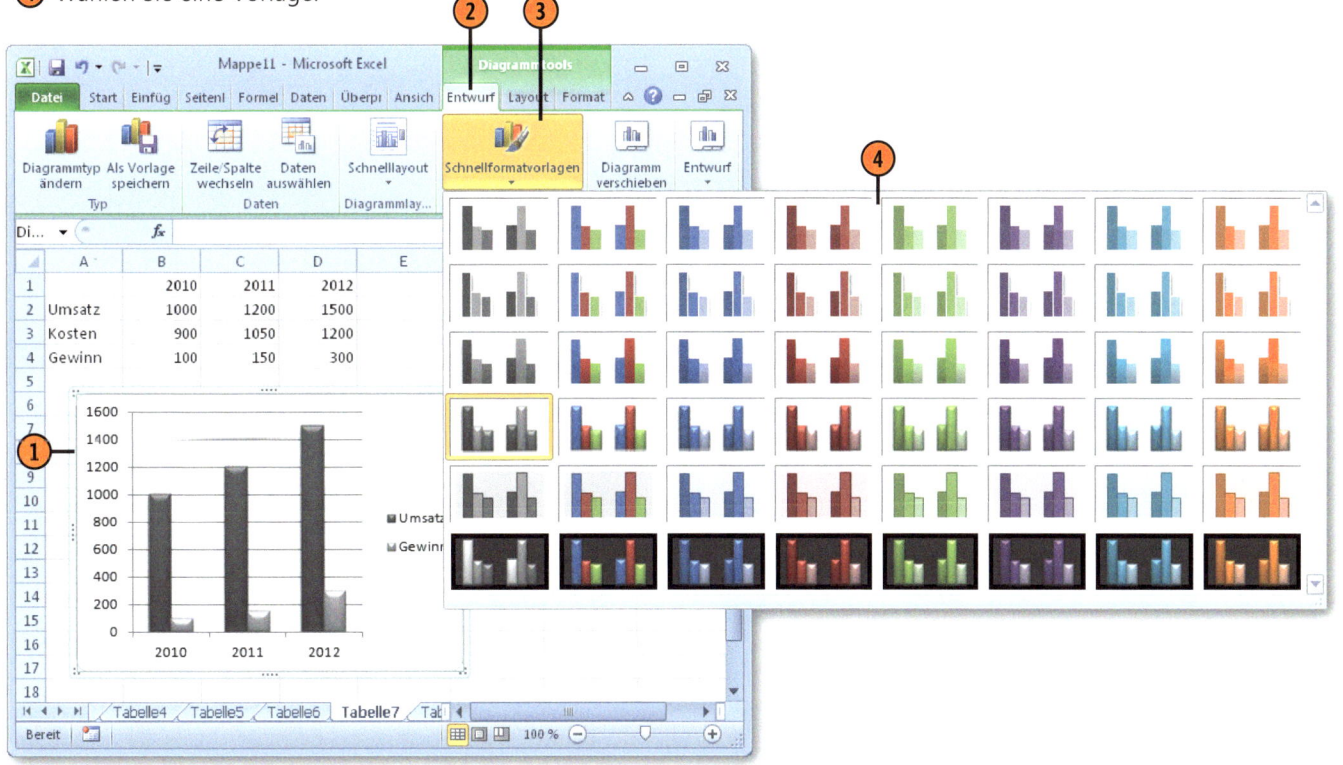

Trends aufzeigen mit Sparklines

Sparklines sind neu in Excel 2010. Eine Sparkline ist ein sehr kleines Diagramm in einer Zelle des Arbeitsblatts, das Daten visuell darstellt. Mit Sparklines können Sie beispielsweise Trends für eine Wertereihe aufzeigen. Um eine größtmögliche Wirkung zu erzielen, sollten Sie eine Sparkline in der Nähe der zugehörigen Daten positionieren. Sie können auch in eine Zelle Text eingeben und eine Sparkline als Hintergrund verwenden.

Sparklines erstellen

(1) Markieren Sie die Zelle, in der die Sparkline erscheinen soll.

(2) Wählen Sie die Registerkarte *Einfügen*.

(3) Wählen Sie in der Gruppe *Sparklines* eine Form.

(4) Klicken Sie im Dialogfeld *Sparklines erstellen* in das Feld *Datenbereich* und markieren Sie dann in der Tabelle den Bereich, der als Grundlage für das kleine Diagramm dienen soll.

(5) Kontrollieren im Feld *Positionsbereich* die Adresse der Zelle, in der die Sparkline erscheinen soll.

(6) Bestätigen Sie über *OK*.

Sparklines verfeinern

(1) Solange die Zelle mit der Sparkline markiert ist, wird die Registerkarte *Sparklinetools/Entwurf* angezeigt.

(2) Sie können darüber die Sparkline abwandeln oder verfeinern. Benutzen Sie beispielsweise den Katalog zu *Formatvorlage*.

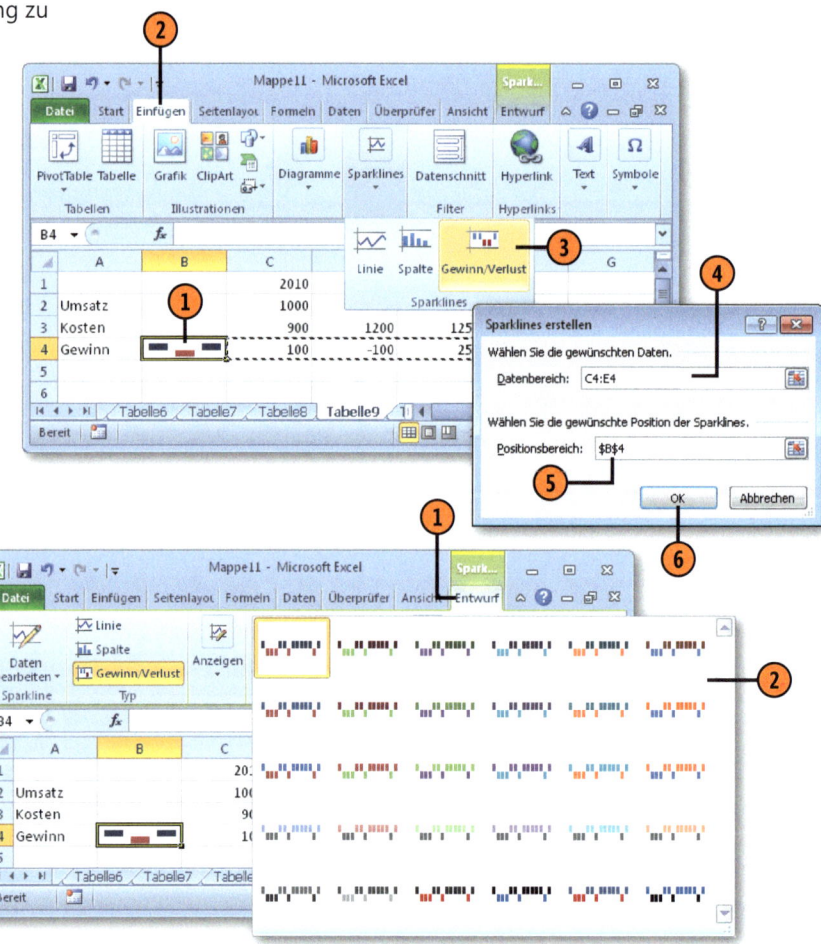

D Präsentationen mit Microsoft PowerPoint 2010

Das Programm Microsoft PowerPoint ist innerhalb der Microsoft Office 2010-Familie für den Bereich Präsentationen zuständig. Sie können darüber Präsentationen erstellen und vorführen. In den drei Kapiteln dieses Teils stellen wir Ihnen die wichtigsten Punkte bei der Arbeit mit PowerPoint 2010 vor:

- Das Grundelement des Programms ist die Folie. Diese können Sie in verschiedenen Ansichten bearbeiten. Wir zeigen Ihnen zunächst in Kapitel 11, für welche Zwecke man die Ansichten benutzt und wie man darin Folien einrichtet und organisiert.

- Dann gehen wir in Kapitel 12 auf die Techniken ein, die Sie beherrschen müssen, um Ihre Folien mit Inhalten zu versehen. Sie können dabei mit Text, Bildern, Videos oder anderen Elementen arbeiten.

- In Kapitel 13 wollen wir die Dinge ansprechen, die Sie zum Durchführen von Präsentationen benötigen. Dazu gehören das Einrichten von Folienübergängen, das Testen des Ablaufs und schließlich auch das eigentliche Vorführen.

Die wichtigsten Neuerungen in PowerPoint 2010

Neben den schon in der Einführung zum ersten Teil genannten allgemeinen Neuerungen in Microsoft Office 2010 verfügt Power-Point 2010 über einige spezielle neue Funktionen, die wir auf dieser Seite in einem Überblick zusammengefasst haben.

Neue Videofunktionen

Im Gegensatz zu früheren Versionen können Sie jetzt Videos in Ihre Präsentationen einbetten, die dann Teil Ihrer Präsentationsdateien werden. Dadurch gehen keine Videodateien mehr verloren. Zusätzlich können Sie jetzt Videos direkt in PowerPoint kürzen und Sprungmarken hinzufügen und Videos langsam ausblenden lassen. Auch die Anzeige des Fensters, in dem Videos abgespielt werden, können Sie durch Zuweisung von diversen Designeffekten verändern.

Präsentation als Video speichern

Ihre gesamte Präsentation können Sie jetzt auch in ein Video umwandeln. Speichern Sie sie als Videodatei ab, um beispielsweise Kollegen oder Kunden eine HiFi-Version Ihrer Präsentation zur Verfügung zu stellen. Diese Videodatei können Sie entweder als Anhang einer E-Mail hinzufügen, als Veröffentlichung im Web speichern oder auf CD oder DVD verfügbar machen.

Foliengruppen in logische Abschnitte zusammenfassen

Die Verwaltung und Organisation von thematisch zusammengehörenden Folien können Sie durch Zuweisen von Abschnitten übersichtlicher gestalten.

Übergänge mit 3-D-Animationseffekten

Neue Übergangseffekte, die den Übergang von Folie zu Folie flüssiger gestalten, sind auch in PowerPoint 2010 mit dabei. Zu jedem Übergangsschema können Sie einen speziellen Effekt wählen.

> **Siehe auch**
>
> Mehr zum Einfügen von Videos finden Sie in Kapitel 12 auf Seite 196.
>
> Mehr Informationen zum Speichern einer Präsentation als Video finden Sie in Kapitel 12 auf Seite 210 f.
>
> Beachten Sie, dass wir die Aufgaben, die alle Programme des Office 2010-Pakets betreffen, in separaten Kapiteln angesprochen haben. Das gilt auch für die in diesen Bereichen vorhandenen Neuerungen.
>
> - Auf die Elemente zur Programmsteuerung gehen wir in Kapitel 1 auf Seite 17 ff. ein.
> - Kapitel 2 liefert Ihnen die Methoden zum Verwalten von Office-Dokumenten – wie das Speichern, Öffnen oder das Anlegen neuer Dokumente – auf den Seiten 29 ff.
> - Hinweise zum Illustrieren von Dokumenten mit grafischen Elementen finden Sie in Kapitel 17 auf den Seiten 267 ff.
> - Die Techniken zum Drucken von Dokumenten sprechen wir in Kapitel 18 auf den Seiten 281 ff. an.
> - Über besondere Aufgaben beim Arbeiten in Teams reden wir in Kapitel 19 auf den Seiten 297 ff.

11 Ansichten und Folien

In diesem Kapitel werden wir Ihnen die wichtigsten Elemente der Oberfläche von Microsoft PowerPoint 2010 und das Arbeiten damit vorstellen. Ein Programm wie PowerPoint dient zum Erstellen von Präsentationen und verlangt so eine andere Oberfläche als andere Anwendungen wie beispielsweise ein Textverarbeitungsprogramm. Aus diesem Grund werden wir bereits hier zu Beginn auf die verschiedenen Ansichten von PowerPoint eingehen.

Das zentrale Element bei PowerPoint ist die Folie. Beim Aufbau einer neuen Präsentation geht es darum, Folien hinzuzufügen und diesen bestimmte Layouts zuzuweisen. Die Folien können Sie nachträglich neu anordnen, ohne dass dabei die vorhandenen Formatierungen oder sonstige Einstellungen entfernt werden. Auch verschiedene Designs erleichtern Ihnen die Gestaltung einer professionellen Präsentation.

Einen Punkt sollten Sie gleich noch wissen: Jede Folie – sowie Handzettel und Notizenseite – ist mit einem sogenannten Master verbunden. In diesem Master sind z.B. die grafischen Elemente eines Foliendesigns sowie die Anordnung der Platzhalterbereiche eines Folienlayouts festgelegt. Wenn Sie grundlegende Änderungen an diesen Merkmalen vornehmen wollen, arbeiten Sie am besten in der Masteransicht.

Die Oberfläche von PowerPoint 2010

Nach dem Starten von PowerPoint wird – nach einer kurzen Einblendung des Programmlogos – die Oberfläche des Programms angezeigt. Sie sollten sich mit den Elementen dieser Oberfläche vertraut machen, damit Sie sich in diesem Buch und mit PowerPoint allgemein schnell zurechtfinden.

- Das Programmfenster von Microsoft PowerPoint ist der durch den äußeren Rahmen umschlossene Bereich. Es beinhaltet ein als Präsentation bezeichnetes Dokument.

- Diese Präsentation hat vorerst den allgemeinen Namen *Präsentation 1*, der in der Titelleiste des Programmfensters angezeigt wird.

- Im oberen Bereich des Programmfensters finden Sie das Menüband, das die Menüs und die Symbolleisten der früheren Versionen ersetzt.

- Eine Präsentation in der Normalansicht beinhaltet mehrere – standardmäßig drei – Bereiche:
  - Der Bereich *Folien/Gliederung*, in dem Sie sich einen Überblick verschaffen können und durch einen Wechsel der Registerkarte Text in Form einer Gliederung eingeben können.
  - Der Bereich *Notizen*, in dem Sie sich jeweils Anmerkungen zu der gerade aktuellen Folie notieren können
  - Der Folienbereich oder Arbeitsbereich, auf dem Sie das zentrale Element einer Präsentation – die Folie – bearbeiten können.

- Auf Folien existieren Platzhalter zum Eingeben von Text; auf der ersten Folie sind das im Regelfall der Titel und der Untertitel. Klicken Sie innerhalb eines dieser Platzhalter, um mit der Eingabe von Text zu beginnen.

- Je nachdem, was Sie auf einer Folie markiert haben, wird im Menüband eine zusätzliche sogenannte *Tools*-Registerkarte (mit ein oder mehreren (Unter)Registerkarten) angezeigt, die über objektspezifische Optionen verfügt.

- Am unteren Rand des PowerPoint-Fensters befindet sich die Statusleiste, die nützliche Informationen und zusätzliche Bedienelemente zur Steuerung bereithält.

- Auf der rechten Seite der Statusleiste finden Sie Schaltflächen, über die Sie schnell zu anderen Ansichten von PowerPoint umschalten können.

- Zusätzlich können Sie über einen Regler die Darstellung stufenlos vergrößern bzw. verkleinern und durch einen Klick auf die betreffende Schaltfläche eine Folie an die aktuelle Fenstergröße anpassen.

- Über die Bildlaufleisten können Sie den im Fenster angezeigten Bereich mit den üblichen Methoden verschieben: Klicken Sie auf die entsprechende Pfeilschaltfläche, um eine weitere Folien anzuzeigen; verschieben Sie das Bildlauffeld, um größere Bereiche zu überspringen.

Siehe auch

Die Anzeige von einigen Elementen der Oberfläche können Sie ändern. Zum Anpassen des Menübands finden Sie Informationen auf Seite 20 f.; das Anpassen der Symbolleiste für den Schnellzugriff ist Thema auf Seite 22.

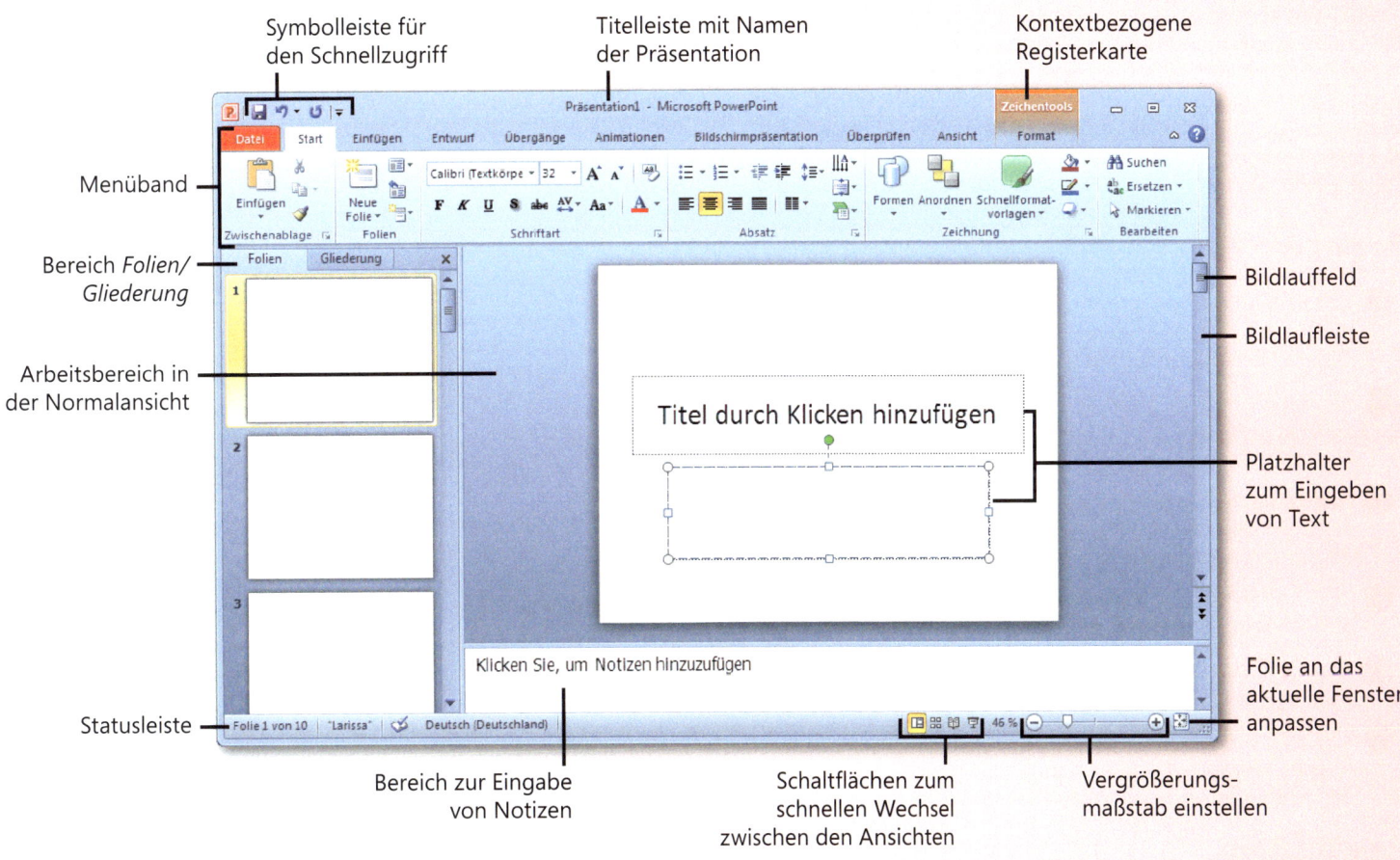

Symbolleiste für den Schnellzugriff

Titelleiste mit Namen der Präsentation

Kontextbezogene Registerkarte

Menüband

Bereich *Folien/ Gliederung*

Arbeitsbereich in der Normalansicht

Statusleiste

Bildlauffeld

Bildlaufleiste

Platzhalter zum Eingeben von Text

Folie an das aktuelle Fenster anpassen

Bereich zur Eingabe von Notizen

Schaltflächen zum schnellen Wechsel zwischen den Ansichten

Vergrößerungs- maßstab einstellen

Die Normalansicht

PowerPoint verfügt über vier verschiedene Ansichten, in denen Sie unterschiedliche Aufgaben erledigen können. Die wesentlichen Aufgaben beim Erstellen einer Präsentation erledigen Sie in der Normalansicht, die in drei Bereiche aufgeteilt ist. Hier bearbeiten und gestalten Sie das zentrale Element einer Präsentation, die Folie. In einem gesonderten Bereich finden Sie die Registerkarte *Gliederung*. Hier können Sie auf schnellem Weg ein Konzept für den Inhalt Ihrer Präsentation entwickeln. Hier geben Sie Text in Form einer Gliederung ein. Zusätzlich existiert zu jeder Folie ein Bereich zur Eingabe von Notizen, die Sie zur gerade aktuellen Folie eingeben können. Der Wechsel zwischen den Ansichten erfolgt einerseits über die Schaltflächen zum schnellen Wechsel in der Statusleiste, andererseits über die Schaltflächen der Registerkarte *Ansicht*.

Folien in der Normalansicht erstellen

① Im Folienarbeitsbereich ist eine Folie abgebildet, auf der Sie in unterschiedlichen Platzhaltern Text oder Objekte hinzufügen können.

② Klicken Sie mit der Maus in den Platzhalter, in den Sie Text eingeben wollen – beispielsweise in den Platzhalter zum Einfügen von Titeltext.

③ Geben Sie den Text ein. Während der Eingabe erscheint der Text sowohl auf der Folie als auch auf der Miniaturabbildung der Registerkarte *Folien*.

④ Die Registerkarte *Folien* enthält die Miniaturabbildungen von allen Folien einer Präsentation.

⑤ Wechseln Sie über die Schaltflächen in der Statusleiste die Ansicht (hier: *Normalansicht* aktiv).

⑥ Klicken Sie im Menüband auf die Registerkarte *Ansicht*, um auch hierüber den Wechsel zwischen den Ansichten vornehmen zu können.

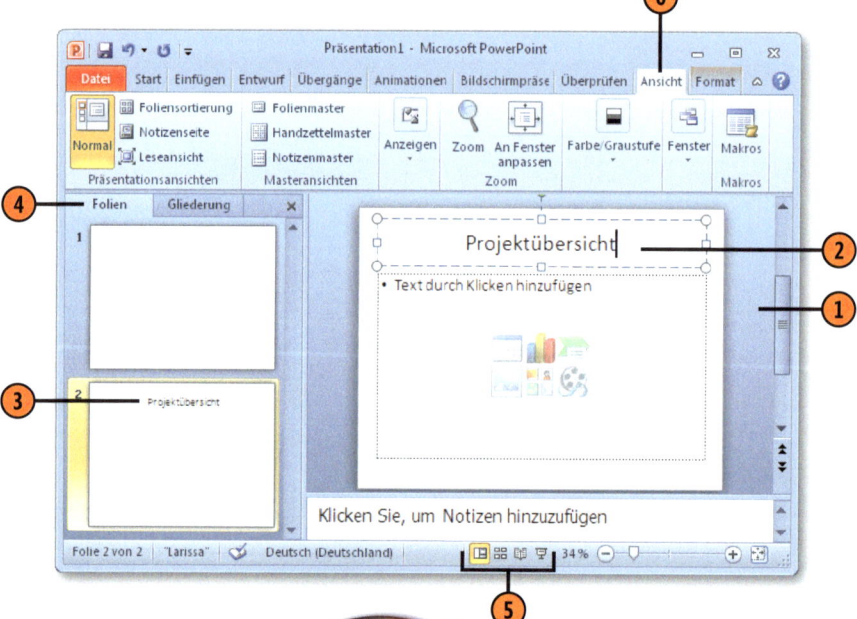

Siehe auch

Wie Sie einer Folie Text hinzufügen und diesen formatieren, wird in Kapitel 12 auf den Seiten 188 ff. behandelt.

Siehe auch

Zu den Methoden zum Einfügen von Bildern oder Videos finden Sie mehr auf Seite 194 f.

Text in der Gliederung eingeben

① Sie schalten zur *Gliederung* um, indem Sie auf die betreffende Registerkarte klicken.

② Jede in der Präsentation enthaltene Folie ist durch ein Foliensymbol mit der Nummer der entsprechenden Folie repräsentiert.

③ Folientitel sind fett dargestellt.

④ Aufzählungstexte sind meist durch Aufzählungspunkte gekennzeichnet.

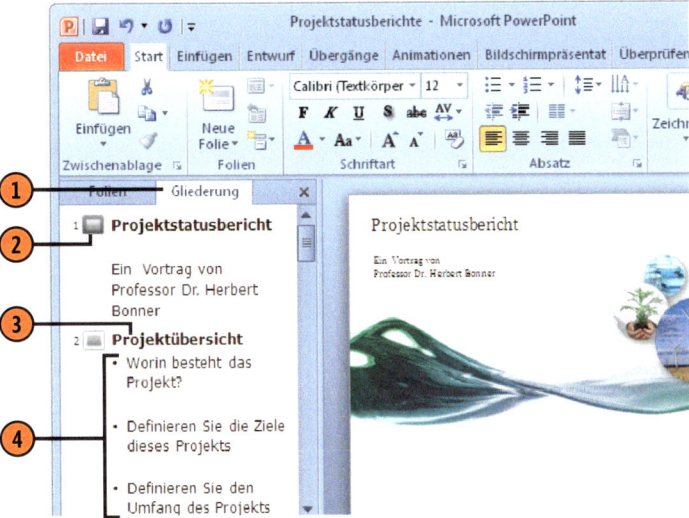

Siehe auch

Wie Sie Text in Form einer Gliederung eingeben und bearbeiten, wird auf Seite 189 ff. beschrieben.

Notizen im Notizenbereich hinzufügen

① Klicken Sie in den Bereich unterhalb der Folie mit der Beschriftung: *Klicken Sie, um Notizen hinzuzufügen* und geben Sie Ihre Anmerkungen zu der aktuellen Folie ein.

② Auf der Registerkarte *Ansicht* zeigen Sie über die Schaltfläche *Notizenseite* die Notizenseite der aktuellen Folie an, um dort Notizen so zu bearbeiten, wie sie später im Druck erscheinen sollen.

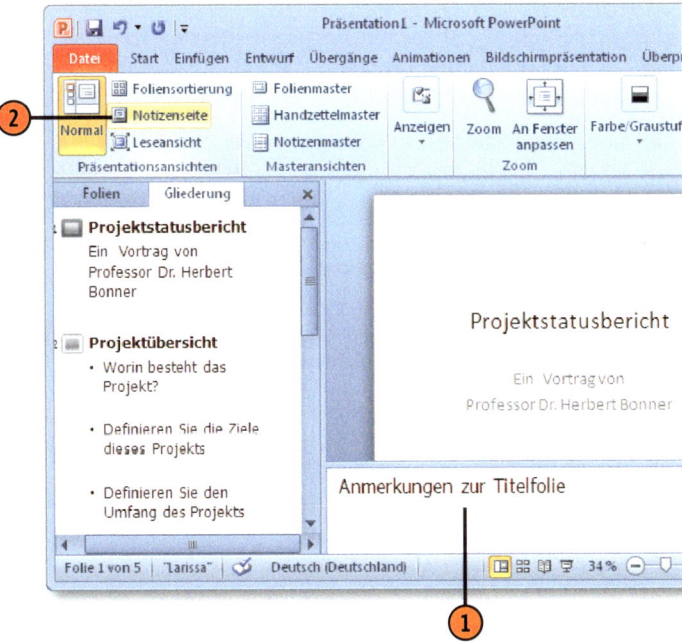

Weitere Ansichten

Zusätzlich zur *Normalansicht* verfügt Microsoft PowerPoint noch über drei weitere Ansichten, die jeweils unterschiedliche Aufgaben erfüllen. Mithilfe der *Foliensortierung* können Sie sich über das Gesamtbild Ihrer Präsentation informieren. Hier sehen Sie Miniaturabbildungen aller Folien mit sämtlichen Grafikelementen und Texten. In dieser Ansicht können Sie die Übergänge von Folie zu Folie gleich mehreren Folien zuweisen und zusätzlich einzelne oder mehrere Folien Ihrer Präsentation neu anordnen. Die *Lese-ansicht* bietet Ihnen einen Überblick auf die geplante Bildschirmpräsentation. Hier können Sie in einem kleineren Format den Ablauf der Bildschirmpräsentation testen, bevor Sie die Präsentation vorführen. Schließlich gibt es noch die wichtigste Ansicht: die *Bildschirmpräsentation*, über die Sie Ihre Präsentation vorführen werden.

Anordnen in der Foliensortierung

(1) Zur *Foliensortierung* wechseln Sie, indem Sie in der Statusleiste auf die betreffende Schaltfläche klicken.

(2) Sämtliche Folien einer Präsentation werden als Miniaturabbildungen mit den entsprechenden Nummern angezeigt.

(3) Thematisch zusammengehörende Folien sind in Abschnitten gegliedert. Durch Anklicken einer Abschnittsüberschrift werden sämtliche Folien innerhalb dieses Abschnitts markiert und können so gemeinsam bearbeitet werden.

(4) Dieses Symbol zeigt an, dass der Folie ein spezieller Folienübergangseffekt zugewiesen wurde.

(5) Daneben wird die Einblendezeit, die Sie für die einzelnen Folien festgelegt haben, angezeigt.

(6) Dieses Symbol kennzeichnet, dass diese Folie ausgeblendet ist.

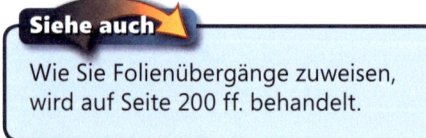

Siehe auch

Wie Sie Folienübergänge zuweisen, wird auf Seite 200 ff. behandelt.

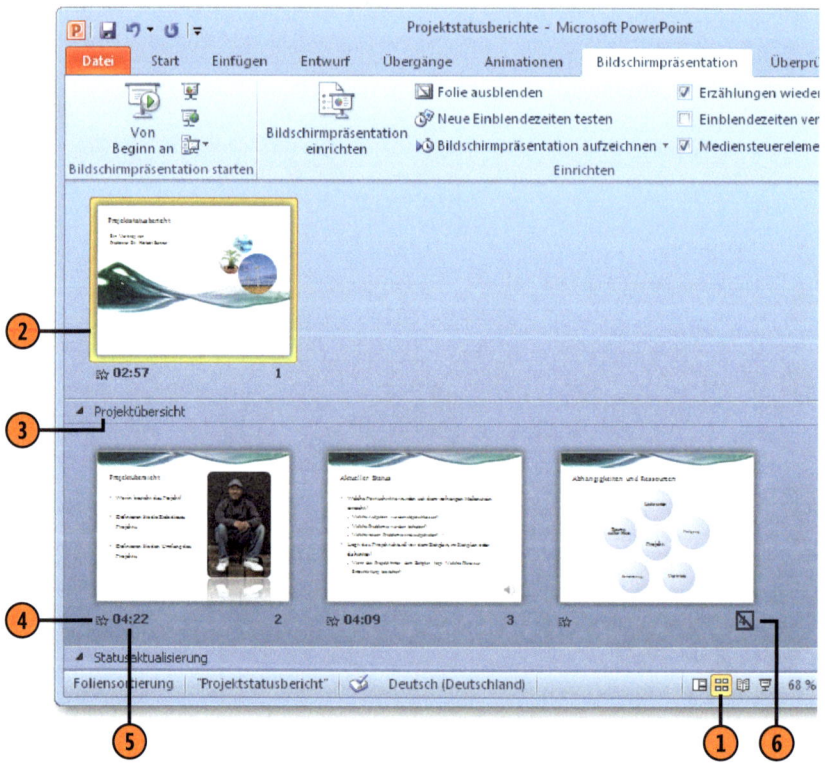

Betrachten in der Leseansicht

(1) Zur *Leseansicht* wechseln Sie, indem Sie in der Statusleiste auf die betreffende Schaltfläche klicken.

(2) Klicken Sie hier, um die vorherige bzw. die nächste Folie anzuzeigen.

(3) Klicken Sie hier, um ein Menü mit Optionen zur Steuerung der Bildschirmpräsentation einzublenden.

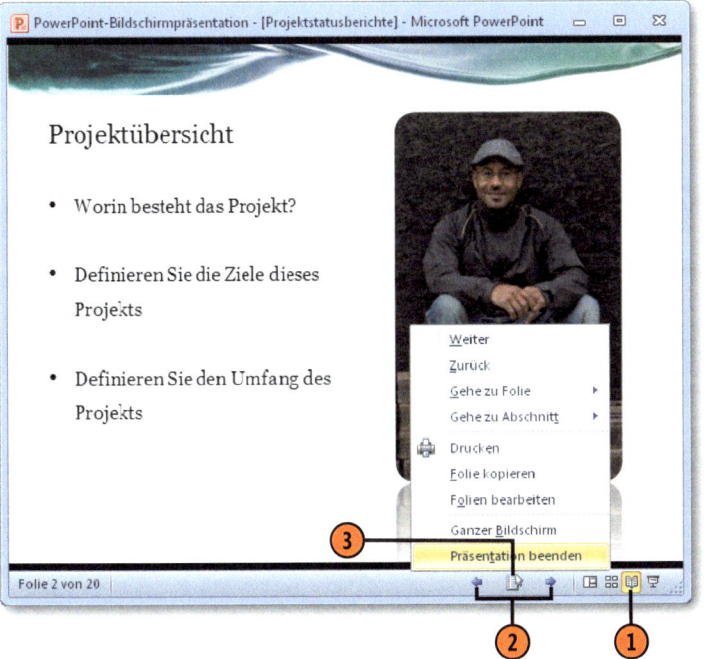

Vorführen in der Bildschirmpräsentationsansicht

(1) Öffnen Sie die Präsentation, die Sie vorführen wollen, und klicken Sie in der Statusleiste auf *Bildschirmpräsentation*.

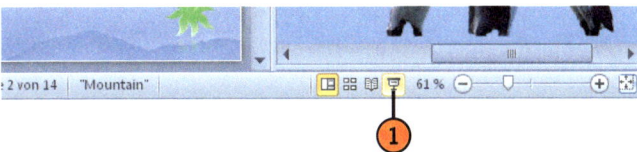

(2) Klicken Sie hier, um die vorherige bzw. die nächste Folie anzuzeigen.

(3) Klicken Sie hier, um ein Menü mit Optionen zur Steuerung der Bildschirmpräsentation einzublenden.

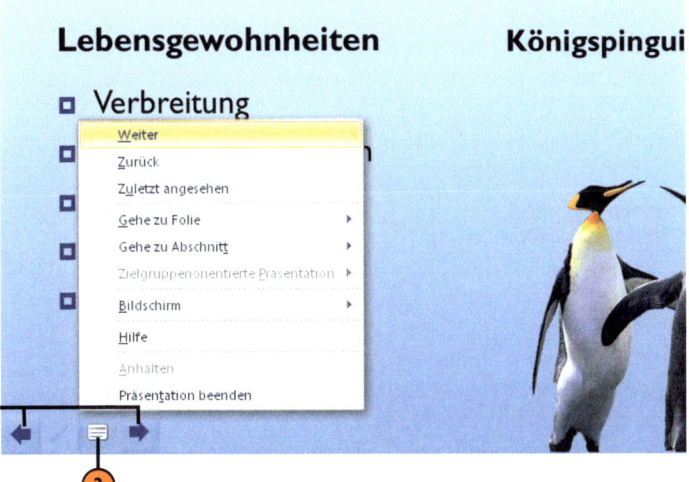

Neue Folien hinzufügen

Wenn Sie die Arbeit an einer neuen, leeren Präsentation – die zunächst nur eine leere Folie enthält – oder auf der Basis einer Vorlage begonnen haben, werden Sie sicher weitere Folien hinzufügen wollen. Sie können wählen, ob Sie eine neue, leere Folie einfügen wollen oder ob Sie ein Duplikat einer bereits bestehenden Folie erzeugen möchten.

Neue Folie einfügen

(1) Zeigen Sie die Folie im Folienfenster an, hinter der Sie eine neue Folie einfügen wollen; klicken Sie dazu auf der Registerkarte *Folien* auf die betreffende Folienabbildung.

(2) Klicken Sie im Menüband auf der Registerkarte *Start* in der Gruppe *Folien* auf den Pfeil der Schaltfläche *Neue Folie*.

(3) Wählen Sie ein Folienlayout aus – klicken Sie auf die betreffende Option, um die neue Folie einzufügen.

(4) Die neue Folie wird hinter der aktuellen Folie eingefügt.

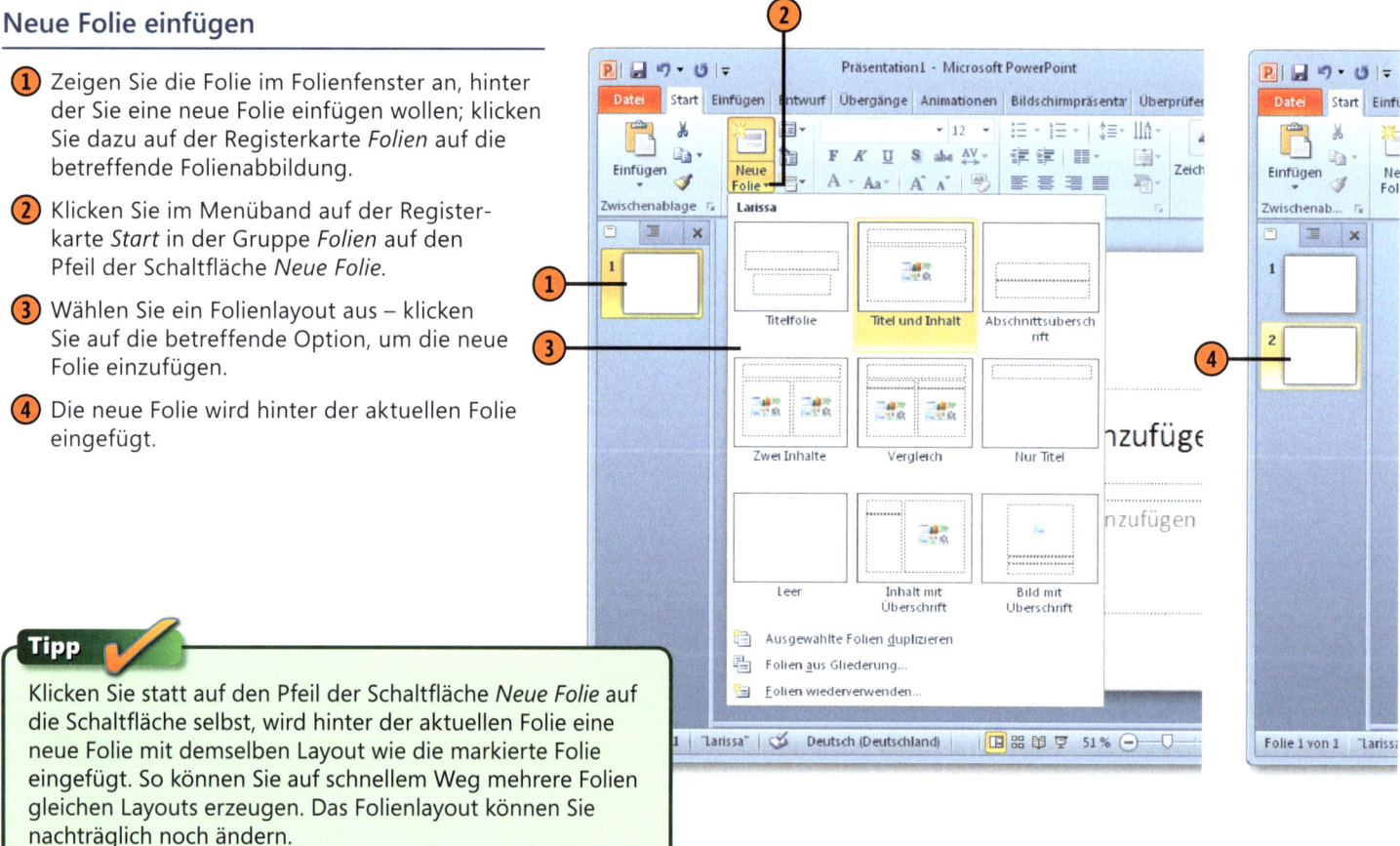

Tipp ✓

Klicken Sie statt auf den Pfeil der Schaltfläche *Neue Folie* auf die Schaltfläche selbst, wird hinter der aktuellen Folie eine neue Folie mit demselben Layout wie die markierte Folie eingefügt. So können Sie auf schnellem Weg mehrere Folien gleichen Layouts erzeugen. Das Folienlayout können Sie nachträglich noch ändern.

Folien neu anordnen

Es kann immer wieder vorkommen, dass Sie im Laufe der Arbeit an einer Präsentation – nach intensiver Betrachtung – feststellen, dass die eine oder andere Folie an anderer Stelle sinnvoller einge-

setzt wäre. Kein Problem – Sie können die Reihenfolge von Folien nachträglich noch auf verschiedene Arten ändern.

Folien mit der Maus verschieben

① Wechseln Sie zur Ansicht *Foliensortierung*.

② Markieren Sie die Folie(n), die Sie an anderer Stelle einfügen wollen.

③ Ziehen Sie die Folie(n) mit gedrückter Maustaste an die gewünschte Position. Während des Ziehens signalisiert der Mauszeiger durch ein kleines Rechteck, dass etwas transportiert wird.

④ Ein senkrechter Strich kennzeichnet die Einfügeposition. Wenn Sie die gewünschte Position erreicht haben, lassen Sie die Maustaste los.

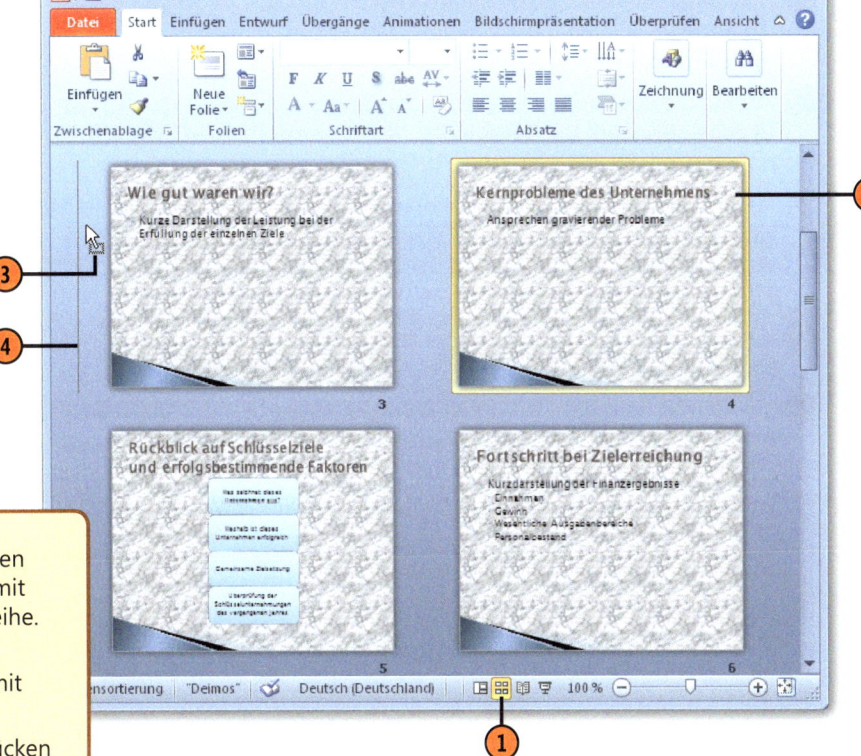

Gewusst wie

Wenn Sie mehrere aufeinanderfolgende Folien markieren wollen, markieren Sie die erste Folie und klicken dann mit gedrückter Umschalt-Taste auf die letzte Folie in der Reihe.

Um mehrere nicht aufeinanderfolgende Folien zu markieren, markieren Sie die erste Folie und klicken dann mit gedrückter Strg-Taste auf die weiteren Folien.

Wollen Sie alle Folien einer Präsentation markieren, drücken Sie Strg+A.

Mit Folienlayouts arbeiten

Ganz egal, ob Sie eine neue, leere Präsentation oder eine neue Präsentation auf der Basis einer importierten Gliederung erstellen, die Wahl eines Folienlayouts für unterschiedliche Folien hilft Ihnen, Ihren Text und/oder grafische Objekte an der richtigen Stelle auf der Folie einzufügen.

Folienlayout zuweisen

① Markieren Sie die Folienabbildung auf der Registerkarte *Folien*, der Sie ein neues Folienlayout zuweisen wollen.

② Klicken Sie auf der Registerkarte *Start* in der Gruppe *Folien* auf die Schaltfläche *Folienlayout*, um den Folienlayoutkatalog zu öffnen.

③ Das bisherige Folienlayout wird markiert angezeigt. Dieses wird sämtlichen Folien zugewiesen, wenn Sie eine Präsentation auf der Basis einer importierten Gliederung erstellt haben.

④ Klicken Sie auf das Folienlayout Ihrer Wahl, um es zuzuweisen.

⑤ Der bereits vorhandene Text wird in dem Platzhalter des gewählten Folienlayouts angezeigt.

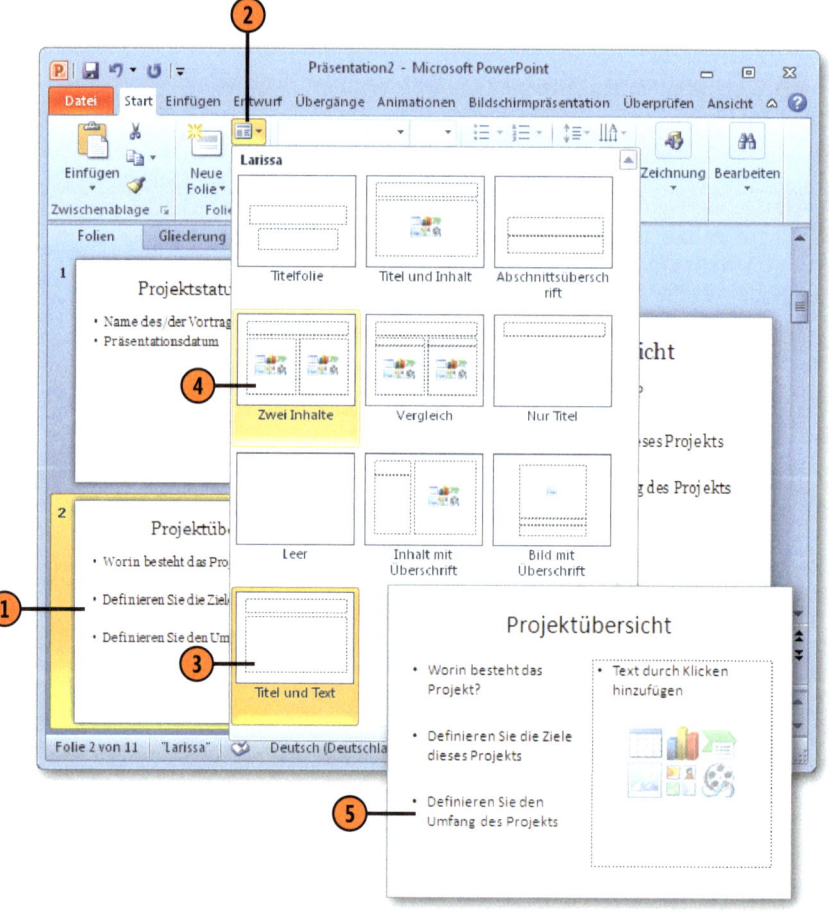

Neue Folie mit anderem Folienlayout

① Öffnen Sie eine neue, leere Präsentation.

② Klicken Sie auf der Registerkarte *Start* in der Gruppe *Folien* auf den Pfeil der Schaltfläche *Neue Folie*, um den Folienlayoutkatalog zu öffnen.

③ Klicken Sie auf das Folienlayout Ihrer Wahl, um es zuzuweisen.

④ Die neue Folie mit dem gewählten Folienlayout wird hinter der ersten Folie der neuen, leeren Präsentation eingefügt.

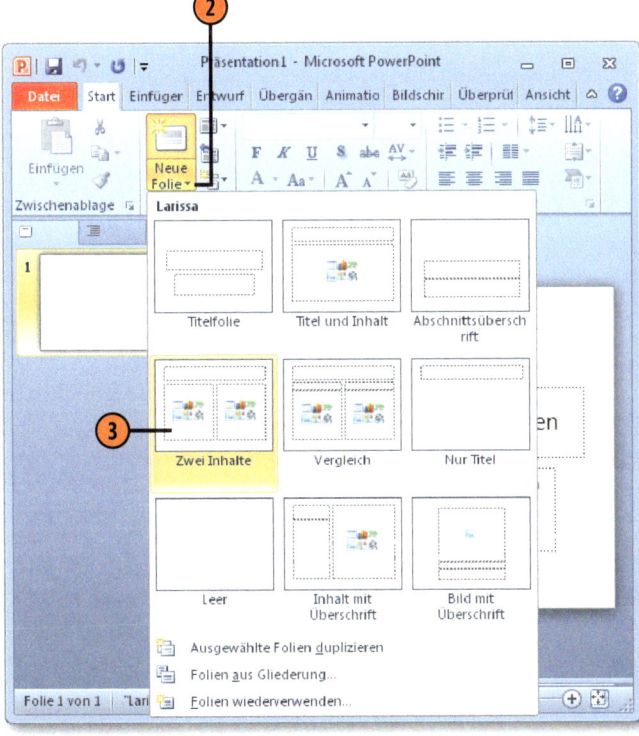

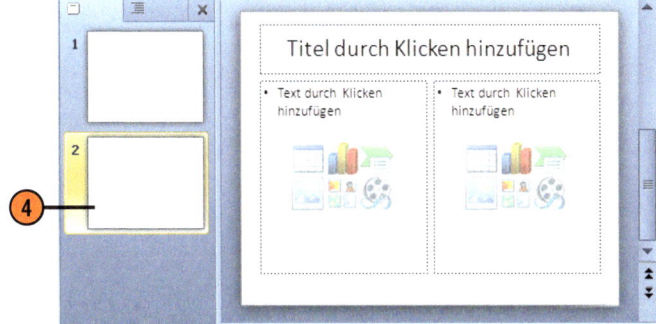

Gewusst wie

Wenn Sie Veränderungen an einem Platzhalter des Folienlayouts vorgenommen haben, z.B. die Größe geändert haben, können Sie über die Schaltfläche *Zurücksetzen* in der Gruppe *Folien* auf der Registerkarte *Start* den Platzhalter wieder auf die Standardeinstellungen bringen.

Mit Foliendesigns arbeiten

Das Wesentliche an einer Präsentation ist der Inhalt, den Sie vermitteln wollen. Um diesen Inhalt wirkungsvoll zu unterstreichen, nimmt die Gestaltung der einzelnen Folien der Präsentation einen entscheidenden Part ein. Fast jedem Anlass entsprechend ist eine große Anzahl von Foliendesigns verfügbar, die sämtliche Gestaltungselemente für Hintergrund, Schrift und zusätzliche grafische Elemente enthalten. Je nachdem, in welchem Raum Sie präsentieren, können Sie zwischen Designs mit dunklem oder hellerem Hintergrund wählen.

Ein Foliendesign zuweisen

① Wechseln Sie zur Registerkarte *Entwurf*.

② Klicken Sie rechts von den Abbildungen der Designs auf die Schaltfläche *Weitere*, um den Katalog mit allen verfügbaren Designs anzeigen zu lassen.

③ Lassen Sie sich die verschiedenen Designs in der Livevorschau anzeigen, indem Sie den Mauszeiger über die Designs führen.

④ Klicken Sie mit der rechten Maustaste auf ein Design und wählen Sie zwischen folgenden Optionen:

- *Für alle Folien übernehmen*, um das Design auf sämtliche Folien Ihrer Präsentation zu übertragen

- *Für ausgewählte Folien übernehmen*, um das Design nur auf die aktuelle Auswahl zu übertragen

⑤ Wenn Sie ein Design allen Folien zuweisen wollen, genügt es, wenn Sie auf die Abbildung des betreffenden Designs klicken.

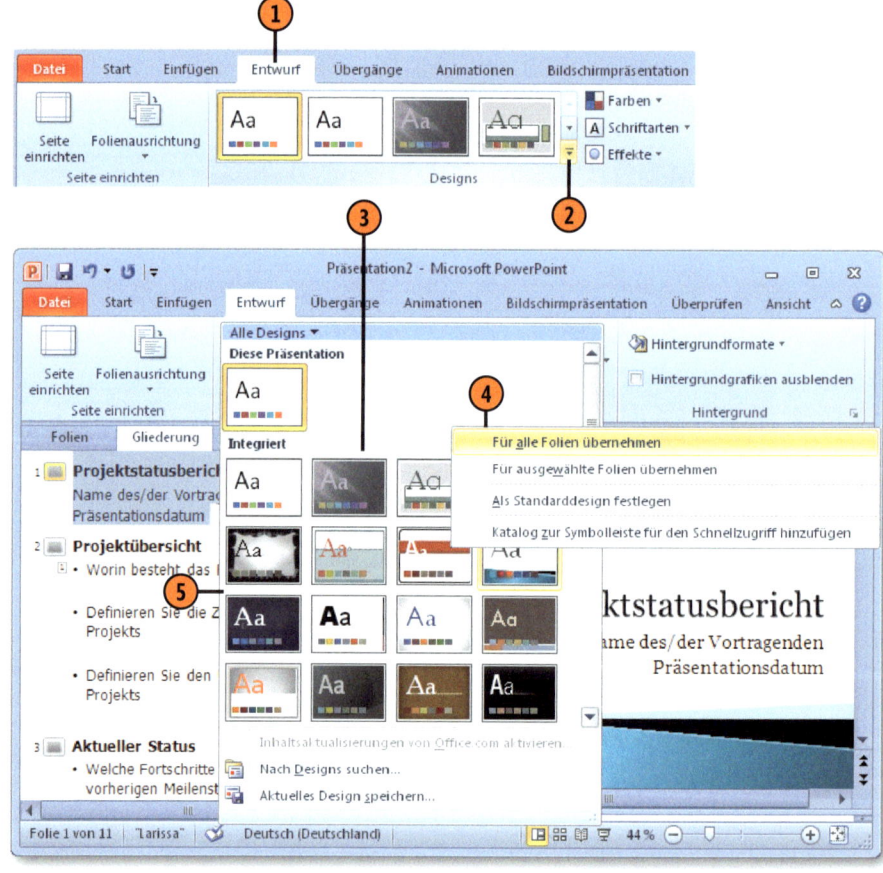

Farben eines Designs ändern

① Wechseln Sie zur Registerkarte *Entwurf*.

② Klicken Sie in der Gruppe *Designs* auf die Schaltfläche *Farben*.

③ Zeigen Sie auf ein Farbschema, um die Wirkung in der Livevorschau auf der Folie zu sehen. Klicken Sie auf das gewünschte Farbschema, um es anzuwenden.

④ Wenn Sie einzelne Farben eines Farbschemas ändern wollen, klicken Sie auf *Neue Designfarben erstellen*.

⑤ Für jede Farbe können Sie eine Palette öffnen und dann eine andere Farbe durch Anklicken des betreffenden Farbfeldes zuweisen.

⑥ Im Feld *Beispiel* werden die Änderungen angezeigt.

⑦ Geben Sie hier einen Namen für das geänderte Design ein.

⑧ Speichern Sie die Änderungen.

⑨ Das neue Farbschema wird im Dropdownmenü zur Schaltfläche *Folien* ganz oben im Bereich *Benutzerdefiniert* angezeigt. Klicken Sie darauf, um die geänderten Designfarben zuzuweisen.

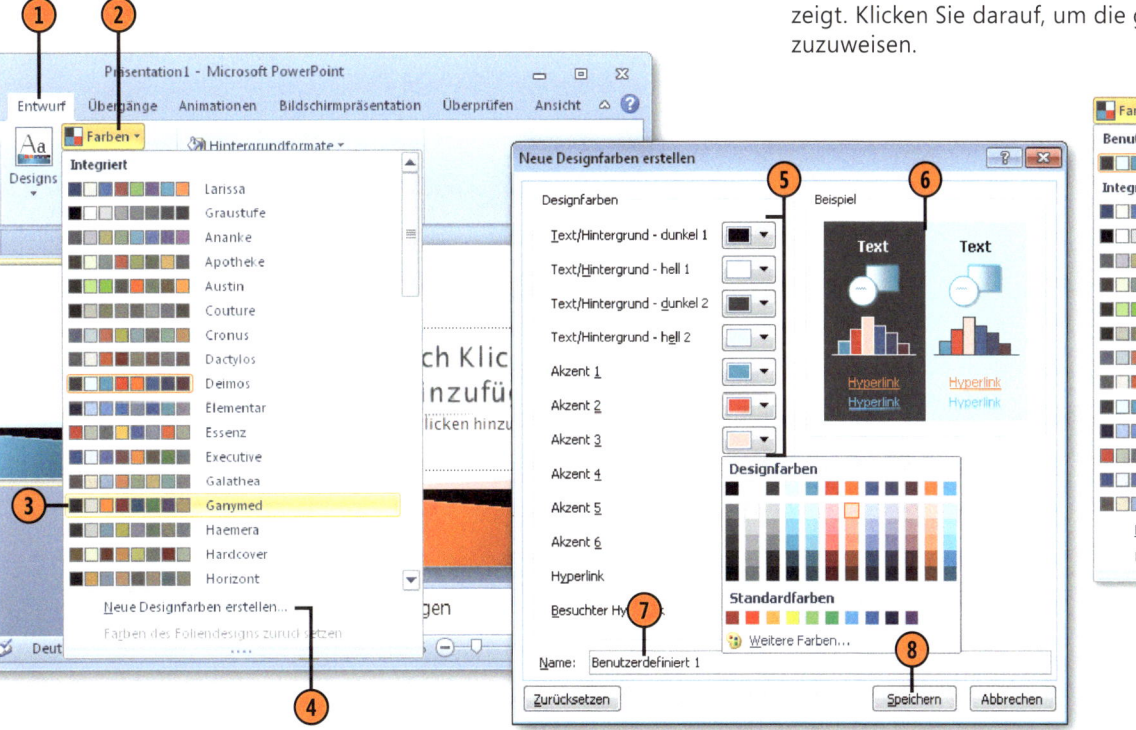

Schriftarten eines Designs ändern

① Wechseln Sie zur Registerkarte *Entwurf*.

② Klicken Sie in der Gruppe *Designs* auf die Schaltfläche *Schriftarten*.

③ Zeigen Sie auf eine Schriftart, um die Wirkung in der Livevorschau auf der Folie zu sehen. Klicken Sie auf die gewünschte Schriftart, um sie auszuwählen.

④ Wenn Sie andere Schriftarten zuweisen wollen, klicken Sie auf *Neue Designschriftarten erstellen*.

⑤ Wählen Sie in den betreffenden Dropdownlisten für Überschriften und/oder den Textkörper jeweils eine neue Schriftart aus. Im Beispielfenster werden die Änderungen angezeigt.

⑥ Geben Sie einen Namen für die geänderten Einstellungen der Designschriftarten ein.

⑦ Speichern Sie die Änderungen.

⑧ Das neue Designschriftarten-Set wird im Dropdownmenü zur Schaltfläche *Schriftarten* oben im Bereich *Benutzerdefiniert* angezeigt. Klicken Sie darauf, um die geänderten Designschriftarten zuzuweisen.

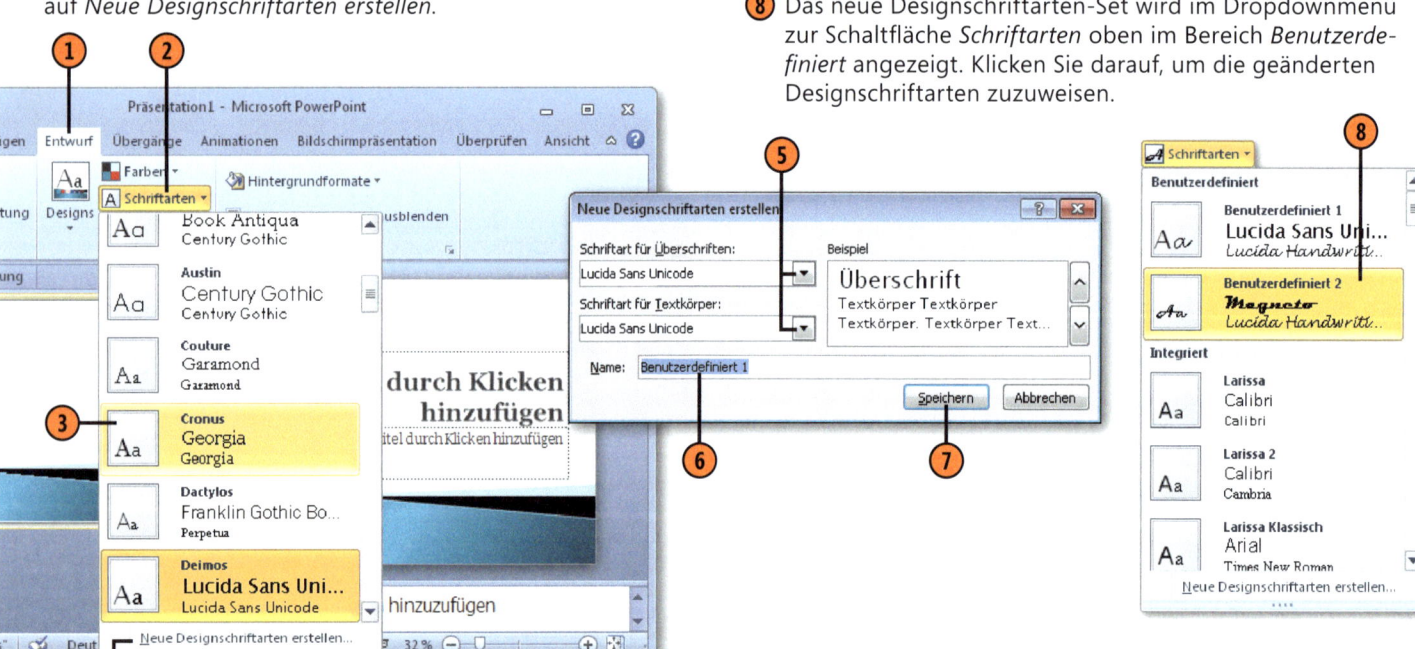

Hintergrundgrafiken eines Designs entfernen

① Wechseln Sie zur Registerkarte *Entwurf*.

② Aktivieren Sie in der Gruppe *Hintergrund* das Kontrollkästchen *Hintergrundgrafiken ausblenden*.

③ Die Grafiken, die dem Design hinzugefügt wurden, sind auf der aktuellen Folie nicht mehr vorhanden.

Hintergrundformate ändern

① Wechseln Sie zur Registerkarte *Entwurf*.

② Klicken Sie in der Gruppe *Hintergrund* auf die Schaltfläche *Hintergrundformate*.

③ Zeigen Sie auf ein Hintergrundformat, um die Wirkung in der Livevorschau auf der Folie zu sehen. Klicken Sie auf das gewünschte Hintergrundformat, um es zuzuweisen.

④ Wenn Sie eine andere Hintergrundformatierung wollen, klicken Sie auf *Hintergrund formatieren* und legen die betreffenden Optionen im daraufhin geöffneten Dialogfeld fest.

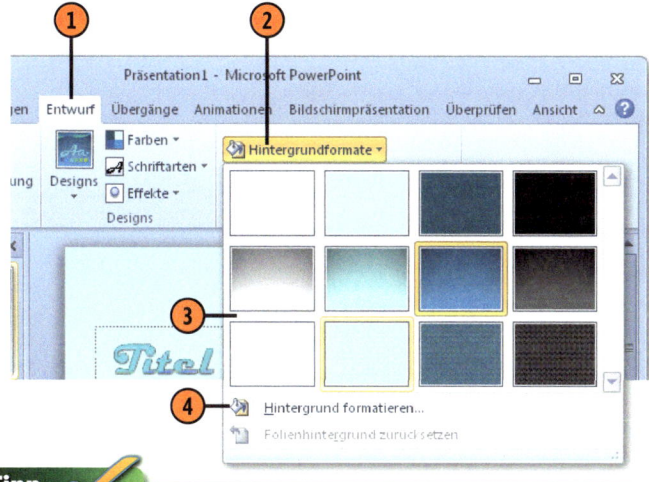

Tipp ✓

Wollen Sie den Hintergrund nur für ausgewählte Folien ändern, klicken Sie im Katalog der Hintergrundformate mit der rechten Maustaste auf das betreffende Hintergrundformat und wählen im Kontextmenü *Für ausgewählte Folien übernehmen*.

Folienmaster – Überblick

Sämtliche Folien einer Präsentation sind mit einem Folienmaster verbunden. Hier sind Schriftformate, Einzugsebenen, Farbschema sowie Position und Größe von Platzhalterbereichen für alle Folien einer Präsentation, die mit diesem Master verbunden sind, festgelegt. Bei einer neuen, leeren Präsentation werden dem Folienmaster automatisch die in PowerPoint festgelegten Standardeinstellungen zugewiesen. Falls Sie eine Vorlage als Basis verwendet haben, wird das Design dieser Vorlage dem Folienmaster zugewiesen. Objekte dieser Vorlage können nur auf dem Master markiert bzw. geändert werden.

Folienmaster anzeigen

① Wechseln Sie zur Registerkarte *Ansicht* und klicken Sie in der Gruppe *Masteransichten* auf die Schaltfläche *Folienmaster*.

② Auf der Registerkarte *Folienmaster* finden Sie sämtliche Optionen zum Bearbeiten eines Masters; siehe hierzu die folgenden Seiten.

③ Klicken Sie hier, um die Masteransicht zu schließen.

④ Oder klicken Sie hier, um zur Normalansicht der aktuellen Folie zu wechseln.

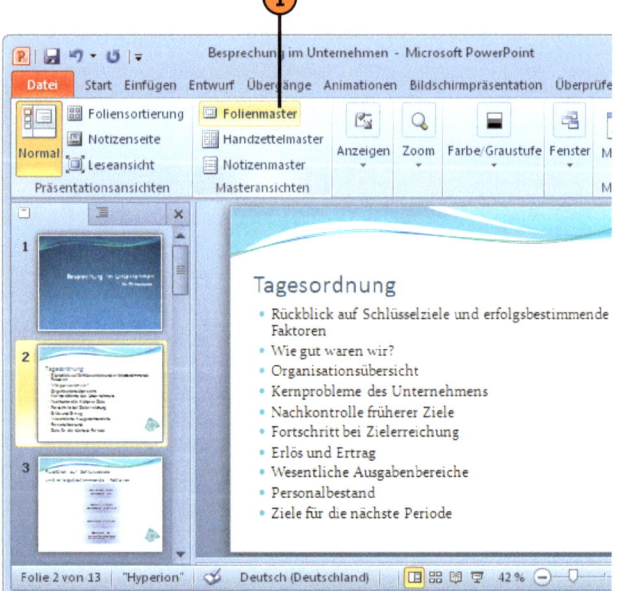

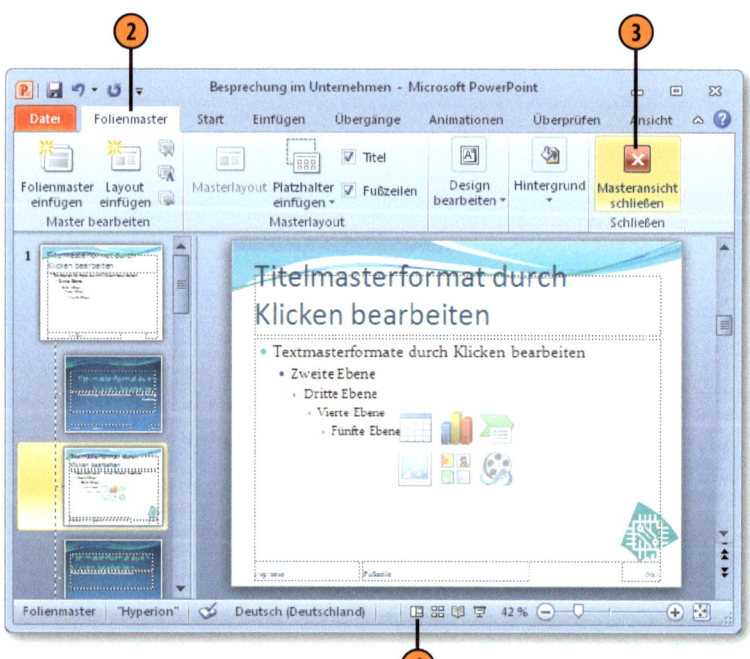

Elemente des Folienmasters

(1) Auf der Registerkarte *Folienmaster* finden Sie sämtliche Optionen, die zum Bearbeiten des Folienmasters zur Verfügung stehen.

(2) Über die Optionen in der Gruppe *Master bearbeiten* können Sie neue Folienmaster hinzufügen sowie ein neues benutzerdefiniertes Layout erstellen.

(3) Über die Optionen der Gruppe *Masterlayout* regeln Sie die Anzeige der Platzhalter und fügen ggf. neue Platzhalter hinzu.

(4) Die Gruppe *Design bearbeiten* verfügt über sämtliche Optionen zum Ändern der Designeinstellungen.

(5) Über die Gruppe *Hintergrund* nehmen Sie Änderungen am Masterhintergrund vor.

(6) Jeder Folienmaster enthält mindestens eine standardmäßige oder benutzerdefinierte Gruppe mit Layouts. Verschieben Sie das Bildlauffeld, um sich weitere Layouts anzeigen zu lassen.

(7) Textmaster mit den Einzugsebenen für Text

(8) Eingefügte Mastergrafik

(9) Fußzeile mit den Bereichen zur Eingabe von Datum, Zusatzinformationen und Seitenzahlen, die auf jeder Folie angezeigt werden

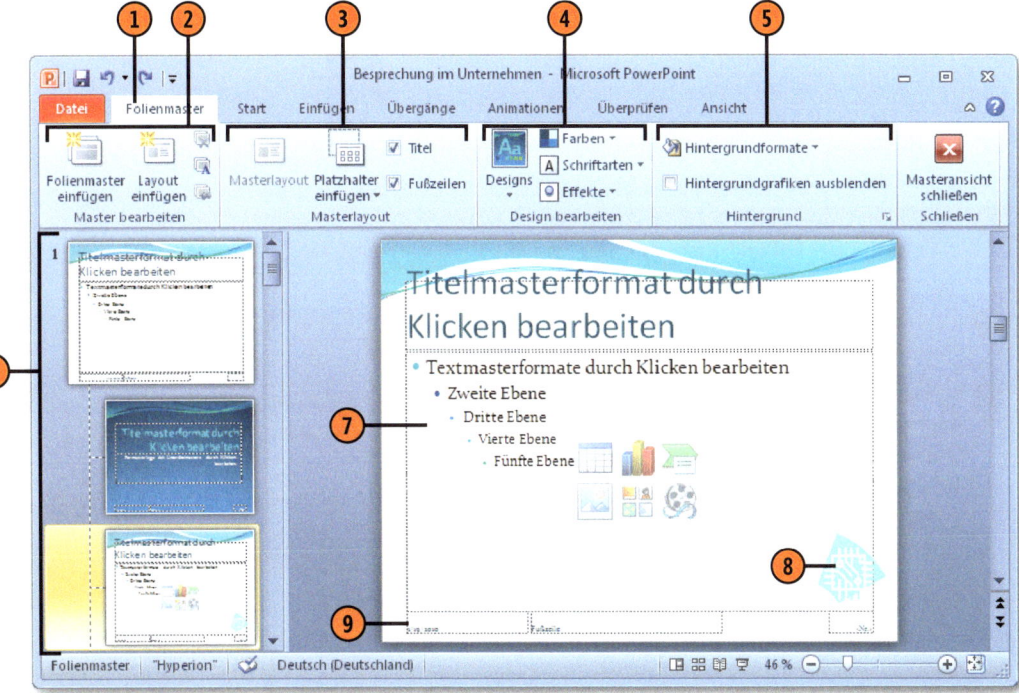

Folienmaster und Layoutfolie hinzufügen

Sie sind noch unentschlossen was das Design Ihrer Präsentation betrifft? Kein Problem, Sie können Ihrer Präsentation zwei oder mehr unterschiedliche Formate oder Designs (wie Hintergründe, Farben, Schriftarten oder Effekte) zuweisen, indem Sie für jedes Design einen neuen Folienmaster einfügen. Zusätzlich können Sie jedem Folienmaster neue Folien mit dem von Ihnen entworfenen Layout hinzufügen.

Neuen Folienmaster einfügen

① Wechseln Sie zur Registerkarte *Folienmaster*, indem Sie auf der Registerkarte *Ansicht* in der Gruppe *Masteransichten* auf *Folienmaster* klicken.

② Klicken Sie in der Gruppe *Master bearbeiten* auf *Folienmaster einfügen*.

③ Die neue Gruppe von Folienmastern wird hinter dem aktuellen Folienmaster mit einer neuen Nummerierung eingefügt.

④ Klicken Sie hier, um dem neuen Folienmaster einen Namen zu geben.

⑤ Geben Sie im Dialogfeld *Layout umbenennen* den Namen ein und klicken Sie dann auf *Umbenennen*. Der neue Name wird beim Hinzufügen einer neuen Folie im Layoutkatalog unter *Benutzerdefiniert* angezeigt.

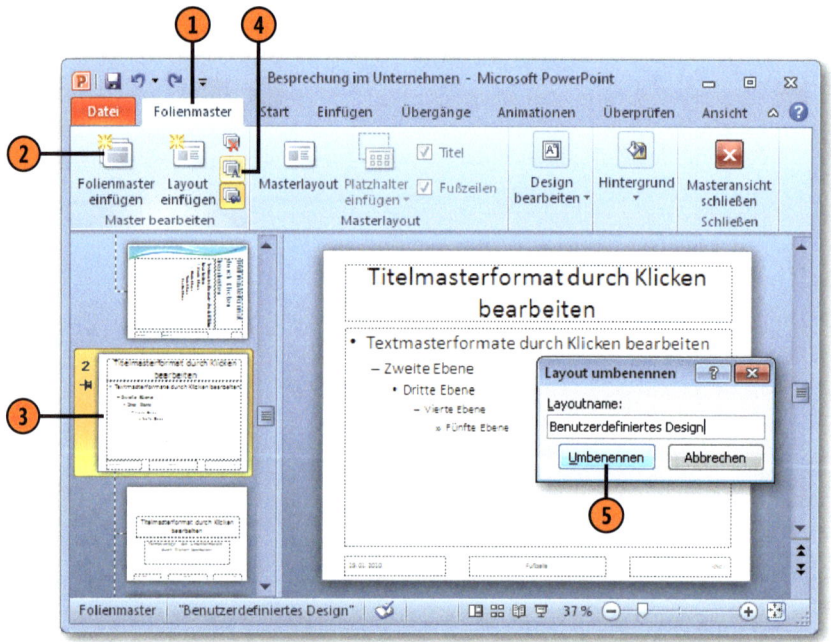

Tipp

Über die Schaltfläche *Folie löschen* in der Gruppe *Master bearbeiten* können Sie markierte Folienabbildungen bzw. Layouts, die Sie nicht benötigen, aus dem Folienmaster löschen.

12 Folieninhalte eingeben und bearbeiten

Wenn Sie schon einmal mit einem Textverarbeitungsprogramm unter Microsoft Windows gearbeitet haben, wird es Ihnen im Grundsätzlichen keine Probleme bereiten, Text in Microsoft PowerPoint einzugeben und zu bearbeiten. Der einzige Unterschied besteht darin, dass Sie den Text für die einzelnen Folien in bestimmte dafür vorgesehene Bereiche eingeben; dabei handelt es sich um Platzhalter für Titel bzw. Untertitel und verschiedene Bereiche zur Eingabe von Aufzählungstext.

Sie können den Text für die einzelnen Folien aber auch in Form einer Gliederung auf der Registerkarte *Gliederung* eingeben. Dieser Text wird dann automatisch auf den entsprechenden Folien angezeigt. Den eingegebenen Text können Sie anschließend bearbeiten und im Bedarfsfall nachträglich anders anordnen.

Grafische Elemente können eine ästhetische und funktionale Aufgabe haben. Dezent eingesetzt, dienen sie dazu, Ihren Vortrag anschaulich zu gestalten. PowerPoint verfügt über verschiedene Methoden, Bilder hinzuzufügen. Durch das Einbinden von Videosequenzen verleihen Sie einzelnen Folien Ihrer Präsentation den letzten Schliff. Durch Soundeffekte lassen sich Akzente setzen. Durch gelegentliche Musikeinlagen wird die Aufmerksamkeit des Publikums auf die Bildschirmpräsentation gelenkt.

Text auf einer Folie eingeben

Auf nahezu jeder Folie existieren unterschiedliche Bereiche, die durch Platzhalter gekennzeichnet sind, in denen Sie Text eingeben können. Dabei unterscheidet man zwischen den Platzhaltern zur Eingabe von Titel und Untertitel auf der ersten Folie einer Präsentation und unterschiedlichen Platzhaltern zur Eingabe von Aufzählungstext.

Titel und Untertitel eingeben

1. Klicken Sie innerhalb des Platzhalters zur Eingabe von Titeltext und geben Sie den Titel für die erste Folie Ihrer Präsentation ein.

2. Zur Eingabe des Untertitels verfahren Sie ebenso in dem dafür vorgesehenen Platzhalter.

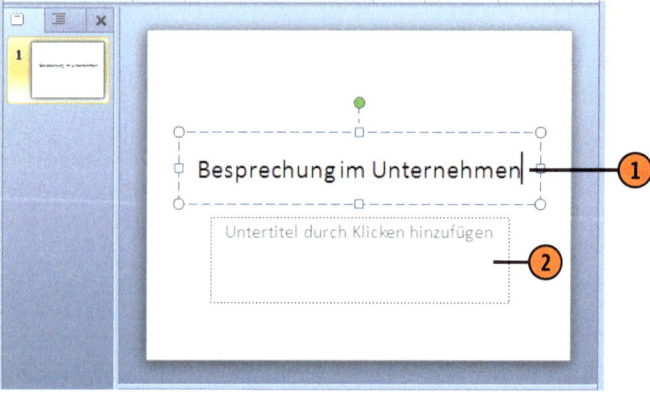

Aufzählungstext eingeben

1. Klicken Sie innerhalb des Platzhalters zur Eingabe von Aufzählungstext und geben Sie den gewünschten Text ein.

2. Drücken Sie am Ende jedes Aufzählungspunkts die Eingabe-Taste, um einen weiteren Aufzählungspunkt einzugeben.

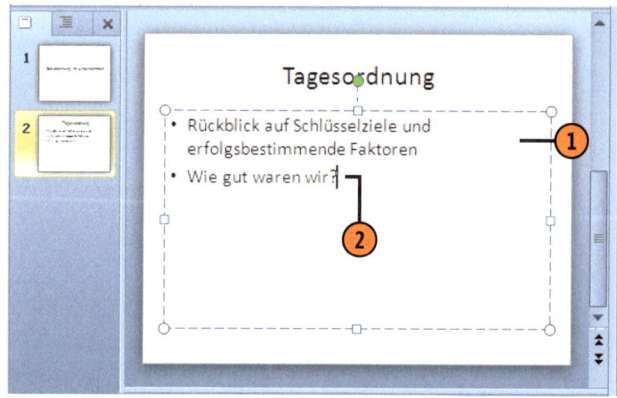

Mit Text arbeiten auf der Registerkarte »Gliederung«

Auf der Registerkarte *Gliederung* können Sie den Text für die einzelnen Folien Ihrer Präsentation auch in Form einer Gliederung eingeben. Dieser hier eingegebene Text wird automatisch den entsprechenden Platzhaltern der Folie hinzugefügt (und umgekehrt). Nachdem Sie den Text eingegeben haben, können Sie über ein Kontextmenü Ihren Text höher- bzw. tieferstufen sowie verschiedene Ebenen anzeigen lassen. Eine in PowerPoint erzeugte Gliederung können Sie auch nach Microsoft Word exportieren.

Titel und Untertitel eingeben

① Wechseln Sie zur Registerkarte *Gliederung*.

② Klicken Sie hinter dem Foliensymbol und beginnen Sie mit der Eingabe des Titeltexts.

③ Zur Eingabe des Untertitels drücken Sie gleichzeitig Strg+Eingabe und geben dann den Text ein.

④ Drücken Sie erneut Strg+Eingabe, um eine weitere Folie zu erstellen.

⑤ Geben Sie dort den Titel für die nächste Folie Ihrer Präsentation ein.

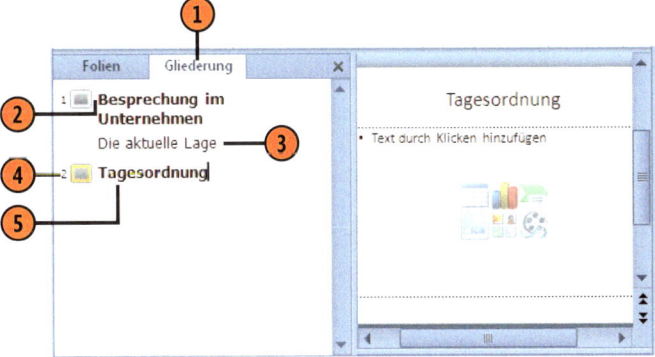

Aufzählungspunkte eingeben

① Setzen Sie die Einfügemarke hinter den Titeltext der zweiten Folie und drücken Sie Strg+Eingabe. Dadurch arbeiten Sie auf der ersten, durch Aufzählungszeichen eingeleiteten Ebene der Folie.

② Geben Sie den ersten Aufzählungspunkt für die Folie ein.

③ Drücken Sie am Ende jedes Aufzählungspunkts die Eingabe-Taste, um einen weiteren Aufzählungspunkt einzufügen.

④ Drücken Sie nach dem letzten Eintrag für die Folie Strg+Eingabe, um eine weitere Folie einzufügen.

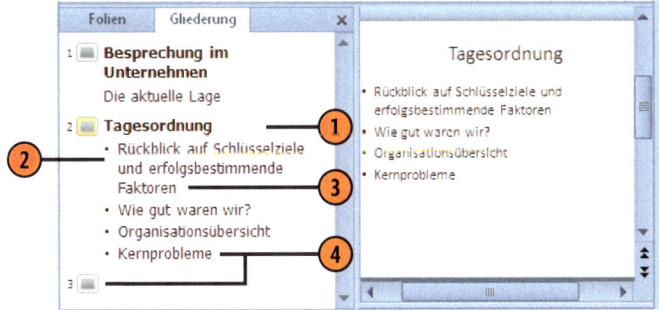

Text höher- oder tieferstufen

① Setzen Sie die Einfügemarke in den Absatz, den Sie eine Ebene höherstufen wollen.

② Klicken Sie mit der rechten Maustaste, um das Kontextmenü aufzurufen.

③ Klicken Sie dort auf *Höher stufen*, um z.B. bei umfangreichem Text auf einer Folie eine neue Folie mit dem Titel, den Sie als Aufzählungstext eine Ebene höhergestuft haben, zu erzeugen.

④ Über *Tiefer stufen* setzen Sie den Text eine Ebene tiefer, d.h. wenn Sie einen Titel markiert haben, wird dieser als Aufzählungspunkt der vorhergehenden Folie angezeigt.

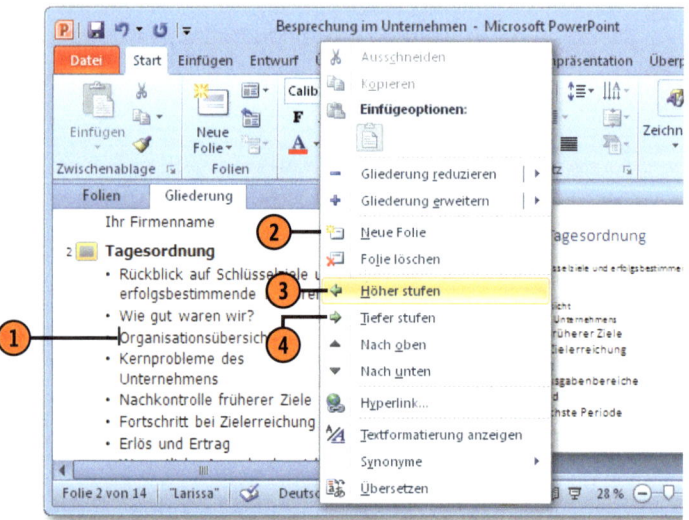

Gliederung reduzieren oder erweitern

① Klicken Sie mit der rechten Maustaste auf der Registerkarte *Gliederung*, um das Kontextmenü aufzurufen.

② Klicken Sie auf *Gliederung reduzieren* und legen Sie fest, was Sie ausblenden lassen möchten:

● *Gliederung reduzieren*, um alle Aufzählungspunkte dieser Folie auszublenden

● *Alle Ebenen reduzieren*, um sämtliche Aufzählungspunkte aller Folien auszublenden

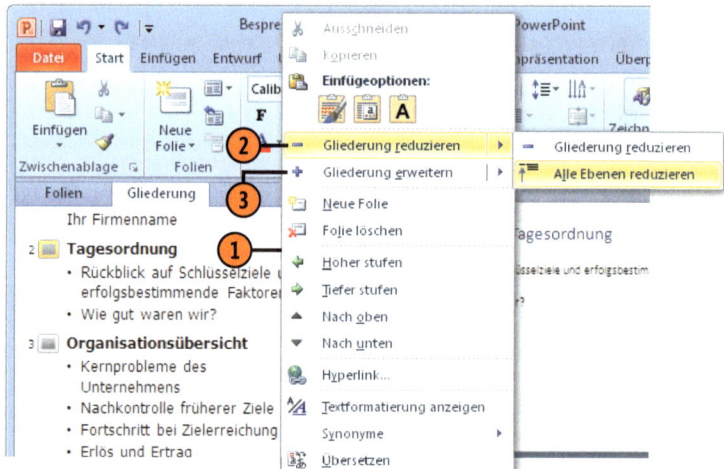

③ Um alle Ebenen wieder anzuzeigen, klicken Sie auf *Gliederung erweitern* und wählen die gewünschte Option:

● *Gliederung erweitern*, um alle Aufzählungspunkte dieser Folie wieder einzublenden

● *Alle Ebenen erweitern*, um sämtliche Aufzählungspunkte aller Folien wieder einzublenden

Gliederung an Microsoft Word senden

① Öffnen Sie die Präsentation, deren Gliederung Sie an Word senden wollen.

② Klicken Sie auf die Registerkarte *Datei*.

③ Klicken Sie auf *Speichern und Senden* und wählen Sie unter *Dateitypen* die Option *Handzettel erstellen*.

④ Klicken Sie *auf Handzettel erstellen*.

⑤ Aktivieren Sie im Dialogfeld *An Microsoft Word senden* die Option *Nur Gliederung*.

⑥ Klicken Sie auf *OK*. Hierdurch wird Microsoft Word geöffnet und Ihre Gliederung wird in einer neuen Datei, die die Gliederung enthält, angezeigt. Speichern Sie die Gliederung in einer Word-Datei mit dem gewünschten Namen.

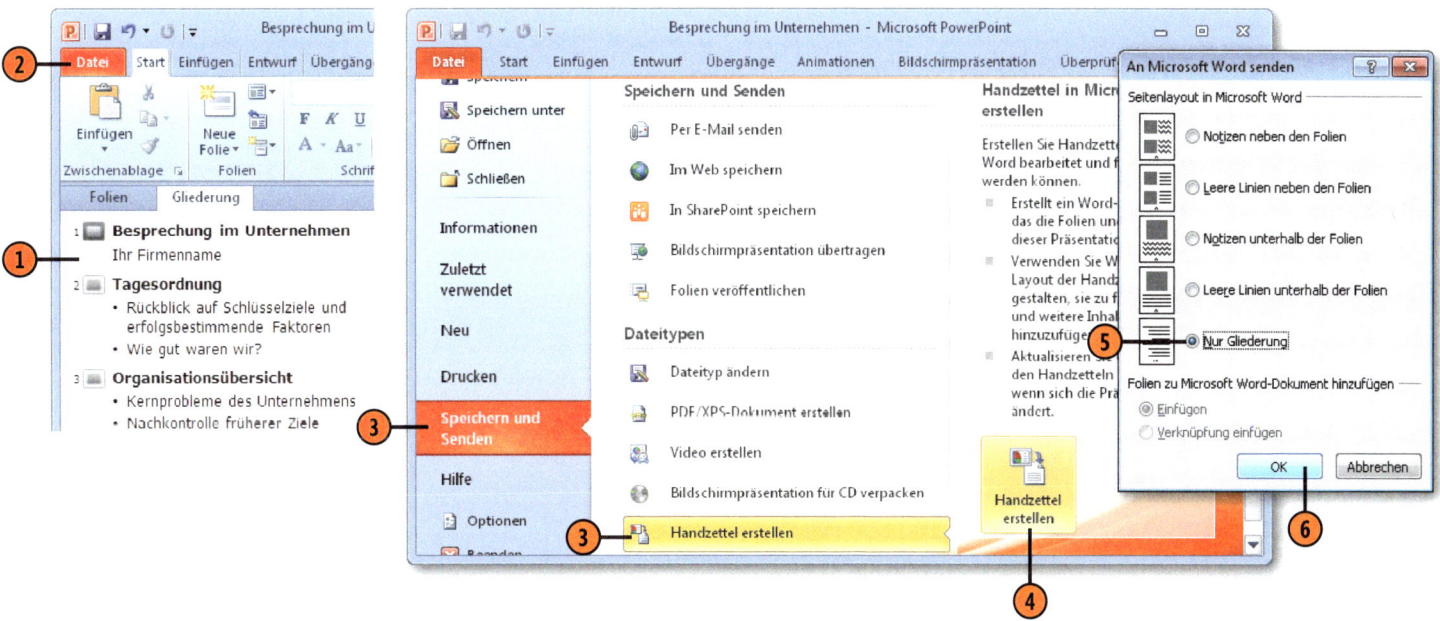

Text neu anordnen

Bei der Entwicklung der inhaltlichen Struktur einer Präsentation kann es vorkommen, dass Sie bestimmte Textelemente nachträglich anders anordnen möchten. So können Sie Textelemente an anderen Stellen auf derselben Folie oder auf andere Folien ver-

schieben, mehrfach benötigte Textelemente kopieren und wieder einfügen sowie nicht mehr benötigte Textelemente löschen. Bevor Sie beginnen, müssen Sie das, was Sie bearbeiten möchten, markieren.

Text markieren

(1) Klicken Sie auf der Registerkarte *Gliederung* auf das Foliensymbol, um den gesamten Text der betreffenden Folie zu markieren.

(2) Klicken Sie vor einen Absatz, um den gesamten Absatz mit allen Unterebenen zu markieren.

(3) Ziehen Sie mit gedrückter Maustaste über beliebig viele Zeichen, um sie zu markieren.

(4) Doppelklicken Sie auf ein Wort, um es zu markieren.

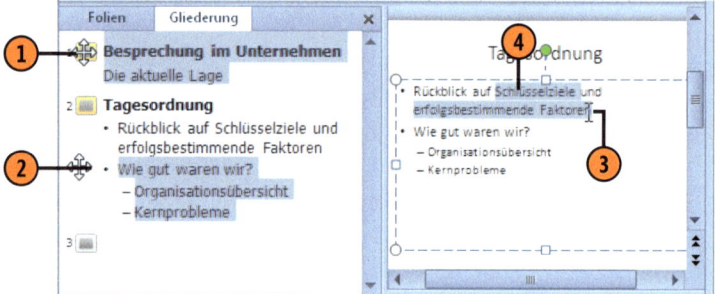

Tastenkombinationen zum Markieren von Text

Umschalt+Pfeil links	Ein Zeichen links der Einfügemarke
Umschalt+Pfeil rechts	Ein Zeichen rechts der Einfügemarke
Umschalt+Strg+Pfeil links	Von Einfügemarke bis zum Wortanfang
Umschalt+Strg+Pfeil rechts	Von Einfügemarke bis zum Wortende
Umschalt+Pos1	Von Einfügemarke bis zum Zeilenanfang
Umschalt+Ende	Von Einfügemarke bis zum Zeilenende
Umschalt+Strg+Pfeil unten	Von Einfügemarke bis zum Absatzende
Umschalt+Strg+Pfeil oben	Von Einfügemarke bis zum Absatzanfang
Umschalt+Strg+Ende	Von Einfügemarke bis zum Präsentationsende
Umschalt+Strg+Pos1	Von Einfügemarke bis zum Präsentationsanfang
Strg+A	Die gesamte Präsentation markieren

Text verschieben

① Markieren Sie den Text, den Sie verschieben wollen.

② Klicken Sie auf der Registerkarte *Start* in der Gruppe *Zwischenablage* auf die Schaltfläche *Ausschneiden*.

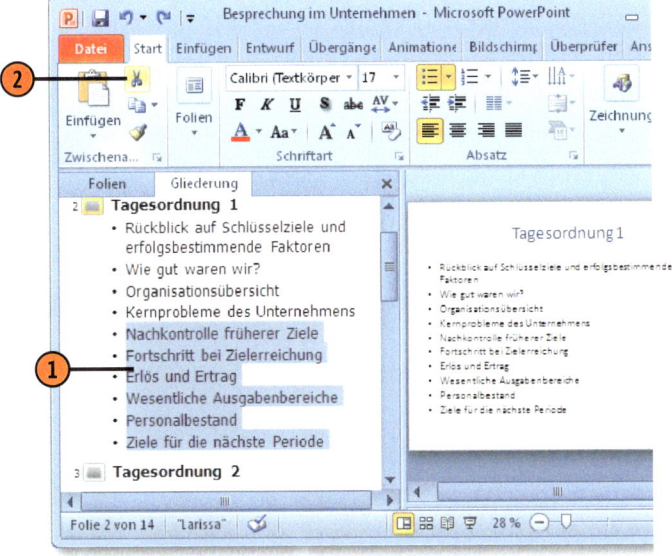

③ Setzen Sie die Einfügemarke an die Stelle, an der Sie den Text einfügen wollen.

④ Klicken Sie auf der Registerkarte *Start* auf den Pfeil der Schaltfläche *Einfügen*.

⑤ Klicken Sie unter *Einfügeoptionen* auf die gewünschte Option.

⑥ Der Text wird aus der Zwischenablage sowohl in der Gliederung als auch auf der Folie eingefügt.

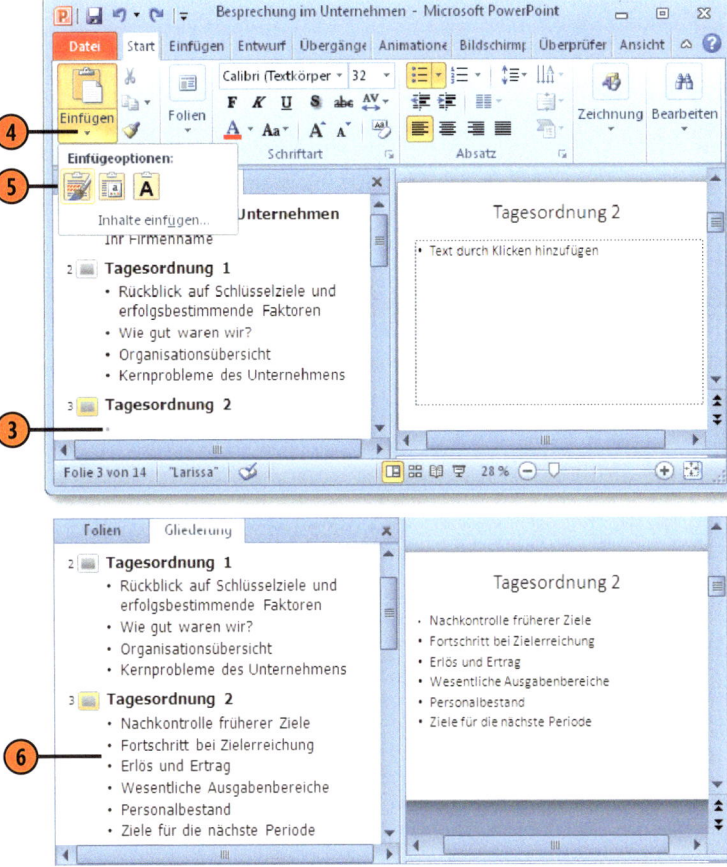

Grafiken hinzufügen

Ein Bild sagt mehr als (tausend) Worte. Bilder lockern Ihren Vortrag auf und können das, was Sie sagen möchten, anschaulich unterstützen. Sie können auf Beispielbilder zurückgreifen und/oder eigene Fotos einbinden.

Grafik aus Datei einfügen

① Zeigen Sie die Folie, der Sie eine Grafik hinzufügen wollen, in der Normalansicht an.

② Wechseln Sie zur Registerkarte *Einfügen*.

③ Klicken Sie in der Gruppe *Bilder* auf die Schaltfläche *Grafik*.

④ Alternativ dazu können Sie auch – falls vorhanden – auf das Grafiksymbol innerhalb des Platzhalters klicken.

⑤ Wählen Sie über den Navigationsbereich den Ordner aus, in dem Sie Ihre Grafik gespeichert haben.

⑥ Markieren Sie die Grafik, die Sie einfügen wollen.

⑦ Klicken Sie auf *Einfügen*.

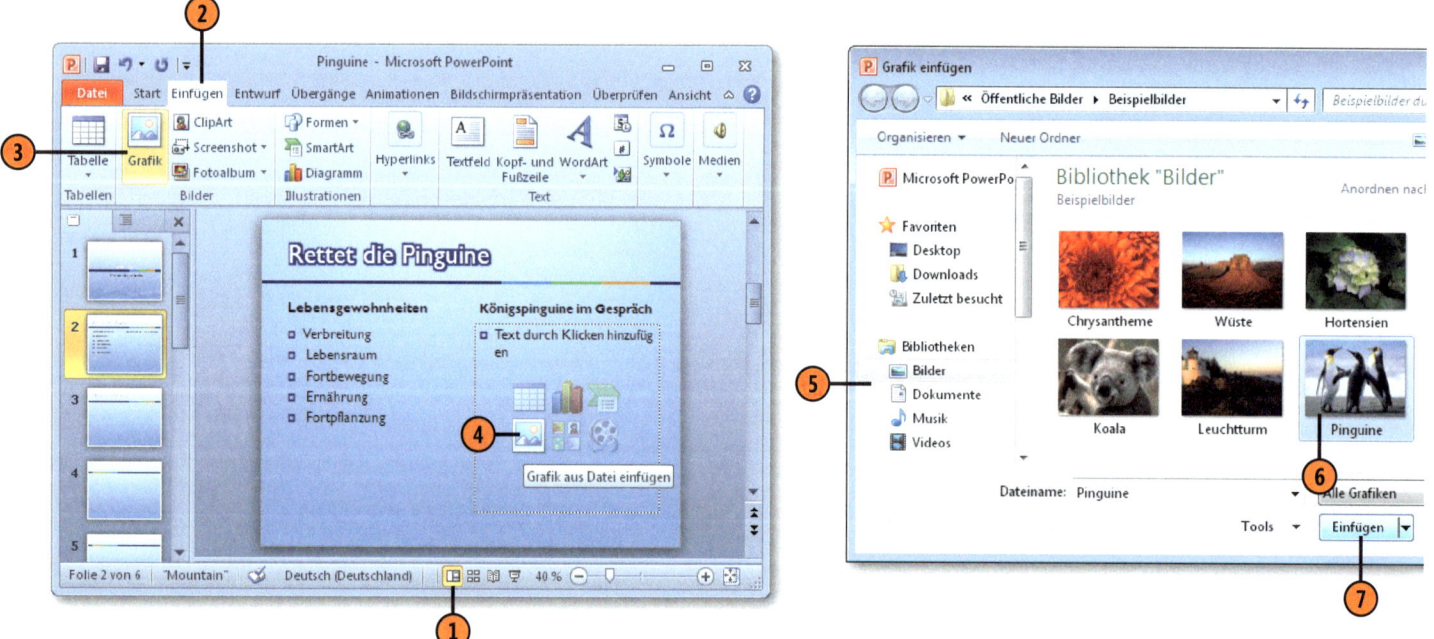

Position und Größe ändern

1. Klicken Sie auf die Grafik, um sie zu markieren.

2. Um die markierte Grafik zu verschieben, ziehen Sie sie mit gedrückter Maustaste (der Mauszeiger hat die Form eines Vierfachpfeils) an die gewünschte Stelle.

3. Um die Größe der markierten Grafik zu ändern, führen Sie den Mauszeiger auf einen der Ziehpunkte auf dem Markierungsrahmen und ziehen dann mit gedrückter Maustaste in die entsprechende Richtung.

4. Alternativ können Sie die Größe der markierten Grafik auch durch Eingabe der gewünschten Werte in den Feldern *Formenhöhe* und *Formenbreite* auf der Registerkarte *Bildtools/Format* in der Gruppe *Größe* anpassen.

5. Eine weitere Alternative besteht in der Verwendung des Dialogfeldes *Grafik formatieren*. Klicken Sie zum Öffnen dieses Dialogfeldes mit der rechten Maustaste innerhalb der Grafik und wählen Sie dann im Kontextmenü den Befehl *Größe und Position*.

6. Klicken Sie im Dialogfeld *Grafik formatieren* im linken Bereich auf *Größe* und legen Sie dann in den Feldern *Höhe* und *Breite* die gewünschten Maße fest. Klicken Sie im linken Bereich auf *Position* und legen Sie dann die exakte Positionierung der Grafik fest.

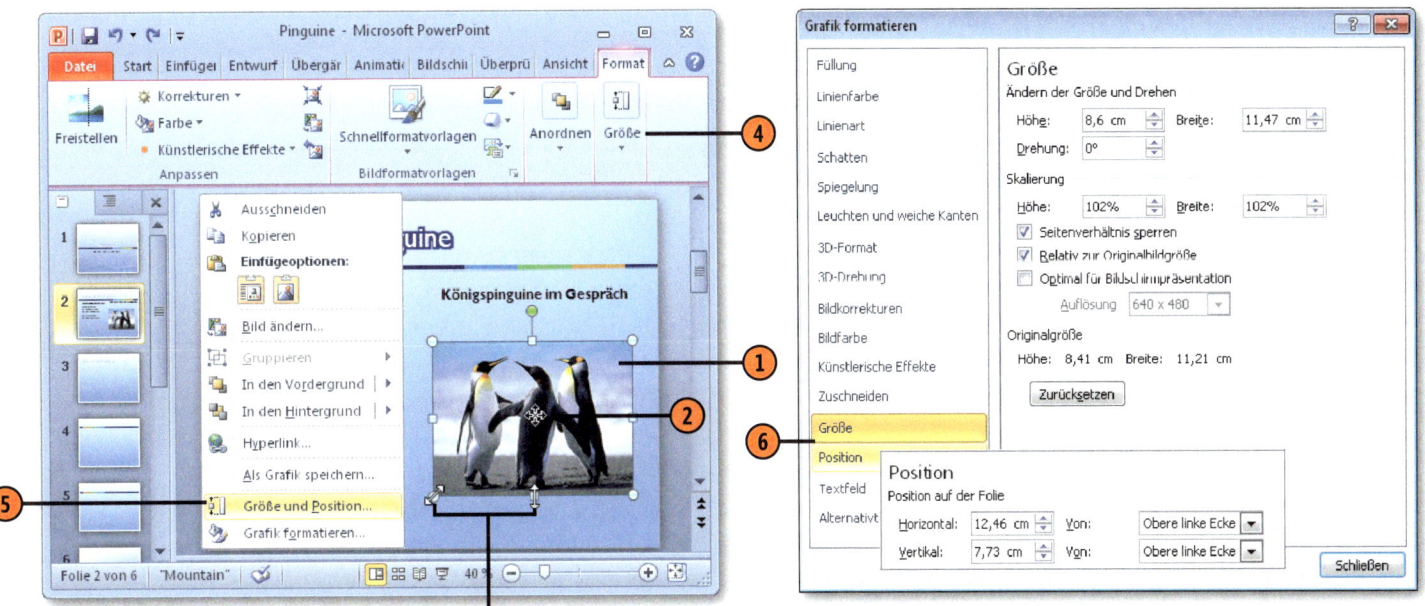

Videoclip hinzufügen

Sie können Videoclips aus unterschiedlichen Quellen zu Ihren Folien hinzufügen. Sie können beispielsweise die mit Microsoft Windows bzw. Microsoft Office mitgelieferten Videoclips aus dem Clip Organizer, aber ebenso gut eigene Videodateien verwenden.

Die Wiedergabe eines Videos können Sie zu Bearbeitungs- und Prüfzwecken über die Steuerleiste auf der Folie oder über die Schaltfläche *Wiedergabe* auf der Registerkarte *Videotools/Format* starten.

Video aus Datei hinzufügen

① Zeigen Sie die Folie, der Sie einen Videoclip hinzufügen wollen, in der Normalansicht an.

② Wechseln Sie zur Registerkarte *Einfügen*.

③ Klicken Sie in der Gruppe *Medien* auf die Schaltfläche *Video*, um die verfügbaren Optionen anzuzeigen.

④ Klicken Sie auf *Video aus Datei*.

⑤ Wählen Sie im Dialogfeld *Video einfügen* die gewünschte Videodatei aus und klicken Sie auf *Einfügen*.

⑥ Die Videodatei wird auf der Folie eingefügt und ein Vorschaubild gezeigt.

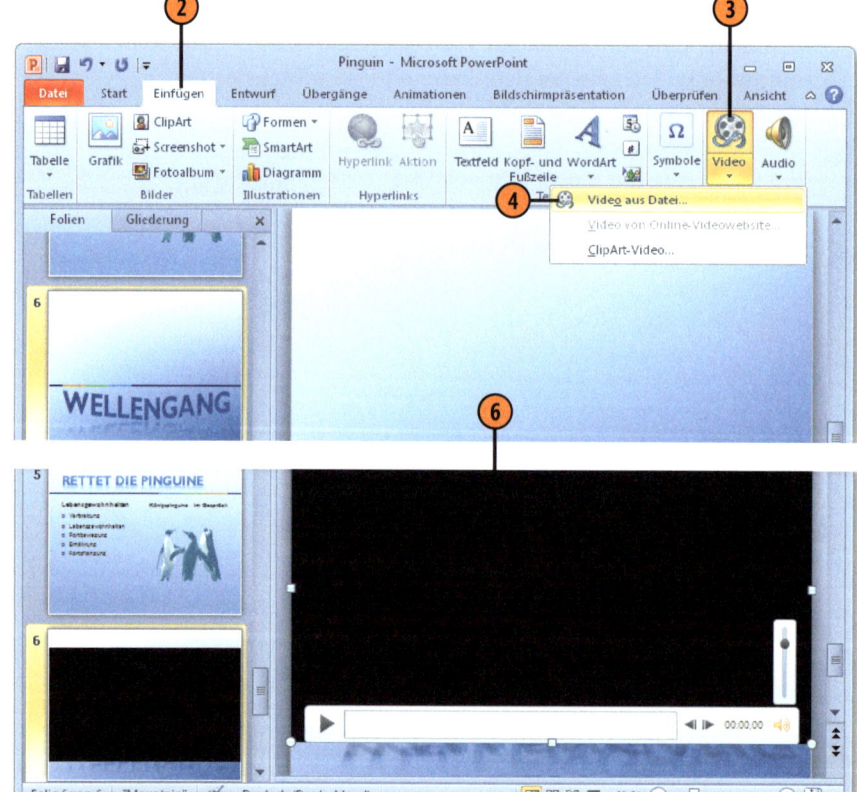

Tipp

Neu ist, dass Videos in HD-Qualität, d.h. hochauflösend, abgespielt werden können. Das ist dann besonders sinnvoll, wenn Sie Ihre Präsentation auf einem sehr großen Bildschirm vorführen wollen.

Wiedergabe steuern

① Nachdem Sie den Videoclip auf der Folie eingefügt haben, wird ein Vorschaubild – standardmäßig ein »leeres« Bild – sowie eine Steuerleiste angezeigt, über deren Schaltflächen Sie die Wiedergabe des Videos steuern können.

② Klicken Sie auf die Schaltfläche *Wiedergabe/Pause*, um die Wiedergabe des Videos zu starten.

Elemente der Wiedergabesteuerleiste

▶ ❚❚	Video wiedergeben/anhalten
◀▶ ▷	0,25 Sekunden vor bzw. zurück springen
00:05.84	Anzeige der abgelaufenen Zeit
🔊	Ton aus bzw. wieder anschalten sowie Lautstärke-regler einblenden

Audioclip hinzufügen

Sie können Audioclips aus unterschiedlichen Quellen zu Ihren Folien hinzufügen. Sie können beispielsweise die mit Microsoft Windows bzw. Microsoft Office mitgelieferten Sounddateien aus dem Clip Organizer verwenden. Außerdem können Sie Teile einer Audio-CD wiedergeben und auch eigene Sounddateien aufnehmen.

Audioclip aus Datei einfügen

1. Zeigen Sie die Folie, der Sie einen Audioclip hinzufügen wollen, in der Normalansicht an.

2. Wechseln Sie zur Registerkarte *Einfügen*.

3. Klicken Sie in der Gruppe *Medien* auf *Audio*, um die verfügbaren Optionen anzuzeigen.

4. Klicken Sie auf *Audio aus Datei*.

5. Wählen Sie im Dialogfeld *Audio einfügen* die gewünschte Audiodatei aus und klicken Sie auf *Einfügen*.

6. Der Audioclip wird in Form eines Symbols auf der Folie eingefügt.

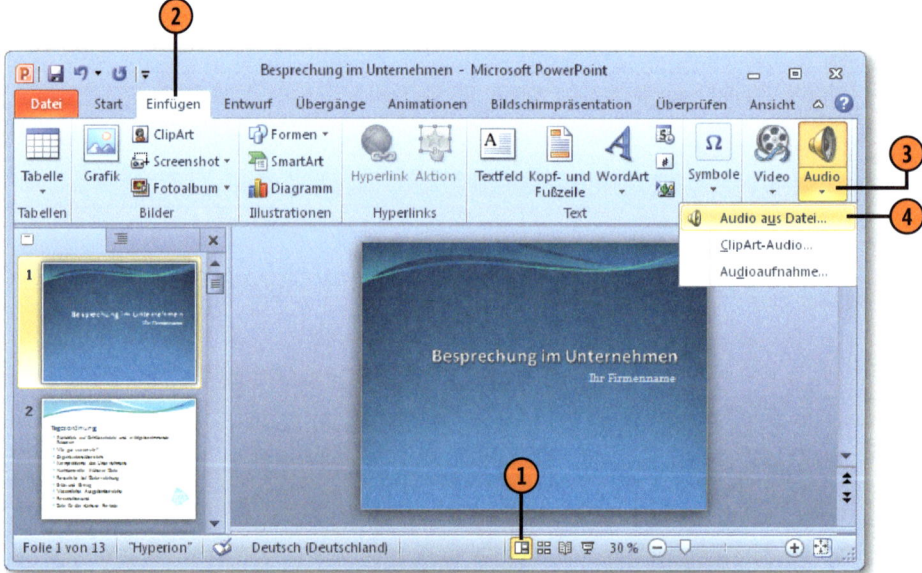

13 Präsentationen vorbereiten und vorführen

Nachdem Sie Folien erstellt und diese mit den gewünschten Inhalten versehen haben, können Sie Ihrer Präsentation durch Folienübergänge einen letzten Feinschliff verleihen. Die Übergänge von Folie zu Folie während einer Bildschirmpräsentation können Sie durch eine Vielzahl von optischen Spezialeffekten interessanter und fließender gestalten. Speziell vorgefertigte Übergangsschemata stellen eine große Anzahl von Effekten wie beispielsweise *Verblassen*, *Schachbretteffekt* oder *Drehen* zur Verfügung.

Anschließend können Sie die Präsentation für die Vorführung einrichten. Dazu können Sie beispielsweise die Form der Vorführung bestimmen oder auch einzelne Folien für die Präsentation auswählen. Bevor Sie Ihre Präsentation durchführen, sollten Sie sie in mehreren Arbeitsschritten testen, um so einen reibungslosen Ablauf zu gewährleisten.

Nachdem Sie sämtliche Vorbereitungen getroffen haben, geht es darum, Ihre Präsentation für den Transport fit zu machen. Beispielsweise können Sie die Präsentation als Video auf einer DVD speichern oder aber auch direkt am Bildschirm vorführen.

Übergänge zwischen Folien festlegen

PowerPoint stellt eine Vielzahl von optischen Spezialeffekten zur Verfügung, die während einer Bildschirmpräsentation beim Übergang von einer Folie zur nächsten ausgeführt werden können.

Auch wenn die Vielfalt der Spezialeffekte besticht, sollten Sie darauf achten, sie sparsam einzusetzen, um den eigentlichen Zweck der Präsentation wirkungsvoll zu unterstreichen.

Folien in der Foliensortierung markieren

(1) Wechseln Sie zur Ansicht *Foliensortierung*.

(2) Wechseln Sie zur Registerkarte *Übergänge*.

(3) Klicken Sie auf die Abbildung der Folie, der Sie einen Übergangseffekt zuweisen wollen. Zum Markieren von mehreren Folien klicken Sie mit gedrückter Strg-Taste nacheinander auf die betreffenden Folienabbildungen.

(4) Wenn Sie allen Folien eines Abschnitts denselben Übergangseffekt zuweisen wollen, genügt es, wenn Sie die betreffende Abschnittsüberschrift markieren, indem Sie darauf klicken.

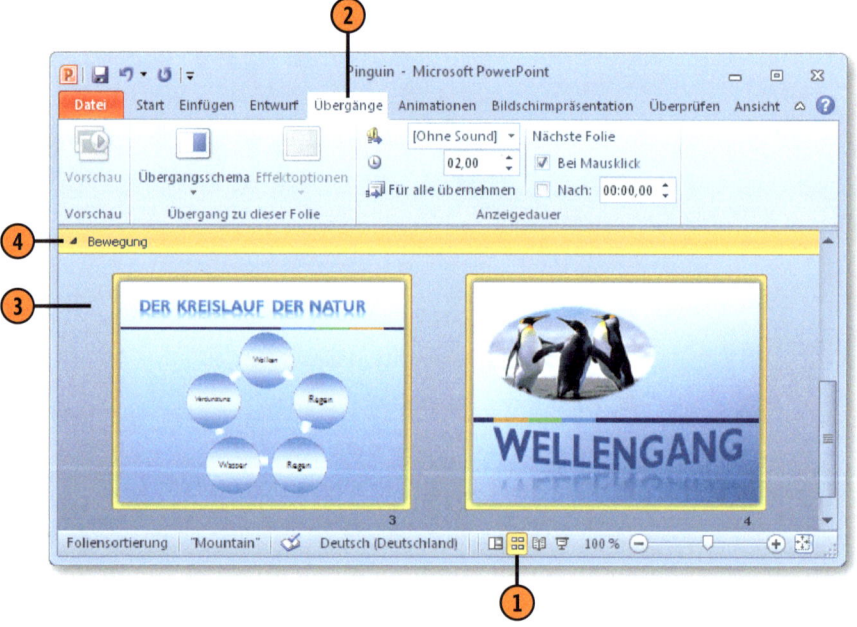

Übergangsschema zuweisen

① Markieren Sie die gewünschte(n) Folie(n) und öffnen Sie auf der Registerkarte *Übergänge* in der Gruppe *Übergang zu dieser Folie* den Katalog mit den Übergangsschemata.

② Klicken Sie im Katalog auf eine Miniaturansicht, um die betreffenden Einstellungen zuzuweisen.

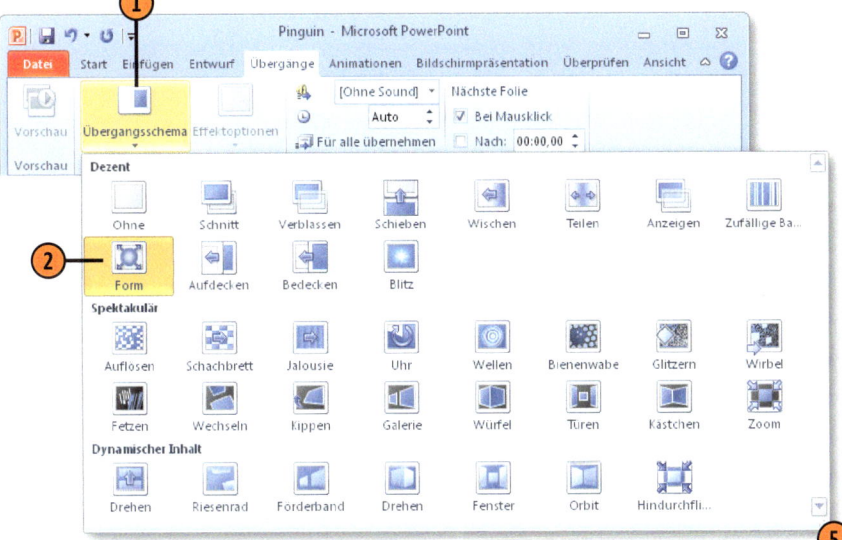

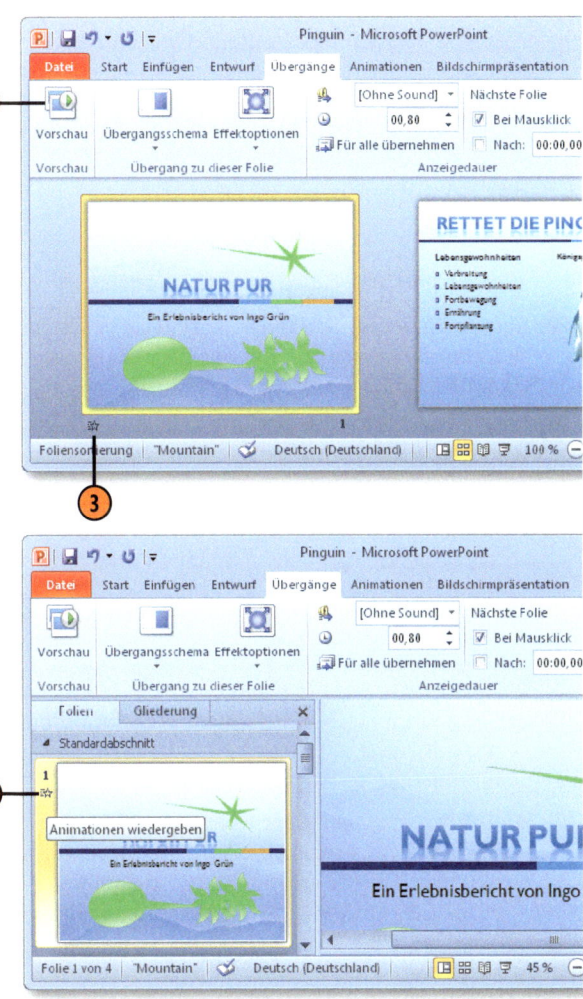

③ Anhand dieses Symbols erkennen Sie, dass der Folie ein Übergangsschema zugewiesen wurde.

④ Klicken Sie hier, um sich eine Vorschau auf den gewählten Übergang anzeigen zu lassen.

⑤ Wechseln Sie zur Normalansicht und klicken Sie auf dieses Symbol, um sich den Übergangseffekt auf der Folie anzusehen.

Bildschirmpräsentation einrichten

Bevor Sie eine Bildschirmpräsentation vorführen, können Sie u.a. festlegen, ob sie bildschirmfüllend oder in einem Fenster ablaufen soll. Des Weiteren können Sie festlegen, welche Folien enthalten sein sollen, ob Sound und Animationseffekte verwendet werden sollen und die Farbe des Stifts festlegen, der während der Präsentation zur Verfügung steht. Außerdem können Sie bestimmen, wie die nächste Folie eingeblendet werden soll.

Art der Vorführung einstellen

① Öffnen Sie Ihre Präsentation und wechseln Sie zur Registerkarte *Bildschirmpräsentation*.

② Klicken Sie in der Gruppe *Einrichten* auf *Bildschirmpräsentation einrichten*, um das gleichnamige Dialogfeld zu öffnen.

③ In der Gruppe *Art der Präsentation* aktivieren Sie die gewünschte Option:

- Bei *Präsentation durch einen Redner* erfolgt die Bildschirmpräsentation im Vollbildmodus. Der Vortragende kann Folien manuell oder automatisch einblenden, Besprechungsnotizen oder Aktionselemente hinzufügen sowie Kommentare aufzeichnen.

- *Ansicht durch ein Individuum* bewirkt, dass die Bildschirmpräsentation in einem Standardfenster mit der Leiste zur Steuerung durch den Betrachter ablaufen soll.

- *Ansicht an einem Kiosk* führt eine Bildschirmpräsentation als selbstablaufende Präsentation in voller Bildschirmgröße durch, die immer wieder erneut gestartet wird.

④ Speichern Sie die Einstellungen durch einen Klick auf *OK*.

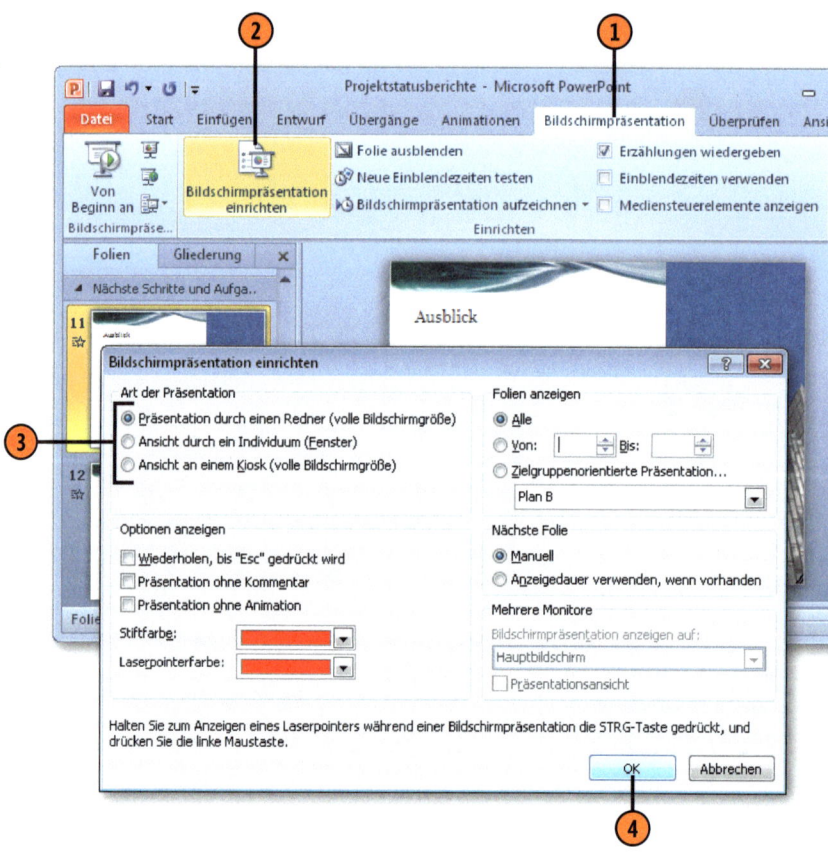

Optionen während der Vorführung

① Öffnen Sie Ihre Präsentation und wechseln Sie zur Registerkarte *Bildschirmpräsentation*.

② Klicken Sie in der Gruppe *Einrichten* auf *Bildschirmpräsentation einrichten*, um das gleichnamige Dialogfeld zu öffnen.

③ In der Gruppe *Optionen anzeigen* aktivieren Sie die betreffenden Kontrollkästchen:

- *Wiederholen, bis „Esc" gedrückt wird* lässt die Präsentation in einer Endlosschleife ablaufen, bis sie durch Drücken der Esc-Taste beendet wird.

- *Präsentation ohne Kommentar* bewirkt, dass die Präsentation ohne Vertonung abläuft, auch wenn Sie den Vortrag aufgezeichnet haben.

- *Präsentation ohne Animation* zeigt die einzelnen Folien ohne Animationseffekte an. Diese Option empfiehlt sich, wenn z.B. die Grafikkarte nicht besonders leistungsstark ist.

④ Legen Sie über die Dropdownliste *Stiftfarbe* eine Farbe für den Stift fest, mit dem Sie während einer Bildschirmpräsentation auf den Folien zeichnen können.

⑤ Legen Sie über die Dropdownliste *Laserpointerfarbe* eine Farbe für den Stift fest, mit dem Sie während einer Bildschirmpräsentation auf Folien zeigen können.

⑥ Speichern Sie die Einstellungen durch einen Klick auf *OK*.

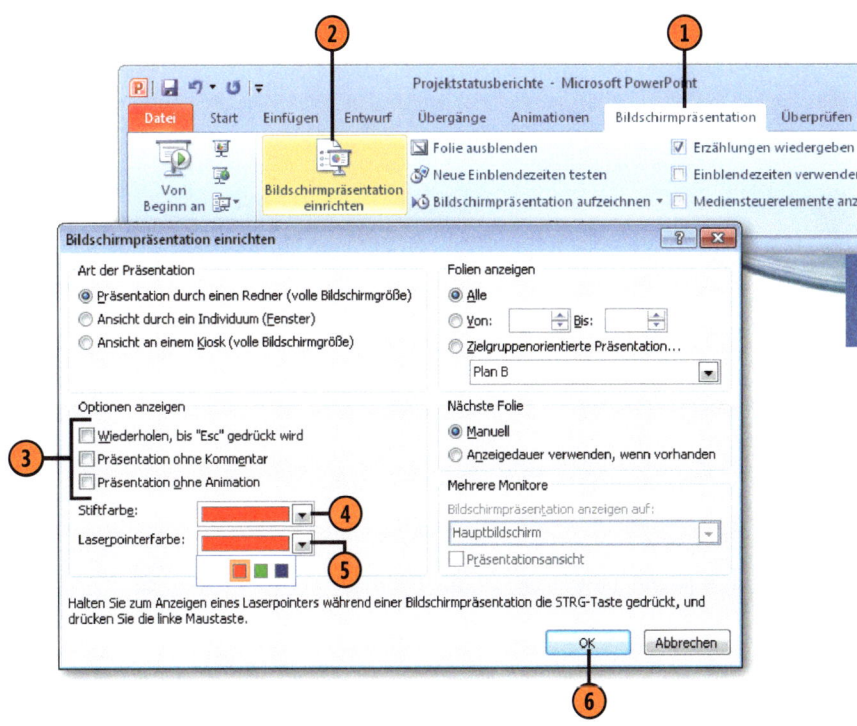

Gewusst wie

Um während einer Bildschirmpräsentation mit dem Laserpointer zu arbeiten, klicken Sie mit gedrückter Strg-Taste. Daraufhin verwandelt sich der Mauszeiger in einen Laserpointer, mit dem Sie auf die hervorzuhebende Stelle zeigen können.

Folien zur Anzeige auswählen

(1) Öffnen Sie Ihre Präsentation und wechseln Sie zur Registerkarte *Bildschirmpräsentation*.

(2) Klicken Sie in der Gruppe *Einrichten* auf *Bildschirmpräsentation einrichten*, um das gleichnamige Dialogfeld zu öffnen.

(3) In der Gruppe *Folien anzeigen* wählen Sie die gewünschte Option aus und stellen ggf. die betreffenden Werte ein:

- *Alle* bewirkt, dass alle Folien (bis auf die, die Sie ausgeblendet haben) während der Bildschirmpräsentation angezeigt werden.

- Mit *Von* und *Bis* können Sie eine Auswahl an (aufeinanderfolgenden) Folien festlegen.

- In der Dropdownliste *Zielgruppenorientierte Präsentation* wählen Sie die betreffende Präsentation aus.

(4) Speichern Sie die Einstellungen durch einen Klick auf *OK*.

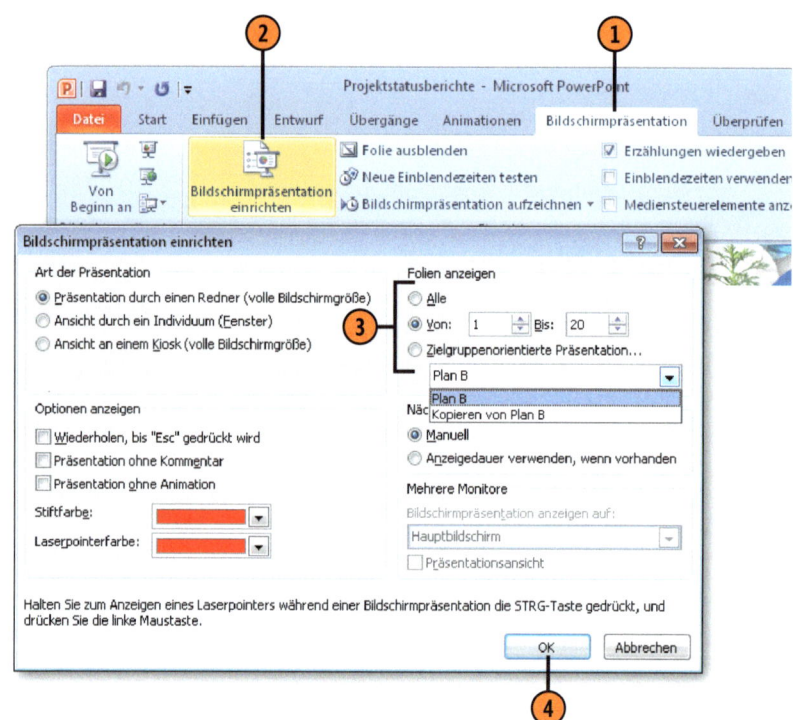

Wechsel von Folie zu Folie festlegen

① Öffnen Sie Ihre Präsentation und wechseln Sie zur Registerkarte *Bildschirmpräsentation*.

② Klicken Sie in der Gruppe *Einrichten* auf *Bildschirmpräsentation einrichten*, um das gleichnamige Dialogfeld zu öffnen.

③ In der Gruppe *Nächste Folie* wählen Sie die gewünschte Option:

- *Manuell* bewirkt, dass durch Klicken mit der Maus oder durch Drücken der Richtungstasten, der Leertaste -, der Bild auf- oder der Bild ab-Taste eine Folie nach der anderen eingeblendet wird.

- *Anzeigedauer verwenden, wenn vorhanden* führt den Folienwechsel auf der Grundlage der von Ihnen festgelegten Einblendezeiten durch.

④ Speichern Sie die Einstellungen durch einen Klick auf *OK*.

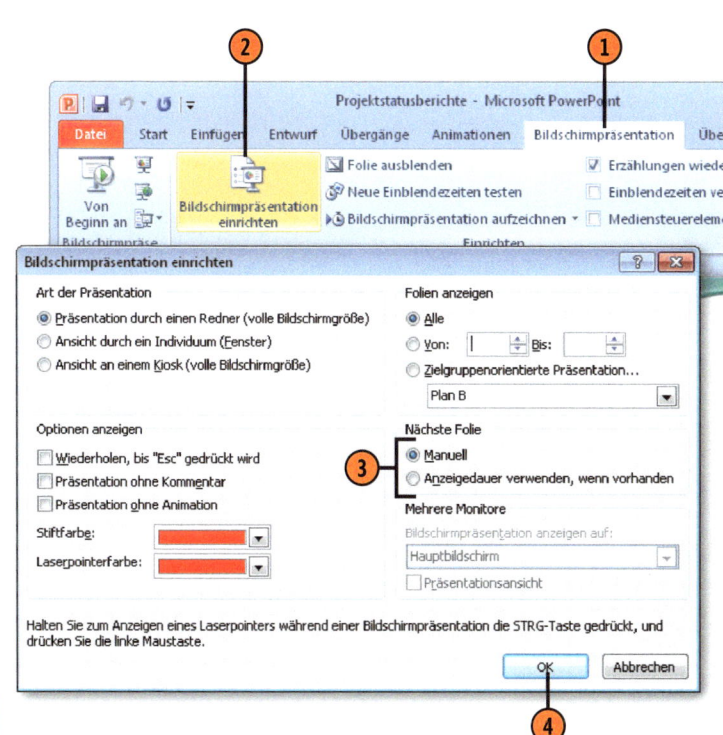

Tipp ✓

Wenn auf dem Präsentationscomputer mehrere Bildschirme oder Projektionssysteme eingerichtet sind, legen Sie im Dialogfeld *Bildschirmpräsentation einrichten* die betreffenden Optionen fest. Auf der Registerkarte *Bildschirmpräsentation* können Sie in der Gruppe *Bildschirme* auswählen, welche Auflösung Sie während einer Vollbild-Bildschirmpräsentation verwenden wollen und auf welchem Bildschirm die Präsentation ablaufen soll. Des Weiteren können Sie Einstellungen für die Referentenansicht festlegen, bei der die Vortragsnotizen und die Anzeigedauer auf einem anderen Monitor eingeblendet werden.

Ablauf der Bildschirmpräsentation testen

Sie können Audiokommentare, Laserpointerbewegungen oder Folien- und Animationsanzeigedauer für die Wiedergabe während der Präsentation aufnehmen und so im Vorfeld schon testen, wie Ihr Vortrag im Einzelnen ablaufen könnte. Um einen Vortrag aufzeichnen zu können, muss der Computer über eine Soundkarte und ein Mikrofon verfügen. Der Vortrag kann vor oder während der Bildschirmpräsentation aufgezeichnet werden. Soll nicht die gesamte Präsentation von einem Vortrag begleitet werden, lassen sich einzelne Sequenzen für ausgewählte Folien aufzeichnen. Des Weiteren können Sie, bevor Sie eine Bildschirmpräsentation vorführen, für jede Folie in einem Probelauf testen, wie lange sie während des Vortrags eingeblendet werden soll, und diese Zeitangaben speichern.

Bildschirmpräsentation aufzeichnen

① Öffnen Sie Ihre Präsentation und wechseln Sie zur Registerkarte *Bildschirmpräsentation*.

② Klicken Sie in der Gruppe *Einrichten* auf den Pfeil der Schaltfläche *Bildschirmpräsentation aufzeichnen*.

③ Klicken Sie auf *Aufzeichnung am Anfang beginnen*, um die Bildschirmpräsentation von Anfang an aufzuzeichnen. *Aufzeichnung ab aktueller Folie beginnen* ist z.B. dann sinnvoll, wenn nur zu bestimmten Folien Aufzeichnungen gemacht werden sollen.

④ Legen Sie durch Aktivieren des bzw. der betreffenden Kontrollkästchen fest, was Sie aufzeichnen wollen.

⑤ Starten Sie die Aufzeichnung.

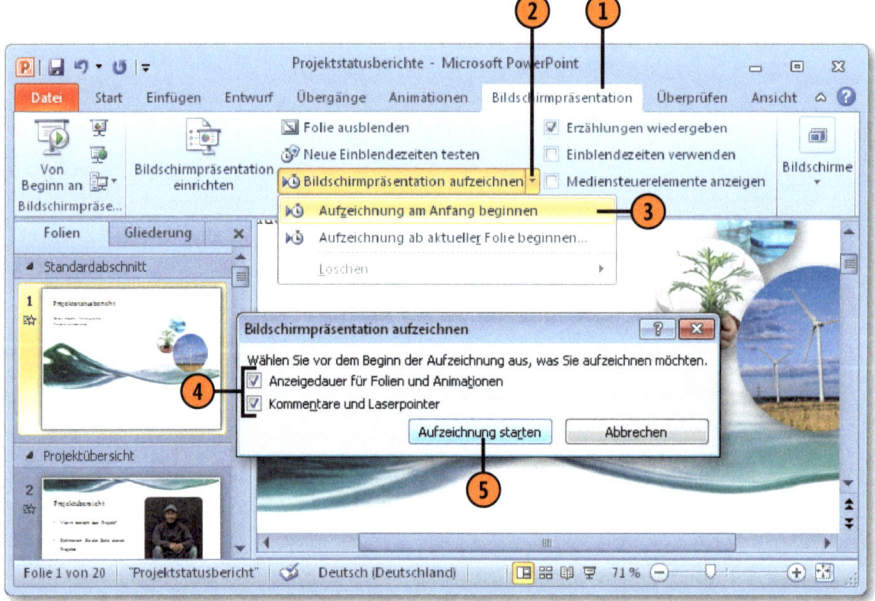

Testlauf durchführen

(1) Während der Aufzeichnung wechseln Sie hierüber zur nächsten Folie.

(2) Klicken Sie hier, um die Aufzeichnung anzuhalten.

(3) Klicken Sie hier, um das Menü mit den Zeigeroptionen anzuzeigen und die gewünschte Option auszuwählen.

(4) Klicken Sie im Kontextmenü auf diesen Befehl, um die Bildschirmpräsentation zu beenden. Bevor die Aufzeichnung beendet wird, werden Sie vom Programm gefragt, ob vorhandene Freihandanmerkungen beibehalten werden sollen.

(5) Die Freihandanmerkungen sind sowohl in der Foliensortierung als auch in der Normalansicht auf der Folie sichtbar.

(6) Dieses Symbol zeigt an, dass während des Testlaufs eine Audioaufzeichnung stattfand.

(7) Die während der Aufzeichnung festgehaltene Einblendezeit wird hier angezeigt.

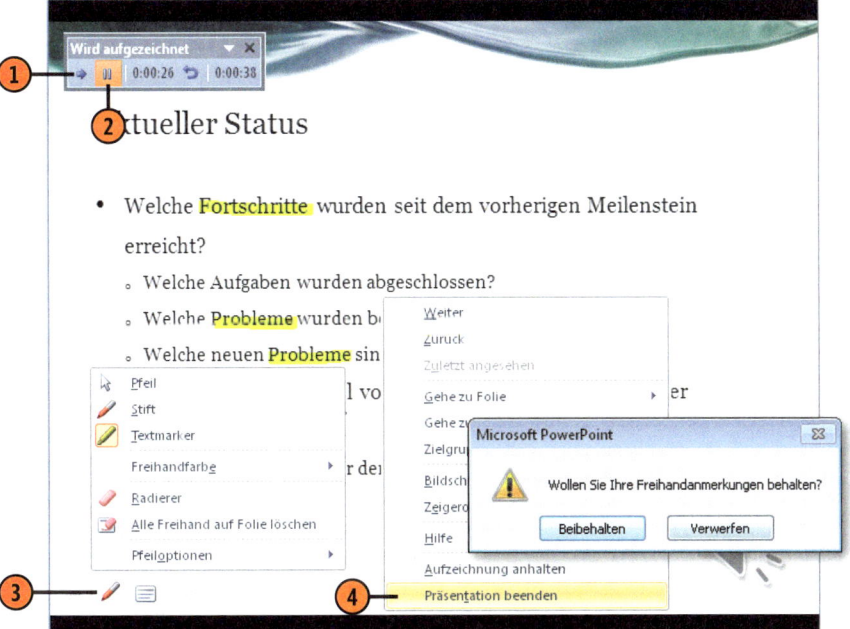

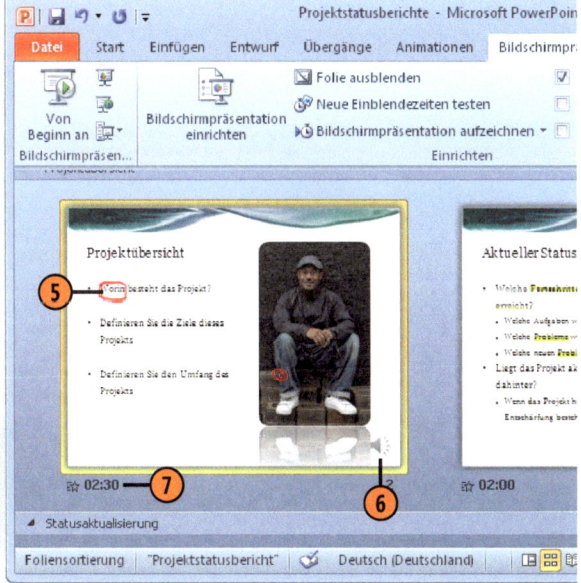

Aufzeichnung löschen

① Öffnen Sie Ihre Präsentation, wechseln Sie zur Registerkarte *Bildschirmpräsentation* und klicken Sie in der Gruppe *Einrichten* auf den Pfeil der Schaltfläche *Bildschirmpräsentation aufzeichnen*.

② Wählen Sie *Löschen* und anschließend das, was Sie löschen wollen.

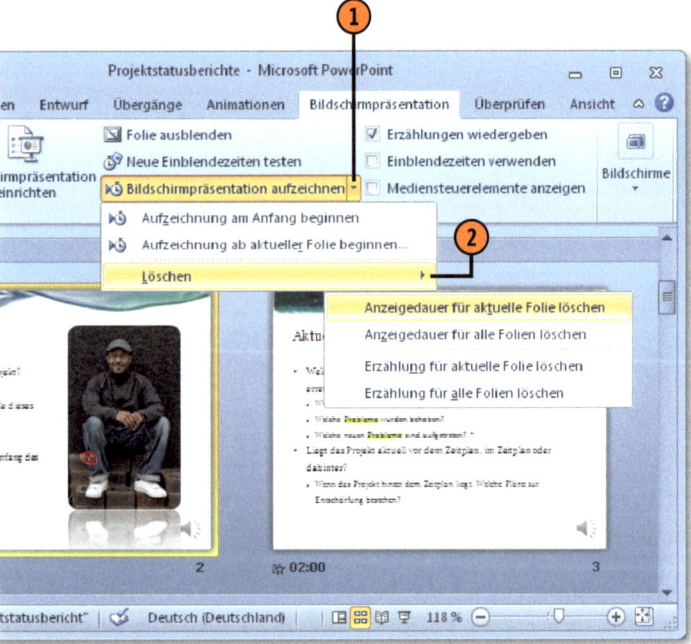

Neue Einblendezeiten testen

① Öffnen Sie Ihre Präsentation, wechseln Sie zur Registerkarte *Bildschirmpräsentation* und klicken Sie in der Gruppe *Einrichten* auf *Neue Einblendezeiten testen*.

② Nach dem Ende der Bildschirmpräsentation werden Sie gefragt, ob die neuen Einblendezeiten gespeichert und verwendet werden sollen. Bestätigen Sie mit *Ja*, wenn Sie mit dem Ergebnis zufrieden sind.

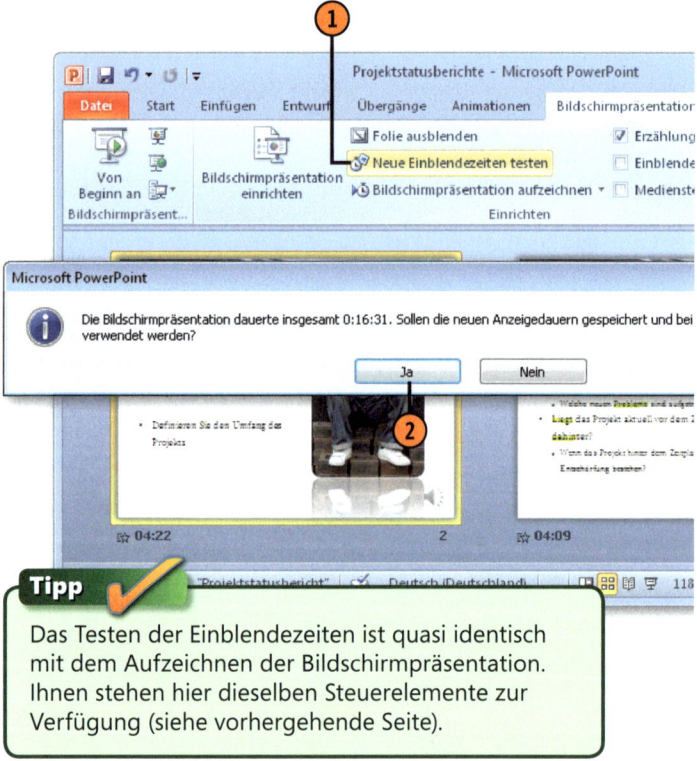

Tipp ✓

Das Testen der Einblendezeiten ist quasi identisch mit dem Aufzeichnen der Bildschirmpräsentation. Ihnen stehen hier dieselben Steuerelemente zur Verfügung (siehe vorhergehende Seite).

Folie(n) ausblenden

① Öffnen Sie Ihre Präsentation und wechseln Sie zur Ansicht Foliensortierung.

② Markieren Sie die Abbildungen der Folien, die Sie während der Bildschirmpräsentation nicht anzeigen lassen wollen.

③ Klicken Sie auf der Registerkarte *Bildschirmpräsentation* in der Gruppe *Einrichten* auf *Folie ausblenden*.

④ Die Folie wird mit dem entsprechenden Symbol gekennzeichnet.

⑤ Um die Folie wieder einzublenden, klicken Sie erneut auf *Folie ausblenden*.

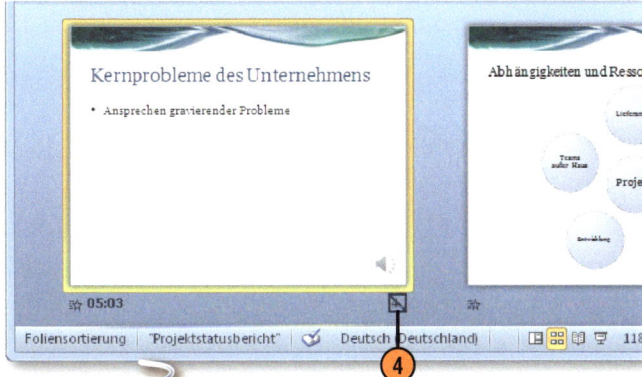

Gewusst wie

Die Folie, die Sie ausgeblendet haben, wird bei normalem Ablauf der Bildschirmpräsentation nicht angezeigt. Über den Befehl *Gehe zu* im Kontextmenü zur Bildschirmpräsentation können Sie aber auch diese Folie anzeigen lassen. Eine ausgeblendete Folie ist im Menü zum Befehl *Gehe zu* daran zu erkennen, dass die Foliennummer in Klammern gesetzt ist.

Mediensteuerelemente während einer Bildschirmpräsentation anzeigen

① Öffnen Sie Ihre Präsentation, wechseln Sie zur Registerkarte *Bildschirmpräsentation*.

② Aktivieren Sie auf der Registerkarte *Bildschirmpräsentation* das Kontrollkästchen *Mediensteuerelemente anzeigen*. Dadurch bewirken Sie, dass während der Bildschirmpräsentation entsprechende Steuerelemente angezeigt werden, wenn der Mauszeiger auf ein Video- oder Audioobjekt gesetzt wird.

③ Klicken Sie während der Bildschirmpräsentation auf das Steuerelement der Wiedergabeleiste, um das Video abzuspielen.

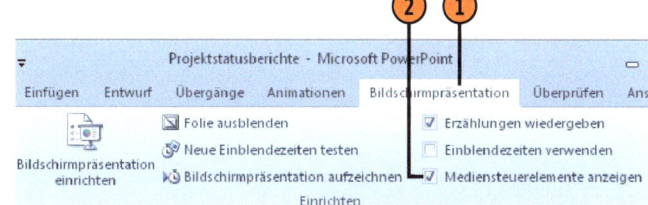

Video einer Präsentation erstellen

Sie können nicht nur ein Video in Ihre Präsentation einbinden, sondern die gesamte Präsentation als Video erstellen. Dieses

Video können Sie dann anschließend beispielsweise mithilfe eines Datenträgers oder übers Web anderen zur Verfügung stellen.

Video erstellen

① Klicken Sie auf die Registerkarte *Datei*.

② Klicken Sie auf *Speichern und Senden*.

③ Wählen Sie unter *Dateitypen* die Option *Video erstellen*.

④ Legen Sie hierüber die Anzeigegröße fest.

⑤ Legen Sie hierüber fest, ob aufgezeichnete Anzeigedauern, Kommentare und Laserpointerbewegungen verwendet werden sollen oder nicht.

⑥ Legen Sie ggf. die Standardanzeigedauer der Folien fest.

⑦ Klicken Sie auf *Video erstellen*, um den Vorgang zu starten.

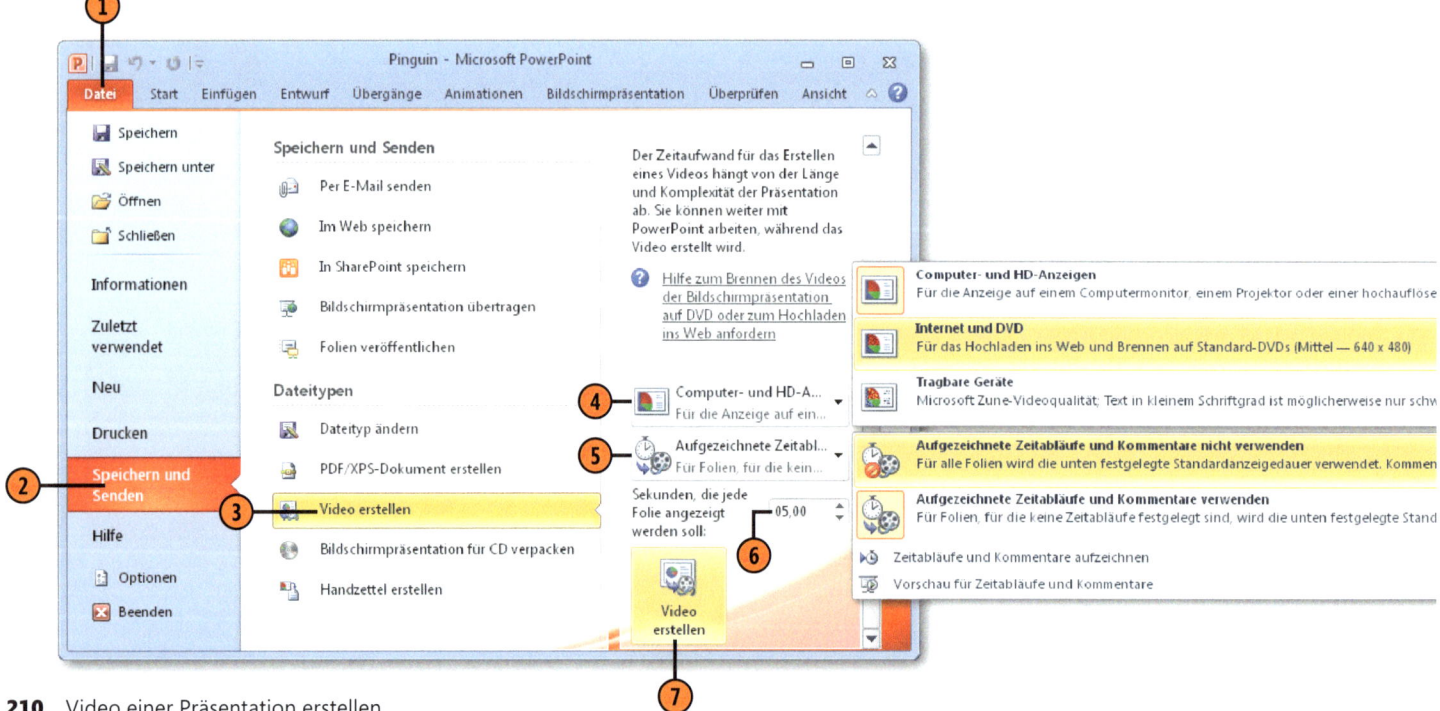

(8) Wählen Sie im Dialogfeld *Speichern unter* den gewünschten Speicherort aus, benennen Sie die Videodatei, verwenden Sie als *Dateityp* die Option *Windows Media Video* und klicken Sie dann auf *Speichern*.

(9) Der Fortschritt der Erstellung wird in der Statusleiste des Programmfensters angezeigt.

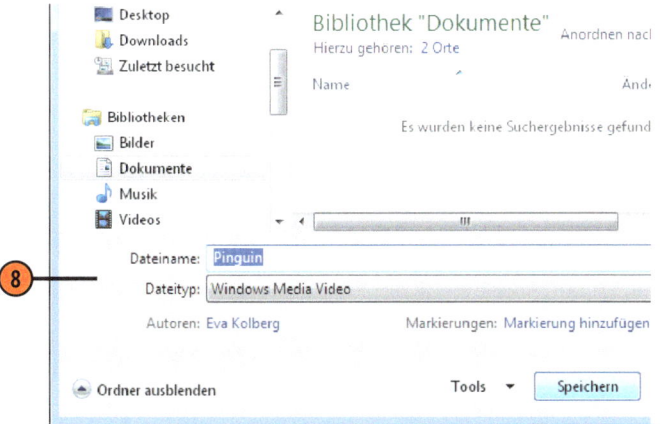

Video anzeigen

(1) Öffnen Sie in Windows-Explorer den Ordner, in dem Sie das Video gespeichert haben.

(2) Doppelklicken Sie auf die Videodatei.

(3) Das Video wird in einem separaten Fenster angezeigt.

(4) Unterhalb des Videos befindet sich eine Steuerelementeleiste, über die Sie die Wiedergabe des Videos sowie die Wiedergabelautstärke regeln können

(5) Über das Symbol rechts unten im Videofenster können Sie in den Vollbildmodus schalten.

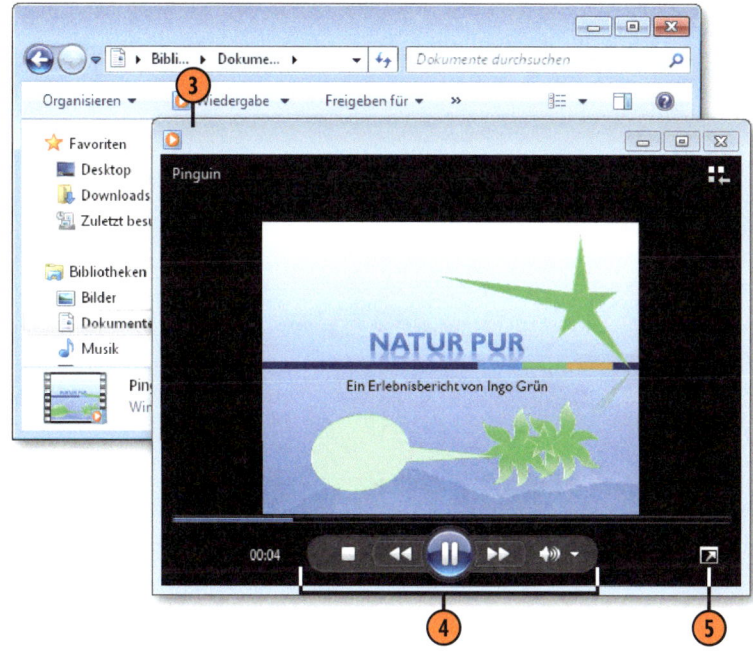

Bildschirmpräsentation durchführen

Nachdem Sie sämtliche Vorbereitungen getroffen und den Ablauf Ihrer Präsentation getestet haben, erfolgt der eigentliche Zweck Ihrer Arbeit: die Vorführung Ihrer Bildschirmpräsentation. Im Folgenden wird davon ausgegangen, dass Sie Ihre Bildschirmpräsentation im Vollbildmodus ausführen. Vergewissern Sie sich, dass alle Geräte, die Sie zur Vorführung benötigen, korrekt angeschlossen sind und einwandfrei funktionieren – dann kann es losgehen.

Bildschirmpräsentation starten

① Öffnen Sie die Präsentation.

② Klicken Sie in der Statusleiste auf die Schaltfläche *Bildschirmpräsentation* oder klicken Sie auf der Registerkarte *Bildschirmpräsentation* auf die Schaltfläche *Von Beginn an* oder auf die Schaltfläche *Ab aktueller Folie*.

③ Die Bildschirmpräsentation startet im Vollbildmodus.

④ Klicken Sie hier, um das Menü mit den Zeigeroptionen anzuzeigen und die gewünschte Option auszuwählen.

⑤ Über das Menü der Schaltfläche *Bildschirmpräsentation* können Sie den Ablauf der Bildschirmpräsentation steuern (siehe hierzu Seite 214).

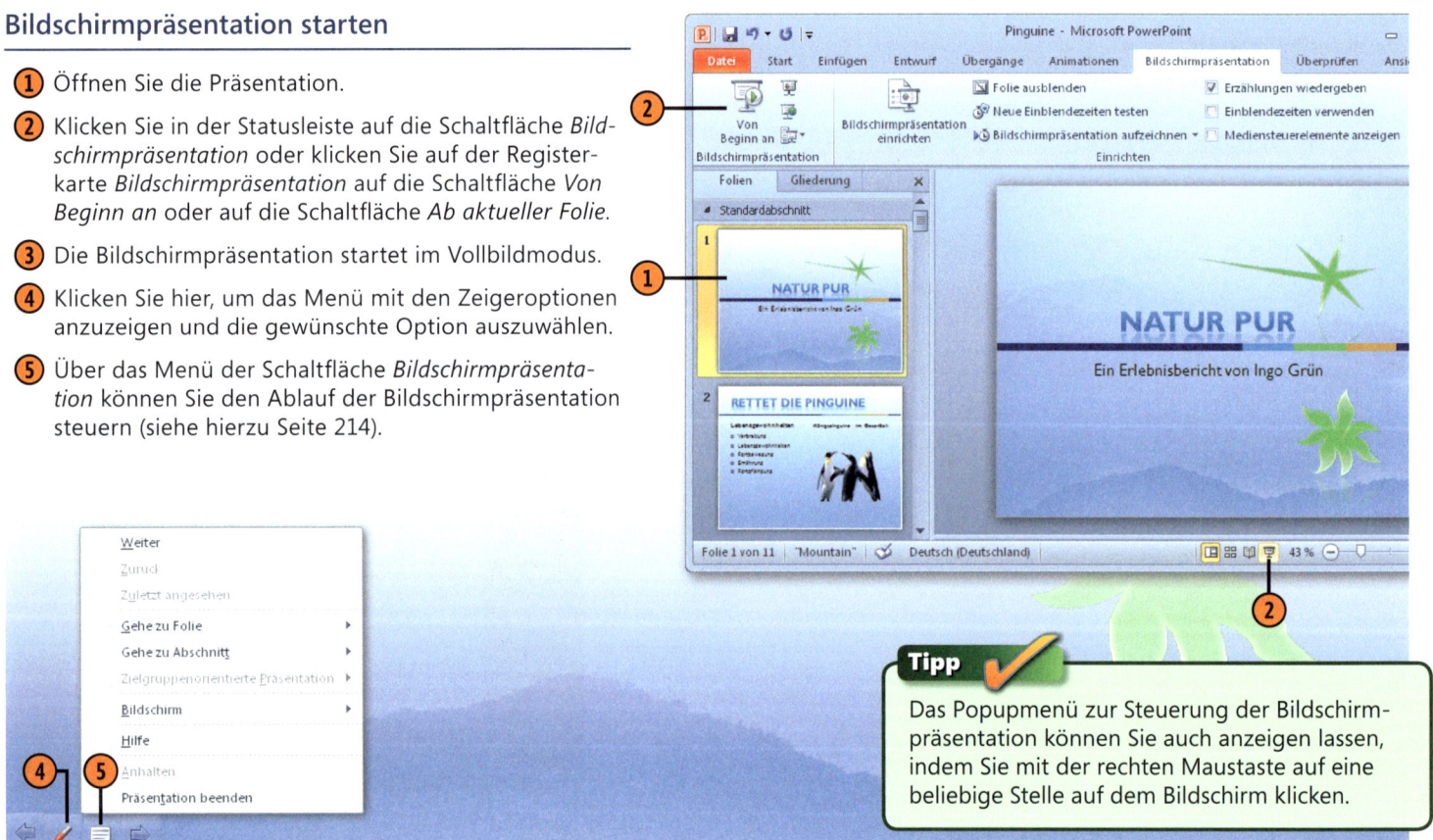

Tipp

Das Popupmenü zur Steuerung der Bildschirmpräsentation können Sie auch anzeigen lassen, indem Sie mit der rechten Maustaste auf eine beliebige Stelle auf dem Bildschirm klicken.

Bildschirmpräsentation beenden

① Wenn Sie am Ende Ihrer Bildschirmpräsentation angelangt sind, drücken Sie die Esc-Taste, um die Bildschirmpräsentation zu beenden.

② Oder klicken Sie auf die Schaltfläche *Bildschirmpräsentation* und wählen Sie im Popupmenü den Befehl *Präsentation beenden*.

③ Oder springen Sie zur letzten Folie der Präsentation und drücken Sie die Pfeil rechts-Taste auf Ihrer Tastatur. Anschließend wird ein schwarzer Bildschirm angezeigt mit der Aufforderung, durch einen Mausklick die Präsentation zu beenden.

Gewusst wie

Um eine Präsentation vorübergehend anzuhalten, ohne dass die Bildschirmpräsentation beendet wird, wählen Sie im Popupmenü *Bildschirm/Weißer Bildschirm* oder *Bildschirm/Bildschirm ausblenden*. Über *Bildschirm/Bildschirm einblenden* gelangen Sie dann zurück zur zuletzt angezeigten Folie und können mit der Präsentation fortfahren.

Gewusst wie

Wenn Sie während einer Bildschirmpräsentation Hilfe zur Steuerung des Ablaufs über die Tastatur benötigen, können Sie über den Befehl *Hilfe* im Popupmenü zur Schaltfläche *Bildschirmpräsentation* ein Dialogfeld aufrufen, in dem sämtliche Tastenkombinationen aufgelistet sind.

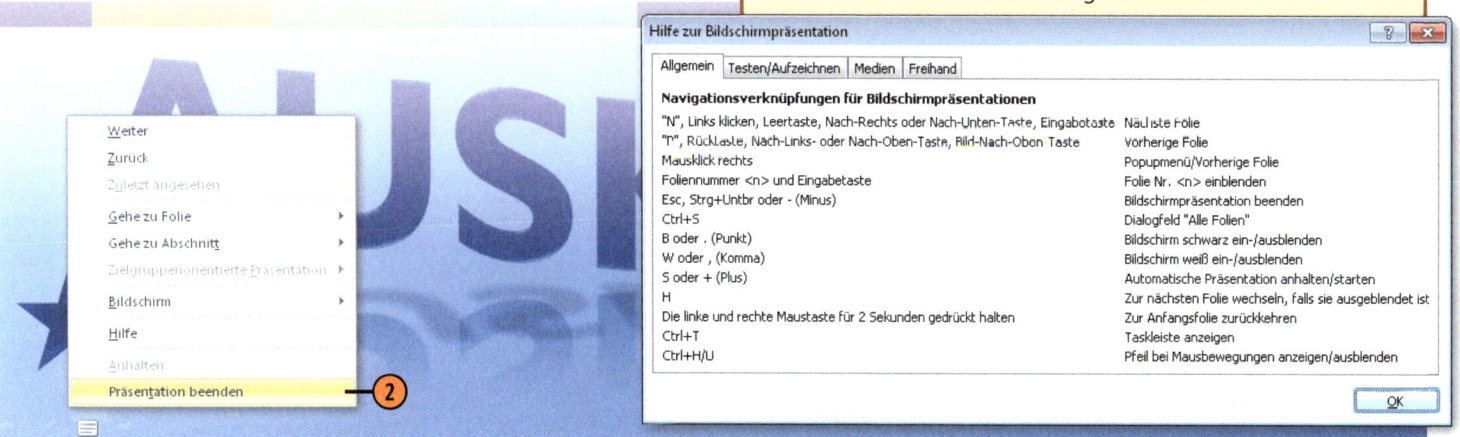

Zwischen Folien navigieren

Im Regelfall wird bei einer Bildschirmpräsentation gemäß Ihrem Vortrag eine Folie nach der anderen eingeblendet, um das, was Sie zu sagen haben, zu veranschaulichen. In manchen Fällen kann es aber vorkommen, dass das Interesse der Teilnehmer speziell auf ein Thema konzentriert ist, sodass Sie Ihren Vortrag in der Folienabfolge etwas abändern müssen. Passend zu dem Thema können Sie dann zu der entsprechenden Folie springen oder zurück zu der vorherigen Folie wechseln.

Die nächste oder vorherige Folie anzeigen

① Klicken Sie hier, um die vorherige Folie anzuzeigen.

② Klicken Sie hier, um zur nächsten Folie zu wechseln.

③ Klicken Sie hier, um das Popupmenü aufzuklappen.

④ Klicken Sie auf *Weiter*, um die nächste Folie anzeigen zu lassen

⑤ *Zurück* führt zur vorherigen Folie.

Zu einer bestimmten Folie springen

① Klicken Sie hier, um das Popupmenü aufzuklappen.

② Klicken Sie auf *Gehe zu Folie* und wählen Sie die Folie aus, die Sie als Nächstes anzeigen wollen.

③ Hierüber kehren Sie zu der Folie zurück, die zuvor angezeigt wurde.

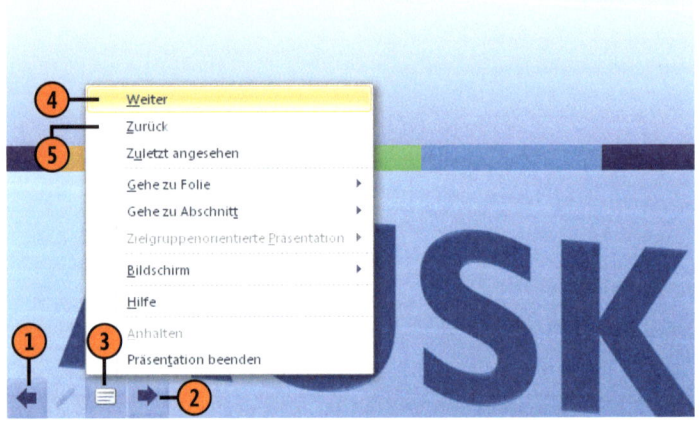

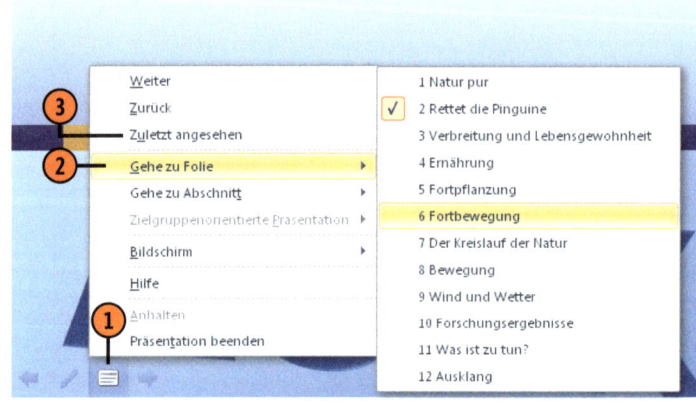

Kommunikation mit Microsoft Outlook 2010

Das Programm Outlook ist für verschiedene Aufgaben zuständig, die zusammenfassend mit dem Oberbegriff Kommunikation überschrieben werden können.

- Einerseits können Sie damit elektronische Nachrichten in Form von *E-Mails* austauschen. Dazu benötigen Sie nur ein Konto, das Sie von Ihrem Dienstanbieter für den Internetzugang oder einer anderen Stelle erhalten. Dann können Sie E-Mail-Nachrichten senden und empfangen. Diesen Programmbereich sprechen wir in Kapitel 14 an.

- In Kapitel 15 gehen wir auf die Verwaltung Ihrer *Kontakte* ein. Gemeint sind damit die Daten für den Zugang zu Personen und Unternehmen, mit denen Sie kommunizieren möchten. Sie können hierin die Namen, mehrere Adressen, Telefon- und Faxnummern, E-Mail-Adressen sowie sonstige private und/oder geschäftliche Informationen übersichtlich in einem Formular aufnehmen.

- Outlook weist darüber hinaus zwei weitere wichtige Bereiche auf: Der *Kalender* hilft Ihnen, Ihre Termine im Auge zu behalten. Über die Funktionen im Programmbereich *Aufgaben* können Sie Aktivitäten – ähnlich wie bei einer handgeschriebenen Aufgabenliste – notieren und nachverfolgen. Über diese Programmbereiche reden wir in Kapitel 16.

Die wichtigsten Neuerungen in Outlook 2010

Neben den schon in den Einführungen zu den vorherigen Teilen genannten Neuerungen verfügt Outlook 2010 über einige spezielle neue Funktionen. Diese haben wir auf dieser Seite in einem Überblick zusammengefasst. Sie finden hier auch Hinweise dazu, wo Sie eine Beschreibung dieser Neuerungen im Buch finden.

Das Menüband

In Outlook 2010 wurde die Programmsteuerung über das Menüband jetzt vollständig für alle Bereiche des Programms integriert.

Die Unterhaltungsansicht

Die neue Unterhaltungsansicht für E-Mail-Nachrichten hilft Ihnen, die wachsende Nachrichtenflut zu bändigen. Sie können damit schnell die Nachrichten zusammengefasst anzeigen lassen, die mit einer anderen Person unter demselben Betreff ausgetauscht wurden.

QuickSteps

QuickSteps ermöglicht es Ihnen, mehrere Arbeitsschritte zu einem Schritt zusammenzufassen und diesen dann mit einem einzelnen Klick zu erledigen. Wenn Sie beispielsweise oft Nachrichten an eine bestimmte Person weiterleiten müssen, können Sie dafür einen speziellen Befehl kreieren.

Der neue Terminkalender

Der Terminkalender ist übersichtlicher geworden und bietet zusätzliche Möglichkeiten für Gruppenarbeiten.

Verbindung zu sozialen Netzwerken

Sie haben mit dem Add-In Outlook Connector für soziale Netzwerke die Möglichkeit, Outlook direkt mit Windows Live oder anderen sozialen Netzwerken zu verbinden.

Siehe auch

Mehr Informationen zum Gebrauch des Menübandes finden Sie auf Seite 20 ff.

Wie die Unterhaltungsansicht funktioniert, beschreiben wir auf Seite 234.

QuickSteps werden auf Seite 235 beschrieben.

Mehr Informationen zum Terminkalender finden Sie auf Seite 252 ff.

14 E-Mail-Nachrichten austauschen

Die verschiedenen Aufgaben des Programms Outlook werden in unterschiedlichen Modulen zusammengefasst. Die wichtigsten sind: *E-Mail*, *Kontakte*, *Aufgaben* und *Kalender*. Innerhalb dieser Module finden Sie meist mehrere Ordner, in denen die einzelnen Daten abgelegt werden. Im Modul *E-Mail* finden Sie beispielsweise die Ordner *Posteingang* und *Postausgang*.

Wir wollen uns in diesem Kapitel zunächst mit der Kommunikation per E-Mail beschäftigen, mit der Sie elektronische Nachrichten mit anderen Personen austauschen können. Dazu benötigen Sie – neben der Möglichkeit des Zugriffs auf das Internet – zunächst ein Konto, über das die Nachrichten ausgetauscht werden.

Erst wenn Sie ein solches Konto eingerichtet haben, können Sie darangehen, E-Mail-Nachrichten zu verfassen und zu senden sowie zu empfangen und zu lesen. Outlook stellt auch Techniken bereit, mit denen Sie Dateien als Anhang zu einer E-Mail-Nachricht versenden oder empfangen können, und verfügt über mehrere Methoden, Ihre E-Mails zu organisieren.

Die Outlook 2010-Oberfläche im Überblick

Microsoft Outlook beinhaltet aufgrund seiner speziellen Aufgabenstellung als Anwendung für die Kommunikation und Organisation von Daten andere Oberflächenelemente als Programme wie beispielsweise Microsoft Word oder Excel. Wichtig ist zunächst der folgende Punkt: Je nachdem, welchen Programmbereich – also *E-Mail*, *Kalender*, *Kontakte* usw. – Sie gerade ausgewählt haben, finden Sie auf dieser Programmoberfläche unterschiedliche Bestandteile. Wir wollen zunächst auf die Elemente im Bereich *E-Mail* eingehen, die auch standardmäßig beim Starten von Outlook angezeigt werden.

- Oben im Programmfenster sehen Sie – wie bei allen Office-Programmen – das *Menüband*.

- Links im Programmfenster finden Sie den *Navigationsbereich*. Dieser besteht aus zwei grundlegenden Abschnitten.

  - Im unteren Bereich finden Sie mehrere Schaltflächen, mit denen Sie zu den einzelnen Programmbereichen wechseln können. Nach dem Starten des Programms wird in der Grundeinstellung der Bereich *E-Mail* angezeigt. Klicken Sie beispielsweise auf *Kontakte*, um die Kontakte anzuzeigen. Als Erfolg wird dann im Hauptbereich des Programmfensters der Inhalt dieses Moduls angezeigt. Der Inhalt des Hauptbereichs wechselt also je nach dem gewählten Modul.

  - Der obere Abschnitt des Navigationsbereichs zeigt Elemente an, die sich je nach dem unten gewählten Programmmodul unterscheiden. Haben Sie unten den Bereich *E-Mail* gewählt, werden dort die verschiedenen Ordner angezeigt, in denen die Nachrichten abgelegt sind. Im Ordner *Posteingang* befinden sich beispielsweise die von Ihnen empfangenen Nachrichten.

- Der zentrale Teil des Bildschirms ist in der Grundeinstellung des Programms durch den *Ansichtsbereich* belegt. In diesem werden die Elemente des aktuell gewählten Outlook-Moduls – wie E-Mail-Nachrichten, Termine, Kontakte, Aufgaben usw. – angezeigt. Im Bereich *E-Mail* finden Sie darin den Nachrichtenverkehr, unter *Kontakte* werden die eingegebenen Daten zu Ihren Kontakten angezeigt. Auch andere Inhalte können hier wiedergegeben werden.

- Mithilfe des *Lesebereichs* können Sie sich zum gerade in einer Ansicht markierten Element zusätzliche Informationen anzeigen lassen. Darin wird im Bereich *E-Mail* der Inhalt der Nachricht angezeigt, die Sie im Ansichtsbereich gerade markiert haben.

- Ein weiteres Fenster, das standardmäßig im Programmfenster angezeigt wird, nennt sich *Aufgabenleiste*. Hier können Sie einen *Datumsnavigator*, die anstehenden *Termine* und eine Liste der noch nicht abgeschlossenen Aufgaben anzeigen lassen.

Siehe auch

Informationen zu Aufgaben und dem Aufgabenbereich finden Sie auf den Seiten 258 ff.

Ansichtsbereich mit
empfangenen Nachrichten

Lesebereich

Aufgabenleiste

Menüband

Navigationsbereich
für verschiedene
E-Mail-Ordner

Navigationsbereich
für verschiedene
Outlook-Module

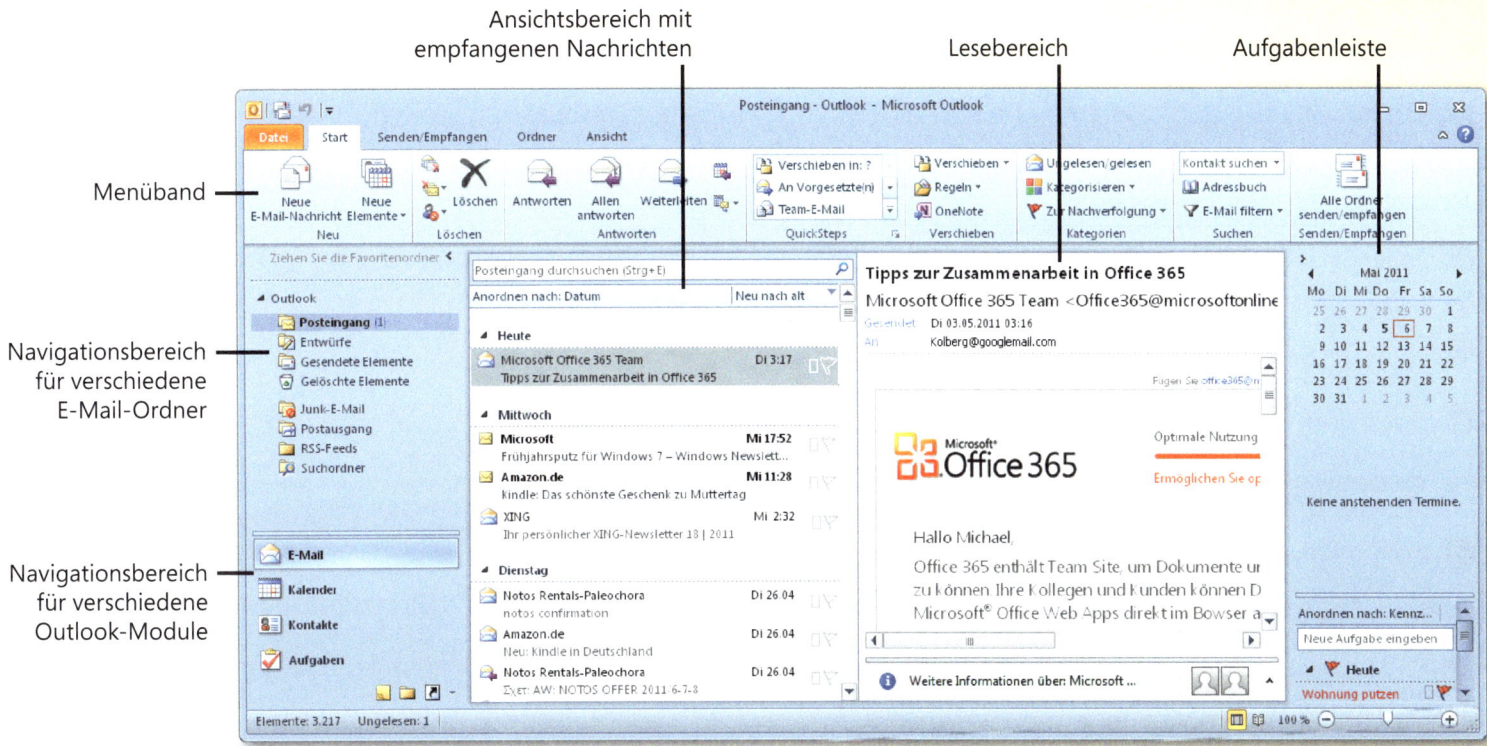

Siehe auch

Einige Elemente der Oberfläche können Sie ändern. Beispielsweise können Sie eine andere Farbgebung der Oberfläche einstellen. Wie Sie das tun, lesen Sie auf Seite 24 f.

Das Menüband kann in einer minimierten Form angezeigt
werden. Hinweise zum Arbeiten mit diesem Werkzeug finden Sie auf Seite 20 f.

Tipp ✔

Die meisten Bereiche der Outlook-Oberfläche können Sie
über die Optionen auf der Registerkarte *Ansicht* im Menüband ein- und ausblenden. Beispielsweise sorgen die Optionen der Gruppe *Layout* für verschiedene Formen der
Anzeige von *Navigationsbereich*, *Lesebereich* und *Aufgabenleiste*.

E-Mail-Konten einrichten

Bevor Sie E-Mail-Nachrichten austauschen können, müssen Sie über ein E-Mail-Konto verfügen. Oft stellt beispielsweise der Dienstanbieter für den Internetzugang ein solches Konto zur Verfügung. Außerdem finden Sie im Internet diverse Stellen, bei denen Sie ein Konto einrichten können. Nachdem Sie über ein solches zentrales Konto verfügen, müssen Sie Outlook darüber informieren, welches Konto benutzt werden soll.

Der Zugang zur Kontoverwaltung

① Öffnen Sie die Registerkarte *Datei*.

② Wählen Sie *Informationen*.

③ Öffnen Sie das Menü zur Schaltfläche *Kontoein-stellungen* und wählen Sie *Kontoeinstellungen*.

④ In dem dann angezeigten Dialogfeld *Kontoein-stellungen* können Sie neue Konten konfigurieren oder später die bereits eingerichteten Konten kontrollieren und gegebenenfalls ändern.

⑤ Zum Einrichten eines neuen Kontos klicken Sie auf *Neu*.

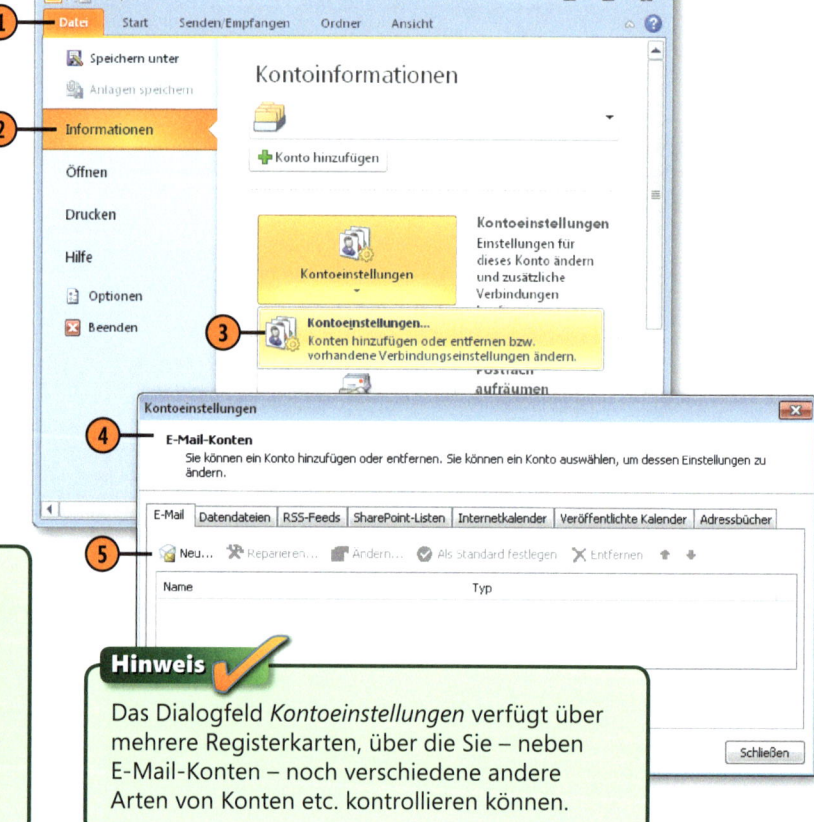

Tipp ✔

Wenn Sie Outlook – bzw. Office – auf einem Rechner installieren, bei dem noch keine Vorversion vorhanden war, wird beim ersten Starten des Programms auch ein Assistent gestartet, über den Sie ein Konto konfigurieren können. Klicken Sie im Begrüßungsfenster dieses Assistenten auf *Weiter* und folgen Sie dann den einzelnen Schritten. Die Vor-gehensweise der Arbeit mit diesem Assistenten entspricht zum großen Teil den nachfolgend beschriebenen Schritten.

Hinweis ✔

Das Dialogfeld *Kontoeinstellungen* verfügt über mehrere Registerkarten, über die Sie – neben E-Mail-Konten – noch verschiedene andere Arten von Konten etc. kontrollieren können.

E-Mail-Konto automatisch einrichten lassen

1 Nach einem Klick auf *Neu* im Dialogfeld *Kontoeinstellungen* auf der Registerkarte *E-Mail* wird das Dialogfeld *Neues Konto hinzufügen* angezeigt.

2 Wählen Sie *E-Mail-Konto* und klicken Sie dann auf *Weiter*.

3 Das Dialogfeld mit der Überschrift *Konto automatisch einrichten* wird angezeigt. Sie müssen hier die Grunddaten für Ihr E-Mail-Konto eingeben:

- Im Feld *Ihr Name* geben Sie den Anzeigenamen an, der zu Ihrer E-Mail-Adresse gehört. Beim Versenden von E-Mail-Nachrichten wird dieser Name im Feld *Von* angezeigt.

- Das Feld *E-Mail-Adresse* nimmt die Adresse auf, die verwendet werden soll, um an dieses Konto E-Mail-Nachrichten an Sie zu senden. Die Adresse muss das Format *name@anbieter* besitzen.

- Im Feld *Kennwort* geben Sie das Kennwort ein, das Ihnen von Ihrem Dienstanbieter zugewiesen wurde. Aus Sicherheitsgründen werden die Eingaben in diesem Feld durch Sternchen ersetzt.

4 Bestätigen Sie mit *Weiter*. Das Programm versucht, mit diesen Daten eine Verbindung zum Server aufzubauen. Der Erfolg wird gemeldet. Klicken Sie zum Abschluss auf *Fertig stellen*.

Tipp

Das Dialogfeld *Konto automatisch einrichten* können Sie auch schnell anzeigen lassen, indem Sie auf der Registerkarte *Datei* im Bereich *Informationen* auf *Konto hinzufügen* klicken.

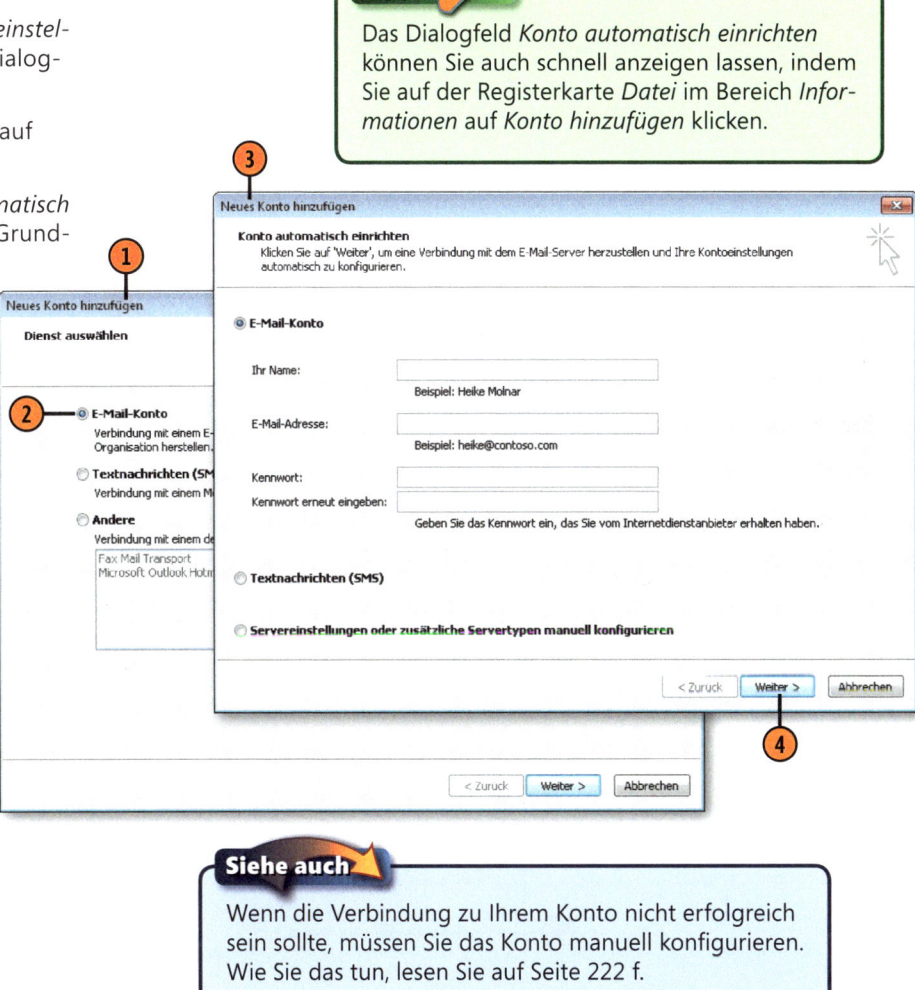

Siehe auch

Wenn die Verbindung zu Ihrem Konto nicht erfolgreich sein sollte, müssen Sie das Konto manuell konfigurieren. Wie Sie das tun, lesen Sie auf Seite 222 f.

E-Mail-Konto manuell einrichten

Wenn die Arbeit des Assistenten zum Einrichten eines E-Mail-Kontos nicht erfolgreich gewesen sein sollte, müssen Sie das Konto manuell konfigurieren. Die zum Einrichten notwendigen Daten erhalten Sie von Ihrem Dienstanbieter.

Die Zugangsdaten eingeben

1 Wählen Sie im Dialogfeld mit der Überschrift *Konto automatisch einrichten* (siehe auch vorherige Seite) die Option *Servereinstellungen oder zusätzliche Servertypen manuell konfigurieren*.

2 Klicken Sie auf *Weiter*.

3 Im folgenden Dialogfeld müssen Sie dann die Art des Kontos spezifizieren. Wählen Sie *Internet-E-Mail*.

4 Bestätigen Sie mit *Weiter*.

5 Im Dialogfeld *Internet-E-Mail-Einstellungen* geben Sie die Benutzer-, Anmelde- und Serverinformationen ein (siehe hierzu nächste Seite).

6 Wenn Sie nach der Dateneingabe auf die Schaltfläche *Kontoeinstellungen testen* klicken, können Sie die Funktionsfähigkeit kontrollieren. Vergewissern Sie sich vorher, dass Ihr Computer mit dem Internet verbunden werden kann.

7 Klicken Sie auf *Weiter*. Dann wird gemeldet, dass das Konto eingerichtet wurde. Bestätigen Sie über *Fertig stellen*.

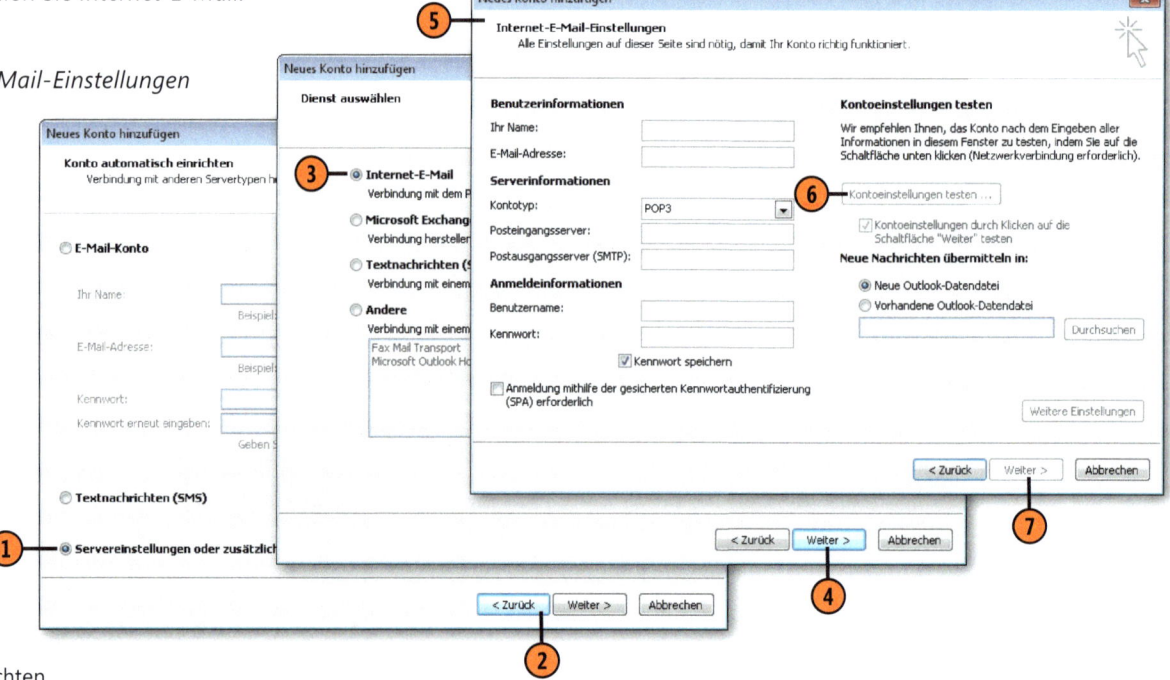

Die wichtigen Anmeldedaten

- Im Feld *Ihr Name* geben Sie den Anzeigenamen an, der zu Ihrer E-Mail-Adresse gehört. Beim Versenden von E-Mail-Nachrichten wird dieser Name im Feld *Von* angezeigt.

- Im Feld *E-Mail-Adresse* geben Sie die Adresse an, die zu verwenden ist, um an dieses Konto E-Mail-Nachrichten an Sie zu senden. Die Adresse muss das Format *name@anbieter* besitzen.

- Im Dropdown-Listenfeld *Kontotyp* legen Sie den Typ des Kontos fest. Die beiden Alternativen *POP3* und *IMAP* stehen zur Verfügung.

- In den Feldern *Posteingangsserver* und *Postausgangsserver (SMTP)* geben Sie die Server für Ihre eingehenden und ausgehenden Nachrichten an.

- Im Feld *Benutzername* geben Sie Ihren Kontonamen an. Dieser kann beispielsweise dem Teil Ihrer E-Mail-Adresse links vom @-Zeichen entsprechen.

- Im Feld *Kennwort* geben Sie das Kennwort ein, das Ihnen von Ihrem Dienstanbieter zugewiesen wurde. Aus Sicherheitsgründen werden die Eingaben in diesem Feld durch Sternchen ersetzt. Das Kennwort für den Zugang per *POP* wird aber unverschlüsselt übertragen.

- Aktivieren Sie das Kontrollkästchen *Kennwort speichern*, wenn dieses in Outlook gespeichert werden soll. Sie müssen dann bei der Verbindungsaufnahme nicht jedes Mal erneut das Kennwort eingeben. Allerdings können dann auch andere Personen von Ihrem Rechner aus das Konto benutzen.

Die unterschiedlichen Kontotypen

- *POP* steht für *Post Office Protocol*. Bei *POP3* befinden sich alle Nachrichten in einem einzigen Ordner des Servers. Beim Öffnen dieses Ordners wird der Inhalt – einschließlich der Anhänge – in den Speicherbereich des lokalen Systems kopiert und anschließend – bei der Mehrzahl der Dienstanbieter standardmäßig – vom Server gelöscht. Die anschließende Verwaltung findet auf dem lokalen System statt. Ein Nachteil entsteht, wenn Sie Ihre Nachrichten auf verschiedenen Computern bearbeiten wollen. Heruntergeladene Nachrichten sind lokal auf der Festplatte des Systems gespeichert, von dem aus Sie den Download vorgenommen haben. Um von einem anderen Ort aus an diese Nachrichten zu kommen, muss eine Zugriffsmöglichkeit zu diesem Rechner bestehen.

- *IMAP* steht für *Internet Message Access Protocol*. Bei *IMAP* findet die gesamte Nachrichtenverwaltung auf dem Server statt. Damit hat man von jedem Ort, von dem man seine Mail abruft, den gleichen Stand an gelesenen, noch nicht gelesenen oder gelöschten Nachrichten. Über ein *IMAP*-Konto werden eingehende Nachrichten nicht *mehr* wie gewohnt direkt auf Ihren Rechner heruntergeladen, sondern Sie erhalten – wie bei einem Newsserver – zunächst nur eine Liste der Nachrichten mit den Betreffzeilen. Die Nachricht wird erst dann angezeigt, wenn Sie einen Doppelklick darauf ausführen. Sie können darüber hinaus auf dem Server Ordner einrichten, in die Sie Nachrichten verschieben können. *IMAP* erlaubt außerdem, zunächst nur die Titel der Mails anzuschauen und auszuwählen, welche Mails zum Lesen vom Server heruntergeladen werden sollen. Gerade bei Nachrichten mit Anhängen verkürzen sich so die Ladezeiten erheblich.

Die Outlook-Ordner verstehen

Nachdem Sie mindestens ein Konto eingerichtet haben, werden im oberen Abschnitt des Navigationsbereichs im Outlook-Modul *E-Mail* mehrere Ordner angezeigt. In diesen Ordnern werden Ihre Nachrichten abgelegt.

Die einzelnen Ordner

- Im *Posteingang* werden die auf Ihren Rechner heruntergeladenen Nachrichten angezeigt. Sie können hier gelesen und bearbeitet – beispielsweise abgelegt, beantwortet oder weitergeleitet – werden.

- Der *Postausgang* beinhaltet Nachrichten, die Sie noch nicht gesendet haben. Wenn Sie Outlook beenden und sich dort noch nicht gesendete Nachrichten befinden, werden Sie darauf hingewiesen.

- Bereits gesendete Nachrichten werden standardmäßig als Kopien im Ordner *Gesendete Elemente* abgelegt. Damit verfügen Sie über eine Kontrollmöglichkeit, wem Sie wann welche Nachricht gesendet haben.

- Im Ordner *Entwürfe* speichern Sie Nachrichten – oder Fragmente davon –, die Sie später versenden oder als Vorlage für zukünftige Nachrichten verwenden können.

- Im Ordner *Gelöschte Elemente* werden in der Grundeinstellung des Programms die Elemente verwahrt, die Sie aus einem Mailordner gelöscht haben.

- Der Ordner *Junk-E-Mail* dient zur Ablage von Nachrichten, die von Outlook als Werbung oder ähnlich unerwünschte Sendungen identifiziert wurden.

- Über *Suchordner* finden Sie Nachrichten, die bestimmten, von Ihnen festlegbaren Kriterien entsprechen. Standardmäßig sind das die Suchordner *Große Nachrichten*, *Ungelesene Nachrichten* und *Zur Nachverfolgung*. Sie können aber auch eigene Suchordner erstellen.

Achtung

Was genau im Programmmodul *E-Mail* im oberen Teil des Navigationsbereichs angezeigt wird, ist eine Frage von mehreren Dingen: Hatten Sie beispielsweise bei der Installation von Office 2010 ein Update auf der Basis einer bereits vorhandenen Vorversion durchgeführt, werden für Outlook 2010 meist die vorhandenen Einstellungen übernommen. Das betrifft auch die Namen bestimmter Ordner, so kann es statt *Gesendete* und *Gelöschte Elemente* auch *Gesendete* und *Gelöschte Objekte* heißen. Auch die eingerichteten Konten beeinflussen die Anzeige. Die Beschreibungen in diesem Buch beziehen sich auf eine Neuinstallation und auf ein einzelnes Konto für den Nachrichtenaustausch.

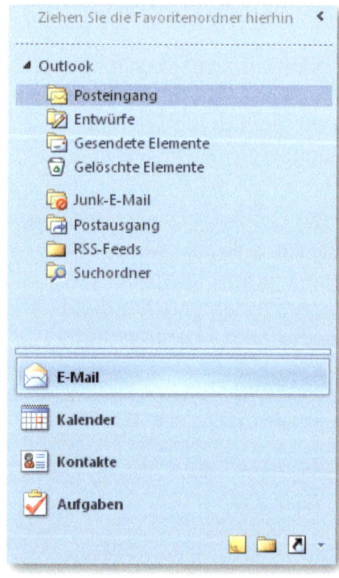

Die Inhalte eines Ordners anzeigen lassen

① Sorgen Sie dafür, dass der Bereich *E-Mail* des Programms aktiv ist.

② Klicken Sie im Navigationsbereich beispielsweise auf *Posteingang*, um die empfangenen Nachrichten anzuzeigen.

Wenn der Name eines Ordners – wie *Posteingang* – in fetter Schrift dargestellt wird, bedeutet das, dass sich darin Nachrichten befinden, die Sie noch nicht gelesen haben. Die Zahl dahinter gibt die Anzahl der noch nicht gelesenen Nachrichten an.

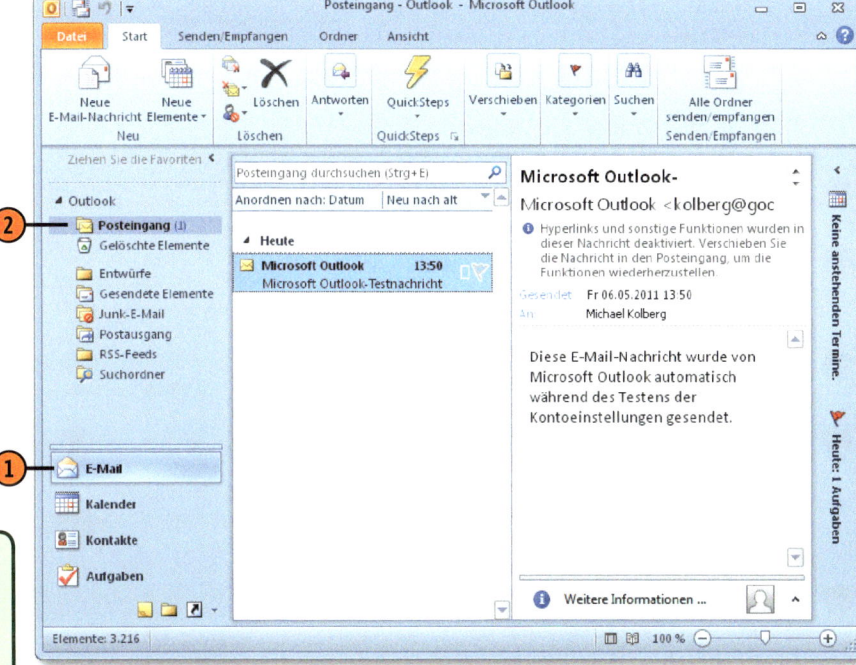

Tipp ✓

Oben im Navigationsbereich finden Sie auch einen *Favoritenbereich*, in dem Sie die von Ihnen am häufigsten benutzten Ordner ablegen können. Markieren Sie dazu den gewünschten Ordner – beispielsweise *Posteingang* – und verschieben Sie ihn mit gedrückt gehaltener Maustaste in diesen Bereich. Er wird dann dort angezeigt. Die hier platzierten Elemente dienen einem schnelleren Zugang zu den betreffenden Ordnern: Sie müssen die am häufigsten benutzten Ordner nicht in der Liste suchen, was sich aber beispielsweise erst bei mehreren E-Mail-Konten positiv auf die Arbeitsgeschwindigkeit auswirkt.

E-Mail-Nachrichten erstellen und versenden

Nachdem Sie ein funktionierendes Konto haben, ist das Erstellen einer E-Mail-Nachricht eine einfache Sache. Sie müssen im Prinzip nur folgende Dinge tun: Die Adresse des Empfängers – und gegebenenfalls den Betreff – eingeben, den Text der Nachricht verfassen und die Nachricht absenden. Beachten Sie auch, dass Sie eine Nachricht gleich an mehrere Empfänger versenden können.

Eine E-Mail-Nachricht erstellen

1. Aktivieren Sie – falls notwendig – den Outlook-Bereich *E-Mail*.

2. Klicken Sie auf die Schaltfläche *Neue E-Mail-Nachricht* in der Gruppe *Neu* der Registerkarte *Start*. Das öffnet ein neues E-Mail-Formular.

3. Im Feld *An* geben Sie den Empfänger an, an den die Nachricht adressiert werden soll.

4. Geben Sie im Feld *Betreff* einen Hinweis ein, worum es in der Nachricht geht. Diese Information wird – neben Ihrem Namen – dem Empfänger bei praktisch jedem Mailprogramm angezeigt.

5. Geben Sie im Feld darunter die eigentliche Nachricht ein. Nachdem Sie die Einfügemarke in das Feld für die Nachricht bewegt haben, können Sie sofort mit dem Schreiben beginnen.

6. Klicken Sie auf die Schaltfläche *Senden*. Das Formular wird daraufhin geschlossen und die Nachricht abgeschickt.

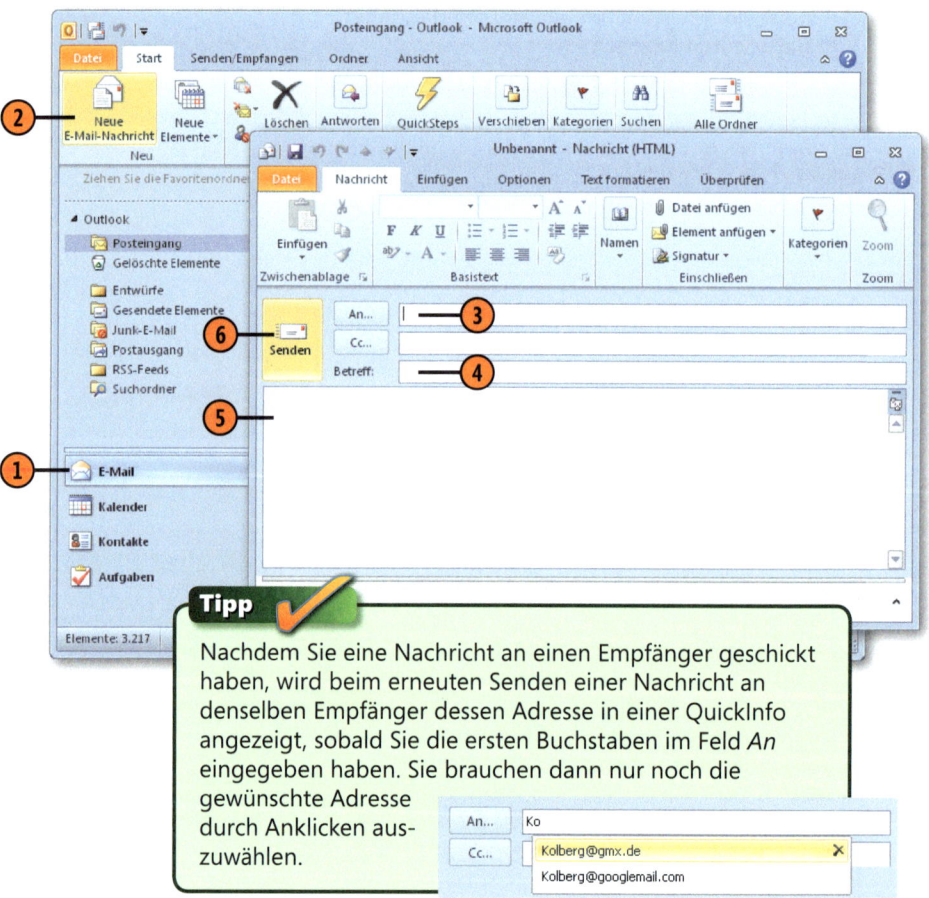

Tipp

Nachdem Sie eine Nachricht an einen Empfänger geschickt haben, wird beim erneuten Senden einer Nachricht an denselben Empfänger dessen Adresse in einer QuickInfo angezeigt, sobald Sie die ersten Buchstaben im Feld *An* eingegeben haben. Sie brauchen dann nur noch die gewünschte Adresse durch Anklicken auszuwählen.

Eine E-Mail-Nachricht an mehrere Personen versenden

① Klicken Sie auf die Schaltfläche *Neue E-Mail-Nachricht* in der Gruppe *Neu* der Registerkarte *Start*.

② Wenn Sie die Nachricht an mehrere Personen senden wollen, geben Sie im Feld *An* nach der Eingabe der ersten Adresse ein Semikolon ein und dann die nächste Adresse.

③ Wenn Sie eine Kopie an eine andere Person senden wollen, geben Sie die Empfängeradresse im Feld *Cc* ein. *Cc* steht für *Carbon Copy* – also Durchschlag.

④ Klicken Sie auf die Schaltfläche *Senden*. Das Formular wird daraufhin geschlossen und die Nachricht wird abgeschickt.

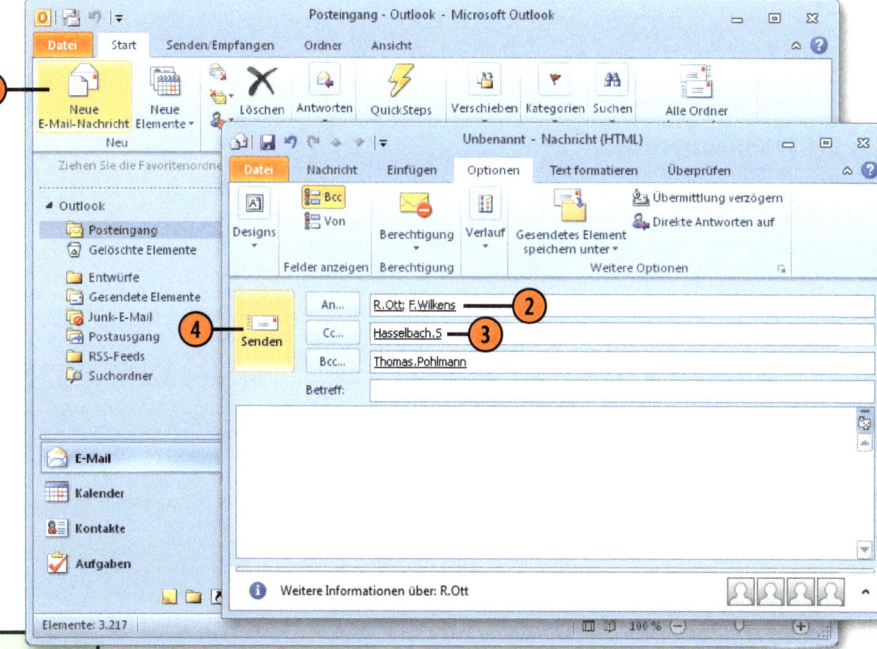

Tipp

Zusätzlich können Sie mit *Bcc* eine weitere Zeile zur Adresseingabe anzeigen lassen. Den Befehl dazu finden Sie im Menüband auf der Registerkarte *Optionen* in der Gruppe *Felder anzeigen*. *Bcc* steht für *Blind Carbon Copy* – also Blindkopie – und funktioniert ähnlich wie *Cc*. Auch hier können Sie Empfänger auflisten, die eine Kopie erhalten sollen. Diese Zeile ist aber insofern »blind«, als sie bei den unter *An* und *Cc* aufgelisteten Empfängern nicht angezeigt wird. Die unter *Bcc* aufgeführten Empfänger bleiben also den eigentlichen Adressaten der Nachricht verborgen.

Achtung !

Wenn nach dem Senden der Nachricht der Outlook-Ordner *Postausgang* in fetter Schrift mit einer Zahl dahinter angezeigt wird, befindet sich Ihre Nachricht noch in diesem Ordner. Das ist beispielsweise dann der Fall, wenn beim Sendeversuch gerade keine Verbindung zum Internet bestand.

E-Mail-Nachrichten formatieren

Bevor Sie die Nachricht absenden, können Sie den Text darin auch formatieren. Dazu müssen Sie wissen, dass eine Nachricht in drei unterschiedlichen Formaten erstellt werden kann – *HTML*, *Rich-Text* und *Nur Text*. Die Wahl eines dieser Formate bestimmt die

Möglichkeiten der Gestaltung und den Einsatz zusätzlicher Funktionen in der Nachricht. Das Nachrichtenformat *HTML* wird von vielen Mailprogrammen unterstützt; es ist in Outlook 2010 die Standardeinstellung.

Zeichenformat zuweisen

① Wechseln Sie im Menüband zur Registerkarte *Text formatieren*.

② Klicken Sie in der Gruppe *Format* ggf. auf die Schaltfläche *HTML*.

③ Markieren Sie den zu formatierenden Bereich im Text.

④ Wählen Sie in der Gruppe *Schriftart* das gewünschte Format. Klicken Sie beispielsweise auf die Schaltfläche *Fett*, wenn Sie eine fette Darstellung wünschen.

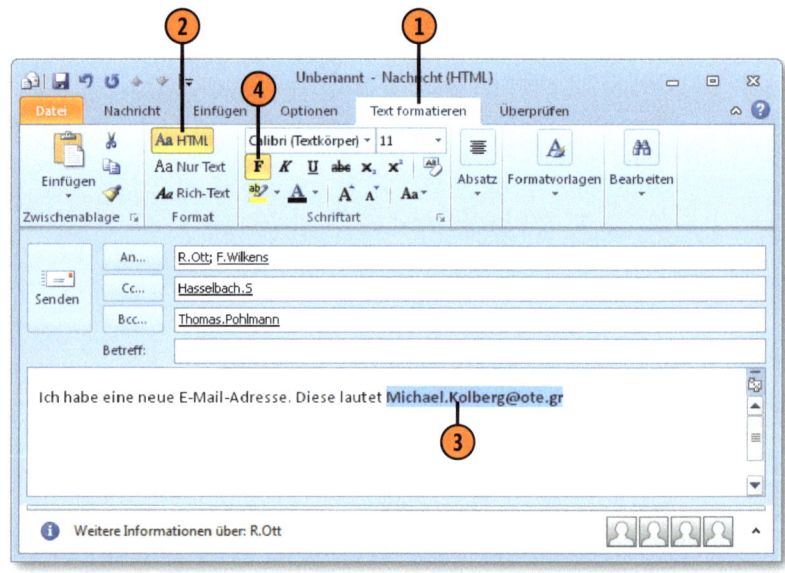

Achtung

Bei der Wahl des Nachrichtenformats sollten Sie bedenken, welche Möglichkeiten dem Empfänger zur Anzeige der Nachricht zur Verfügung stehen. Wenn Sie den Großteil Ihrer E-Mail-Nachrichten über das Internet versenden, empfiehlt sich die Verwendung der *Nur Text*-Option, anstatt Formatierungen anzuwenden, die in dem Programm des Empfängers möglicherweise nicht angezeigt werden. Außerdem blockt ein Teil der erfahrenen Computerbenutzer den Empfang von E-Mail-Nachrichten ab, die nicht im Format *Nur Text* gesendet sind.

Tipp

Sie können zum Formatieren eines Textbereichs auch die Minisymbolleiste benutzen, die angezeigt wird, wenn Sie einen Bereich markiert haben. Sie finden darin Schaltflächen für die wichtigsten Formatbefehle.

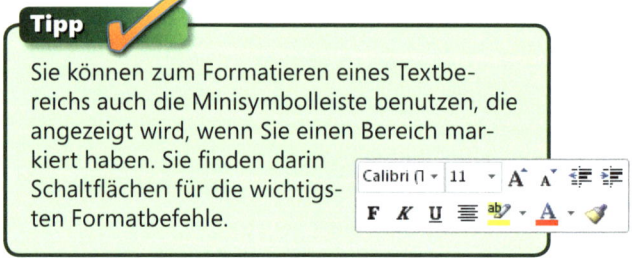

E-Mail-Nachrichten empfangen

Outlook ist in der Grundeinstellung so eingerichtet, dass an Sie gerichtete Nachrichten beim Öffnen des Programms automatisch abgerufen werden. Außerdem werden Nachrichten auch in regelmäßigen zeitlichen Abständen – standardmäßig alle 30 Minuten – ausgetauscht. Sie können aber auch jederzeit neue Nachrichten manuell abrufen. Voraussetzung ist nur eine bestehende Verbindung zum Internet.

E-Mail-Nachrichten übermitteln

① Klicken Sie auf die Schaltfläche *Alle Ordner senden/empfangen* oder drücken Sie die Taste F9.

② Im Dialogfeld wird der Austausch der Nachrichten angezeigt. Dieses Dialogfeld verschwindet nach Ablauf des Nachrichtenaustauschs automatisch.

③ Außerdem wird in der Statusleiste des Programms angezeigt, dass Nachrichten empfangen oder gesendet werden.

④ Im Bereich *E-Mail* wird die Anzahl der empfangenen, aber noch nicht gelesenen bzw. der noch nicht gesendeten Nachrichten im Navigationsbereich angezeigt.

- Empfangene Nachrichten werden im Ordner *Posteingang* angezeigt.

- Noch nicht gesendete Nachrichten befinden sich im Ordner *Postausgang*.

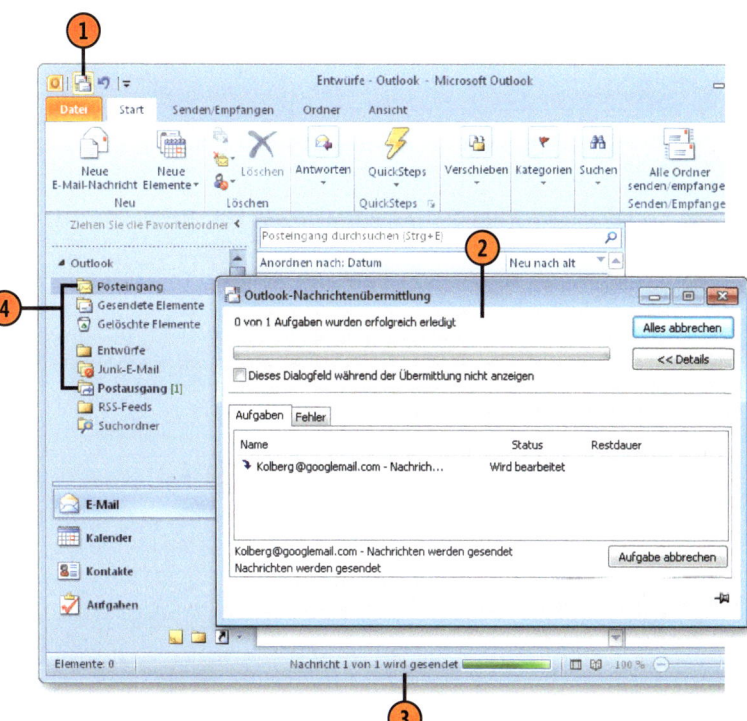

Tipp ✓

Wenn Sie die Häufigkeit des automatischen Nachrichtenaustauschs ändern möchten, öffnen Sie die Registerkarte *Datei* und wählen *Optionen*. Im Dialogfeld *Outlook-Optionen* klicken Sie auf *Erweitert*. Dann klicken Sie im Bereich *Senden und Empfangen* auf die Schaltfläche *Senden/Empfangen*. Im daraufhin angezeigten Dialogfeld können Sie im Feld *Automatische Übermittlung alle xx Minuten* die Häufigkeit einstellen. Bestätigen Sie mit *Schließen* und dann mit *OK*.

E-Mail-Nachrichten lesen

Alle empfangenen Nachrichten werden im Ordner *Posteingang* aufgelistet. Dort werden nicht gelesene Nachrichten standardmäßig in fetter Schrift angezeigt, die bereits gelesenen erscheinen in normaler Schrift. So erkennen Sie schnell, welche Nachrichten Sie noch lesen müssen.

Eine E-Mail-Nachricht im Lesebereich anzeigen

(1) Aktivieren Sie – falls notwendig – den Programmbereich *E-Mail*.

(2) Klicken Sie auf den Ordner *Posteingang*, um seinen Inhalt anzeigen zu lassen.

(3) Klicken Sie auf eine der Nachrichten im Ansichtsbereich.

(4) Die Nachricht wird im Lesebereich angezeigt.

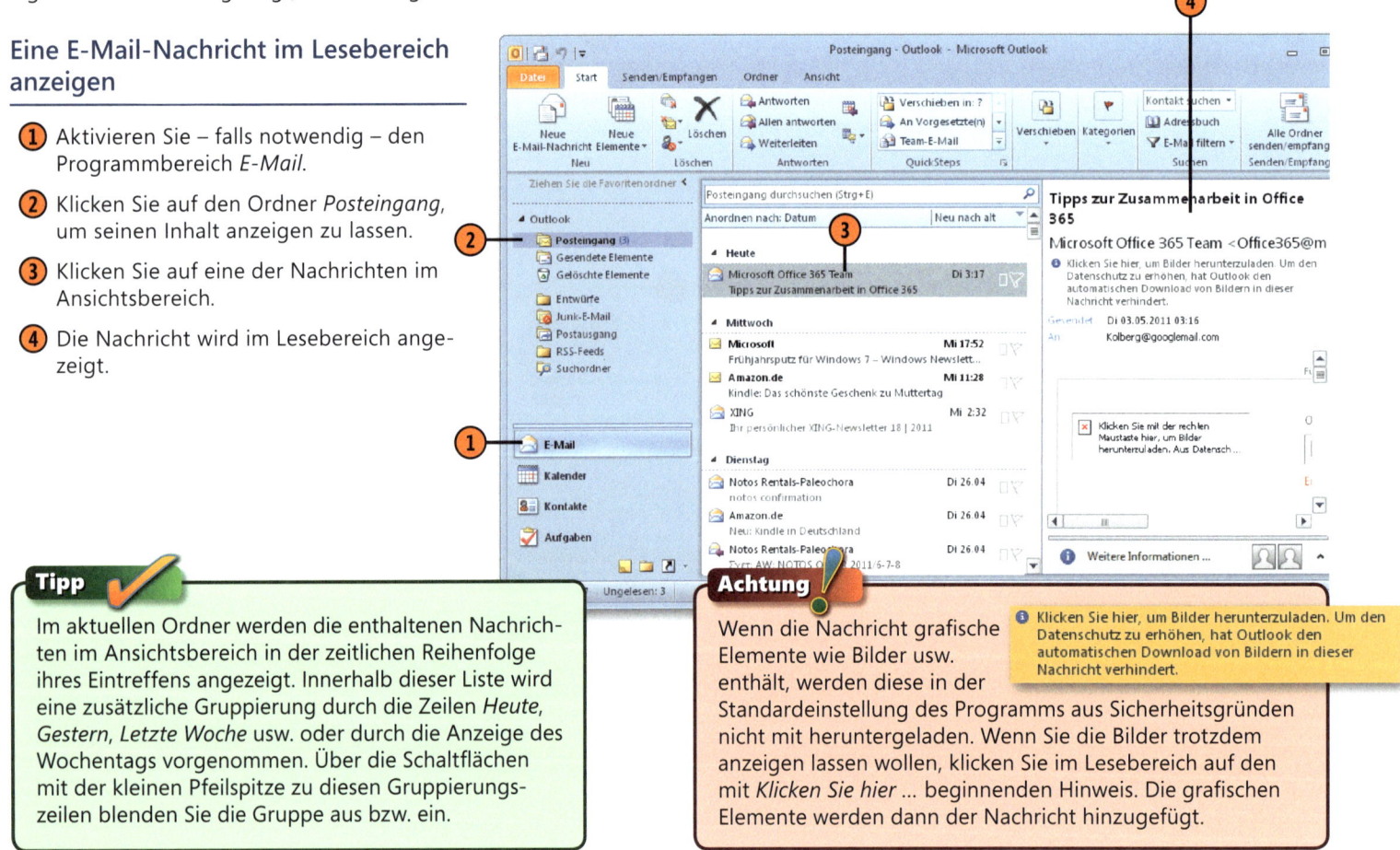

Tipp

Im aktuellen Ordner werden die enthaltenen Nachrichten im Ansichtsbereich in der zeitlichen Reihenfolge ihres Eintreffens angezeigt. Innerhalb dieser Liste wird eine zusätzliche Gruppierung durch die Zeilen *Heute*, *Gestern*, *Letzte Woche* usw. oder durch die Anzeige des Wochentags vorgenommen. Über die Schaltflächen mit der kleinen Pfeilspitze zu diesen Gruppierungszeilen blenden Sie die Gruppe aus bzw. ein.

Achtung

Wenn die Nachricht grafische Elemente wie Bilder usw. enthält, werden diese in der Standardeinstellung des Programms aus Sicherheitsgründen nicht mit heruntergeladen. Wenn Sie die Bilder trotzdem anzeigen lassen wollen, klicken Sie im Lesebereich auf den mit *Klicken Sie hier* ... beginnenden Hinweis. Die grafischen Elemente werden dann der Nachricht hinzugefügt.

Eine E-Mail-Nachricht öffnen

① Um eine Nachricht vollständig anzuzeigen, doppelklicken Sie auf die betreffende Nachrichtenzeile. Beachten Sie aber vor dem Öffnen einer Nachricht von einem Ihnen nicht bekannten Absender die erforderlichen Sicherheitsmaßnahmen.

② Die Nachricht wird in einem separaten Fenster angezeigt. Die Angaben des Senders werden in abgeblendeter Form dargestellt. Die Nachricht selbst kann nicht editiert werden.

③ Im Menüband werden auf der Registerkarte *Nachricht* weitere Befehle zum Arbeiten mit der Nachricht angezeigt.

④ Über die beiden Schaltflächen *Vorheriges Element* und *Nächstes Element* in der Symbolleiste für den Schnellzugriff wechseln Sie zu anderen Nachrichten.

⑤ Schließen Sie die Nachricht wieder.

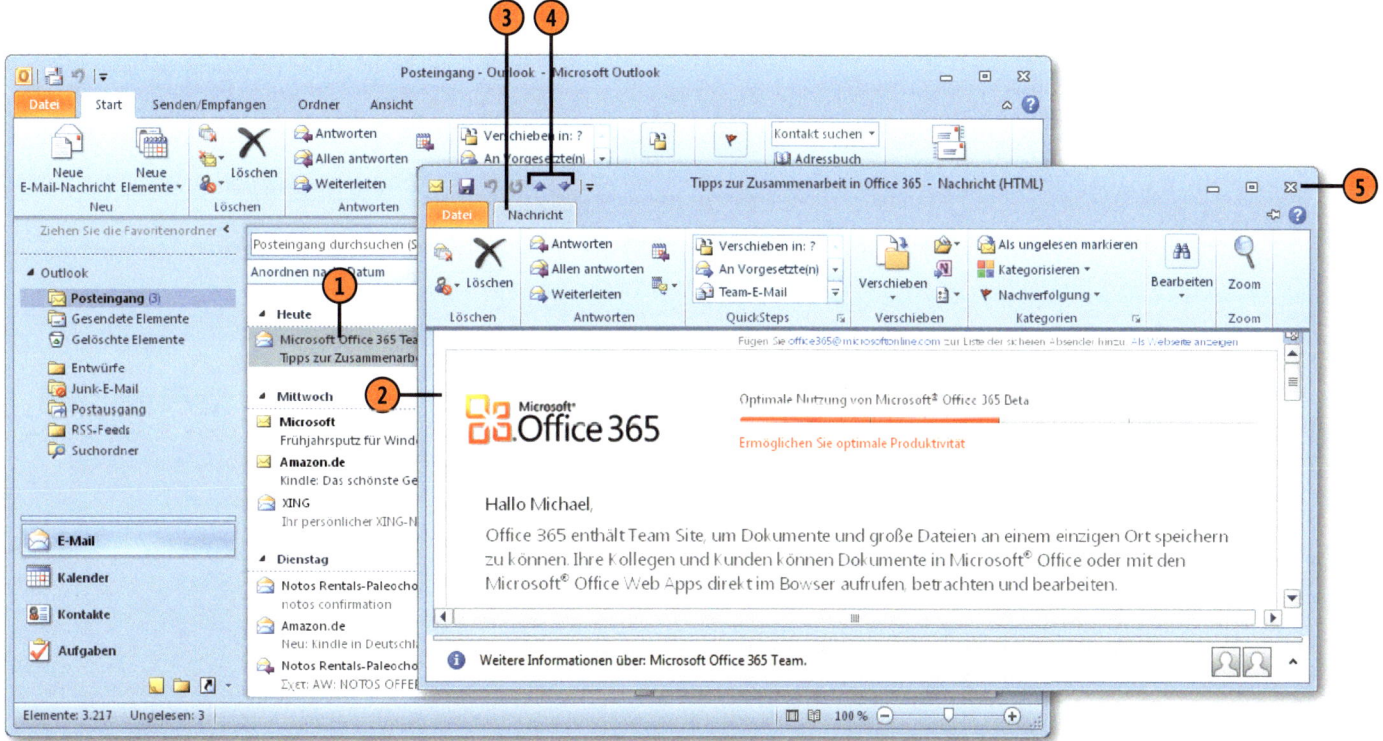

E-Mail-Nachrichten beantworten oder weiterleiten

In der Mehrzahl der Fälle werden Sie auf eine empfangene Nachricht reagieren wollen. Sie können beispielsweise darauf antworten oder die Nachricht an einen anderen Empfänger weiterleiten. Sie sparen sich die für die erneute Eingabe der Adresse und des Betreffs benötigte Zeit, wenn Sie direkt von der empfangenen Nachricht ausgehen. Beim Antworten bzw. Weiterleiten verfahren Sie im Prinzip genauso wie beim Senden einer von Ihnen selbst erstellten Nachricht.

Eine E-Mail-Nachricht beantworten

① Markieren Sie im Posteingang die Nachricht.

② Klicken Sie auf die Schaltfläche *Antworten* in der gleichnamigen Gruppe der Registerkarte *Start*. Hatten Sie die Nachricht bereits geöffnet, klicken Sie auf *Antworten* in der gleichnamigen Gruppe der Registerkarte *Nachricht* des Menübandes.

③ Das Fenster für die Antwort auf die Nachricht wird geöffnet. Der oder die Empfänger ist/sind bereits vermerkt.

④ In der Betreffzeile finden Sie die ursprüngliche Eingabe mit dem vorangestellten *AW*.

⑤ Geben Sie Ihre Antwort ein. Standardmäßig wird die eigentliche Nachricht im unteren Teil nochmals angezeigt.

⑥ Schicken Sie die Antwort ab.

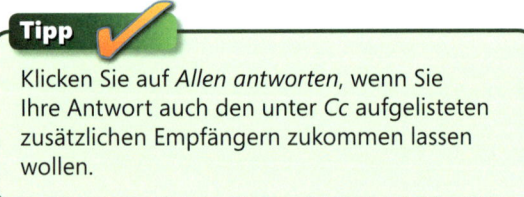

Tipp ✓

Klicken Sie auf *Allen antworten*, wenn Sie Ihre Antwort auch den unter *Cc* aufgelisteten zusätzlichen Empfängern zukommen lassen wollen.

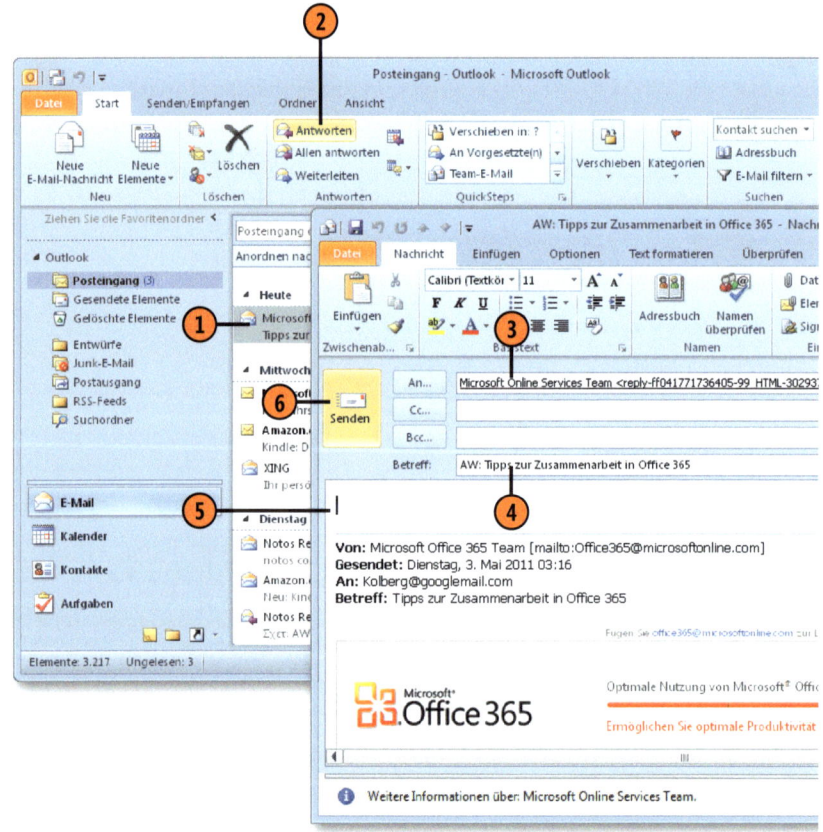

Eine E-Mail-Nachricht weiterleiten

1. Markieren Sie im Posteingang die Nachricht.

2. Klicken Sie auf die Schaltfläche *Weiterleiten* in der Gruppe *Antworten* der Registerkarte *Start*. Auch hier können Sie den Befehl bei einer bereits geöffneten Nachricht im Formular für die Nachricht ansprechen.

3. Das Fenster für die Antwort auf die Nachricht wird geöffnet.

4. In der Betreffzeile finden Sie die ursprüngliche Eingabe mit dem vorangestellten *WG*.

5. Die Empfängeradresse(n) müssen Sie noch angeben.

6. Zusätzliche Anlagen und Eingaben im Textbereich können Sie ebenfalls noch vornehmen.

7. Schicken Sie die Antwort ab.

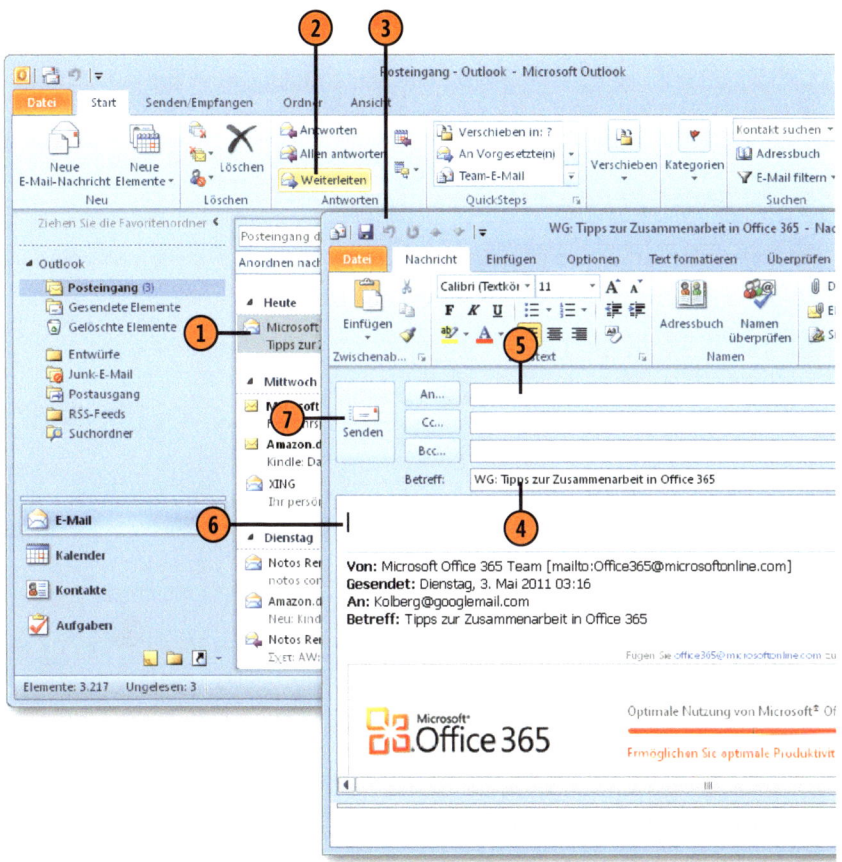

Tipp

Wenn Sie E-Mail-Nachrichten häufig an dieselbe Person weiterleiten müssen, können Sie sich Arbeit ersparen, indem Sie für diese Aufgabe einen QuickStep einrichten. Wie man das tut, erfahren Sie auf Seite 235.

Den Posteingang organisieren

Outlook liefert Ihnen viele Möglichkeiten, den Posteingang – und die anderen Ordner – übersichtlicher zu gestalten. Zwei davon sind besonders interessant: Sie können die Reihenfolge einstellen, in der die Nachrichten angezeigt werden, und auch Nachrichten mit den Antworten darauf zusammenfassend in einer sogenannten Unterhaltungsansicht anzeigen lassen.

Anordnungen benutzen

① Klicken Sie auf die Registerkarte *Ansicht*.

② Öffnen Sie die Liste zur Schaltfläche *Anordnen nach*.

③ Wählen Sie das gewünschte Kriterium.

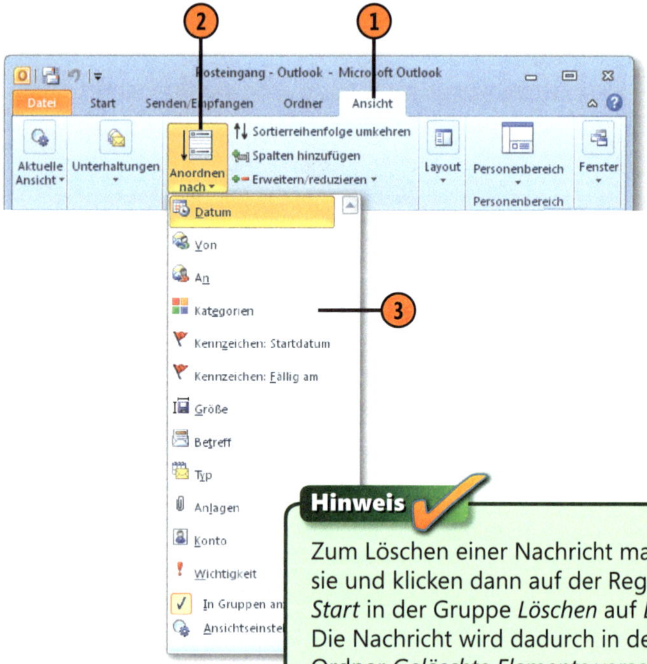

Die Unterhaltungsansicht benutzen

① Klicken Sie auf die Registerkarte *Ansicht*.

② Aktivieren Sie in der Gruppe *Unterhaltungen* das Kontrollkästchen *Als Unterhaltungen anzeigen*. Bestätigen Sie dann Ihre Absicht.

③ Der gesamte Nachrichtenverkehr – also beispielsweise Ihre ursprüngliche Nachricht, die Antwort darauf, Ihre Antwort auf die Antwort usw. werden in einem gemeinsamen Block angezeigt.

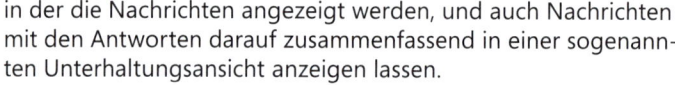

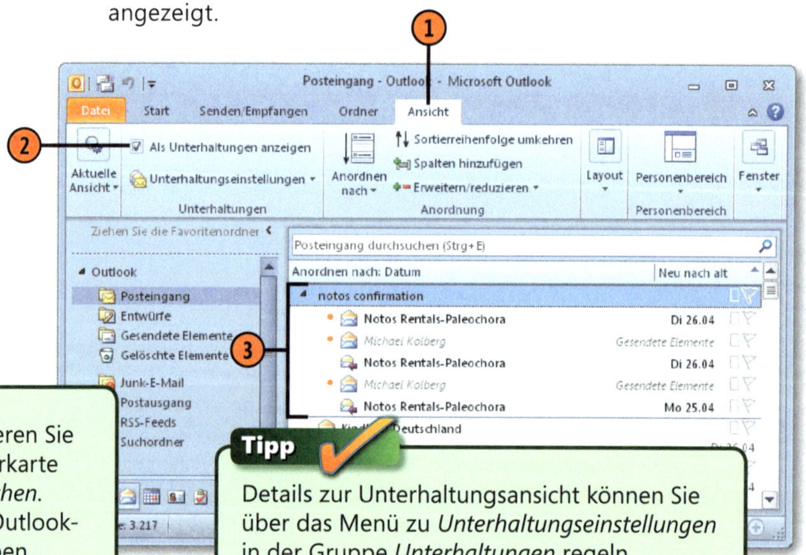

Hinweis ✓

Zum Löschen einer Nachricht markieren Sie sie und klicken dann auf der Registerkarte *Start* in der Gruppe *Löschen* auf *Löschen*. Die Nachricht wird dadurch in den Outlook-Ordner *Gelöschte Elemente* verschoben.

Tipp ✓

Details zur Unterhaltungsansicht können Sie über das Menü zu *Unterhaltungseinstellungen* in der Gruppe *Unterhaltungen* regeln.

QuickSteps

QuickSteps ermöglichen es, häufig benutzte Tätigkeiten im Programm schneller durchführen zu können. Einige QuickSteps sind bereits in Outlook 2010 eingerichtet, beispielsweise *Antworten und Löschen*. Andere Aktionen – wie beispielsweise das Weiterleiten von Nachrichten an einen bestimmten Empfänger – können Sie selbst als QuickSteps definieren. Sie müssen dann später nur noch den QuickStep aufrufen, um die festgelegte Aktion abzurufen.

Einen QuickStep zum Weiterleiten einrichten

1 Klicken Sie auf die Registerkarte *Start*.

2 Klicken Sie auf die Schaltfläche *Weitere* in der Gruppe *QuickSteps*. Das öffnet die Liste der verfügbaren QuickSteps.

3 Wählen Sie *Neuer QuickStep*.

4 Im Untermenü wählen Sie *Weiterleiten an*.

5 Geben Sie dem neuen QuickStep einen Namen – beispielsweise *Weiterleiten an: Frau Wilkens*.

6 Geben Sie die E-Mail-Adresse der Person(en) ein, an die weitergeleitet werden soll.

7 Bestätigen Sie über *Fertig stellen*. Der neue Quick-Step erscheint dann in der Liste und kann verwendet werden.

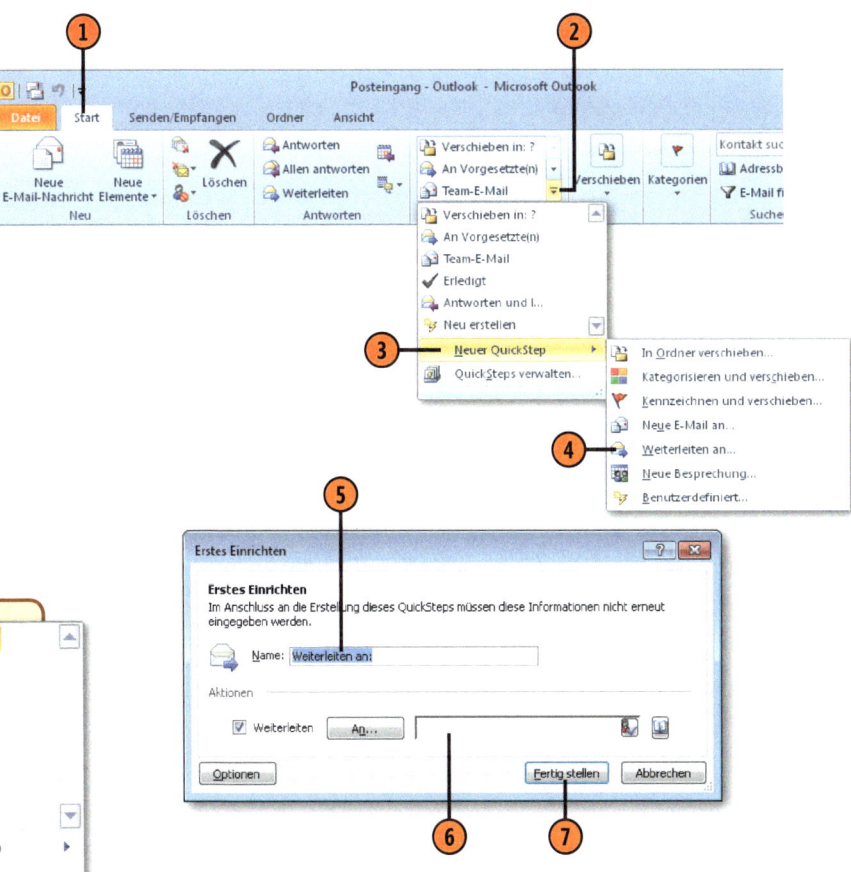

Gewusst wie

Um beispielsweise einen so eingerichteten QuickStep zum Weiterleiten einzusetzen, markieren Sie die betreffende E-Mail-Nachricht, öffnen die Liste der QuickSteps und wählen den QuickStep *Weiterleiten an: Frau Wilkens*. Die markierte Nachricht wird dann an die hinterlegte Adresse weitergeleitet.

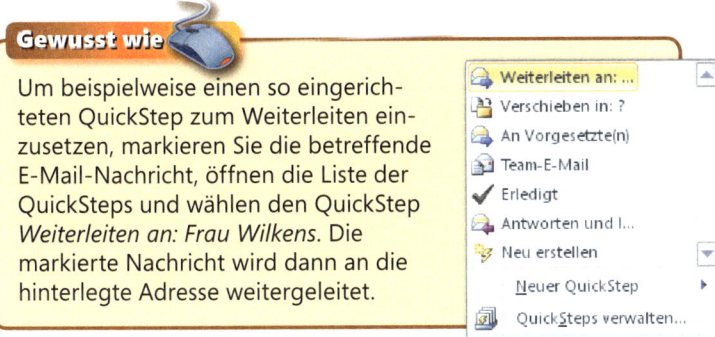

Mit Anhängen arbeiten

Sie können einer Nachricht Dateien oder Elemente aus Outlook hinzufügen. Der Empfänger einer solchen Nachricht kann die Anlag(en) öffnen oder speichern und weiter verarbeiten.

Zum Senden einer Nachricht mit einer Anlage gehen Sie zunächst genauso vor wie beim Verfassen einer normalen Nachricht.

Datei als Anhang anfügen

① Klicken Sie auf die Schaltfläche *Neue E-Mail-Nachricht* in der Gruppe *Neu* der Registerkarte *Start*.

② Geben Sie die Adressdaten, den Betreff und den Text der Nachricht ein.

③ Klicken Sie auf die Registerkarte *Einfügen*.

④ Klicken Sie in der Gruppe *Einschließen* auf *Datei anfügen*.

⑤ Das öffnet das Dialogfeld *Datei einfügen*. Markieren Sie darin die gewünschte Datei.

⑥ Klicken Sie auf *Einfügen*.

⑦ Der Name der gewählten Datei wird in einer neuen Zeile angezeigt.

⑧ Klicken Sie auf *Senden*, um die Nachricht abzuschicken.

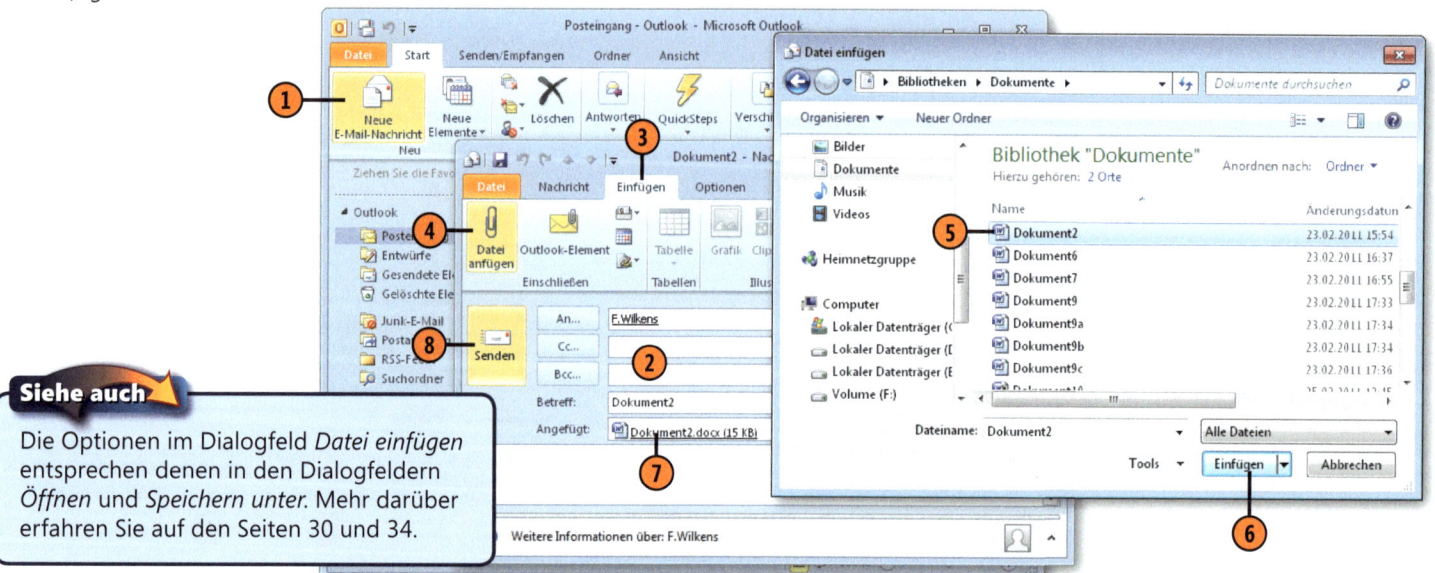

Siehe auch

Die Optionen im Dialogfeld *Datei einfügen* entsprechen denen in den Dialogfeldern *Öffnen* und *Speichern unter*. Mehr darüber erfahren Sie auf den Seiten 30 und 34.

Empfangenen Anhang speichern

1. Dass eine empfangene Nachricht über einen Anhang verfügt, erkennen Sie im Ansichtsbereich an dem Büroklammer-Symbol.
2. Im Lesebereich werden die einzelnen Anhänge zur Nachricht aufgelistet.
3. Klicken Sie mit der rechten Maustaste auf einen Eintrag, um die Optionen dafür anzuzeigen.
4. Wenn Sie die Option *Speichern unter* wählen, wird das Dialogfeld *Anlage speichern* angezeigt. Legen Sie darin die Speicherparameter fest.
5. Klicken Sie auf *Speichern*.

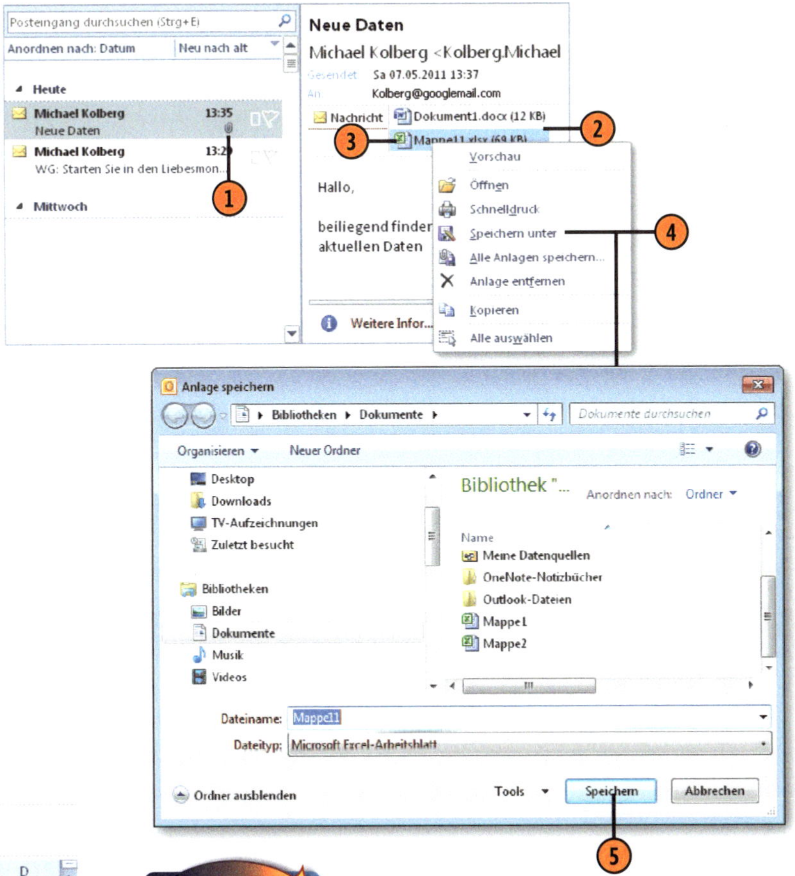

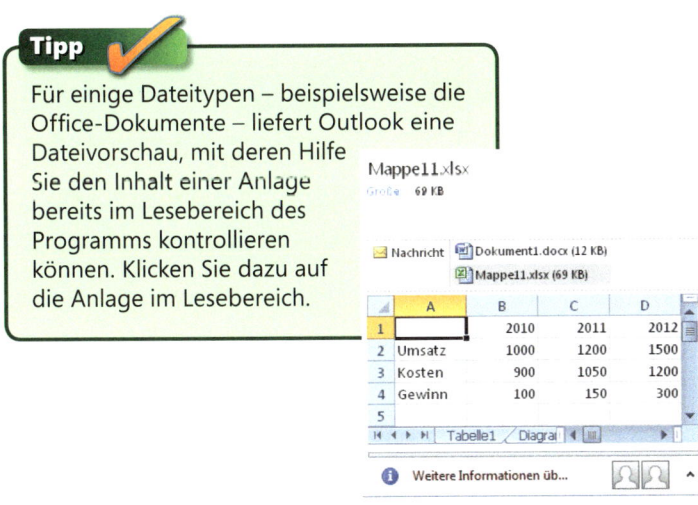

Tipp

Für einige Dateitypen – beispielsweise die Office-Dokumente – liefert Outlook eine Dateivorschau, mit deren Hilfe Sie den Inhalt einer Anlage bereits im Lesebereich des Programms kontrollieren können. Klicken Sie dazu auf die Anlage im Lesebereich.

	A	B	C	D
1		2010	2011	2012
2	Umsatz	1000	1200	1500
3	Kosten	900	1050	1200
4	Gewinn	100	150	300
5				

Siehe auch

Auch die Techniken zum Arbeiten im Dialogfeld *Anlage speichern* entsprechen denen, die Sie wahrscheinlich schon von den Dialogfeldern *Öffnen* oder *Speichern unter* her kennen. Hinweise liefern die Seiten 30 und 34.

Junk-Mail herausfiltern

Outlook beinhaltet einen *Junk-E-Mail-Filter*. Dieser Filter sortiert keine bestimmten Absender oder Nachrichtentypen aus, sondern ermittelt anhand der Inhalte der Nachricht die Wahrscheinlichkeit, dass es sich um Junk handelt. Jede Nachricht, die der Filter abfängt, wird in einen speziellen Ordner *Junk-E-Mail* verschoben, aus dem Sie die Nachrichten zu einem späteren Zeitpunkt abrufen und anzeigen können.

Dieses Werkzeug ist standardmäßig aktiviert, aber der Schutzgrad ist auf *Niedrig* festgelegt, um nur die offensichtlichsten Junk-E-Mail-Nachrichten zu erkennen. Sie können den Schutzgrad erhöhen, wodurch möglicherweise aber auch legitime Nachrichten aussortiert werden.

Die Parameter für den Filter einstellen

(1) Wählen Sie die Registerkarte *Start*.

(2) Öffnen Sie das Menü zur Schaltfläche *Junk-E-Mail* in der Gruppe *Löschen*.

(3) Wählen Sie *Junk-E-Mail-Optionen*.

(4) Klicken Sie im Dialogfeld auf die gewünschte Einstellung. Die Bedeutung wird im Dialogfeld beschrieben.

(5) Klicken Sie auf *OK*.

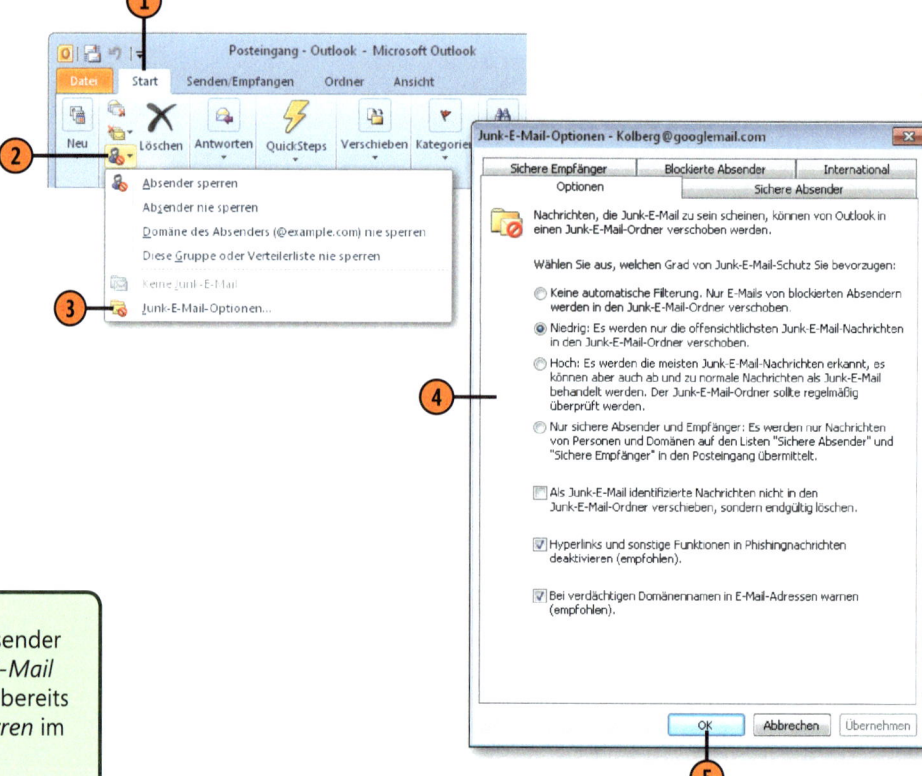

Tipp ✓

Wenn die Nachrichten von einem bestimmten Absender beim Eintreffen automatisch in den Ordner *Junk-E-Mail* verschoben werden sollen, markieren Sie eine der bereits erhaltenen Nachrichten und wählen *Absender sperren* im Menü zur Schaltfläche *Junk-E-Mail*.

Kontakte verwalten

Zur Verwaltung von Daten zu Personen und Unternehmen, mit denen Sie kommunizieren möchten, verwenden Sie den Outlook-Ordner *Kontakte*. Sie können hierin die Namen, mehrere Adressen, Telefon- und Faxnummern, E-Mail-Adressen sowie sonstige private und/oder geschäftliche Informationen übersichtlich in einem Formular aufnehmen. Ganz nach Bedarf können diese Informationen umfassend oder kurz gehalten sein.

Sie können die Daten in diesem Bereich benutzen, um mit den Personen eine Kommunikation zu beginnen. Wenn Sie beispielsweise die E-Mail-Adresse(n) im Kontaktformular eingegeben haben, brauchen Sie diese zum Erstellen einer Nachricht nicht mehr einzutippen, sondern können sie einfach übernehmen. Unter bestimmten Hardwarevoraussetzungen können Sie auch einen Telefonanruf mit einer Kontaktperson aus Outlook heraus starten.

Interessant sind auch Verteilerlisten. Das sind Gruppen von Kontakten. Mithilfe einer Verteilerliste können Sie beispielsweise eine Nachricht an alle Mitglieder der Gruppe senden; Sie ersparen sich also die Eingabe der einzelnen Adressen.

Der Bereich der Kontakte

Zum Verwalten von Daten zu Personen und Unternehmen, mit denen Sie kommunizieren möchten, verwenden Sie den Outlook-Ordner *Kontakte*. Sie können hierin mehrere Adressen, Telefon- und Faxnummern, E-Mail-Adressen sowie sonstige private und/ oder geschäftliche Informationen übersichtlich in einem Formular aufnehmen. Ganz nach Bedarf können diese Informationen umfassend oder kurz gehalten sein. Machen Sie sich zu Beginn mit den typischen Elementen dieses Programmbereichs vertraut.

Die Kontakte anzeigen lassen

■ Zur Anzeige der Kontakte klicken Sie im unteren Bereich des Navigationsbereichs auf die Schaltfläche *Kontakte*.

■ Oben im *Navigationsbereich* werden die vorhandenen Kontakte-Ordner angezeigt. Sie können Outlook so einrichten, dass verschiedene Kontakte in unterschiedlichen Ordner abgelegt werden – beispielsweise private und geschäftliche Kontakte.

■ Im Hauptbereich des Fensters wird standardmäßig der Inhalt des links markierten Ordners in der Ansicht *Visitenkarten* angezeigt (siehe Abbildung nächste Seite). In dieser Ansicht werden die wichtigsten Daten – wie Name, Postadresse, Telefon- und Faxnummern sowie die E-Mail-Adresse – in Blöcken zusammengefasst. Natürlich werden jeweils nur die bereits eingegebenen Daten angezeigt.

■ Mit der Bildlaufleiste rechts neben den Visitenkarten können Sie zwischen diesen blättern.

■ Mithilfe eines Klicks auf einen Buchstaben im Register rechts daneben gelangen Sie schnell zum gewünschten Anfangsbuchstaben. Sie können auch zusätzliche Register für einige Sprachen anzeigen lassen, die keine lateinischen Buchstaben benutzen.

Siehe auch

Informationen zu Aufgaben und zum Aufgabenbereich finden Sie im folgenden Kapitel auf den Seiten 258 ff.

■ Standardmäßig wird im Programmfenster auch wieder die *Aufgabenleiste* angezeigt. In dieser Leiste können Sie einen *Datumsnavigator*, die anstehenden *Termine* und eine Liste der noch nicht abgeschlossenen Aufgaben anzeigen lassen.

■ Zur Anzeige stehen Ihnen aber noch andere Ansichten zur Verfügung. Beispielsweise liefert die Ansicht *Liste* eine tabellarische Anzeige der Kontaktdaten.

Suchleiste

Menüband

Kontakte-Ordner
ausgewählt

Kontakte

Outlook-Modul
Kontakte aktiviert

Anzahl der Kontakte
im Ordner

Aufgabenleiste

Bildlaufleiste

Buchstaben-
register

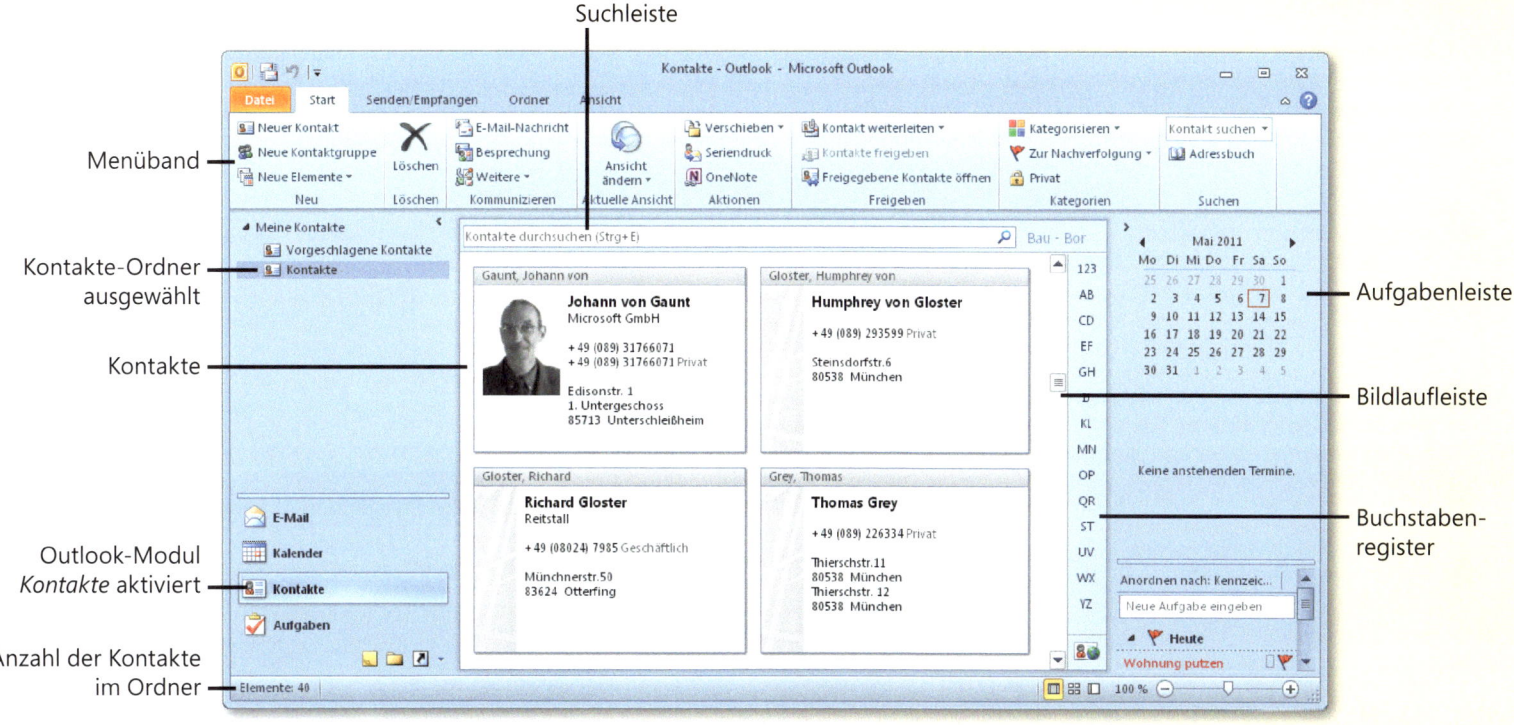

Siehe auch

Einige Elemente der Oberfläche können Sie ändern: Beispielsweise können Sie eine andere Farbgebung der Oberfläche einstellen. Wie Sie das tun, lesen Sie auf Seite 24 f.

Das Menüband kann in einer minimierten Form angezeigt
werden. Hinweise zur Arbeit mit diesem Werkzeug finden
Sie auf Seite 20 f.

Gewusst wie

Über die Suchleiste unterhalb vom Menüband können Sie
nach Kontakten suchen lassen. Wenn Sie darin nur wenige
Zeichen – beispielsweise die ersten Buchstaben des Nach-
namens – eintippen, werden im Ansichtsbereich nur noch
die Kontakte angezeigt, die dieser Bedingung genügen. Um
wieder alle Kontakte anzuzeigen, klicken Sie auf das Feld
Suche schließen in der Suchleiste.

Einen Kontakt erstellen

Anfangs beinhaltet der Bereich *Kontakte* natürlich noch keine Eintragungen. Diese müssen Sie zuerst erstellen. Dafür benutzt Outlook ein Formular, in dem Sie – ganz nach Belieben – Daten eingeben können. Sie können nur einige Grunddaten eingeben oder das Formular auch vollständig ausfüllen. Beispielsweise

können Sie sich bei Geschäftspartnern auf Namen und E-Mail-Adresse beschränken, bei Freunden und Bekannten hingegen ausführlichere Angaben wie Privatadresse, Spitzname, diverse Telefonnummern und den Geburtstag aufnehmen.

Mit dem Formular arbeiten

① Ist der Bereich *Kontakte* bereits aktiviert, klicken Sie zum Erstellen eines neuen Kontakts in der Gruppe *Neu* auf der Registerkarte *Start* auf die Schaltfläche *Neuer Kontakt*.

② Wenn Sie gerade in einem anderen Outlook-Modul beschäftigt sind, können Sie auch das Menü zur Schaltfläche *Neue Elemente* öffnen und darin auf *Kontakt* klicken.

③ Beide Aktionen öffnen das Formular *Unbenannt - Kontakt*. Geben Sie hier die gewünschten Daten ein.

④ Klicken Sie in der Gruppe *Aktionen* auf *Speichern & schließen*.

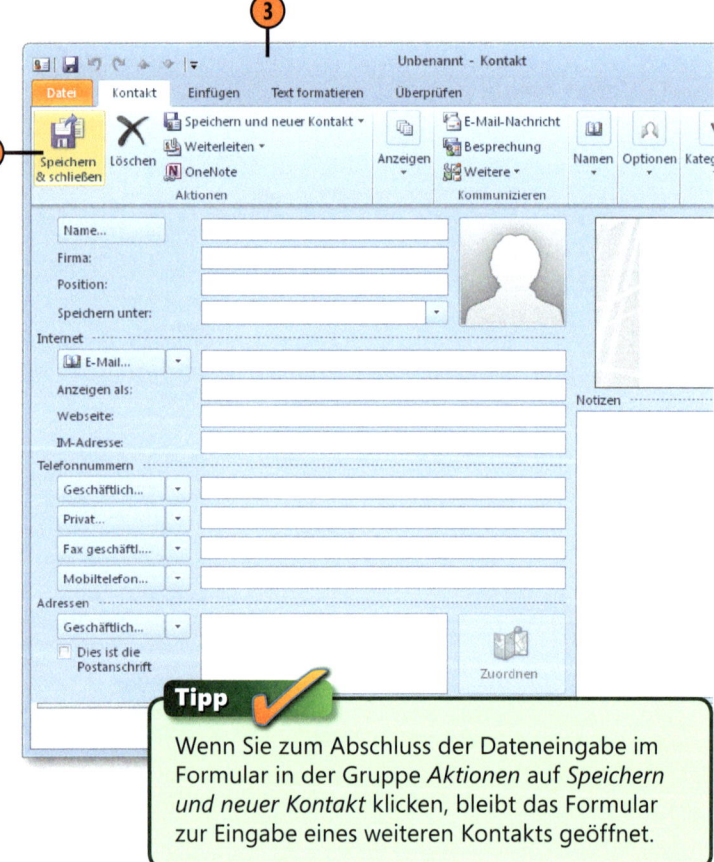

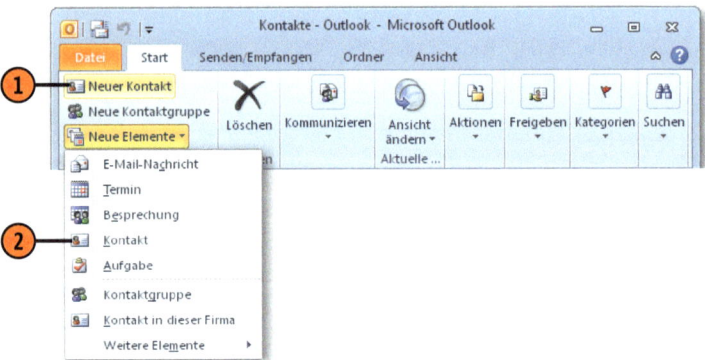

Tipp ✓

Wenn Sie zum Abschluss der Dateneingabe im Formular in der Gruppe *Aktionen* auf *Speichern und neuer Kontakt* klicken, bleibt das Formular zur Eingabe eines weiteren Kontakts geöffnet.

Die wichtigsten Eingabefelder

- Im oberen linken Bereich des Eingabeformulars können Sie alle mit dem Namen und der Firma des Kontakts zusammenhängenden Daten in den Feldern *Name*, *Position* und *Firma* direkt eintragen.

- Im Bereich *Internet* können Sie eine oder mehrere E-Mail-Adressen für den Kontakt erfassen. Wenn der Kontakt über mehrere Adressen verfügt, legen Sie zuerst über das Listenfeld fest, welche Adresse Sie eingeben oder ändern wollen. Geben Sie dann die E-Mail-Adresse ein. Im Feld *Anzeigen als* wird nach Eingabe einer E-Mail-Adresse in der Voreinstellung die Form angezeigt, die Outlook beispielsweise im Adressbuch verwendet. Sie können diese Anzeige editieren. Die eingegebene Adresse selbst wird davon aber nicht beeinflusst.

- Wenn der Kontakt eine eigene Webseite besitzt, vermerken Sie die URL dazu im Feld *Webseite*. Im Feld *IM-Adresse* können Sie für Kontakte, die *Instant Messaging* verwenden, die Adresse eingeben. Wenn der Kontakt geöffnet ist, wird der Onlinestatus des Kontakts in der Infoleiste angezeigt. Der Onlinestatus des Kontakts erscheint ebenfalls in der Infoleiste einer E-Mail-Nachricht, falls die im Feld *Von* angezeigte Adresse in Ihrer Liste enthalten ist. Durch Klicken auf die Infoleiste können Sie eine Sofortnachricht senden.

- Im Bereich *Telefonnummern* können Sie eine Vielzahl von Rufnummern eingeben. Mit *Geschäftlich*, *Privat*, *Fax geschäftl.* und *Mobiltelefon* stehen Ihnen zunächst vier Felder als Voreinstellung zur Verfügung. Über die zu diesen Feldern gehörenden Dropdownlisten können Sie das entsprechende Feld durch ein Feld für eine andere Telefonnummer ersetzen. Die vorher im ursprünglich angezeigten Feld vorgenommenen Eingaben bleiben aber erhalten und können durch einen erneuten Wechsel wieder angezeigt werden. Auf diese Weise werden alle im Listenfeld aufgelisteten Felder mit Telefonnummern versehen. Sie können aber immer nur vier davon im Formular *Kontakt* anzeigen.

- Der Bereich *Adressen* des Formulars *Kontakt* bietet Platz für mehrere Anschriften des Kontakts. Für jeden Kontakt lassen sich bis zu drei Adressen eingeben. Wählen Sie zunächst über das Listenfeld die Adresse und welche Art von Informationen – geschäftliche, private oder andere – Sie erfassen wollen. Geben Sie dann die Daten ein.

- Wenn Sie über ein digitales Bild des Kontakts verfügen, können Sie dieses mit anzeigen lassen. Klicken Sie auf *Bild* in der Gruppe *Optionen* der Registerkarte *Kontakt* und wählen Sie *Bild hinzufügen*. Das öffnet den Ordner, in dem standardmäßig Bilder auf Ihrem Rechner gespeichert werden. Bei Windows Vista ist das beispielsweise der Unterordner *Bilder* im persönlichen Ordner des Benutzers, bei Windows 7 die Bibliothek *Bilder*. Wechseln Sie gegebenenfalls zum gewünschten Ordner, markieren Sie dort die Datei und klicken Sie auf *Öffnen*.

Tipp ✓

Weitere Möglichkeiten zur Eingabe von Informationen für einen Kontakt finden Sie in der Gruppe *Anzeigen* auf der Registerkarte *Kontakt* des Formulars *Kontakt*. Über *Details* lassen sich beispielsweise weitere Informationen zum aktuellen Kontakt festlegen, auch das Geburtsdatum. Eingaben in den Feldern *Geburtstag* und *Jahrestag* werden automatisch in den Outlook-Kalender übertragen.

Kontaktdaten ändern

Änderungen in den Daten zu einem Kontakt können Sie direkt im Lesebereich der aktuellen Ansicht eingeben. Für eine umfangreichere Korrektur verwenden Sie jedoch besser wieder das

Formular zur Eingabe der Kontaktdaten, das Sie durch einen Doppelklick auf den betreffenden Kontakt wieder auf den Bildschirm bringen können.

Änderungen über das Formular durchführen

1. Doppelklicken Sie auf einen Kontakteintrag.

2. Das Formular für den Kontakt wird angezeigt. Führen Sie darin die Änderungen durch.

3. Klicken Sie auf *Speichern & schließen*.

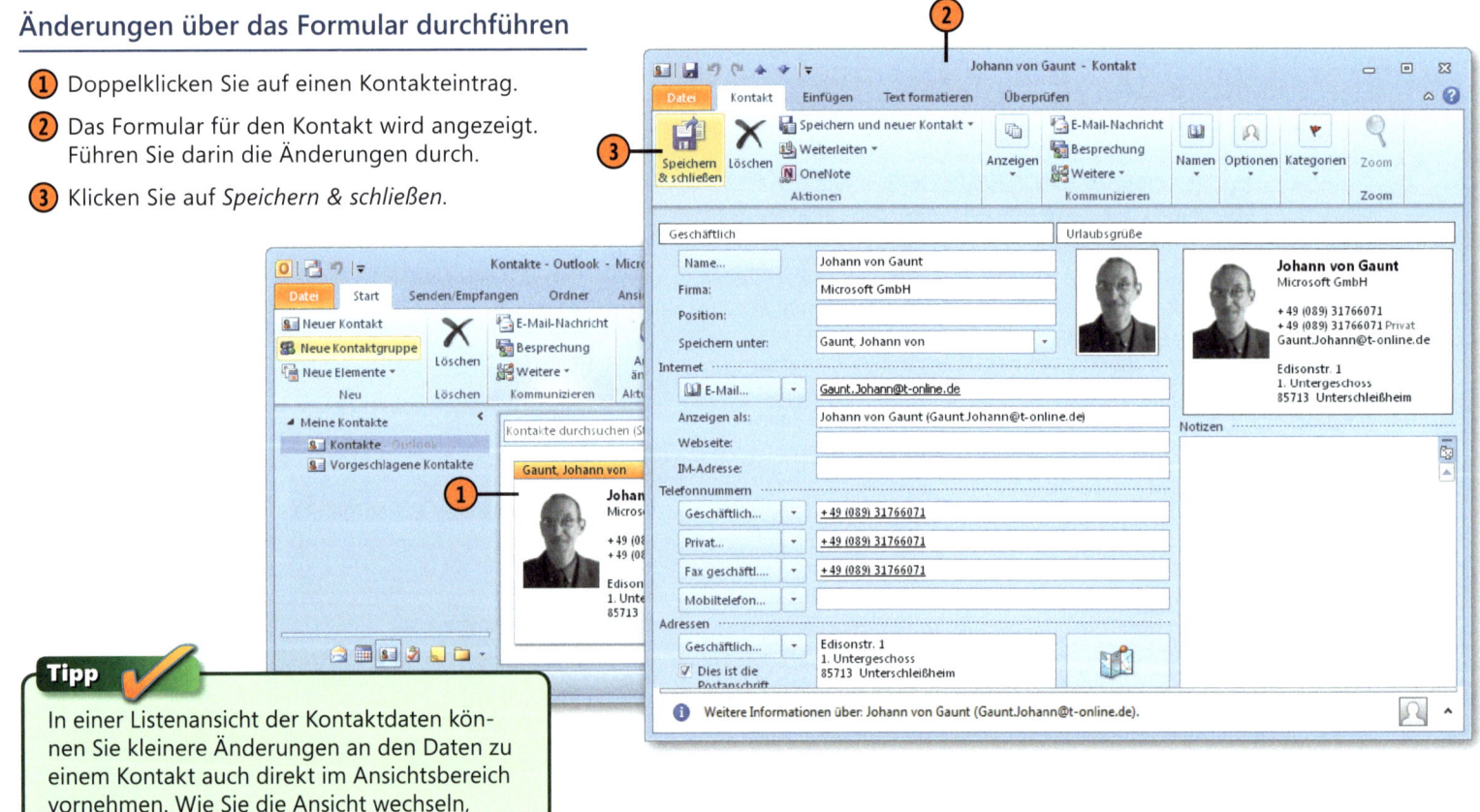

> **Tipp**
>
> In einer Listenansicht der Kontaktdaten können Sie kleinere Änderungen an den Daten zu einem Kontakt auch direkt im Ansichtsbereich vornehmen. Wie Sie die Ansicht wechseln, erfahren Sie auf Seite 248.

Verteilerlisten

Eine Verteilerliste oder Kontaktgruppe ist eine Zusammenstellung von Kontakten, die Sie für unterschiedliche Zwecke verwenden können. Nach dem Bilden einer solchen Liste können Sie beispiels-weise Nachrichten in einem Arbeitsschritt an die gesamte Gruppe senden.

Eine Verteilerliste definieren

① Ist der Outlook-Bereich *Kontakte* aktiv, klicken Sie in der Gruppe *Neu* der Registerkarte *Start* auf *Neue Kontakt-gruppe*. Das zeigt das Formular *Unbenannt - Kontaktgruppe* an, das anfangs noch leer ist.

② Geben Sie der Gruppe einen Namen.

③ Klicken Sie in der Gruppe *Mitglieder* auf *Mitglieder hinzufü-gen* und wählen Sie beispielsweise *Aus Outlook-Kontakten*.

④ Markieren Sie einen Kontakt, den Sie hinzufügen wollen.

⑤ Klicken Sie auf *Mitglieder*. Der Kontakt erscheint dann im Feld rechts davon. Wiederholen Sie die Schritte 4 und 5 für weitere Kontakte.

⑥ Klicken Sie auf *OK*.

⑦ Die für die Liste ausgewählten Einzelkontakte werden ange-zeigt.

⑧ Klicken Sie auf *Speichern & schließen*.

⑨ Die Kontaktgruppe wird dann als neues Element in die Liste der Kontakte aufgenommen.

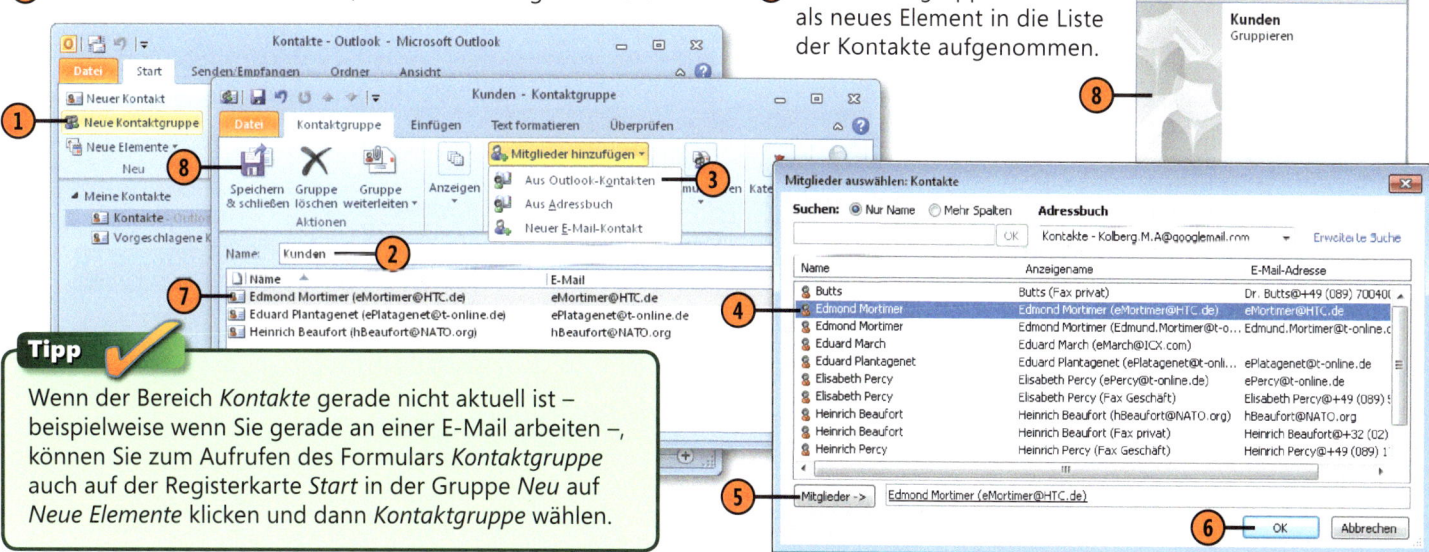

Tipp ✔

Wenn der Bereich *Kontakte* gerade nicht aktuell ist – beispielsweise wenn Sie gerade an einer E-Mail arbeiten –, können Sie zum Aufrufen des Formulars *Kontaktgruppe* auch auf der Registerkarte *Start* in der Gruppe *Neu* auf *Neue Elemente* klicken und dann *Kontaktgruppe* wählen.

Mit Kontakten kommunizieren

Nachdem Sie Kontaktdaten eingegeben haben, ist es einfach, mit diesen eine Kommunikation zu starten. Sie können mithilfe verschiedener Verfahren eine E-Mail an einen Kontakt oder eine

Kontaktgruppe senden oder auch – unter bestimmten technischen Voraussetzungen – den Kontakt direkt aus Outlook heraus anrufen.

Eine E-Mail an einen Kontakt senden

① Markieren Sie den Kontakt, an den Sie die Nachricht senden wollen.

② Klicken Sie in der Gruppe *Kommunizieren* auf *E-Mail-Nachricht*.

③ Das öffnet das Nachrichtenformular. Die Empfängeradresse ist bereits eingetragen. Geben Sie die restlichen Daten der Nachricht ein.

④ Klicken Sie auf die Schaltfläche *Senden*. Das Formular wird daraufhin geschlossen und die Nachricht wird abgeschickt.

Einen Kontakt anrufen

① Markieren Sie den Kontakt und öffnen Sie in der Gruppe *Kommunizieren* das Menü zur Schaltfläche *Weitere*. Wählen Sie *Anruf* und klicken Sie dann auf die gewünschte Telefonnummer.

② Klicken Sie im Dialogfeld auf *Anruf beginnen*.

③ Nehmen Sie dann den Hörer ab und klicken Sie auf *Sprechen*.

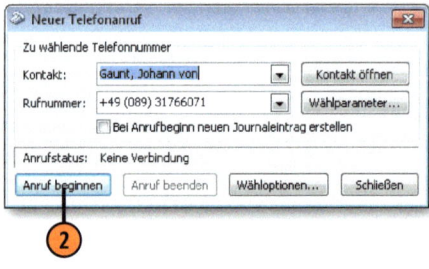

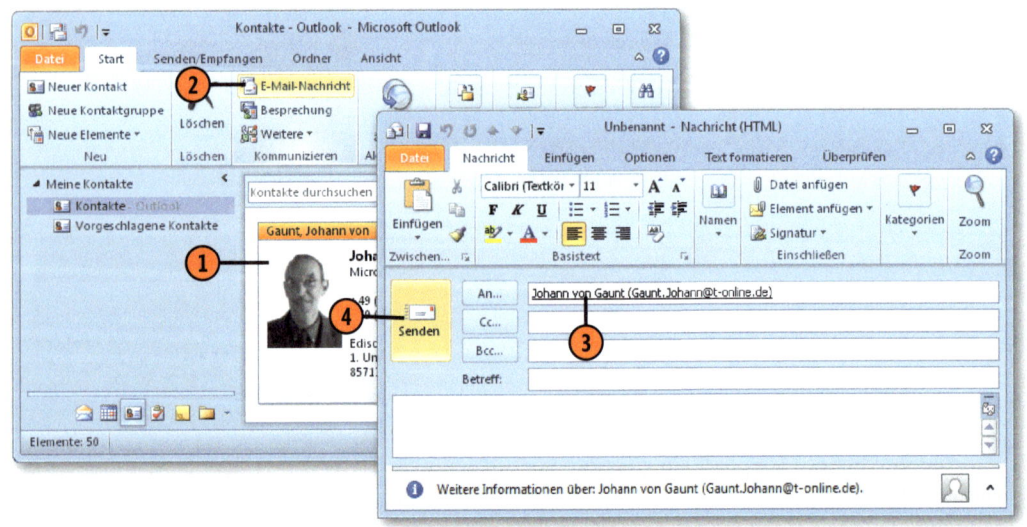

Das Adressbuch beim Adressieren von E-Mails benutzen

1. Klicken Sie im Formular zum Erstellen einer E-Mail-Nachricht auf die Schaltfläche *An*.
2. Das zeigt das Adressbuch an.
3. Markieren Sie darin nacheinander die Kontakte, an die Sie die Nachricht senden wollen.
4. Klicken Sie nach dem Markieren auf eine der Schaltflächen *An*, *Cc* oder *Bcc*. Die Adressen werden in die Felder rechts davon übernommen.

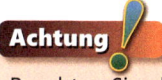

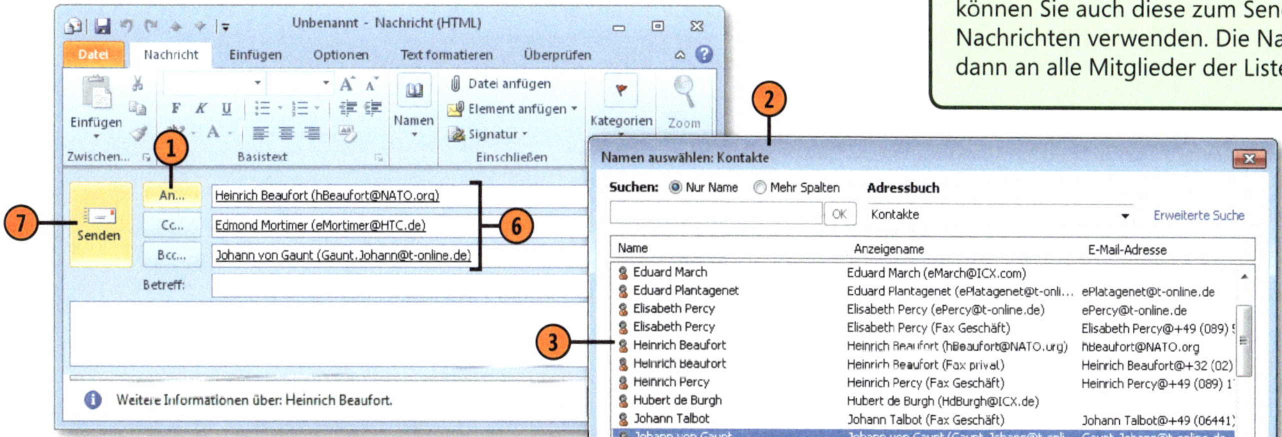

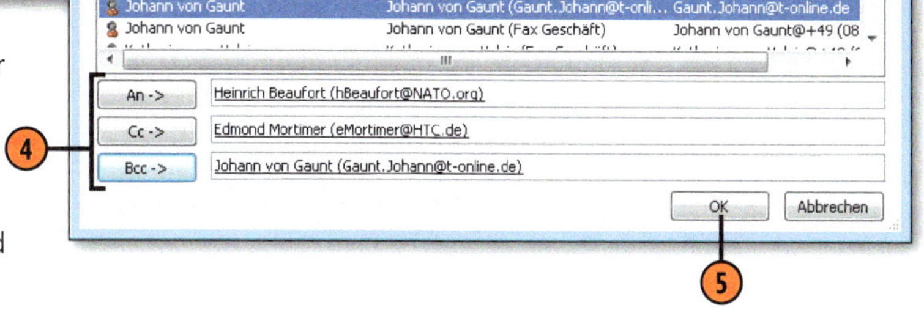

5. Wenn Sie mit dem Auswählen der Empfänger fertig sind, bestätigen Sie mit *OK*.
6. Die ausgewählten Empfänger werden in den entsprechenden Feldern vermerkt.
7. Vervollständigen Sie dann Ihre Nachricht und klicken Sie auf *Senden*, um sie abzuschicken.

Achtung

Beachten Sie, dass im Adressbuch neben den E-Mail-Adressen auch Einträge für Faxnummern aufgelistet werden. Wählen Sie zum Senden von E-Mails immer den richtigen Eintrag. Sie können hier auch Faxnummern verwenden, wenn Sie über eine geeignete Hardwareausstattung – beispielsweise ein Faxmodem – verfügen.

Tipp

Wenn Sie Verteilerlisten definiert haben, können Sie auch diese zum Senden von Nachrichten verwenden. Die Nachricht wird dann an alle Mitglieder der Liste gesendet.

Kontaktdaten organisieren

Besonders dann, wenn Sie bereits viele Kontakte in Ihrer Liste eingegeben haben, sollten Sie sich mit einigen Techniken auskennen, die Ihnen Outlook zum Organisieren von Kontakten zur Verfügung stellt. Dazu gehört beispielsweise die Wahl einer geeigneten Ansicht. Sie können den einzelnen Kontakten auch Kategorien zuweisen und dann nur solche einer bestimmten Kategorie anzeigen lassen.

Andere Ansichten verwenden

① Standardmäßig verwenden die Kontakte die Ansicht *Visitenkarte*, in der die wichtigsten Angaben zum Kontakt zusammengefasst werden. Um die Ansicht zu ändern, öffnen Sie auf der Registerkarte *Ansicht* in der Gruppe *Aktuelle Ansicht* das Menü zur Schaltfläche *Ansicht ändern* und wählen die gewünschte Darstellungsform aus.

② Die Ansicht *Karte* zeigt mehr Informationen zum Kontakt an als die Standardansicht *Visitenkarte*. Durch Verschieben der Trennlinien zwischen den einzelnen Kontaktfeldern können Sie dafür sorgen, dass die Inhalte vollständig angezeigt werden.

③ Die Ansichten *Telefon* und *Liste* zeigen die Kontakte in tabellarischer Form an. Die Breite der einzelnen Spalten können Sie mit gedrückter Maustaste ändern. Diese Listen haben den zusätzlichen Vorteil, dass Sie neue Kontakte einfach nach einem Klick auf das mit *Hier klicken, um Kontakt zu erstellen* beschriftete Feld direkt eingeben können. Über die Spaltenbeschriftungen können Sie die Kontakte sortieren lassen.

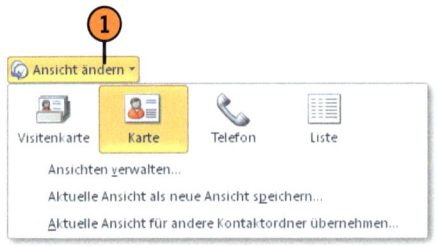

Kategorien zuweisen

① Markieren Sie den Kontakt, dem Sie eine Kategorie zuweisen wollen.

② Öffnen Sie auf der Registerkarte *Start* in der Gruppe *Kategorien* das Menü zur Schaltfläche *Kategorisieren* und wählen Sie eine Kategorie aus.

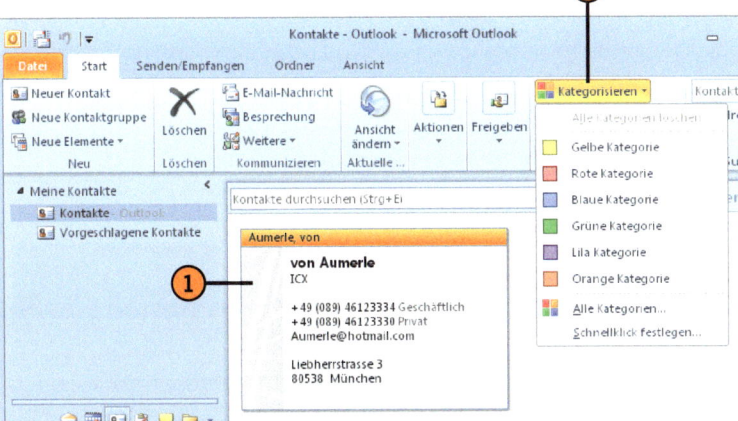

③ Bei der ersten Wahl einer Kategorie werden Sie aufgefordert, den standardmäßig benutzten Namen der Kategorie – beispielsweise *Gelbe Kategorie* – durch einen eigenen zu ersetzen. Beispielsweise könnten Sie hier den Namen *Geschäftlich* verwenden.

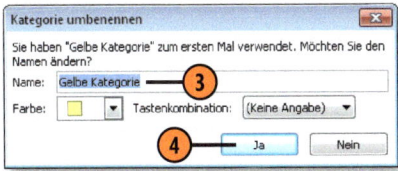

④ Bestätigen Sie Ihre Eingaben.

Nach Kategorien anzeigen

① Wählen Sie eine der in tabellarischer Form angeordneten Ansichten – beispielsweise *Telefon* oder *Liste*.

② Öffnen Sie auf der Registerkarte *Ansicht* die Liste zur Schaltfläche *Anordnen nach*.

③ Wählen Sie *Kategorien*.

④ Im Ansichtsbereich werden die Kontakte nach den zugewiesenen Kategorien sortiert.

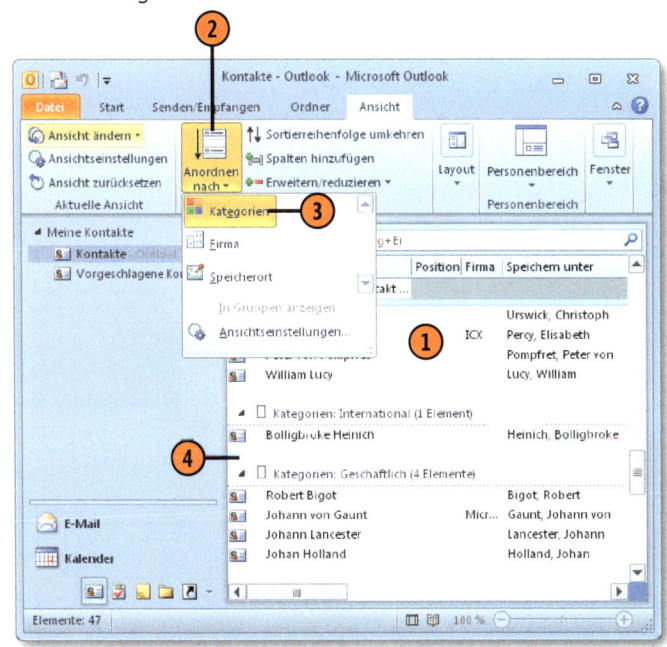

Kontakte weiterleiten

Sie können einen oder mehrere Kontakte als Anlage zu einer E-Mail-Nachricht an eine andere Person senden. Durch das Senden der Informationen als angefügte Datei wird das Kontakt-formular mit den vollständigen Informationen über den betref-fenden Kontakt gesendet. Der Empfänger kann dann die Daten einfach in seinem Kontakte-Ordner speichern.

Kontaktinformationen per E-Mail senden

① Markieren Sie den gewünschten Kontakt.

② Öffnen Sie auf der Registerkarte *Start* in der Gruppe *Freigeben* das Menü zur Schaltfläche *Kontakt weiterleiten*.

③ Wählen Sie *Als Outlook-Kontakt*.

④ Ein Nachrichtenformular wird geöffnet. Geben Sie darin die erforderlichen Daten, zumindest die Empfängeradresse, ein.

⑤ Klicken Sie auf *Senden*.

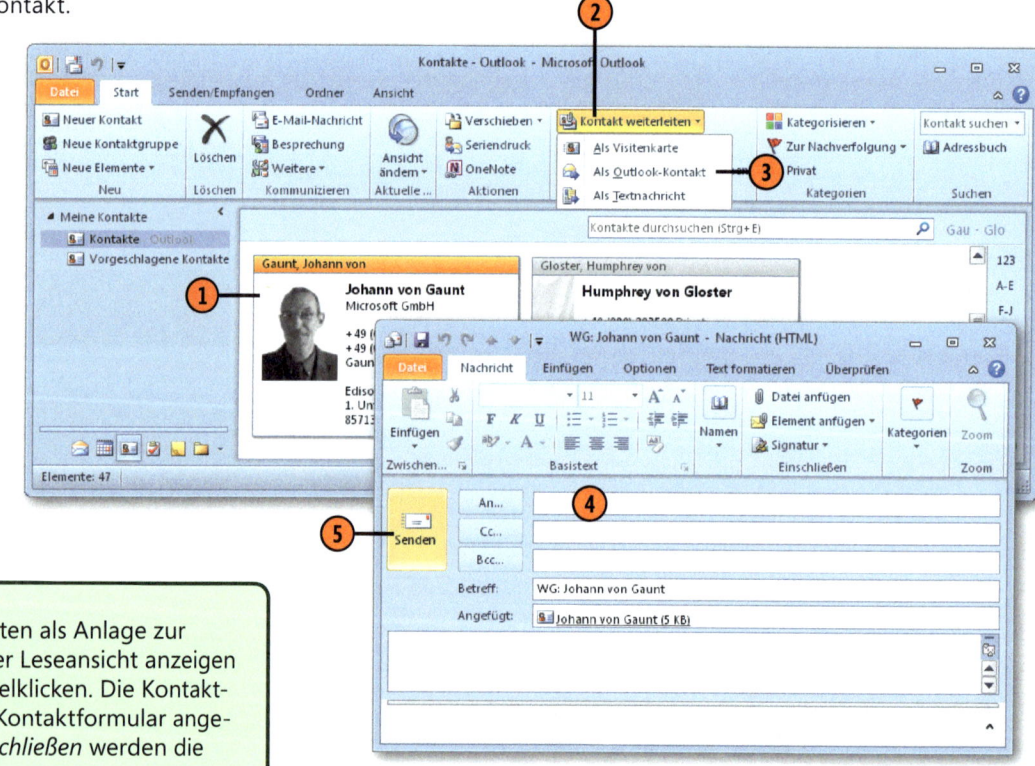

Tipp ✔

Der Empfänger enthält die Kontaktdaten als Anlage zur Nachricht. Er muss die Nachricht in der Leseansicht anzeigen lassen und dann auf die Anlage doppelklicken. Die Kontakt-daten werden daraufhin im üblichen Kontaktformular ange-zeigt. Durch Klicken auf *Speichern & schließen* werden die Daten in die Kontakte übernommen.

Termine und Aufgaben

Neben den Bereichen zum Austauschen von E-Mail-Nachrichten und dem Verwalten Ihrer Kontakte finden Sie unter den Hauptmodulen des Programms Outlook noch zwei Funktionen: den Kalender und die Aufgaben.

Der *Kalender* hilft Ihnen, Ihre Termine im Auge zu behalten. Sie können darüber sowohl Termine von kürzerer Dauer als auch ganztägige oder mehrtägige Aktivitäten planen. Ihre Eintragungen im Kalender können nach Tagen, Wochen oder Monaten angeordnet angezeigt werden. Mithilfe des Datumsnavigators können Sie schnell einen oder mehrere – auch nicht zusammenhängende – Tage im Kalender auswählen und Ihre Termine eingeben.

Über die Funktionen im Modul *Aufgaben* können Sie Aktivitäten – ähnlich wie bei einer handgeschriebenen Aufgabenliste – auflisten und nachverfolgen. Aufgaben sind mit den Terminen im Kalender insofern verwandt, als auch sie meist an einen bestimmten Zeitpunkt geknüpft sind. Deswegen weisen die Funktionen in diesem Modul auch Ähnlichkeiten mit denen im Bereich *Kalender* auf. Aufgaben müssen aber nicht zwingend mit einem Termin verbunden sein.

Der Kalender in der Übersicht

Beschäftigen wir uns zunächst mit dem Kalender. Sie können darin Ihre Termine eingeben. Zur Anzeige des Kalenders wählen Sie im Navigationsbereich den Ordner *Kalender*. Machen Sie sich zu

■ Im Navigationsbereich finden Sie einen *Datumsnavigator*. Dieser dient zum schnellen Wechsel zu einem anderen Datum:

   ● Das aktuelle Datum wird darin durch ein rot umrandetes Feld markiert.

   ● Um ein anderes Datum zu wählen, klicken Sie auf das entsprechende Feld. Das gewählte Datum wird dunkler unterlegt. Fett formatierte Einträge kennzeichnen Tage, für die bereits Termine eingetragen wurden.

   ● Über die beiden Schaltflächen mit den Pfeilspitzen wechseln Sie zu zeitlich benachbarten Monaten. Für einen schnellen Wechsel zu weiter entfernt liegenden Monaten setzen Sie den Mauszeiger auf den Monatsnamen in der Titelleiste und halten die Maustaste gedrückt. Wählen Sie dann den gewünschten Monat im Listenfeld aus.

■ Im Hauptbereich des Fensters wird der Kalender angezeigt. Dessen Umfang können Sie nach Tagen, Wochen oder Monaten einstellen. Dazu benutzen Sie die Schaltflächen in der Gruppe *Anordnen* auf der Registerkarte *Start*. Beispielsweise bewirkt ein Klick auf *Woche*, dass im Kalender sieben Tage angezeigt werden.

Beginn mit den typischen Elementen dieses Programmbereichs vertraut:

■ Im Kalender werden die bereits eingegebenen Termine aufgelistet. Zeigen oder doppelklicken Sie auf einen solchen Termin, um Detailinformationen dazu anzeigen zu lassen.

■ Für die Zeitplanung unterscheidet Outlook zwischen *Terminen* und *Ereignissen*:

   ● Ein *Termin* ist eine von Ihnen geplante Aktivität, die Sie nach Belieben im Kalender eintragen können. Wie in der Praxis sorgen Sie dafür, dass sich die einzelnen Termine nicht überschneiden. Dafür werden im Programm durch die eingegebenen Termine Zeitblöcke belegt und die dafür verwendete Zeit wird als gebucht angegeben.

   ● Ein *Ereignis* ist eine Aktivität, die mindestens 24 Stunden dauert. Diese Daten können Sie dann in verschiedenen Ansichten anzeigen lassen und editieren.

■ Wenn die Erledigung von Aufgaben für den bzw. die im Kalender angezeigten Tage ansteht, wird das in der *Aufgabenleiste* vermerkt.

Sie können die für die einzelnen Bereiche auf dem Bildschirm zugewiesene Fläche an Ihre Anforderungen anpassen, indem Sie die Trennlinie zwischen den Bereichen mit der Maus verschieben.

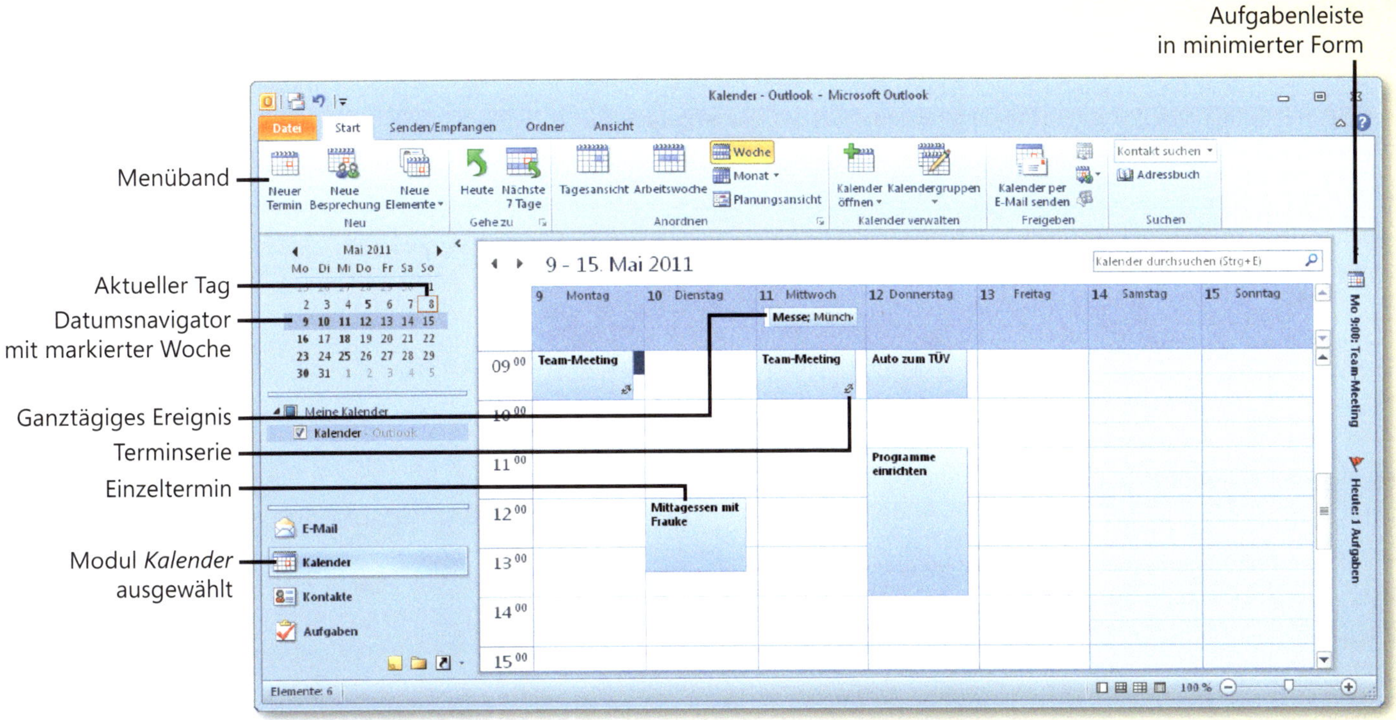

Aufgabenleiste
in minimierter Form

Menüband

Aktueller Tag

Datumsnavigator
mit markierter Woche

Ganztägiges Ereignis

Terminserie

Einzeltermin

Modul *Kalender*
ausgewählt

Siehe auch

Einige Elemente der Oberfläche können Sie ändern: Beispielsweise können Sie eine andere Farbgebung der Oberfläche einstellen. Wie Sie das tun, lesen Sie auf Seite 24 f.

Das Menüband kann in einer minimierten Form angezeigt werden. Hinweise zur Arbeit mit diesem Werkzeug finden Sie auf Seite 20 f.

Tipp

Der Datumsnavigator wird nur dann im Navigationsbereich angezeigt, wenn die Aufgabenleiste ausgeblendet oder minimiert ist, sonst erscheint er dort. Zum schnellen Einblenden einer minimierten Aufgabenleiste klicken Sie auf den davon noch sichtbaren Bereich. Über die Befehle der Gruppe *Layout* auf der Registerkarte *Ansicht* können Sie die Standardeinstellungen der Anzeige von *Navigationsbereich*, *Lesebereich* und *Aufgabenleiste* einstellen.

Termine eintragen

Zur Eingabe von Terminen können Sie mit einem Formular arbeiten, in dem Sie alle notwendigen Daten eingeben können. Sie können darin den Tag, den Zeitpunkt, die Dauer und zusätz-

liche Kommentare festlegen. Zum Aufrufen dieses Formulars stehen Ihnen mehrere Möglichkeiten zur Verfügung. Wählen Sie die gerade für Sie bequemste.

Das Terminformular anzeigen lassen

① Sie vereinfachen die Eingabe, wenn Sie zuerst über den Datumsnavigator den Tag oder die Zeitspanne für den Termin wählen.

② Am einfachsten ist es dann, auf der betreffenden Zeitzeile im Kalender einen Doppelklick auszuführen. Der dabei gewählte Tag und Zeitpunkt werden automatisch in die entsprechenden Felder im Formular eingetragen.

③ Alternativ können Sie aber auch einen Zeitpunkt im Kalender markieren und dann im Menüband in der Gruppe *Neu* auf die Schaltfläche *Neuer Termin* klicken. Auch hier werden Tag und Zeitpunkt automatisch in das Formular eingetragen.

④ Durch einen Klick mit der rechten Maustaste auf ein Terminfeld im Kalender lassen Sie das Kontextmenü anzeigen, über das Sie unterschiedliche Termintypen wählen können. Die Anfangszeit ist dann durch die Wahl des angeklickten Feldes vorgegeben.

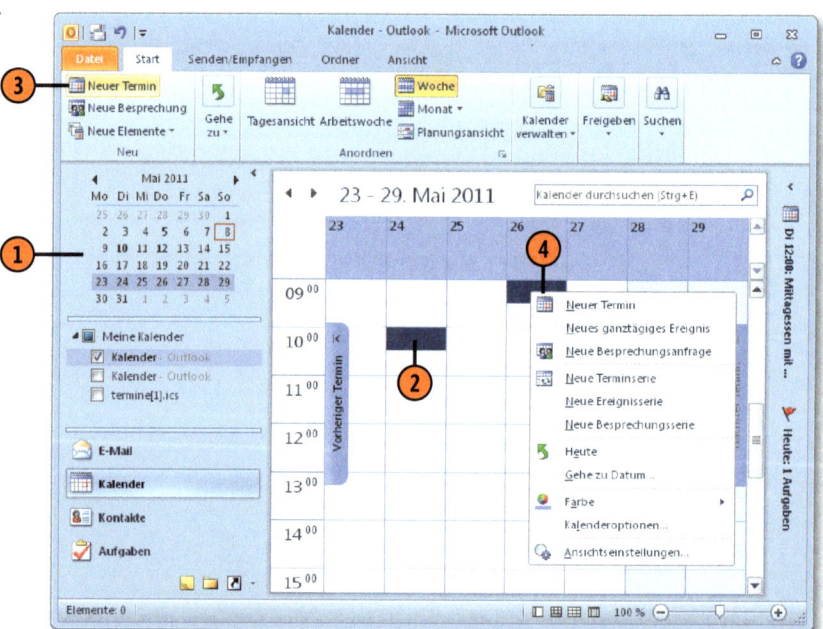

> **Tipp** ✔
>
> Wenn der Bereich *Kalender* gerade nicht angezeigt wird – beispielsweise wenn Sie gerade an einer E-Mail-Nachricht arbeiten –, können Sie im Menüband in der Gruppe *Neu* das Menü zur Schaltfläche *Neue Elemente* öffnen und dann den Befehl *Termin* wählen. In diesem Fall müssen Sie Tag und Zeitpunkt noch im Formular eingeben.

Das Terminformular benutzen

(1) Im Feld *Betreff* geben Sie dem Termin einen Namen. Dieser wird später im Kalender angezeigt. Wählen Sie also möglichst eine kurze, aber treffende Bezeichnung.

(2) Geben Sie im Feld darunter den *Ort* an, an dem der Termin wahrgenommen werden soll. Eine Eintragung ist besonders dann sinnvoll, wenn es sich dabei nicht um Ihren üblichen Arbeitsplatz handelt. Über das Listenfeld können Sie den Ort auch aus den bisher verwendeten Eintragungen für dieses Feld auswählen.

(3) Im Bereich darunter tragen Sie in den Feldern *Beginnt* und *Endet* den Zeitpunkt, an dem der Termin stattfindet, direkt über die Tastatur ein. Zum Festlegen des Datums können Sie auch auf die neben den einzelnen Feldern stehende Schaltfläche mit dem schwarzen Dreieck klicken und die Daten aus dem dann angezeigten Datumsnavigator auswählen.

(4) Das Listenfeld zur Auswahl der Uhrzeit erlaubt die Wahl in Schritten von je einer halben Stunde. Sollten Sie einen anderen Zeitpunkt benötigen, können Sie diesen direkt in das Feld eingeben.

(5) Aktivieren Sie das Kontrollkästchen *Ganztägiges Ereignis*, wenn es sich um ein solches Ereignis handelt. Die Felder für die Start- und die Endzeit werden dann ausgeblendet.

(6) Unten im Formular können Sie zusätzliche Bemerkungen zum Termin eingeben – beispielsweise Hinweise zum benötigten Begleitmaterial.

(7) Klicken Sie im Menüband in der Gruppe *Aktionen* auf *Speichern & schließen*. Das Formular wird geschlossen und der Termin wird im Kalender eingetragen.

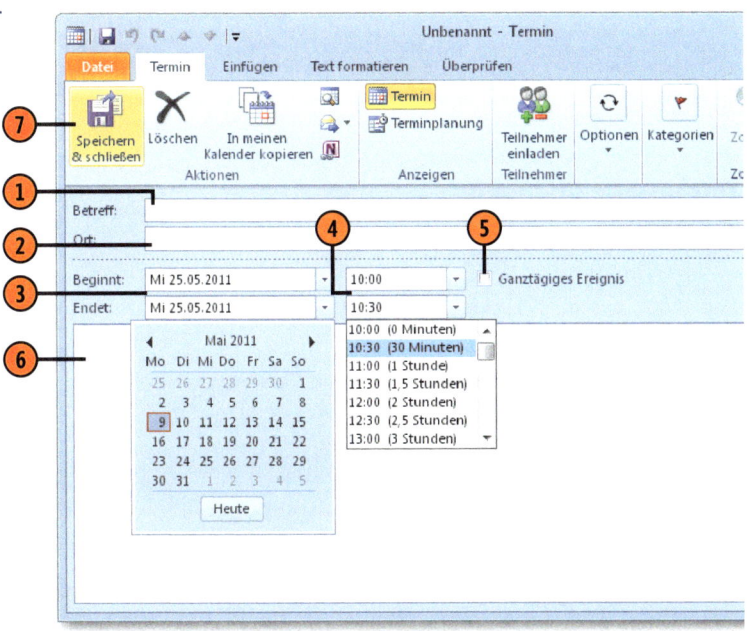

Hinweis ✓

Nach dem Aufruf des Formulars ist dieses in der Titelleiste zunächst mit *Unbenannt - Termin* benannt. Nach Eingabe einer Bezeichnung für den Termin im Feld *Betreff* wird dieser Eintrag auch als Name in der Titelleiste verwendet.

Terminserien

Sie können im Kalender mit sogenannten *Serien* arbeiten, bei denen sich Termine oder Ereignisse in bestimmten Abständen wiederholen, beispielsweise bei einer wöchentlichen Teambesprechung oder bei Jahrestagen. Bei der Kalenderfunktion von Microsoft Outlook müssen Sie dafür keine separaten Kalendereinträge erstellen, sondern Sie definieren sogenannte *Terminserien* anhand eines Musters und einer Dauer. Diese Termine werden dann automatisch an den entsprechenden Tagen in den Kalender eingetragen.

Terminserie definieren

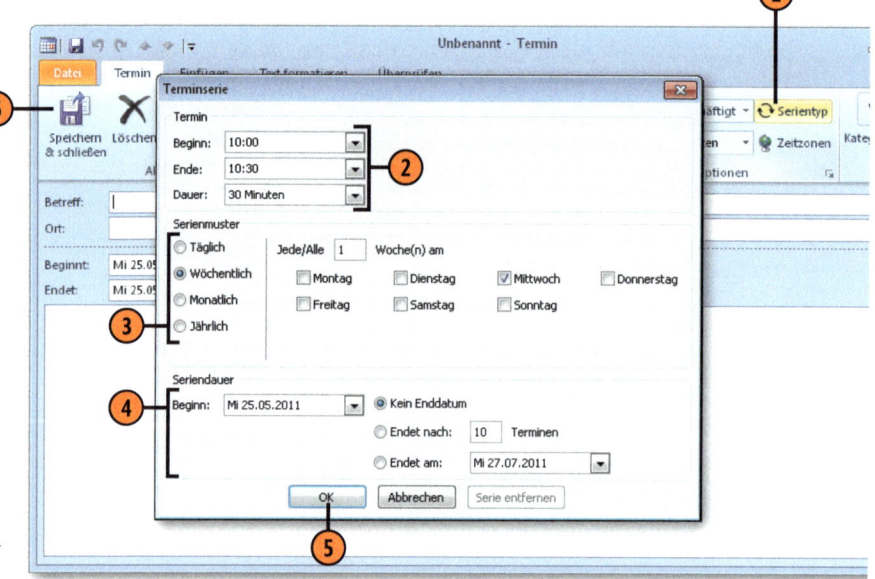

① Lassen Sie das Terminformular anzeigen und klicken Sie im Menüband in der Gruppe *Optionen* auf *Serientyp*. Das zeigt das Dialogfeld *Terminserie* an.

② In den Feldern unter *Termin* können Sie einen Start- und einen Endzeitpunkt oder – ersatzweise für den Endzeitpunkt – eine Dauer für den wiederkehrenden Termin angeben.

③ Wählen Sie unter *Serienmuster* die Abstände, in denen die Aufgabe wiederkehrt. Standardmäßig ist hier *Wöchentlich* eingestellt. Je nach Wahl einer anderen Option ändern sich die sonstigen Möglichkeiten zum Einstellen in diesem Bereich.

④ Legen Sie fest, von wann bis wann die Serie dauern soll. Als *Beginn* wird – wenn vorhanden – das im Formular *Termin* eingegebene Datum als Voreinstellung übernommen. Sie können es direkt im Feld editieren oder dazu den Datumsnavigator verwenden. Legen Sie außerdem über *Kein Enddatum*, *Endet nach* oder *Endet am* fest, wie lange die Terminserie dauern soll.

⑤ Bestätigen Sie dann die Angaben zur Terminserie.

⑥ Klicken Sie im Terminformular in der Gruppe *Aktionen* auf *Speichern & schließen*.

Tipp

Sie können auch direkt im Kalender den Befehl *Neue Terminserie* in dem Kontextmenü zu einer Zeitzeile wählen.

Termine ändern

Um einen Termin zu ändern, können Sie das dazugehörende Formular durch einen Doppelklick auf den betreffenden Termineintrag wieder öffnen und dort die neuen Zeitangaben vornehmen.

Termin verschieben oder seine Länge ändern

■ Zum Ändern des Termins unter Beibehalten seiner Länge setzen Sie den Mauszeiger zunächst in das Terminelement.

● Wenn der Zeitpunkt, zu dem Sie den Termin verschieben wollen, bereits in der aktuellen Ansicht des Kalenders angezeigt wird, verschieben Sie das Terminelement mit gedrückter Maustaste dorthin.

● Wird der Tag, zu dem Sie den Termin verschieben wollen, aktuell nicht im Kalender angezeigt, verschieben Sie das Terminelement zunächst auf den gewünschten Tag im Datumsnavigator. Der Termin wird damit auf den ausgewählten Tag verschoben. Ziehen Sie dann den Termin im Kalender auf die gewünschte Stunde dieses Tages.

■ Um das Ende eines Termins zu verändern, setzen Sie den Mauszeiger auf den unteren Rand des Elements. Ein Doppelpfeil wird angezeigt. Verlängern oder verkürzen Sie den Termin durch Verschieben des unteren Rands. Entsprechend können Sie die Dauer des Termins durch Verschieben des Anfangszeitpunkts verändern.

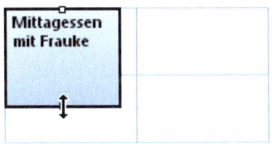

Einfacher ist es aber, das entsprechende Element im Kalender mit der Maus auf eine neue Uhrzeit oder im Datumsnavigator auf ein neues Datum zu verschieben.

■ Handelt es sich bei dem zu verschiebenden Termin um eine Terminserie, wird nur die ausgewählte Instanz des Termins verschoben. Um alle Instanzen einer Terminserie zu verschieben, doppelklicken Sie auf ein Element der Serie. Dann müssen Sie entscheiden, ob Sie nur diesen Termin oder die ganze Serien ändern wollen. Wenn Sie die Option *Die Serie öffnen* wählen, müssen Sie das Serienmuster erneut festlegen.

 **Hinweis**

Um einen Termin aus dem Kalender zu entfernen, markieren Sie ihn und klicken dann auf der Registerkarte *Kalendertools/Termin* in der Gruppe *Aktionen* auf *Löschen*.

Die Aufgaben in der Übersicht

Mithilfe der Funktionen des Outlook-Moduls *Aufgaben* können Sie Aktivitäten – ähnlich wie bei einer handgeschriebenen Aufgabenliste – nachverfolgen. Aufgaben sind mit den Terminen im Kalender insofern verwandt, als auch sie meist an einen bestimmten Zeitpunkt geknüpft sind. Deswegen weisen die Funktionen in diesem Modul auch Ähnlichkeiten mit denen im Bereich *Kalender* auf. Aufgaben müssen aber nicht mit einem Termin verbunden sein.

Vorgangsliste und Aufgaben

① Zur Anzeige der Aufgaben klicken Sie im unteren Bereich des Navigationsbereichs auf die Schaltfläche *Aufgaben*.

② Die Aufgaben werden standardmäßig in einer Listendarstellung angezeigt, die als *Vorgangsliste* bezeichnet wird. Darin werden die anstehenden Aufgaben in Termingruppen angezeigt. Die Liste ist standardmäßig gefiltert, sodass nur die noch nicht erledigten Aufgaben erscheinen.

③ Wenn Sie im Navigationsbereich auf den Eintrag *Aufgaben* klicken, werden im Hauptbereich des Fensters die von Ihnen definierten oder von anderen Personen übernommenen Aufgaben mit zusätzlichen Detailangaben aufgelistet. Sie können dort verwaltet und bearbeitet werden (siehe hierzu nächste Seite).

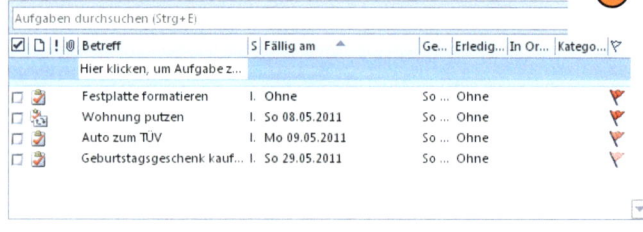

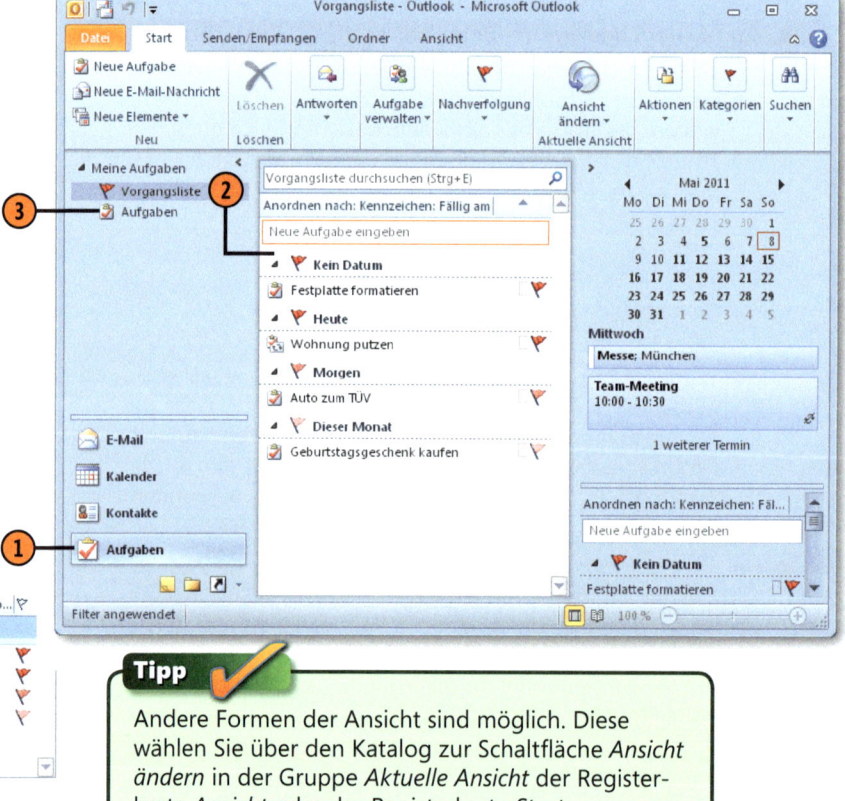

> **Tipp** ✓
>
> Andere Formen der Ansicht sind möglich. Diese wählen Sie über den Katalog zur Schaltfläche *Ansicht ändern* in der Gruppe *Aktuelle Ansicht* der Registerkarte *Ansicht* oder der Registerkarte *Start*.

Aufgaben sortieren

① Klicken Sie in der Überschriftenleiste der Aufgabenliste beispielsweise auf *Fällig am*, um die Aufgaben in umgekehrter Reihenfolge der Fälligkeit zu sortieren.

② Klicken Sie auf die Spaltenüberschrift *Priorität*, um die Aufgaben nach der Wichtigkeit zu sortieren.

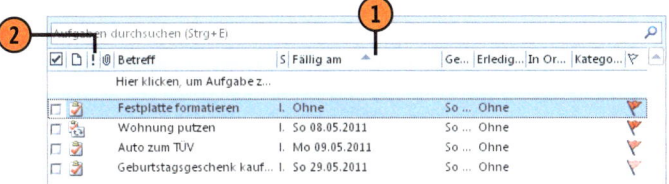

Details zur Aufgabe ändern

① Klicken Sie auf ein Element in einem Aufgabeneintrag. Wollen Sie beispielsweise den Namen ändern, klicken Sie auf das Feld in der Spalte *Betreff*. Führen Sie dann die Änderungen durch.

② Wollen Sie das Fälligkeitsdatum ändern, klicken Sie auf das Feld in der Spalte *Fällig am* und ändern dann das Datum.

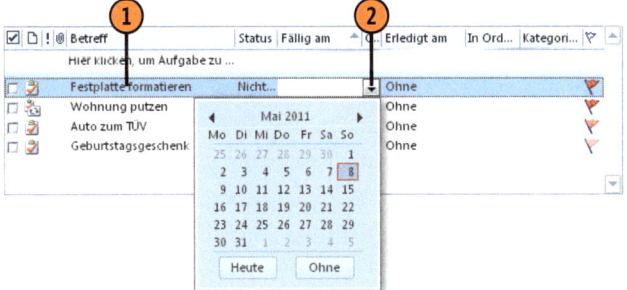

Aufgabe als erledigt kennzeichnen

① Markieren Sie die Aufgabe in der Liste.

② Klicken Sie in das Kontrollkästchen vor dem Aufgabeneintrag. Ein Häkchen erscheint im Kontrollkästchen. Außerdem wird die Aufgabe durchgestrichen.

Ansichten benutzen

① Öffnen Sie auf der Registerkarte *Start* in der Gruppe *Aktuelle Ansicht* den Katalog zur Schaltfläche *Ansicht ändern*.

② Wählen Sie die gewünschte Ansicht aus. Beispielsweise können Sie über die Ansicht *Einfache Liste* alle definierten Aufgaben anzeigen lassen, inklusive derer, die Sie schon erledigt haben. Die Mehrzahl dieser Ansichten verwendet eine Tabellenform und weist zumindest ein Symbol, den Namen der Aufgabe und meist auch das Fälligkeitsdatum auf. Einige Ansichten halten zusätzliche Informationen über die einzelnen Aufgaben bereit.

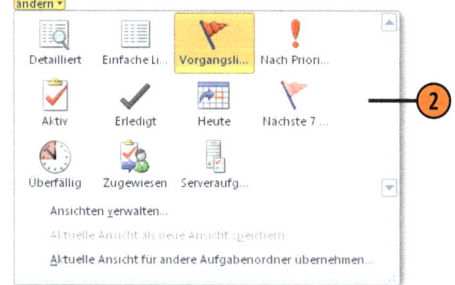

Aufgaben eintragen

Neue Aufgaben können Sie über mehrere Methoden definieren: Für eine schnelle Eingabe können Sie die Aufgabenleiste benutzen oder die Aufgabe direkt im Hauptbereich des Fensters eintragen. Dabei können Sie der Aufgabe aber nur einen Namen geben.

Wenn Sie zusätzliche Daten dazu festhalten möchten – beispielsweise Terminvorgaben –, müssen Sie diese ähnlich wie bei Terminen über ein Formular eingeben.

Eine Aufgabe definieren

① Wählen Sie das Outlook-Modul *Aufgaben*.

② Klicken Sie entweder direkt in das Feld im Ansichtsbereich und geben Sie der Aufgabe einen Namen. Bestimmte Details zur Aufgabe können Sie dabei nicht festlegen.

③ Wenn die Aufgabenleiste angezeigt wird, können Sie auch darin nach einem Klick die Aufgabe benennen. Auch hier können Sie weder einen Termin noch andere Angaben zur Aufgabe festlegen.

④ Wenn Sie diese Terminangaben gleich festlegen wollen, klicken Sie auf der Registerkarte *Start* in der Gruppe *Neu* auf *Neue Aufgabe*. Das zeigt das Formular zum Definieren einer Aufgabe an, in dem Sie alle gewünschten Eingaben vornehmen können (siehe nächste Seite).

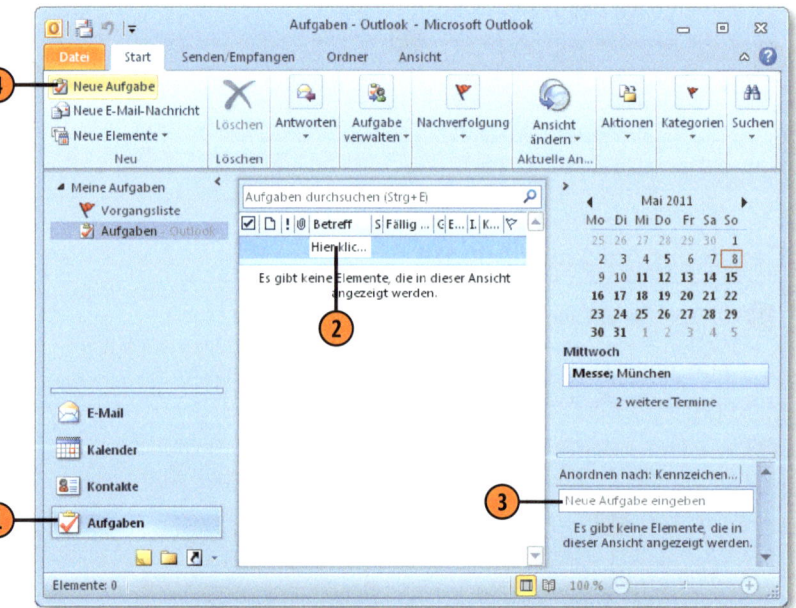

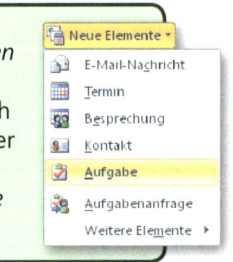

Tipp ✓

Wenn das Outlook-Modul *Aufgaben* gerade nicht aktuell ist – weil Sie beispielsweise im Programmbereich *E-Mail* arbeiten –, öffnen Sie auf der Registerkarte *Start* in der Gruppe *Neu* die Liste zur Schaltfläche *Neue Elemente* und wählen *Aufgabe*.

Tipp ✓

Wenn die Aufgabenleiste nicht angezeigt werden sollte, können Sie sie wie folgt einblenden: Wählen Sie die Registerkarte *Ansicht*, öffnen Sie in der Gruppe *Layout* das Menü zur Schaltfläche *Aufgabenleiste* und wählen Sie die gewünschte Option darin.

Im Aufgabenformular arbeiten

(1) Im Feld *Betreff* geben Sie der Aufgabe einen Namen. Es empfiehlt sich, dafür eine kurze, aber jederzeit verständliche Bezeichnung zu wählen.

(2) In den neben *Beginnt am* und *Fällig am* gezeigten Feldern geben Sie die entsprechenden Zeitpunkte für die Aufgabe an. Letzteres kann ein Endtermin für die Erledigung sein, aber auch ein wichtiger Zwischentermin, zu dem Sie beispielsweise den Stand der Arbeit kontrollieren möchten. Sie können die Eingabe direkt vornehmen oder das Kalenderelement benutzen. Klicken Sie darin auf das gewünschte Datum. Ein Klick auf *Heute* sorgt für einen Eintrag unter dem aktuellen Datum.

(3) Im Feld *Status* geben Sie den Fortschritt der Arbeiten an der Aufgabe an. Die Eintragung in diesem Feld wird angezeigt, wenn Sie einen Statusbericht senden.

(4) Legen Sie im Feld *Priorität* den Grad der Wichtigkeit der Aufgabe fest. Wenn Sie hier keine Auswahl treffen, wird die Prioritätsstufe *Normal* verwendet. Die gewählte Stufe wird in der Aufgabenleiste durch ein Symbol gekennzeichnet.

(5) Über *% erledigt* geben Sie gegebenenfalls an, zu welchem Prozentsatz die Aufgabe bereits bearbeitet ist.

(6) Wenn Sie an die Durchführung der Aufgabe zu einem bestimmten Zeitpunkt erinnert werden möchten, aktivieren Sie das Kontrollkästchen *Erinnerung* und legen dann in den Feldern rechts daneben einen Termin dafür fest. Sie können ein Datum und eine Uhrzeit eingeben.

(7) Bestätigen Sie die Definition der Aufgabe abschließend durch einen Klick auf die Schaltfläche *Speichern & schließen*. Die Aufgabe wird dann in der Liste vermerkt.

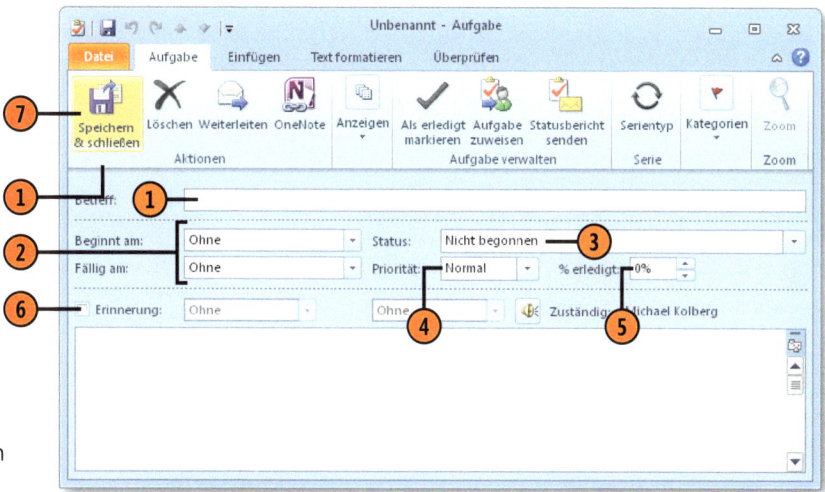

Tipp ✔

Wie bei Terminen können Sie auch Aufgaben festlegen, die in bestimmten Abständen wiederholt ausgeführt werden müssen. Solche Serienaufgaben müssen Sie nur einmal eintragen. Klicken Sie während der Definition der Aufgabe auf die Schaltfläche *Serientyp* und legen Sie im Dialogfeld *Aufgabenserie* anschließend das Zeitraster fest.

Hinweis ✔

Wenn Sie bestimmte zusätzliche Angaben zur Aufgabe – beispielsweise deren Priorität – korrigieren wollen, müssen Sie wieder über das Formular zur Aufgabe arbeiten. Dazu doppelklicken Sie auf die betreffende Aufgabe und ändern die Angaben im Formular.

Aufgabenanfragen

Um Aufgaben an andere Personen zu delegieren, arbeiten Sie mit *Aufgabenanfragen*. Ein Vorgesetzter kann beispielsweise eine Aufgabe einem Untergebenen übertragen, ebenso ein Mitarbeiter einem Teamkollegen. Für eine solche Aktion sind also mindestens zwei Personen erforderlich: eine Person zum Senden einer Auf-

gabenanfrage und eine weitere zum Beantworten der Anfrage. Aufgabenanfragen erhalten Sie wie jede andere E-Mail-Nachricht. Der Empfänger einer Aufgabenanfrage kann die Aufgabe dann annehmen, ablehnen oder einer anderen Person übertragen.

Aufgabenanfrage erstellen

① Öffnen Sie das Menü zur Schaltfläche *Neue Elemente* in der Gruppe *Neu* der Registerkarte *Start*.

② Wählen Sie *Aufgabenanfrage*.

③ Geben Sie in das Feld *An* den oder die Namen der Person(en) ein, an die Sie die Aufgabe übertragen möchten.

④ Die Daten für die eigentliche Aufgabe legen Sie im darunterliegenden Teil des Dialogfelds genauso fest wie beim Definieren einer Aufgabe für Ihre eigenen Zwecke.

⑤ Um die Aufgabenanfrage an den/die Empfänger zu übermitteln, klicken Sie auf *Senden*.

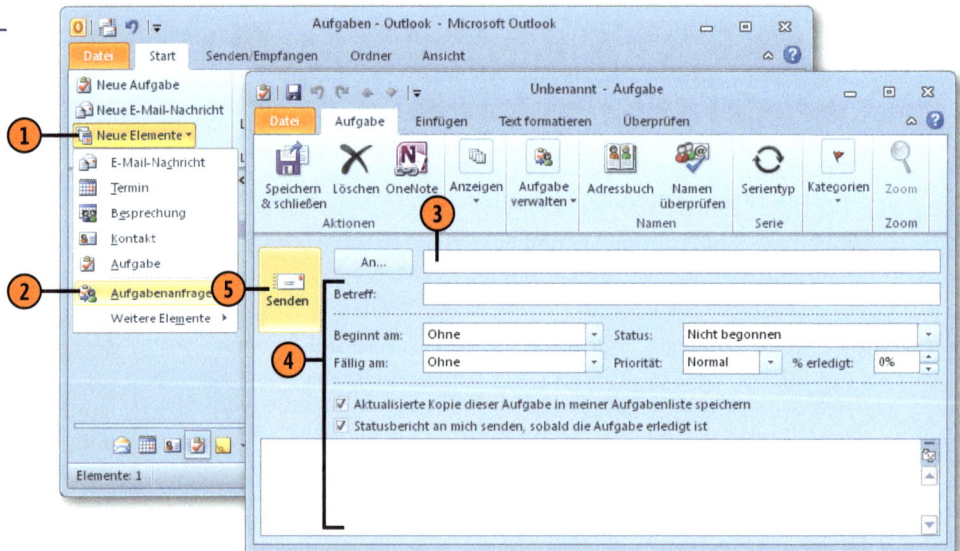

Achtung

Mit dem Senden einer Aufgabenanfrage verlieren Sie den Status als Eigentümer der Aufgabe. Nur der Eigentümer oder der temporäre Eigentümer der Aufgabe kann die Aufgabe aktualisieren.

Tipp

Über die beiden Optionen im mittleren Teil des Dialogfelds können Sie eine aktualisierte Kopie dieser Aufgabe in Ihre Aufgabenliste speichern und einen Statusbericht erhalten, sobald die Aufgabe erledigt ist.

Aufgabenanfrage beantworten

① Aufgabenanfragen erhalten Sie wie jede andere E-Mail-Nachricht. Doppelklicken Sie auf die entsprechende Nachricht, um die Anfrage zu öffnen.

② Wenn Sie die übertragene Aufgabe annehmen möchten (oder müssen), klicken Sie in der Gruppe *Antworten* im Menüband auf *Zusagen*.

③ In dem nachfolgend angezeigten Dialogfeld können Sie entscheiden, wie Sie dem Sender der Aufgabe antworten möchten.

- Klicken Sie auf *Antwort sofort senden* und bestätigen Sie, um die Aufgabe kommentarlos zu übernehmen.

- Um die Aufgabe zu übernehmen und einen Kommentar zurückzusenden, klicken Sie auf *Antwort vor dem Senden bearbeiten* und geben dann Ihren Kommentar ein. Sie können hier auch Terminangaben ändern. Anschließend klicken Sie auf die Schaltfläche *Senden*.

④ Um die Anfrage zurückzuweisen, klicken Sie in der Gruppe *Antworten* im Menüband auf *Ablehnen*.

⑤ Wenn Sie die Aufgabe ablehnen, haben Sie die Möglichkeit, eine Begründung anzugeben. Anschließend wird die Aufgabe an die Person zurückgesendet, von der Sie die Aufgabenanfrage erhalten haben.

Achtung !

Wenn Sie die Aufgabe annehmen, werden Sie zum permanenten Eigentümer und sind damit die einzige Person, die die Angaben zur Aufgabe ändern darf.

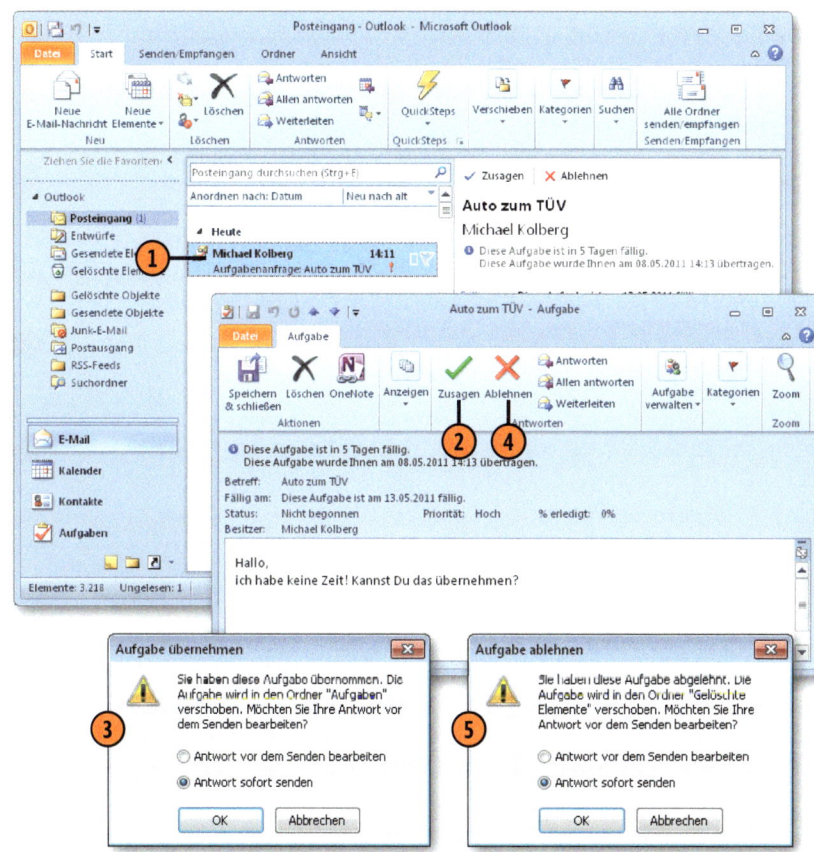

Die Erinnerungsfunktion

Die Formulare zur Definition eines Termins oder einer Aufgabe beinhalten die Option *Erinnerung*. Wenn Sie die Erinnerungsfunk-tion eingeschaltet haben, werden Sie zum definierten Zeitpunkt an die Fälligkeit der Aufgabe oder des Termins erinnert.

Erinnerung aktivieren

■ Für Termine legen Sie im Terminformular in der Gruppe *Optionen* im Feld *Erinnerung* fest, ob und wie lange vorher Sie an den Termin erinnert werden möchten. Die Standardeinstellung steht auf 15 Minuten. Diesen Standardwert stellen Sie im Dialogfeld zu den *Outlook-Optionen* in der Kategorie *Kalender* über die Option *Standarderinnerungen* ein.

■ Für Aufgaben können Sie die Einstellung direkt im Formular vornehmen. Aktivieren Sie zuerst das Kontrollkästchen *Erinnerung*. Danach können Sie über die Listenfelder ein Datum und eine Uhrzeit für die Erinnerung wählen.

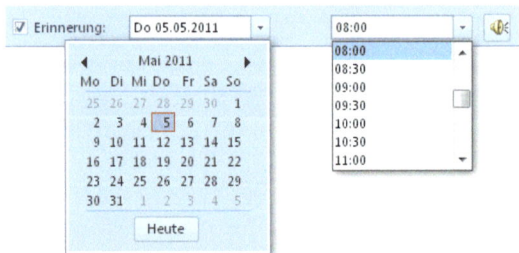

Auf eine Erinnerung reagieren

(1) Durch einen Klick auf die Schaltfläche *Element öffnen* können Sie das Formular zum betreffenden Element (Aufgabe oder Termin) öffnen und dort beispielsweise Änderungen im Zeitplan vornehmen. Das Öffnen erreichen Sie auch durch einen Doppelklick auf den Erinnerungseintrag.

(2) Über die Schaltfläche *Schließen* teilen Sie dem Programm mit, dass Sie keine weitere Erinnerung zu diesem Element mehr wünschen.

(3) Klicken Sie auf *Erneut erinnern*, wenn Sie die Erinnerung verschieben möchten. Standardmäßig erfolgt die nächste Erinnerung fünf Minuten später. Über das zur Schaltfläche gehörende Listenfeld können Sie auch eine andere Zeitspanne wählen.

F Gemeinsam genutzte Funktionen und Befehle

Die Programme von Microsoft Office 2010 beinhalten eine Vielzahl von Elementen, die in allen Einzelprogrammen auf (fast) dieselbe Weise genutzt werden können. In den drei Kapiteln dieses Teils stellen wir Ihnen die wichtigsten Punkte dieser gemeinsamen Funktionen und Befehle vor:

■ Bei der Kommunikation von Ideen sind Sie nicht auf die Anzeige von Texten und Zahlen beschränkt. Sie können in allen Programmen zusätzliche grafische Elemente einfügen, die Zusammenhänge verdeutlichen oder dem Dokument einen eigenen Touch verleihen. Auf diese Möglichkeiten gehen wir in Kapitel 17 ein.

■ Natürlich können Sie auch alle Office-Dokumente zu Papier bringen – damit beschäftigt sich das Kapitel 18. In Word können Sie zusätzlich Seriendokumente ausdrucken.

■ In Kapitel 19 gehen wir auf Aspekte ein, die Sie interessieren dürften, wenn Sie in einem Team arbeiten. Dazu gehören sowohl die Möglichkeiten zum Kommentieren und Überarbeiten als auch das Speichern oder Versenden von Dokumenten über das Internet.

Die wichtigsten Neuerungen bei den gemeinsam genutzten Funktionen

Neben den schon in den Einführungen zu den vorherigen Teilen genannten Neuerungen verfügen die Programme von Microsoft Office 2010 über einige weitere neue, gemeinsam genutzte Funktionen, die wir auf dieser Seite in einem Überblick zusammengefasst haben.

Neue Werkzeuge für die Kommunikation mit Bildern

Die Kommunikation von Ideen beschränkt sich nicht auf die Anzeige von Texten oder Zahlen. Sie können auch Bilder benutzen und müssen kein Grafikdesigner sein, um professionell und elegant aussehende Ergebnisse zu erzeugen. An den eingefügten Bildern können Sie sehr einfach Korrekturen vornehmen und künstlerische Effekte darauf anwenden. Beispielsweise können Sie die Farbintensität und den Farbton von Bildern optimieren oder deren Helligkeit, Kontrast oder Schärfe anpassen, ohne ein zusätzliches Bildbearbeitungsprogramm verwenden zu müssen.

Die Freigabe von Dokumenten

Der Bereich *Speichern und Senden* auf der Registerkarte *Datei* fasst alle Werkzeuge zusammen, die auf irgendeine Weise mit der Verteilung von Dokumenten in elektronischer Form zusammenhängen. Dabei kommen zusätzliche Aspekte ins Spiel, die u.a. die Sicherheit betreffen. Sie finden hier beispielsweise sowohl die Befehle für die Ablage auf einem Server als auch für den Wechsel des Dateiformats.

Siehe auch

Wie man bei der Bearbeitung von eingefügten Bildern vorgeht, sagen Ihnen die Seiten 270 f.

Hinweise zum Speichern im Web finden Sie auf den Seiten 306 f. Die Techniken zum Wechseln des Dateiformats liefern die Seiten 304 f.

Beachten Sie, dass wir einige der Aufgaben, die alle Programme des Office 2010-Pakets betreffen, bereits im ersten Teil dieses Buches vorgestellt haben:

- Auf die Elemente zur Programmsteuerung gehen wir in Kapitel 1 auf Seite 17 ff. ein.

- Kapitel 2 liefert Ihnen die Methoden zum Verwalten von Office-Dokumenten – wie das Speichern, Öffnen oder das Anlegen neuer Dokumente – auf den Seiten 29 ff.

17

Dokumente illustrieren

Das Kommunizieren von Ideen mithilfe eines Office-Programms beschränkt sich nicht auf die Anzeige von Texten und Zahlen. Sie können diverse Formen von grafischen Objekten in Ihre Dokumente einfügen und diese damit interessanter gestalten. Zu diesen Objekten gehören beispielsweise Grafikdateien oder Clips, geometrische Formen, verschiedene Formen von Diagrammen oder auch grafisch aufbereiteter Text. Die Befehle dazu sind bei allen Programmen des Office-Pakets zum größten Teil in der Gruppe *Illustrationen* auf der Registerkarte *Einfügen* angesiedelt.

Sie müssen nicht Grafikdesigner sein, um professionell und elegant aussehende Bilder in Ihre Dokumente einzubinden. An den eingefügten Bildern können Sie sehr einfach Korrekturen und Überarbeitungen vornehmen. Beispielsweise können Sie die Farbintensität und den Farbton von Bildern optimieren oder deren Helligkeit, Kontrast oder Schärfe anpassen, ohne ein zusätzliches Bildbearbeitungsprogramm verwenden zu müssen.

Bilder und andere Grafikdateien

Um persönliche Bilder – beispielsweise Fotos – in einem Dokument anzuzeigen, können Sie auf Ihrem lokalen System gespeicherte Bilddateien hinzufügen. Eingefügte Bilder können Sie anschließend frei in der Tabelle zum gewünschten Ort verschieben und auch die Größe und den Drehwinkel einstellen.

Ein Bild einfügen

① Wählen Sie die Registerkarte *Einfügen*.

② Klicken Sie in der Gruppe *Illustrationen* auf *Grafik*.

③ Stellen Sie den Ordner ein, in dem die Grafikdatei gespeichert ist.

④ Markieren Sie die gewünschte Grafikdatei.

⑤ Klicken Sie auf *Einfügen*.

Bild verschieben, Größe ändern oder drehen

① Zum Verschieben setzen Sie den Mauszeiger in das Bild und ziehen es dann mit gedrückter Maustaste zur gewünschten Stelle.

② Zum Ändern der Größe setzen Sie den Mauszeiger auf einen der acht Ziehpunkte und ziehen ihn mit gedrückter Maustaste in die gewünschte Richtung.

③ Zum Drehen setzen Sie den Mauszeiger auf den Drehpunkt und ziehen ihn mit gedrückter Maustaste in die gewünschte Richtung.

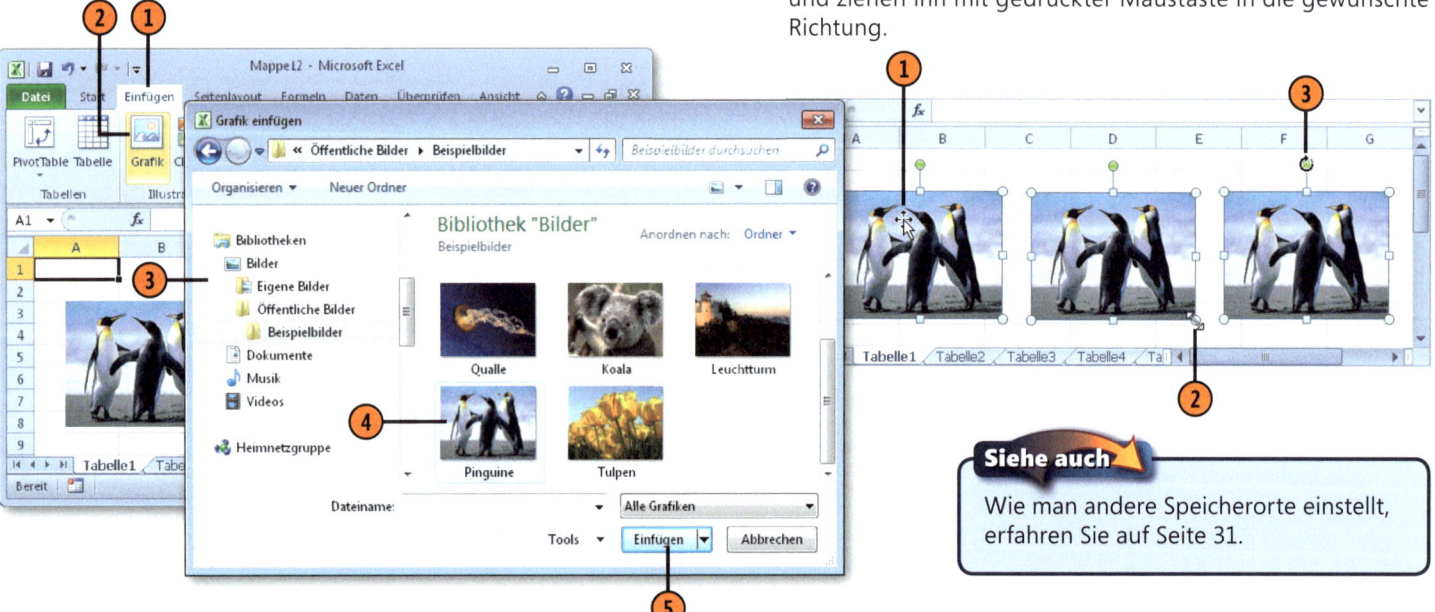

Siehe auch

Wie man andere Speicherorte einstellt, erfahren Sie auf Seite 31.

Screenshots

Besonders für Dokumentationszwecke eignet sich die neue Screenshotfunktion, mit deren Hilfe Sie eine Abbildung des Bildschirms erstellen und diese zum Dokument hinzufügen können.

Einen Screenshot von einem Fenster erstellen

① Sorgen Sie dafür, dass das Fenster, von dem Sie einen Screenshot erstellen wollen, nicht minimiert ist, und wählen Sie die Registerkarte *Einfügen*.

② Klicken Sie in der Gruppe *Illustrationen* auf *Screenshot*. Die Fenster, von denen Sie einen Screenshot erstellen können, werden aufgelistet.

③ Klicken Sie auf das betreffende Fenstersymbol.

④ Ein Abbild des Fensters wird als Grafik eingefügt.

Einen Bildschirmausschnitt einfügen

① Wenn Sie im Katalog zum Befehl *Screenshot* auf *Bildschirmausschnitt* klicken, wird der Bildschirmkontrast reduziert und der Mauszeiger wird als Kreuz angezeigt.

② Ziehen Sie mit gedrückter Maustaste über den Bereich auf dem Bildschirm, den Sie abbilden wollen.

③ Wenn Sie die Maustaste loslassen, wird der betreffende Bereich als Abbildung im Dokument eingefügt.

Gewusst wie

Um bei mehreren geöffneten Programmfenstern ein bestimmtes für einen Bildschirmausschnitt auszuwählen, minimieren Sie die anderen.

Anschließend verwenden Sie die Tools auf der Registerkarte *Bildtools/Format* zum Bearbeiten und Optimieren der Abbildung.

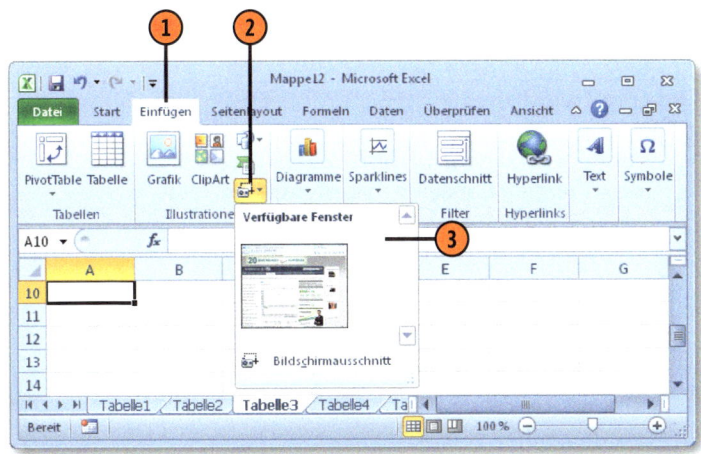

Bilder verfeinern

Solange eine eingefügte Grafik markiert ist, wird im Menüband die Registerkarte *Bildtools/Format* angezeigt. Diese beinhaltet viele Werkzeuge zum Bearbeiten des Bildes. Sie können darüber diverse Bildparameter einstellen oder auch einzelne Teile im Bild ausblenden.

Helligkeit und Kontrast anpassen

① Klicken Sie auf das eingefügte Bild, wählen Sie die Registerkarte *Bildtools/Format*, öffnen Sie in der Gruppe *Anpassen* den gewünschten Katalog und wählen Sie eine Option.

② Zum Einstellen von Helligkeit und Kontrast benutzen Sie den Katalog *Korrekturen*.

③ Zum Verfremden bedienen Sie sich der Optionen im Katalog *Künstlerische Effekte*.

④ Zum Ändern der Farbeinstellungen verwenden Sie den Katalog *Farbe*.

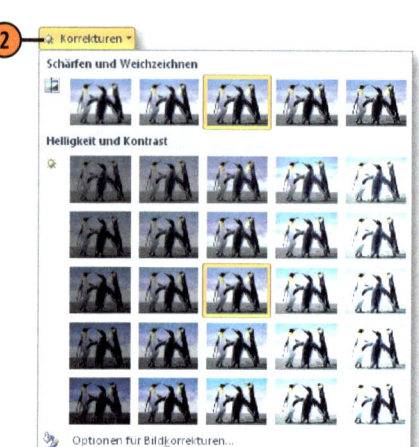

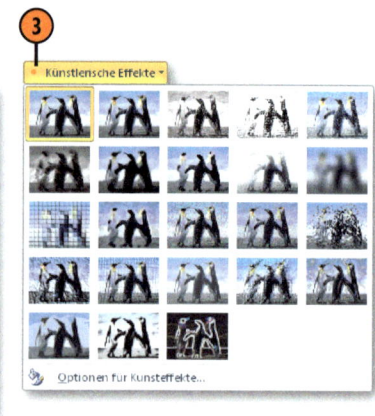

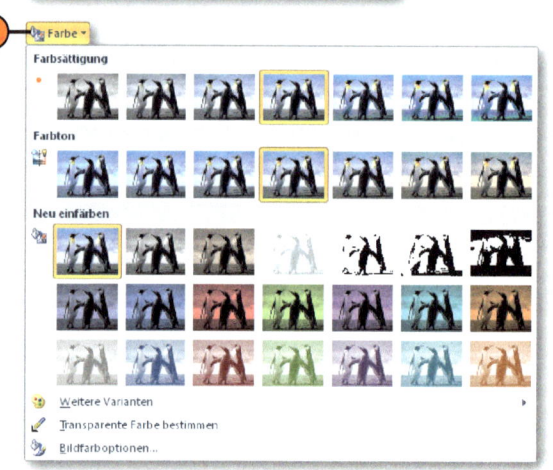

Gewusst wie

Um das Bild nach einer Änderung der Einstellungen wieder auf den Ausgangszustand zurückzusetzen, markieren Sie es und klicken dann auf der Registerkarte *Bildtools/Format* in der Gruppe *Anpassen* auf *Grafik zurücksetzen*.

Bildelemente freistellen

① Klicken Sie auf das eingefügte Bild.

② Wählen Sie die Registerkarte *Bildtools/Format*.

③ Klicken Sie in der Gruppe *Anpassen* auf *Freistellen*.

④ Legen Sie fest, welche Bildelemente angezeigt und welche ausgeblendet werden sollen.

- Um einen Bereich auszublenden, klicken Sie auf *Zu entfernenden Bereich markieren* und dann auf den betreffenden Bereich. Der Bereich wird mit einem Kreis und einem Minuszeichen darin gekennzeichnet.

- Um einen Bereich beizubehalten, klicken auf *Zu behaltenen Bereich markieren* und dann auf den gewünschten Bereich. Der Bereich wird mit einem Kreis und einem Pluszeichen darin gekennzeichnet.

⑤ Klicken Sie anschließend auf *Änderungen beibehalten*.

⑥ Das Bild wird Ihren Angaben entsprechend freigestellt.

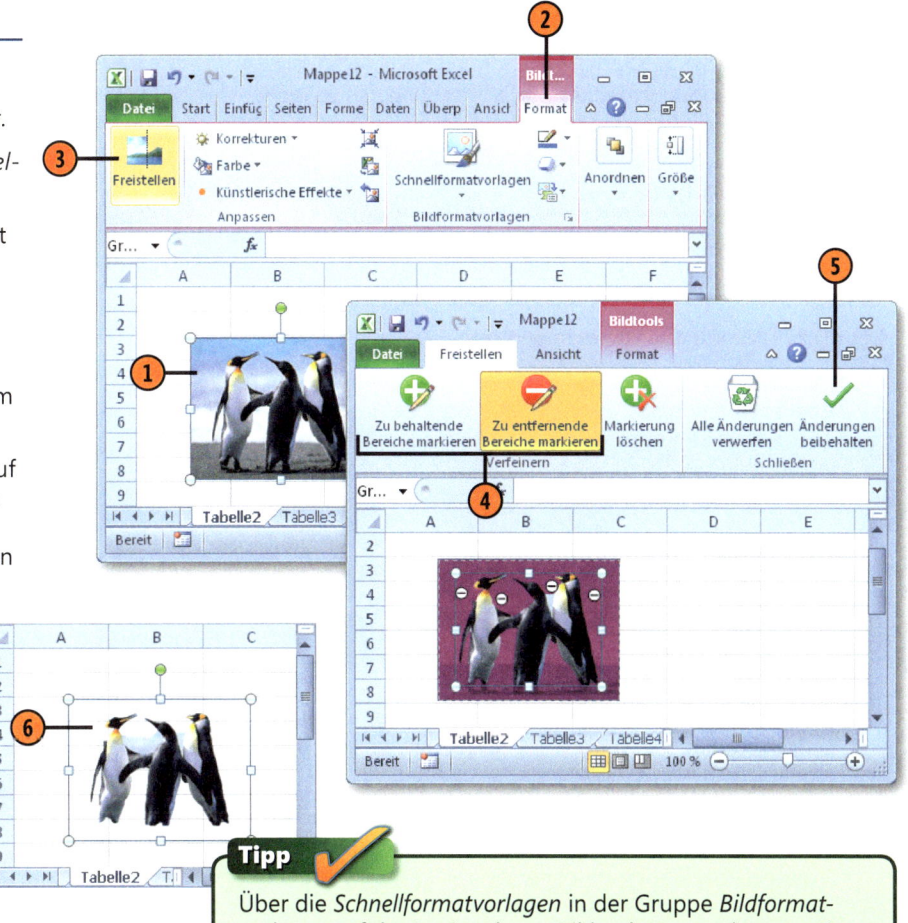

Tipp ✔

Nachdem Sie auf *Markierung löschen* geklickt haben, können Sie auf die Kreissymbole klicken, um diese wieder einzeln zu entfernen.

Tipp ✔

Über die *Schnellformatvorlagen* in der Gruppe *Bildformatvorlagen* auf der Registerkarte *Bildtools/Format* können Sie Bilder mit einem Rahmen versehen. Die Farbe des Rahmens können Sie anschließend über den Befehl *Grafikrahmen* in der Gruppe *Bildformatvorlagen* einstellen.

Geometrische Formen

Mithilfe von geometrischen Formen können Sie eine Tabelle beleben und auf bestimmte Stellen darin besonders hinweisen. Die Formen werden zunächst mit Standardeinstellungen für die

Farben eingefügt. Sie können diese Farben und auch die Position oder die Proportionen der Form nachträglich gezielt ändern.

Eine Form einfügen

① Wählen Sie die Registerkarte *Einfügen*.

② Klicken Sie in der Gruppe *Illustrationen* auf *Formen*.

③ Klicken Sie auf die gewünschte Form.

④ Klicken Sie in der Tabelle an die Stelle, an der die Form erscheinen soll. Das Objekt wird dann in der Standardgröße, -form und -farbe in der Tabelle eingefügt. Wie bei einem eingefügten Bild können Sie das Erscheinungsbild ändern.

● Zum Verschieben setzen Sie den Mauszeiger in die Form und bewegen sie mit gedrückter Maustaste.

● Zum Ändern der Größe setzen Sie den Mauszeiger auf einen der acht Ziehpunkte und verschieben diesen mit gedrückter Maustaste.

● Zum Ändern des Drehwinkels setzen Sie den Mauszeiger auf den Drehpunkt und verschieben ihn mit gedrückter Maustaste.

● Um die Proportionen der Form zu ändern, benutzen Sie die kleine gelbe Raute. Sie können sie mit gedrückter Maustaste bewegen.

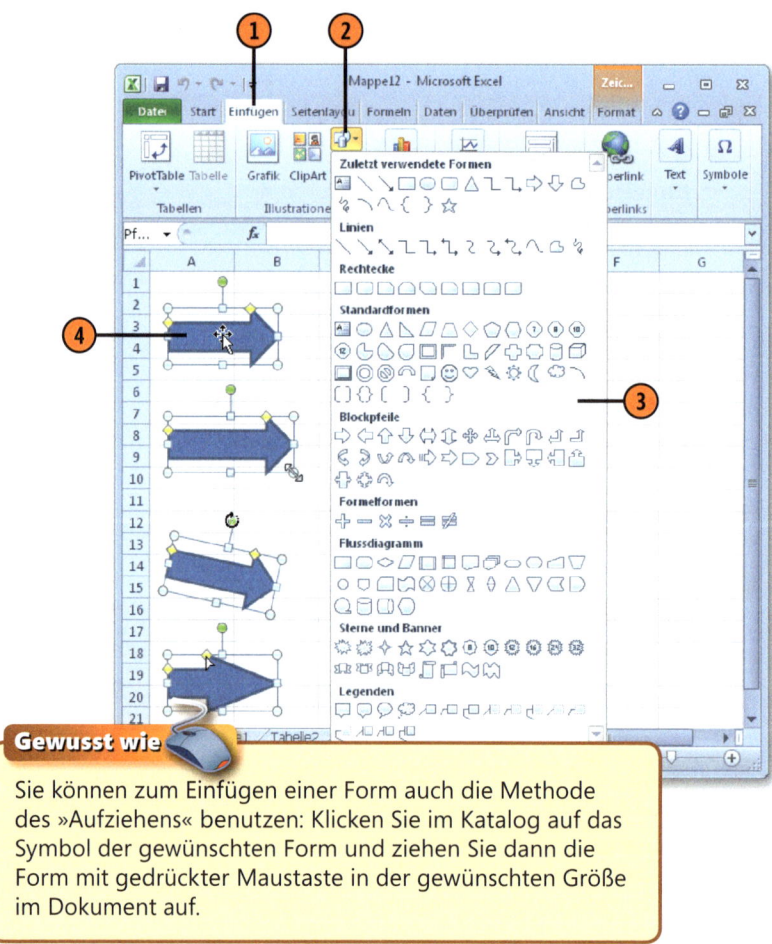

Gewusst wie

Sie können zum Einfügen einer Form auch die Methode des »Aufziehens« benutzen: Klicken Sie im Katalog auf das Symbol der gewünschten Form und ziehen Sie dann die Form mit gedrückter Maustaste in der gewünschten Größe im Dokument auf.

Die Flächen einer Form mit Farbe füllen

① Markieren Sie die Form.

② Wählen Sie die Registerkarte *Zeichentools/Format*.

③ Klicken Sie in der Gruppe *Formenarten* auf *Fülleffekt*.

④ Wählen Sie eine Farbe aus.

> **Tipp** ✓
>
> Ebenso können Sie die Farbe für die Umrisslinien separat einstellen: Benutzen Sie dazu in der Gruppe *Formenarten* die Schaltfläche *Formkontur*.

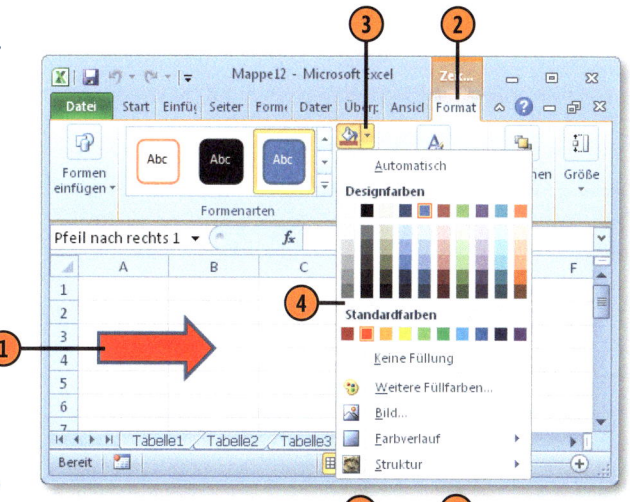

Effekte zuweisen

① Markieren Sie die Form.

② Wählen Sie die Registerkarte *Zeichentools/Format*.

③ Klicken Sie in der Gruppe *Formenarten* auf *Formeffekte*.

④ Wählen Sie eine Kategorie.

⑤ Wählen Sie einen Effekt.

> **Tipp** ✓
>
> Die standardmäßig benutzten Farben können Sie auch durch Wahl eines anderen Designs ändern. Solche Änderungen betreffen immer alle in der Tabelle vorhandenen Formen.

> **Siehe auch** ▲
>
> Wie man das Design ändert, erfahren Sie auf Seite 82f. und Seite 146 f.

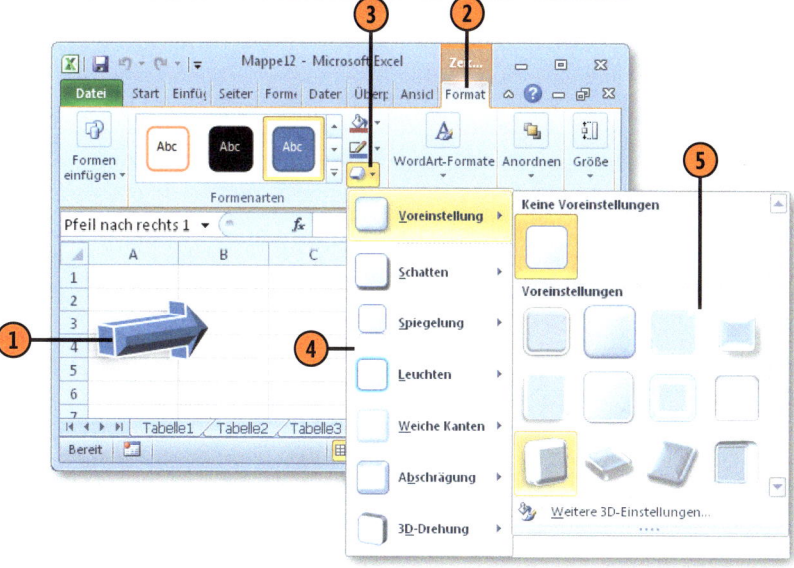

SmartArt

Eine SmartArt-Grafik ist eine visuelle Darstellung Ihrer Informationen. Sie können damit Ideen und Fakten anschaulicher präsentieren und Tabellen lebendiger gestalten. Fast alle dieser Grafiken sind nach dem Einfügen mit Platzhaltern für Texte versehen, die Sie durch Ihre eigenen Texte ersetzen müssen, um eine sinnvolle Aussage zu übermitteln.

Eine SmartArt-Grafik einfügen

① Wählen Sie die Registerkarte *Einfügen* und klicken Sie in der Gruppe *Illustrationen* auf *SmartArt*.

② Wählen Sie links im Dialogfeld eine Kategorie.

③ Wählen Sie eine Form.

④ Hinweise zum Einsatz der Form werden rechts in Dialogfeld angezeigt.

⑤ Klicken Sie auf *OK*.

Texte eingeben

① Standardmäßig werden Platzhalter für Texte in der Grafik angezeigt. Klicken Sie auf das Element der Grafik, in dem Sie Text eingeben wollen. Der Platzhalter wird gelöscht. Geben Sie den gewünschten Text ein.

② Den zusätzlich einblendbaren Textbereich können Sie ebenfalls zur Texteingabe benutzen.

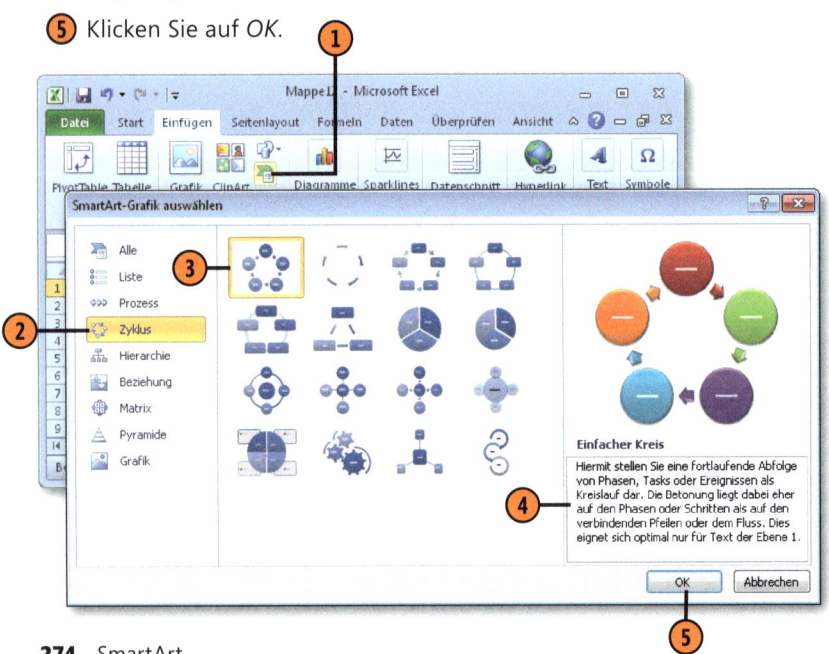

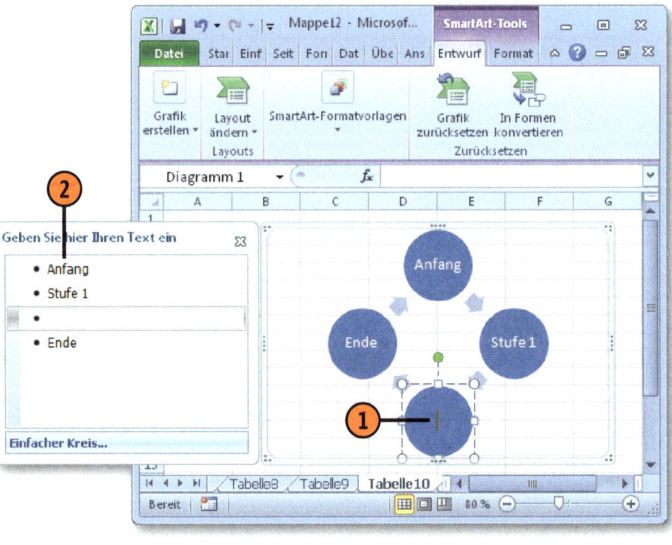

SmartArt formatieren

① Markieren Sie die SmartArt-Grafik, indem Sie darauf klicken.

② Lassen Sie die Registerkarte *SmartArt-Tools/Entwurf* anzeigen.

③ Wählen Sie in der Gruppe *SmartArt-Formatvorlagen* im Schnellformatvorlagenkatalog das gewünschte Format.

Die Farben ändern

① Markieren Sie die SmartArt-Grafik, indem Sie darauf klicken.

② Lassen Sie die Registerkarte *SmartArt-Tools/Entwurf* anzeigen.

③ Klicken Sie in der Gruppe *SmartArt-Formatvorlagen* auf *Farben ändern*.

④ Wählen Sie die gewünschte Option aus.

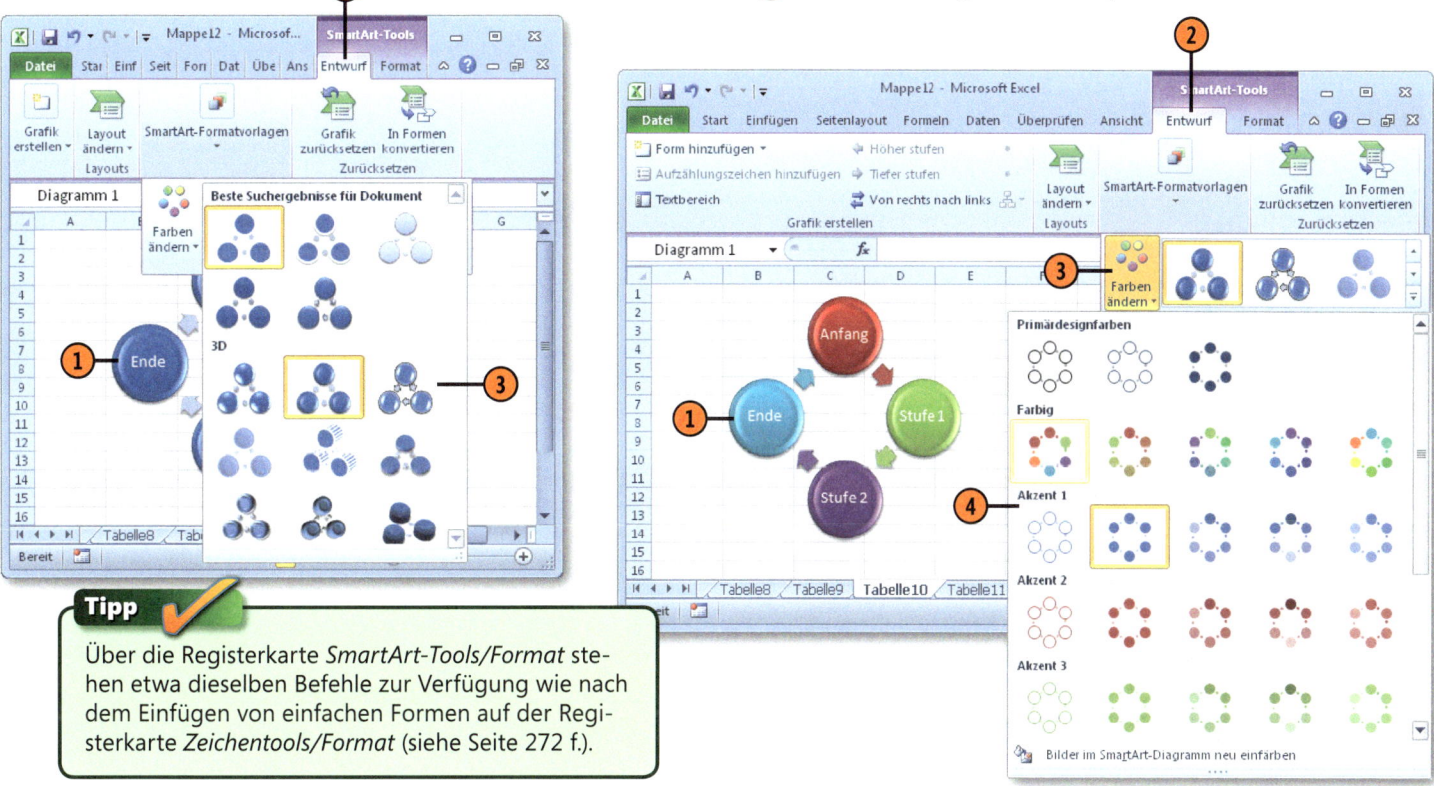

> **Tipp** ✔
>
> Über die Registerkarte *SmartArt-Tools/Format* stehen etwa dieselben Befehle zur Verfügung wie nach dem Einfügen von einfachen Formen auf der Registerkarte *Zeichentools/Format* (siehe Seite 272 f.).

Formeln

Um anderen, die sich zwar etwas in der Mathematik, nicht aber in Excel, auskennen, zu verdeutlichen, wie eine Formel zu interpretieren ist, können Sie die Formel zusätzlich in Form einer Gleichung auf dem Blatt als Text anzeigen lassen. Die Office-Programme stellen dafür eine spezielle Funktion bereit, die auch die Darstellung von komplizierten mathematischen Zusammenhängen in einer grafisch ansprechenden Form ermöglicht. Die Technik hat aber keinerlei Bezug zur Berechnung, sondern dient nur der Illustration.

Vorgefertigte Formel einfügen

① Lassen Sie die Registerkarte *Einfügen* anzeigen.

② Öffnen Sie in der Gruppe *Symbole* den Katalog zum Befehl *Formeln*.

③ Wählen Sie eine Formel.

④ Die Formel wird in einem Textfeld im Blatt angezeigt.

Formel bearbeiten

① Klicken Sie auf die eingefügte Formel, um die Registerkarte *Formeltools/Entwurf* im Menüband anzuzeigen.

② Klicken Sie in der Gruppe *Tools* auf die Schaltfläche *Linear*.

③ Die Formel wird dann in einer Form angezeigt, die ein Bearbeiten ermöglicht.

④ Um nach dem Bearbeiten zurückzuschalten, klicken Sie in der Gruppe *Tools* auf die Schaltfläche *Professionell*.

Gewusst wie

Wahrscheinlich beinhaltet der Katalog nicht gerade die Formel, die Sie benötigen. In vielen Fällen empfiehlt es sich aber, diese Liste erst einmal durchzusehen. Möglicherweise finden Sie darin eine Formel, die der gewünschten zumindest ähnelt. Sie können sie dann nach dem Einfügen bearbeiten.

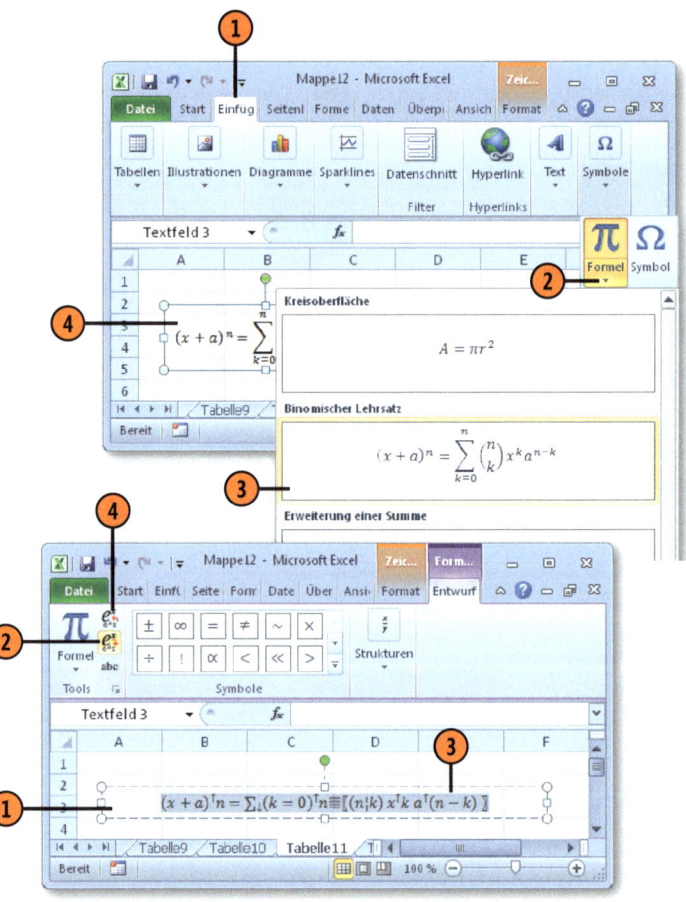

Symbole und Sonderzeichen einfügen

Wer kennt sie noch – die guten alten ANSI-Zeichen, mit deren Hilfe Symbole und Sonderzeichen eingefügt werden können? Drücken Sie z.B. NumLock, um die Zehnertastatur zu aktivieren, und anschließend Alt+0137, um das Zeichen »‰« im Text einzufügen. Mithilfe der Funktion zum Einfügen von Symbolen und Sonderzeichen geht dies natürlich viel einfacher.

Zeichen einfügen

(1) Klicken Sie auf der Registerkarte *Einfügen* in der Gruppe *Symbole* auf die Schaltfläche *Symbol*. Eine Liste mit zuletzt verwendeten Symbolen wird angezeigt. Klicken Sie am Ende der Liste auf *Weitere Symbole*, um das Dialogfeld *Symbol* zu öffnen.

(2) Wählen Sie im Dropdown-Listenfeld *Schriftart* einen Zeichensatz aus; *(normaler Text)* entspricht der im Dokument verwendeten Schriftart.

(3) Blättern Sie im gewählten Zeichensatz – entweder mithilfe der Bildlaufleiste oder durch Auswahl eines Subsets.

(4) Klicken Sie auf das gewünschte Symbol.

(5) Klicken Sie zum Einfügen des markierten Symbols auf diese Schaltfläche. Das Dialogfeld bleibt zum Einfügen weiterer Zeichen geöffnet.

(6) Über diese Registerkarte können Sie Sonderzeichen wie den Gedankenstrich (= Halbgeviert) einfügen.

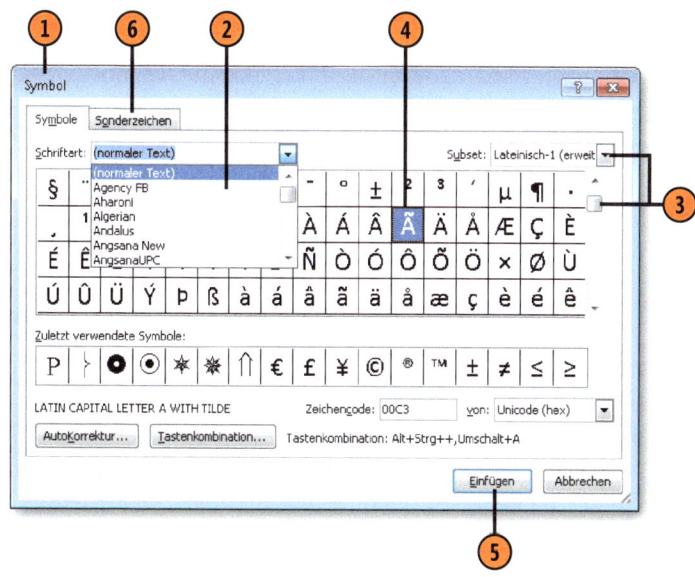

Tipp ✓

Sie können Sonderzeichen und Symbole in die AutoKorrektur-Liste übernehmen (siehe Seite 58 f.). Klicken Sie dazu auf die Schaltfläche *AutoKorrektur* und schreiben Sie im Feld *Ersetzen* eine Abkürzung, die nach ihrer Eingabe automatisch durch das festgelegte Symbol ersetzt wird.

Clips

Wenn Ihnen keine geeigneten eigenen Bilder zur Verfügung stehen, können Sie zur Illustration Ihrer Tabelle auch Clips benut- zen. Solche Clips sind vorgefertigte Grafiken etc., die zum Lieferumfang von Microsoft Office gehören.

ClipArt einfügen

① Wählen Sie die Registerkarte *Einfügen*.

② Klicken Sie in der Gruppe *Illustrationen* auf *ClipArt*.

③ Der Aufgabenbereich *ClipArt* wird eingeblendet.

④ Geben Sie im Feld *Suchen nach* einen Begriff ein, der den Inhalt der gesuchten Grafik beschreibt.

⑤ Im Dropdown-Listenfeld *Ergebnisse* können Sie angeben, nach welcher Art von Clip gesucht werden soll – beispielsweise ClipArt, Filme oder Fotos.

⑥ Klicken Sie auf *OK*.

⑦ Die gefundenen Clips werden anschließend im Aufgabenbereich aufgelistet. Doppelklicken Sie auf den gewünschten Clip, um ihn einzufügen.

⑧ Der Clip wird im Tabellenblatt angezeigt. Sie können den Clip mit den üblichen Methoden verschieben und seine Größe sowie den Drehwinkel einstellen (siehe Seite 268).

⑨ Um den Aufgabenbereich *ClipArt* auszublenden, klicken Sie auf die *Schließen*-Schaltfläche rechts oben in der Titelleiste des Aufgabenbereich.

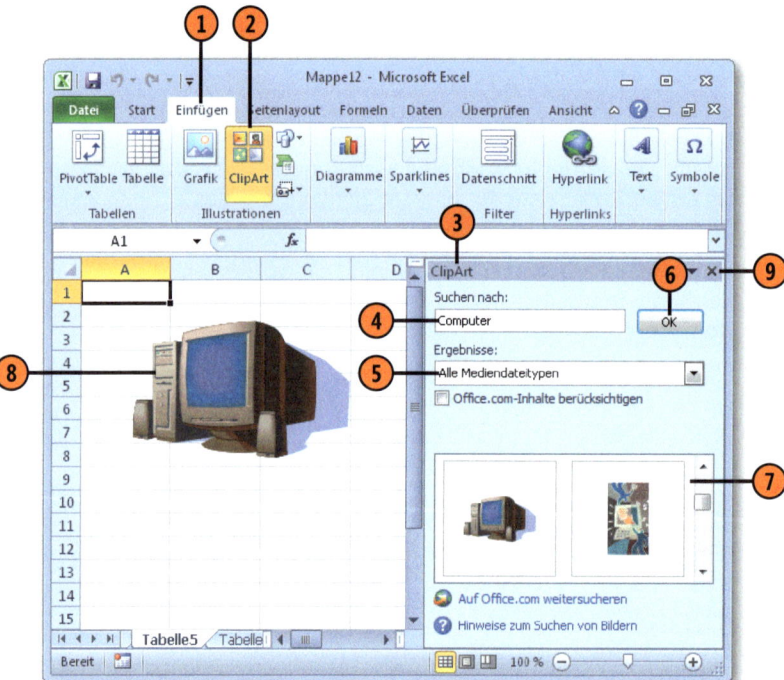

Tipp

Durch einen Klick auf *Auf Office.com weitersuchen* werden Sie mit der entsprechenden Webseite im Internet verbunden, auf der Sie weitere Clips finden.

WordArt

Wenn Sie einen Schriftzug besonders hervorheben wollen, gestalten Sie ihn am besten mit WordArt. Sie können damit dem Text unterschiedliche Formen zuweisen, die mit den Werkzeugen der Textformatierung nicht verfügbar sind.

Einen Text eingeben

① Wählen Sie die Registerkarte *Einfügen*.

② Klicken Sie in der Gruppe *Text* auf *WordArt*.

③ Wählen Sie ein Design.

④ Der Platzhalter *Hier steht Ihr Text* erscheint. Er ist bereits markiert. Überschreiben Sie den Platzhaltertext.

Tipp

Größe, Position und Drehwinkel regeln Sie bei WordArt-Objekten wie bei einem eingefügten Bild (siehe Seite 268).

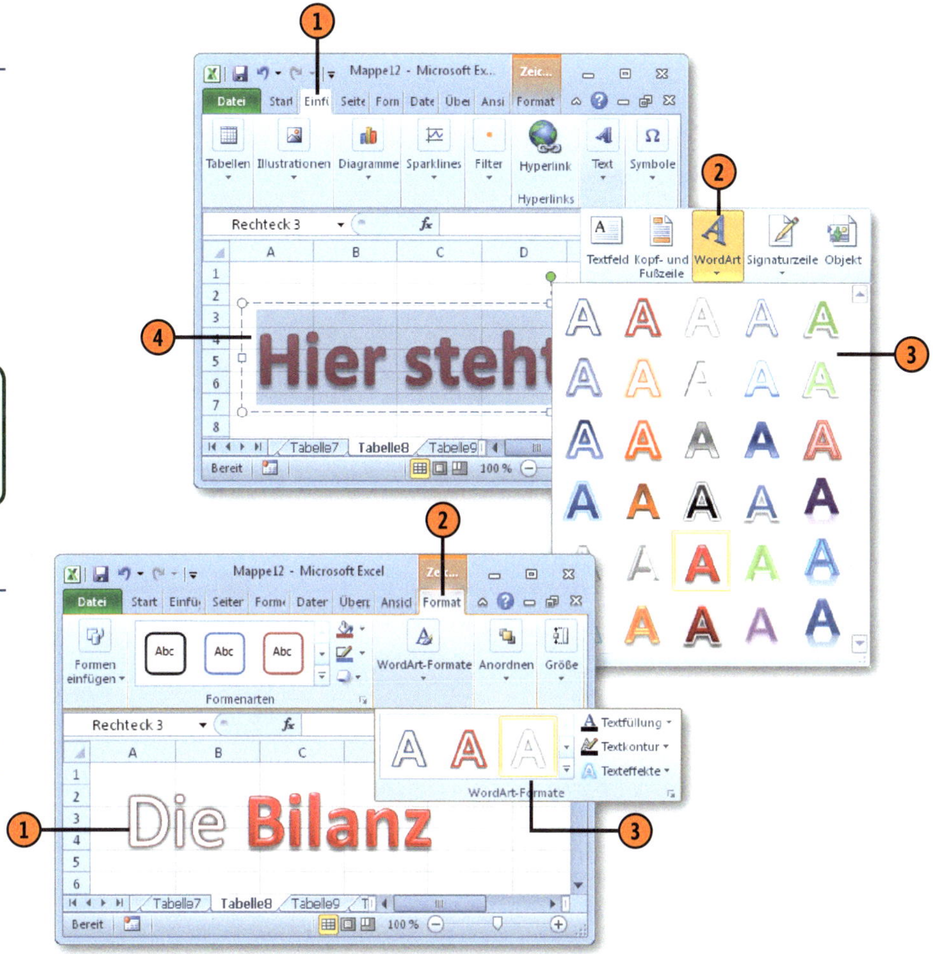

Ein Design verwenden

① Markieren Sie den Text oder einen Teil davon.

② Wählen Sie die Registerkarte *Zeichentools/ Format*.

③ Wählen Sie in der Gruppe *WordArt-Formate* im Schnellformatvorlagenkatalog das gewünschte Format.

Objekte aus anderen Programmen

Abhängig von den auf Ihrem Computer installierten Programmen können Sie in diesen Programmen erstellte Objekte oder Dateien in Ihren Dokumenten als Objekte anzeigen lassen. Wenn Sie bei- spielsweise längere Kommentare zu einer Tabelle in Microsoft Word erstellt haben, können Sie dieses Dokument in einem Excel- Arbeitsblatt einfügen – oder umgekehrt.

Eine Word-Datei in eine Excel-Tabelle einfügen

① Wählen Sie die Registerkarte *Einfügen*.

② Klicken Sie in der Gruppe *Text* auf *Objekt*.

③ Wählen Sie im Dialogfeld *Objekt* die Registerkarte *Aus Datei erstellen*.

④ Klicken Sie auf *Durchsuchen*.

⑤ Stellen Sie den Ordner ein, in dem die Datei gespei- chert ist.

⑥ Markieren Sie die Datei.

⑦ Klicken Sie auf *Einfügen* und anschließend im Dialog- feld *Objekt* auf *OK*.

⑧ Der Inhalt der Datei wird angezeigt.

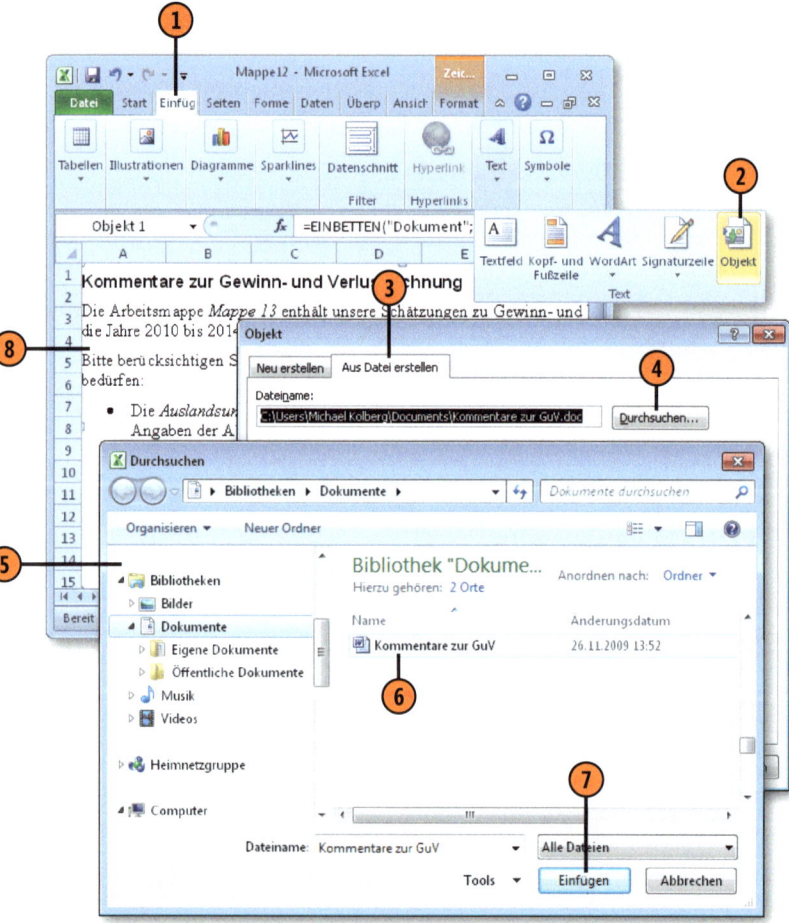

Gewusst wie

Über die Registerkarte *Neu erstellen* im Dialogfeld *Objekt* können Sie ein Objekt in einem der auf Ihrem Rechner installierten Programme erstellen und an- schließend mit Inhalten füllen. Wählen Sie dazu im Listenfeld den einzufügenden Objekttyp aus. Welche Typen hier angezeigt werden, hängt von den auf dem System installierten Anwendungen ab.

18 Dokumente drucken

In diesem Kapitel geht es darum, die Inhalte von Office-Dokumenten zu Papier zu bringen. Die in der Office-Version 2010 komplett überarbeitete Druckfunktion macht das Drucken zum Kinderspiel. In der Backstage-Ansicht zum Drucken finden Sie alle Optionen, die den Drucker und die Seiteneinstellungen betreffen, auf einen Blick. Sie können dort das Papierformat, die Papierausrichtung und die Seitenränder sowie weitere Parameter für das Dokument bestimmen. Außerdem wird hier das Dokument in der Seitenansicht angezeigt, sodass die Auswirkungen von Einstellungen sofort ersichtlich sind.

Die Vorgehensweise beim Drucken ist stets dieselbe. Bei einigen Programmen müssen Sie aber noch zusätzliche Tätigkeiten durchführen: Wenn Sie in Excel nur bestimmte Bereiche eines Blattes drucken wollen oder wenn Sie verschiedene Seiteneinstellungen für die einzelnen Blätter wünschen, müssen Sie diese vorher auf Blattebene festlegen.

Ein weiterer Schwerpunkt in diesem Kapitel ist der Seriendruck. Egal ob Sie einen Serienbrief, eine Serienmail, Umschläge oder Etiketten mit der Seriendruckfunktion in Word erstellen wollen, die Vorgehensweise ist stets dieselbe.

Übersicht zu den Druckaufgaben

Die Registerkarte *Datei* hält eine Kategorie bereit, in dem die wesentlichsten Einstellungen für den Ausdruck vorgenommen werden können. Alle wichtigen Befehle sind hier zusammenge- fasst. Für bestimmte Anpassungen ist es aber besser, wenn Sie zum Festlegen der Einstellungen die Tabelle selbst vor sich haben (siehe hierzu weiter hinten in diesem Kapitel).

Ein Excel-Dokument auf dem Standarddrucker drucken

(1) Öffnen Sie die Registerkarte *Datei*.

(2) Wählen Sie *Drucken*.

(3) Rechts sehen Sie eine Vorschau auf das zu erwartende Druckergebnis. Kontrollieren Sie die Vorschau vor dem Ausdruck.

(4) Bei mehrseitigen Dokumenten können Sie über die Navigationselemente zu anderen Seiten wechseln.

(5) Wenn Sie mehrere Drucker installiert haben, können Sie über die Dropdownliste den gewünschten Drucker auswählen.

(6) Legen Sie hier die gewünschten Einstellungen fest (siehe auch nächste Seite).

(7) Zur Angabe der zu druckenden Exemplare benutzen Sie das Feld *Exemplare*.

(8) Wenn Sie den Ausdruck starten wollen, klicken Sie auf *Drucken*.

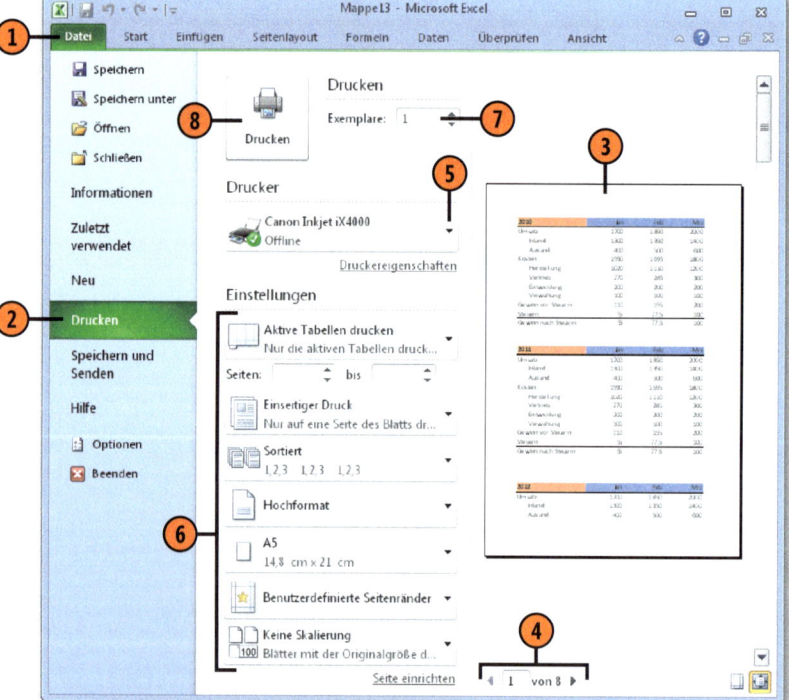

Siehe auch

Auf das Arbeiten mit anderen Druckern wird auf Seite 296 eingegangen.

Gewusst wie

Den Standarddrucker können Sie über *Geräte und Drucker* im Startmenü von Windows einstellen.

Die wichtigsten Einstellungen zum Ausdruck

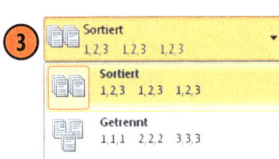

(1) Sie können entscheiden, welche Inhalte des aktiven Dokuments gedruckt werden sollen. Wenn Sie nur einen bestimmten Bereich drucken wollen, markieren Sie ihn vorher.

(2) Wenn Sie beide Seiten des Papiers bedrucken wollen, wählen Sie *Beidseitiger Druck* und legen gegebenenfalls das Papier nach dem Bedrucken der Vorderseite nochmals umgekehrt in den Drucker.

(3) Wenn Sie mehrere Exemplare eines mehrseitigen Dokuments drucken wollen, können Sie festlegen, wie die Kopien ausgegeben werden sollen. Durch Wahl von *Sortiert* werden zuerst alle Seiten des ersten Exemplars vollständig gedruckt, bevor das nächste ausgegeben wird.

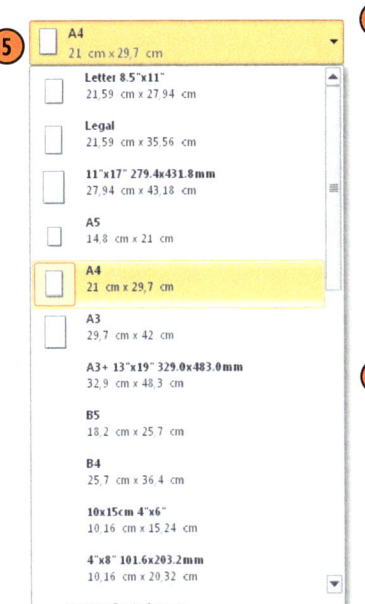

(4) Tabellen können im Hoch- oder im Querformat ausgedruckt werden – entscheiden Sie je nachdem, wie lang oder breit die zu druckende Tabelle ist.

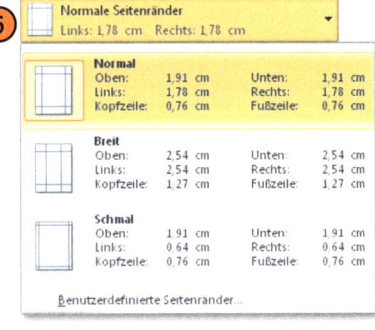

(5) Standardmäßig geht Excel davon aus, dass Sie den Ausdruck auf Papier im Format DIN A4 vornehmen wollen. Wenn Sie ein anderes Format wünschen, müssen Sie das zuerst festlegen. Das Programm liefert Ihnen dazu eine Liste der gängigsten Alternativen.

(6) Mit den Seitenrändern legen Sie den Abstand zwischen dem Rand des Papiers und dem bedruckten Bereich fest. Dafür liefert Ihnen Excel zunächst einmal mit den Einstellungen *Normal*, *Breit* und *Schmal* drei Alternativen.

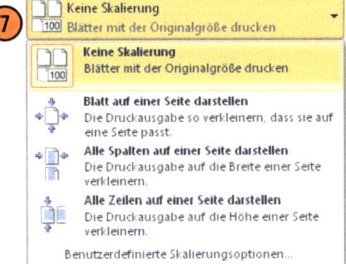

(7) Wenn Sie feststellen, dass eine Tabelle beim Ausdruck nicht ganz auf das Papier passt, können Sie den Skalierungsfaktor ändern.

Bei Excel: Die Einstellungen für einzelne Blätter festlegen

Standardmäßig druckt Excel eine Tabelle immer ganz aus – angefangen von der Zelle *A1* in der oberen linken Ecke bis zu der letzten Zelle unten rechts, die Eingaben enthält. Wenn Sie das nicht wünschen, müssen Sie die zu druckenden Bereiche auf der Ebene der einzelnen Blätter vorher festlegen. Auch wenn Sie verschiedene Seiteneinstellungen – beispielsweise eine unterschiedliche

Ausrichtung – für die einzelnen Blätter wünschen, müssen Sie diese vorher auf der Ebene der einzelnen Blätter festlegen. Wenn Sie mehrere Blätter einer Mappe ausdrucken wollen, müssen Sie diese Auswahl für jedes Blatt der Arbeitsmappe einzeln vornehmen.

Den ersten zu druckenden Bereich festlegen

(1) Klicken Sie auf die Registerkarte *Seitenlayout*.

(2) Markieren Sie in der Tabelle den Bereich, der gedruckt werden soll.

(3) Klicken Sie in der Gruppe *Seite einrichten* auf *Druckbereich* und wählen Sie *Druckbereich festlegen*.

(4) Der zu druckende Bereich wird mit einem gestrichelten Rahmen versehen.

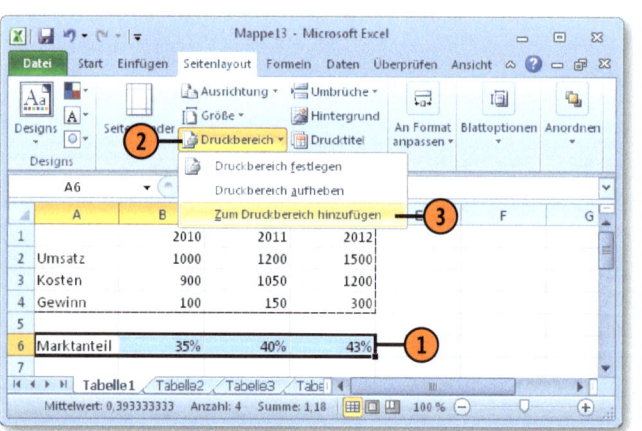

Einen weiteren Bereich für den Druck festlegen

(1) Markieren Sie den nächsten Bereich, der gedruckt werden soll.

(2) Klicken Sie auf der Registerkarte *Seitenlayout* auf *Druckbereich*.

(3) Wählen Sie *Zum Druckbereich hinzufügen*.

Achtung

Über den Befehl *Druckbereich aufheben* im Menü zur Schaltfläche *Druckbereich* entfernen Sie alle auf dem Blatt festgelegten Druckbereiche! Es spielt keine Rolle, welche Zelle Sie vorher markiert haben.

Die Seiteneinstellungen bestimmen

1. Wählen Sie das Blatt, für das die Einstellungen gelten sollen.

2. Klicken Sie auf die Registerkarte *Seitenlayout*.

3. Legen Sie in der Gruppe *Seite einrichten* die Einstellungen für die Seite fest. Bestimmen Sie die *Größe*, die *Ausrichtung* und die *Seitenränder*.

4. Wenn Sie die Seitenränder individuell festlegen möchten, klicken Sie auf *Benutzerdefinierte Seitenränder* unten im Dropdownmenü.

5. Die Registerkarte *Seitenränder* im Dialogfeld *Seite einrichten* wird angezeigt. Legen Sie hier die vier Ränder der Seite einzeln fest.

6. Klicken Sie auf *OK*.

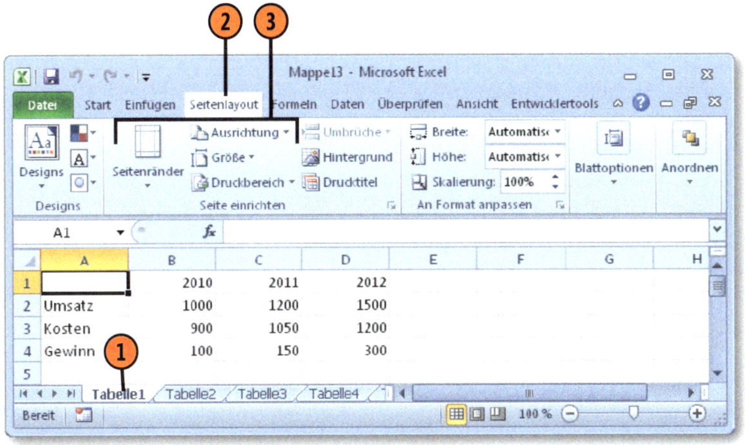

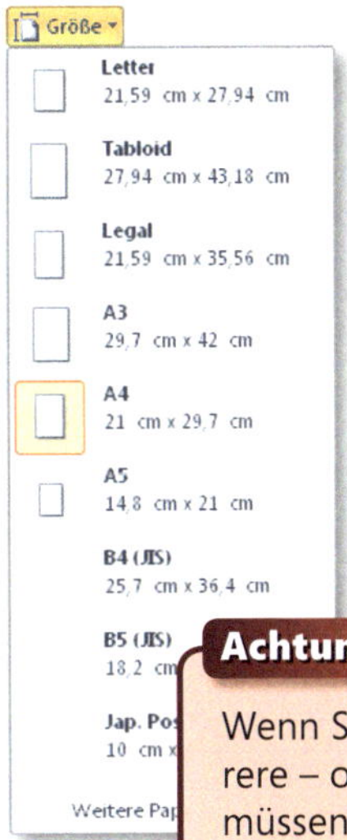

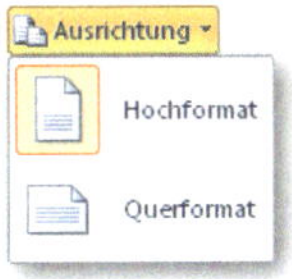

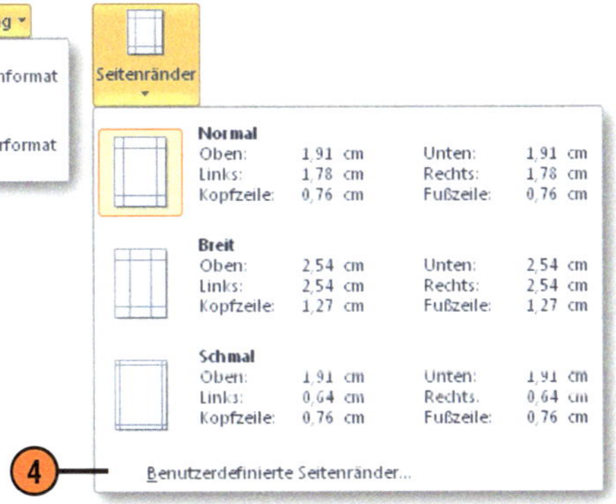

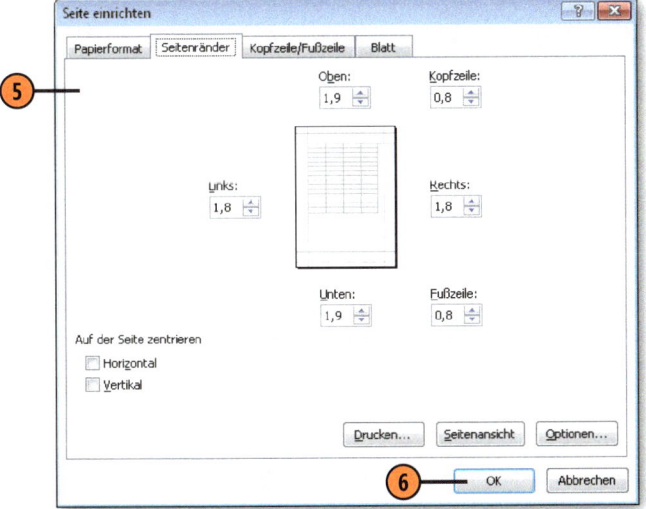

Achtung

Wenn Sie wünschen, dass die Einstellungen für mehrere – oder alle – Blätter der Tabelle gelten sollen, müssen Sie zuerst die gewünschten Blätter gemeinsam auswählen: Klicken Sie mit gedrückter Strg-Taste auf die betreffenden Blattregisterkarten.

Seriendruck bei Word 2010 – was ist das?

Die Seriendruckfunktion von Word ist extrem leistungsfähig und flexibel. Nichtsdestotrotz ist ein einfacher Serienbrief schnell erstellt. Sobald Sie aber nur bestimmte Bereiche Ihrer Datenquelle nutzen und Bedingungen mit bestimmten Inhalten im Schreiben verknüpfen wollen, wird es schon komplexer und Sie sind gut beraten, Ihre Schreiben vor dem Ausdruck sorgfältig zu testen.

Prinzipielle Vorgehensweise

1. Erstellen Sie das Hauptdokument mit dem Standardtext.
2. Erstellen Sie die Datenquelle bzw. weisen Sie dem Hauptdokument eine bereits bestehende Datenquelle zu.
3. Bearbeiten Sie die Datenquelle.
4. Fügen Sie die Felder der Datenquelle in das Hauptdokument ein.
5. Prüfen Sie das Ergebnis in der Vorschau.
6. Erstellen Sie die Seriendokumente.

Egal ob Sie einen Serienbrief, eine Serienmail, Umschläge oder Etiketten erstellen wollen, die Vorgehensweise ist prinzipiell immer dieselbe. Sie benötigen ein sogenanntes Hauptdokument, z.B. einen Brief, und eine Datenquelle, z.B. eine Adressliste. Die Datenquelle ist eine Datei, die Informationen für den Seriendruck in Form von Datensätzen und Datenfeldern enthält.

Sabine Lambrich ✉ Reiserstr. 2 ✉ 81825 München

Frau Marlene Lambrich

Eckenberg 7

21823 Hamburg

Sehr geehrte Frau Lambrich,

wir freuen uns, Ihnen als Stammkundin einen einmaligen Rabatt für unser Produkt anbieten zu können. Bitte wenden Sie sich an Ihren Kundenberater, wenn unser Angebot bei Ihnen auf Interesse stößt. Und wer bis zum 31.12.10 bestellt, erhält ein Überraschungsgeschenk.

Serienbrief mit eingefügten Feldern in der Vorschau

Die variablen Elemente des Briefes – Adresse, Anrede etc. – werden mithilfe von Feldern aus der Datenquelle in das Hauptdokument eingefügt. Beim Drucken werden dann die Feldinhalte aus der Datenquelle nacheinander in die Serienbrieffelder eingefügt. So erhalten Sie ein Standardschreiben mit individuellen Elementen.

Der Seriendruck-Assistent

(1) Klicken Sie auf der Registerkarte *Sendungen* in der Gruppe *Seriendruck starten* auf die Schaltfläche *Seriendruck starten* und dann auf den Eintrag *Seriendruck-Assistent mit Schritt-für-Schritt-Anweisungen*, um den Aufgabenbereich *Seriendruck* rechts im Word-Fenster anzuzeigen.

(2) Wählen Sie im oberen Bereich den Typ des Hauptdokuments.

(3) Klicken Sie im Bereich *Schritt 1 von 6* auf den Link *Weiter*, um das Hauptdokument zu erstellen.

(4) Wählen Sie, ob das aktuelle Dokument, eine Vorlage oder ein bereits vorhandenes Dokument als Hauptdokument verwendet werden soll.

(5) Klicken Sie im Bereich *Schritt 2 von 6* auf den Link *Weiter: Empfänger wählen*, um die Datenquelle zu definieren.

(6) Folgen Sie den Anweisungen des Seriendruck-Assistenten bis einschließlich Schritt 6 von 6 und erstellen Sie so Ihren Serienbrief.

Wenn Sie sich noch unsicher fühlen, sollten Sie die Seriendruckfunktion zunächst einmal mit dem Seriendruck-Assistenten ausprobieren, der Sie sozusagen an die Hand nimmt und Schritt für Schritt durch den Prozess führt.

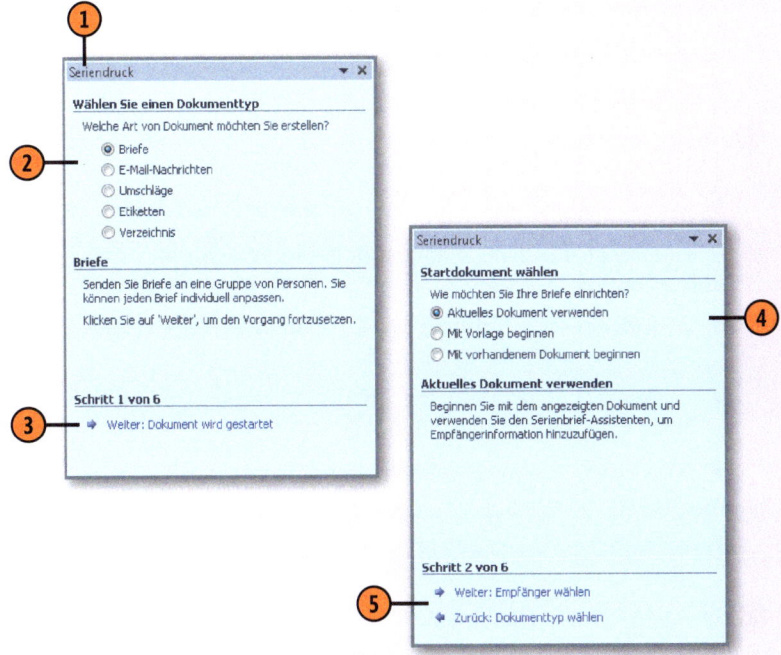

Seriendruck – Hauptdokument

Im Hauptdokument steht der allgemeine Standardtext, den alle Empfänger identisch erhalten sollen. Sie können wählen, ob Sie einen Brief, eine E-Mail, eine Liste, Umschläge oder Etiketten mithilfe der Serienbrieffunktion erstellen wollen.

Hauptdokument erstellen

(1) Klicken Sie auf der Registerkarte *Sendungen* in der Gruppe *Seriendruck starten* auf die Schaltfläche *Seriendruck starten* und wählen Sie aus, ob Sie einen Brief, eine E-Mail, Umschläge, Etiketten, eine Liste oder ein Standard-Word-Dokument als Hauptdokument erstellen wollen.

(2) Geben Sie die Textpassagen in ein neues Dokument ein, die in jedem Hauptdokument identisch enthalten sein sollen:

- *Briefe* – Fließtext ohne Adresse, Anrede und Grußformel

- *E-Mail-Nachrichten* – Fließtext ohne Adresse, Anrede und Grußformel

- *Umschläge* – Beschriftung, die auf allen Umschlägen gleich sein soll, z.B. der Absender

- *Etiketten* – Beschriftung, die auf allen Etiketten gleich sein soll, z.B. Produktbezeichnung

- *Verzeichnis* – beispielsweise Spaltenbeschriftungen in Listen

- *Normales Word-Dokument* – Fließtext, der in allen Texten gleich sein soll

(3) Speichern Sie das Dokument.

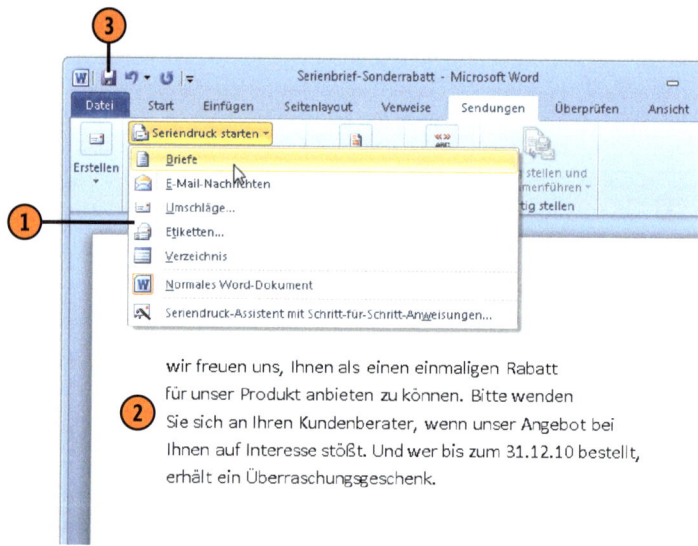

Siehe auch

Wie Sie mit dem Seriendruck-Assistenten arbeiten, erfahren Sie auf der vorherigen Seite.

Seriendruck – Datenquelle

Die Datenquelle enthält Datensätze mit Feldern, deren Inhalte in das Hauptdokument eingefügt werden. Es kann sich dabei um ein in Word, Excel oder Access erstelltes Dokument, um eine sonstige Datei in einem von Word lesbaren Format oder um die Einträge in Ihrem Outlook-Kontakte-Ordner handeln. Sie können die Datenquelle anschließend nach Kriterien filtern, z.B. alle Adressen mit Wohnort Hamburg, oder auf- bzw. absteigend sortieren.

Datenquelle definieren

① Klicken Sie auf der Registerkarte *Sendungen* in der Gruppe *Seriendruck starten* auf die Schaltfläche *Empfänger auswählen* und legen Sie fest, woher die Daten für den Seriendruck kommen sollen:

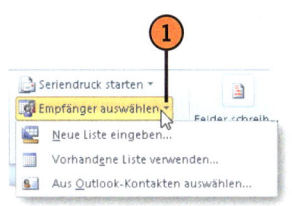

- *Neue Liste eingeben:* Geben Sie im Dialogfeld *Neue Adressliste* Ihre Daten ein. Dort stehen bereits Spalten für die Eingabe von Adressen bereit. Sie können diese Spalten entfernen und eigene Spalten definieren, wenn Sie andere Dateninhalte benötigen.

- *Vorhandene Liste verwenden:* Wechseln Sie zu dem Dokument, das die Seriendruckdaten enthält.

- *Aus Outlook-Kontakten auswählen:* Wählen Sie einen Kontakteordner in Outlook aus.

Datenquelle bearbeiten

① Klicken Sie auf der Registerkarte *Sendungen* in der Gruppe *Seriendruck starten* auf die Schaltfläche *Empfängerliste bearbeiten*, um das Dialogfeld *Seriendruckempfänger* zu öffnen.

② Klicken Sie auf die Kontrollkästchen, um einzelne Empfänger in den Seriendruck ein- bzw. auszuschließen.

③ Klicken Sie auf einen der Links, um die Datensätze zu filtern, zu sortieren, doppelte Einträge zu suchen oder Adressen mithilfe von Add-On-Programmen zu überprüfen.

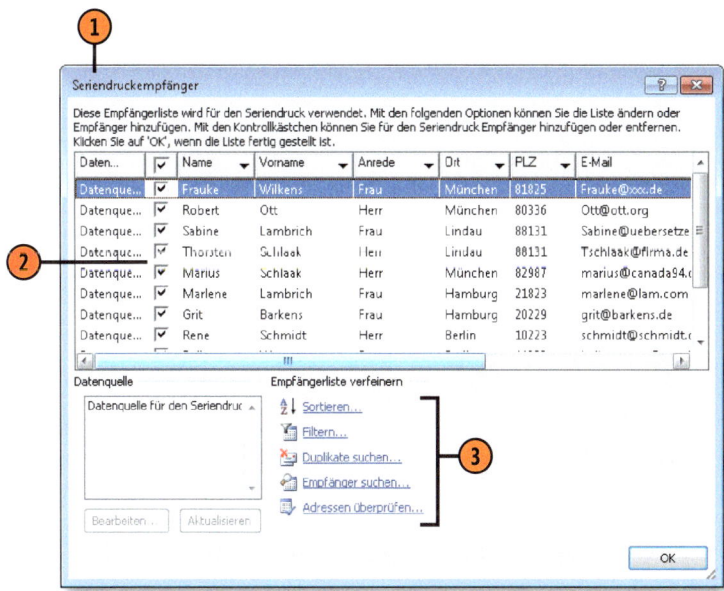

Seriendruck – Felder

Die Felder einer Datenquelle werden im Format «*feldname*» im Hauptdokument eingefügt. Erst wenn Sie den Seriendruck fertigstellen, werden die Feldnamen durch die Feldinhalte aus der Datenquelle ersetzt. Word bietet standardmäßig einen Adress- block und eine Grußzeile an, für die Sie die Feldnamen Ihrer Datenquelle mit den internen Adressfeldern von Word abstimmen können. Jedes Feld der Datenquelle kann beliebig oft in das Hauptdokument eingefügt und später mit Inhalt gefüllt werden.

Seriendruckfeld einfügen

1. Setzen Sie die Einfügemarke im Dokument an die Stelle, an der ein Feld eingefügt werden soll, klicken Sie auf der Registerkarte *Sendungen* in der Gruppe *Felder schreiben und einfügen* auf die Schaltfläche *Adressblock* und bestimmen Sie im Dialogfeld *Adressblock einfügen* die Darstellung der Adresse. Nach dem Bestätigen mit *OK* wird das Feld für den Adressblock in das Dokument eingefügt.

2. Verschieben Sie die Einfügemarke an die gewünschte Position und klicken Sie auf die Schaltfläche *Grußzeile*. Legen Sie im Dialogfeld *Grußzeile einfügen* die Form der Anrede fest. In der Vorschau wird das Ergebnis angezeigt.

3. Klicken Sie bei Bedarf auf die Schaltfläche *Felder wählen* und passen Sie die Feldbezeichnungen Ihrer Datenquelle den internen Feldbezeich- nungen von Word an. Für die Grußzeile führt Word intern die beiden Felder *Anrede* und *Nach- name*. Wenn in Ihrer Datenquelle die Felder anders heißen, müssen Sie diese Namen den Word-Bezeichnungen zuordnen (siehe Seite 292).

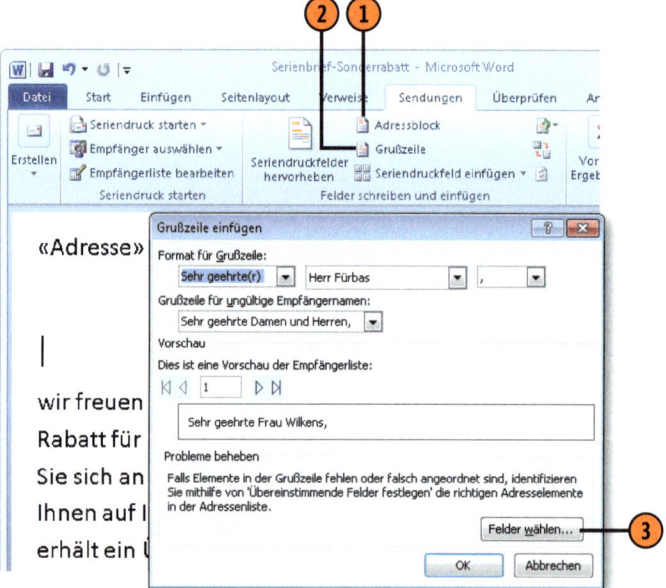

Tipp ✔

Wenn Sie auf die Schaltfläche *Seriendruckfelder einfügen* kli- cken, können Sie im gleichnamigen Dialogfeld beliebig viele Felder aus Ihrer Datenquelle an der aktuellen Cursorposi- tion im Dokument einfügen. Vergessen Sie aber nicht, diese anschließend durch Leerzeichen voneinander zu trennen und Satzzeichen einzufügen.

Seriendruck – Bedingungsfelder

Um Ihre Serienbriefe noch individueller zu gestalten, können Sie sogenannte Bedingungsfelder in das Hauptdokument einfügen. Damit können Sie beispielsweise Daten, die sich von Dokument zu Dokument ändern, vor dem Ausdruck eines jeden Dokuments separat eingeben oder einen Datensatz überspringen. Ein klassisches Bedingungsfeld ist das *Wenn...Dann...Sonst...*-Feld, mit dem Sie eine Bedingung in der Datenquelle abfragen und abhängig davon, ob die Bedingung erfüllt ist oder nicht, einen Textinhalt definieren.

Bedingungsfeld einfügen

① Setzen Sie die Einfügemarke im Dokument an die Stelle, an der ein Feld eingefügt werden soll, und klicken Sie auf der Registerkarte *Sendungen* in der Gruppe *Felder schreiben und einfügen* auf die Schaltfläche *Regeln*. Wählen Sie eine Regel aus, die Sie definieren möchten, z.B. *Wenn...Dann...Sonst*, um das entsprechende Regeldialogfeld zu öffnen.

② *Wenn*: Wählen Sie als Feldname das Feld *Anrede*, im Feld *Vergleich* den Operator *Gleich* und geben Sie im Feld *Vergleichen mit* den Text **Frau** ein.

③ *Dann*: Geben Sie im Textfeld *Dann diesen Text einfügen* das Wort **Stammkundin** ein.

④ *Sonst*: Geben Sie im Textfeld *Sonst diesen Text einfügen* das Wort **Stammkunde** ein und bestätigen Sie mit *OK*.

⑤ Drücken Sie im Hauptdokument Alt+F9, um anstelle der Feldinhalte die Feldfunktionen anzuzeigen und das Bedingungsfeld zu prüfen. Drücken Sie die Tastenkombination erneut, um zu den Feldinhalten zurückzuschalten.

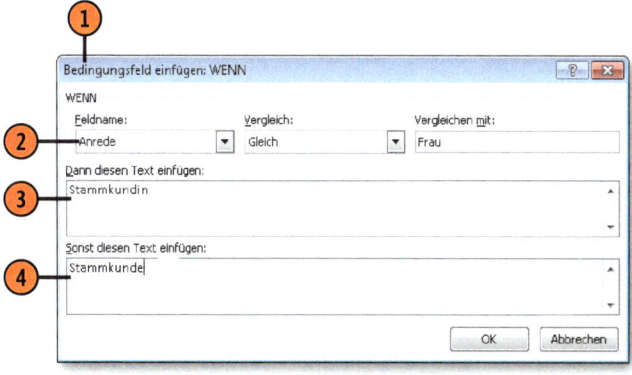

wir freuen uns, Ihnen als Stammkundin ...

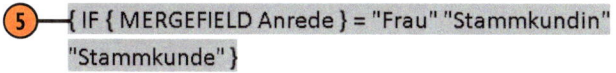

⑤ { IF { MERGEFIELD Anrede } = "Frau" "Stammkundin" "Stammkunde" }

Seriendruck – übereinstimmende Felder

Beim Erstellen eines Seriendokuments mit Adressfeldern stellt Word intern eine Reihe von Feldbezeichnungen zur Verfügung, die beispielsweise im Adressblock und in der Grußzeile verwendet werden. Arbeiten Sie mit einer eigenen Datenquelle, deren Feldbezeichnungen nicht mit den Word-internen Bezeichnungen übereinstimmen, können Sie festlegen, welche Feldbezeich-

nungen Ihrer Datenquelle mit welchen Feldbezeichnungen der internen Word-Felder übereinstimmen. Lautet die Feldbezeichnung für den Straßennamen in Ihrer Datenquelle z.B. »Straße«, können Sie das Feld »Straße« dem internen Feld »Adresse 1« zuordnen.

Felder zuordnen

1. Klicken Sie auf der Registerkarte *Sendungen* in der Gruppe *Felder schreiben und einfügen* auf die Schaltfläche *Übereinstimmende Felder festlegen*, um das gleichnamige Dialogfeld zu öffnen.

2. Links werden die internen Feldbezeichnungen von Word angezeigt.

3. Klicken Sie rechts auf den Dropdownpfeil eines Feldes, z.B. rechts neben *Adresse 1*, um alle Feldbezeichnungen Ihrer Datenquelle anzuzeigen, die Sie dem Hauptdokument zugewiesen haben. Klicken Sie auf die Entsprechung für das Word-interne Feld, hier: *Straße*. Wiederholen Sie diesen Schritt für alle weiteren Felder, deren interne Bezeichnung nicht mit der Bezeichnung in Ihrer Datenquelle übereinstimmt.

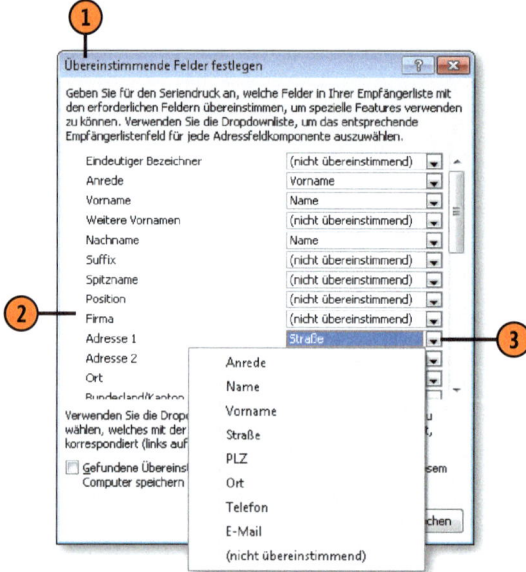

Siehe auch

Wie Sie die Felder *Adressblock* und *Grußzeile* einfügen, erfahren Sie auf Seite 290.

Seriendruck prüfen und erstellen

Wenn Sie meinen, Ihr Seriendokument »steht«, blättern Sie in der Vorschau durch die Datensätze und prüfen Sie, ob alles Ihren Vorstellungen entspricht. Führen Sie auch die automatische Fehler-

prüfung durch. Danach können Sie die Seriendokumente direkt drucken oder in einer Datei zusammenführen und zu einem späteren Zeitpunkt drucken.

Prüfen und fertigstellen

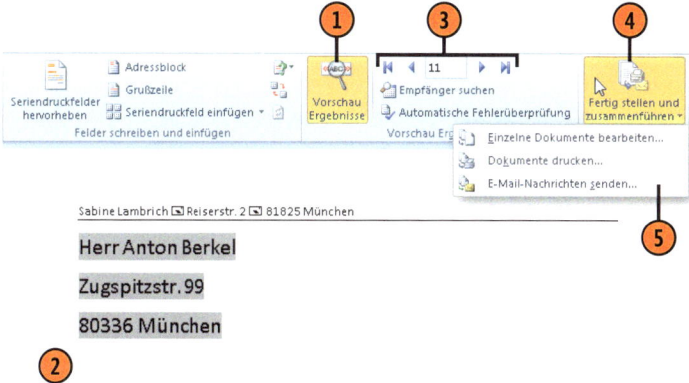

1. Klicken Sie auf der Registerkarte *Sendungen* in der Gruppe *Vorschau Ergebnisse* auf *Vorschau Ergebnisse*.

2. Im Hauptdokument wird der Feldinhalt des ersten Datensatzes angezeigt sowie Bedingungsfelder aktualisiert.

3. Führen Sie eine der folgenden Aktionen durch:

   - Klicken Sie auf die Navigationsschaltflächen, um zum ersten, vorherigen, nächsten oder letzten Datensatz der Datenquelle zu blättern.

   - Klicken Sie auf *Empfänger suchen*, um gezielt zu einem Datensatz zu springen.

   - Klicken Sie auf *Automatische Fehlerüberprüfung*, um den Seriendruck entsprechend zu untersuchen.

4. Klicken Sie auf der Registerkarte *Sendungen* in der Gruppe *Fertig stellen* auf *Fertig stellen und zusammenführen*.

5. Führen Sie eine der folgenden Aktionen für alle Datensätze, den aktuellen Datensatz oder einen Datensatzbereich (z.B. 3 bis 5) aus:

   - *Einzelne Dokumente bearbeiten:* Die Auswahl an Datensätzen wird in einem neuen Dokument mit der Bezeichnung *Serienbriefe1* angezeigt.

   - *Dokumente drucken:* Die Auswahl wird gedruckt.

   - *E-Mail-Nachrichten senden:* Geben Sie einen Betreff ein, und das Seriendokument wird an die Auswahl gesendet.

Briefumschläge und Etiketten erstellen

Um bei Word Briefumschläge und Etiketten zu erstellen, brauchen Sie nicht unbedingt mit der Seriendruckfunktion zu arbeiten. Generell gilt: Wenn Sie einen Brief geschrieben haben, können Sie sofort einen dazu passenden professionellen Umschlag oder ein Etikett erstellen. Enthält der Brief eine Empfängeradresse, wird die Adresse automatisch für den Umschlag bzw. das Etikett übernommen. Ansonsten geben Sie sie selbst ein. Sie können aus einer Reihe von Umschlaggrößen und Etikettenformaten wählen.

Briefumschlag erstellen

(1) Setzen Sie die Einfügemarke im Dokument in die Empfängeradresse. Klicken Sie anschließend auf der Registerkarte *Sendungen* in der Gruppe *Erstellen* auf die Schaltfläche *Umschläge*, um das Dialogfeld *Umschläge und Etiketten* zu öffnen.

(2) Prüfen Sie auf der Registerkarte *Umschläge*, ob die Empfängeradresse korrekt ist.

(3) Die Absenderadresse wird, wenn vorhanden, aus den intern gespeicherten Benutzerdaten übernommen. Ansonsten geben Sie sie hier direkt ein.

(4) Führen Sie eine der folgenden Aktionen aus:

- Klicken Sie auf *Optionen* und bestimmen Sie im Dialogfeld *Umschlagoptionen* auf der gleichnamigen Registerkarte das Umschlagformat sowie die Schrift und Position für die Absender- und Empfängerdaten.

- Klicken Sie auf *Zum Dokument hinzufügen*, um den erstellten Umschlag als separate Seite in das Dokument zu speichern.

- Klicken Sie auf *Drucken*, um den Umschlag zu drucken.

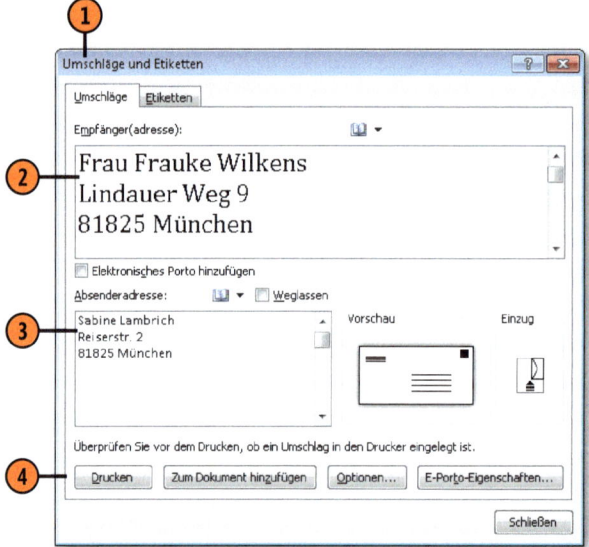

Gewusst wie

Wenn Sie Ihre Adresse im Feld *Absenderadresse* eingeben, wird – sobald Sie den Umschlag drucken oder zum Dokument hinzufügen – abgefragt, ob die Adresse als Standardabsenderadresse gespeichert werden soll. Sie wird dann im internen Feld *UserAdress* abgelegt.

Etikett erstellen

① Öffnen Sie das Briefdokument und setzen Sie die Einfügemarke in die Empfängeradresse. Klicken Sie anschließend
auf der Registerkarte *Sendungen* in der Gruppe *Erstellen*
auf die Schaltfläche *Beschriftungen*, um das Dialogfeld
Umschläge und Etiketten zu öffnen.

② Prüfen Sie auf der Registerkarte *Etiketten*, ob die Adresse
korrekt ist.

③ Klicken Sie hier, um anstelle der Empfänger- die Absenderadresse zu verwenden.

④ Legen Sie fest, ob Sie eine ganze Seite mit Etiketten bzw.
ein einzelnes Etikett erstellen wollen.

⑤ Klicken Sie auf die Schaltfläche *Optionen* und legen Sie
im Dialogfeld *Etiketten einrichten* den Druckerschacht, den
Etikettenhersteller sowie den Etikettentyp fest.

⑥ Führen Sie eine der folgenden Aktionen aus:

● Klicken Sie auf die Schaltfläche *Drucken*, um die Etikettenseite bzw. das einzelne Etikett zu drucken.

● Klicken Sie auf die Schaltfläche *Neues Dokument*, um
die Etikettenseite in einem neuen Dokument mit der
Bezeichnung *Adressetiketten1* abzulegen. Diese Möglichkeit steht für ein einzelnes Etikett nicht zur Verfügung.

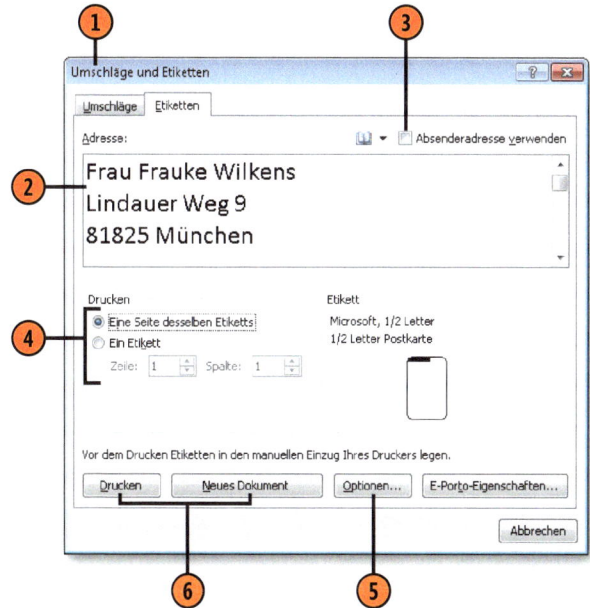

Tipp ✓

Wenn Sie nicht nur einzelne Umschläge oder Etiketten,
sondern eine ganze Reihe mit verschiedenen Adressen
benötigen, gehen Sie wie beim Erstellen eines Serienbriefs
vor. Wählen Sie in diesem Fall als Hauptdokument den Typ
Umschläge oder *Etiketten*. Informationen zum Erstellen eines
Hauptdokuments finden Sie auf Seite 288.

Druckereinstellungen ändern

Sind mehrere Drucker unter Windows eingerichtet, wählen Sie das Gerät aus, mit dem Sie drucken möchten. Anschließend haben Sie die Möglichkeit, die Eigenschaften des gewählten Druckers zu ändern, beispielsweise Papierformat, Druckqualität, Papierzufuhr, Farbdruck etc. Die hier angebotenen Auswahlmöglichkeiten sind drucker- und aufgabenspezifisch.

Drucker wählen

① Klicken Sie auf der Registerkarte *Datei* auf *Drucken* und danach im Bereich *Drucker* auf den Pfeil der Schaltfläche mit dem aktuellen Druckernamen.

② Wählen Sie den gewünschten Drucker aus.

③ Wählen Sie alternativ eine der folgenden Aktionen aus:

- Senden Sie Ihr Dokument an OneNote, die zu Office 2010 gehörige elektronische Version eines Notizbuchs.

- Wählen Sie den Eintrag für das Faxgerät aus, wenn das Dokument gefaxt werden soll.

- Klicken Sie auf *Ausgabe in Datei umleiten*, wenn das Dokument in eine Datei ausgegeben werden soll. Die Druckdatei wird als Dateityp *Druckerdateien* mit der Dateinamenerweiterung *.prn* gespeichert.

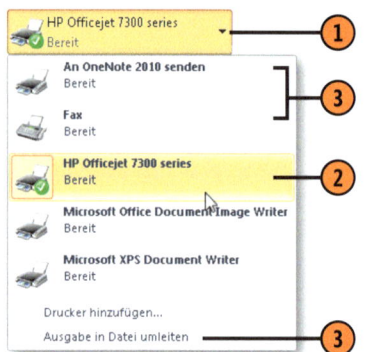

Druckereigenschaften ändern

① Klicken Sie im Bereich *Drucker* auf den Link *Drucker-eigenschaften*, um das Eigenschaftendialogfeld für den gewählten Drucker zu öffnen. Die Darstellung dieses Dialogfeldes hängt vom gewählten Drucker ab.

② Ändern Sie bei Bedarf Eigenschaften für den aktuell gewählten Drucker.

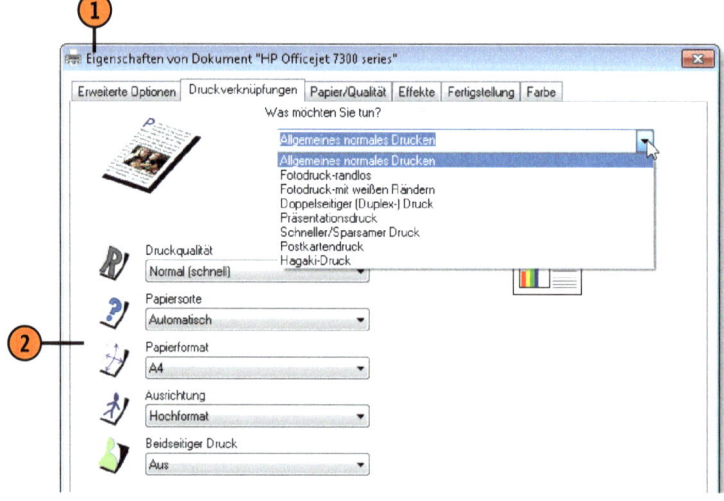

19 Arbeiten in Teams

Wenn Ihre Dokumente bei der Entwicklung nicht nur durch Ihre, sondern auch durch die Hände anderer Benutzer gehen, kommen meist zusätzliche Funktionselemente ins Spiel. Dazu gehören zunächst einmal die Möglichkeiten zum Kommentieren von Dokumentinhalten und das Nachverfolgen von durchgeführten Änderungen. Kommentare erlauben es, Bemerkungen direkt an die betreffenden Stellen im Dokument zu binden.

Mit der Funktion zum Überprüfen von Änderungen steht ein effektives Werkzeug zur Überarbeitung von Dokumenten zur Verfügung. Mehrere Benutzer können mit unterschiedlichen Farben und Darstellungen Korrekturen und Kommentare in ein Dokument einfügen, die Sie dann prüfen und ggf. übernehmen können.

Außerdem dreht es sich beim Bearbeiten von Dokumenten in Teams auch um technische Fragen der Verteilung. Sie sollten beispielsweise wissen, wie man ggf. das Dateiformat ändert, und schließlich auch, wie man Dateien für andere Personen freigibt.

Zudem geht es natürlich um die Sicherheit der Arbeit und der Dokumentinhalte. Damit nicht jeder auf Ihre Dokumente und deren Inhalte zugreifen kann, können Sie mithilfe eines Kennworts bestimmen, ob und ggf. welche Aktionen andere im Dokument durchführen können.

Tabellenbereiche kommentieren

Bei Excel können Sie einzelne Bereiche in einer Tabelle mit Kommentaren versehen, die beispielsweise auf noch zu klärende Fragen aufmerksam machen. Bei Word und PowerPoint finden Sie eine entsprechende Funktion Ein anderer Bearbeiter kann dann die Kommentare anzeigen und auch nacheinander durcharbeiten.

Kommentare eingeben

① Markieren Sie den Bereich, zu der ein Kommentar eingefügt werden soll.

② Wählen Sie im Menüband die Registerkarte *Überprüfen*.

③ Klicken Sie in der Gruppe *Kommentare* auf *Neuer Kommentar*.

④ Geben Sie den Kommentar in dem dann angezeigten Textfeld ein. Der Name des Bearbeiters wird automatisch vorangestellt – sofern in den Programmoptionen hinterlegt.

⑤ Nach der Eingabe klicken Sie auf eine beliebige andere Stelle im Dokument, um das Kommentarfeld zu schließen.

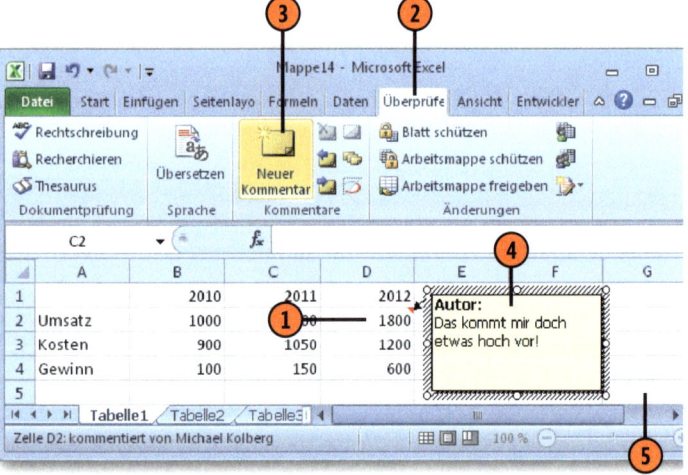

Vorhandene Kommentare anzeigen und ausblenden

① Dass in einer Zelle ein Kommentar vorhanden ist, erkennen Sie bei Excel an dem Indikator – einem kleinen roten Dreieck – in der oberen rechten Ecke der Zelle.

② Wenn Sie einen bestimmten Kommentar anzeigen lassen wollen, brauchen Sie nur den Mauszeiger auf die Zelle zu bewegen, ein Markieren ist nicht erforderlich.

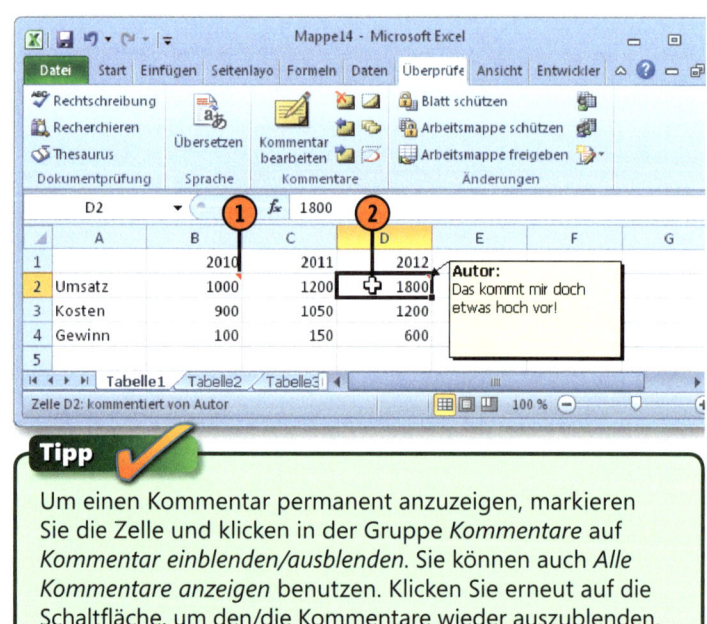

Tipp ✔

Um einen Kommentar permanent anzuzeigen, markieren Sie die Zelle und klicken in der Gruppe *Kommentare* auf *Kommentar einblenden/ausblenden*. Sie können auch *Alle Kommentare anzeigen* benutzen. Klicken Sie erneut auf die Schaltfläche, um den/die Kommentare wieder auszublenden.

Die Kommentare durchsehen

① Wenn Sie alle Kommentare im Dokument der Reihe nach überprüfen wollen, markieren Sie am besten zunächst dessen Anfang.

② Um den ersten Kommentar anzuzeigen, klicken Sie auf der Registerkarte *Überprüfen* in der Gruppe *Kommentare* auf *Weiter*. Klicken Sie erneut auf *Weiter*, um den nächsten Kommentar anzuzeigen.

③ Um zum vorher angezeigten Kommentar zurückzuwechseln, klicken Sie auf *Vorheriger*.

Kommentare bearbeiten

① Um den Text zu einem Kommentar abzuändern, markieren Sie die entsprechende Zelle.

② Klicken Sie dann auf der Registerkarte *Überprüfen* in der Gruppe *Kommentare* auf *Kommentar bearbeiten*.

③ Führen Sie die Änderungen im Kommentarfeld durch.

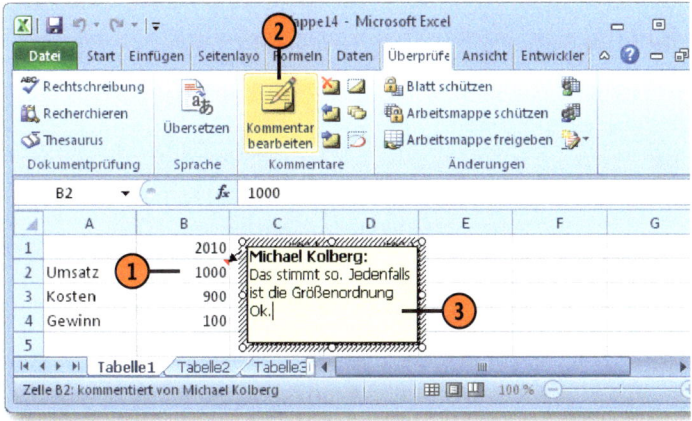

Kommentare löschen

① Markieren Sie die Zelle, zu der der Kommentar gehört.

② Klicken Sie auf der Registerkarte *Überprüfen* in der Gruppe *Kommentare* auf die Schaltfläche *Löschen*.

Tipp

Beim Durchsehen der Kommentare werden diese ausgeblendet, sobald Sie eine Zelle ohne Kommentar markieren.

Dokumente korrigieren (lassen)

Angenommen, Sie haben ein Dokument verfasst, das Sie anschließend von einer oder mehreren Personen Korrektur lesen lassen. Diese Bearbeiter können ihre Änderungen im Korrekturmodus eingeben, d.h., die Änderungen werden mit sogenannten Markups gekennzeichnet. Eingefügter Text wird beispielsweise anders dargestellt als gelöschter oder verschobener Text. Wenn mehrere Benutzer im Text Korrekturen vornehmen, wird jedem Benutzer eine andere Korrekturfarbe zugewiesen. Sie finden diese Funktion bei Word und Excel.

Ein Word-Dokument korrigieren

(1) Klicken Sie auf der Registerkarte *Überprüfen* in der Gruppe *Nachverfolgung* auf die Schaltfläche *Änderungen nachverfolgen*, um den Korrekturmodus einzuschalten.

(2) Geben Sie Ihre Korrekturen ein. Gelöschter Text wird standardmäßig in einer bestimmten Farbe durchgestrichen und neuer Text wird in derselben Farbe unterstrichen dargestellt. Außerdem werden Änderungen im Text am linken Rand mit einer Linie gekennzeichnet.

(3) Klicken Sie auf den Pfeil der Schaltfläche *Überarbeitungsbereich* und dann auf die vertikale bzw. horizontale Option, um ein Bearbeitungsfenster links neben bzw. unterhalb des Dokuments einzublenden, in dem alle Änderungen dokumentiert werden.

(4) Klicken Sie im Überarbeitungsbereich rechts oben auf die *Schließen*-Schaltfläche, um den Bereich wieder auszublenden.

(5) Um den Korrekturmodus wieder auszuschalten, klicken Sie erneut auf die Schaltfläche *Änderungen nachverfolgen*.

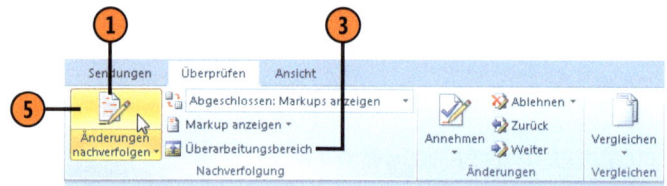

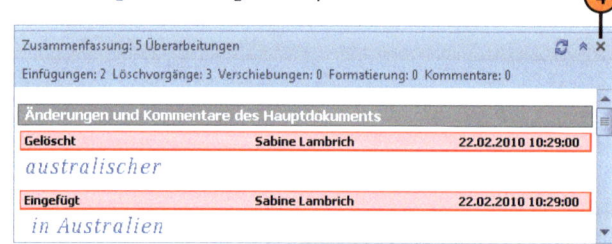

Korrekturkennung für Word einstellen

Wenn Sie in einem Dokument Korrekturen im Korrekturmodus eingeben (siehe die vorherige Seite), können Sie bestimmen, wie die Korrekturen im Text dargestellt werden sollen.

Darstellung wählen

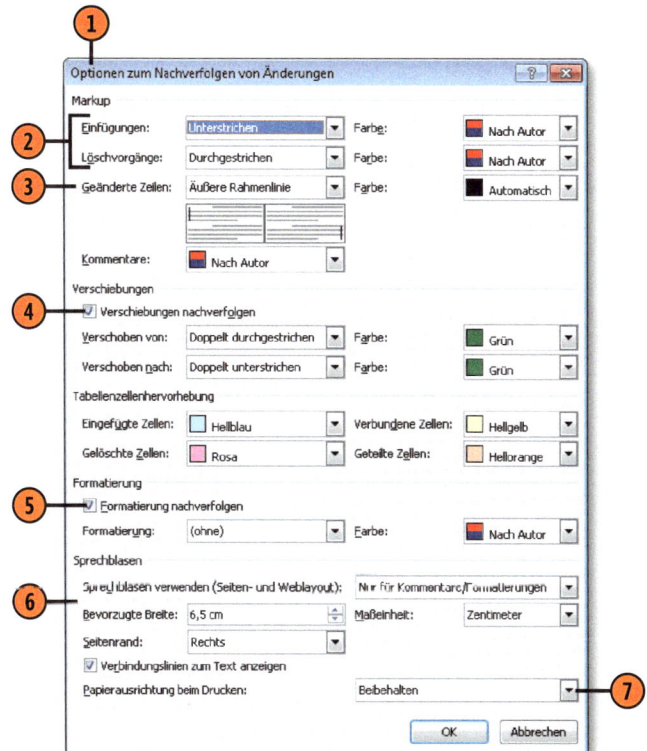

1 Klicken Sie auf der Registerkarte *Überprüfen* in der Gruppe *Nachverfolgung* auf den Pfeil der Schaltfläche *Änderungen nachverfolgen* und dann auf *Optionen zum Nachverfolgen von Änderungen ändern*, um das Dialogfeld *Optionen zum Nachverfolgen von Änderungen* zu öffnen.

2 Legen Sie die Darstellung und Farbe der Korrekturkennung für neuen und für gelöschten Text fest. Sie können zwischen verschiedenen Auszeichnungen wie fett, kursiv, unterstrichen, nur Farbe, aber auch gar keine Auszeichnung wählen.

3 Legen Sie hier fest, ob und ggf. wie Zeilen mit Korrekturkennung am Rand gekennzeichnet werden sollen.

4 Deaktivieren Sie dieses Kontrollkästchen, wenn die Verschiebung von Text nicht gekennzeichnet werden soll.

5 Legen Sie die Darstellung von Formatierungsänderungen fest. Diese werden standardmäßig in einer Sprechblase im Markupbereich dargestellt.

6 Sie können alle Änderungen zusätzlich in einer Sprechblase im Markupbereich anzeigen lassen. Legen Sie hier die Breite und die Position (links oder rechts) fest und bestimmen Sie, ob von den Sprechblasen eine Verbindungslinie zu den Korrekturen in den Zeilen eingefügt werden soll.

7 Ändern Sie ggf. die Papierausrichtung beim Drucken. Bei sehr vielen Korrekturen, die in Sprechblasen dargestellt werden, empfiehlt sich der Ausdruck im Querformat.

Änderungen in einem Word-Dokument prüfen

Wenn Sie als Autor oder Autorin ein überarbeitetes Word-Dokument zurückerhalten, öffnen Sie es und legen zunächst die Anzeige der Korrekturen fest, um einen möglichst guten Überblick zu erhalten. Danach entscheiden Sie für jede einzelne Korrektur oder für das gesamte Dokument, ob Sie die Änderungen übernehmen möchten oder nicht. Sehen Sie sich am Ende die abgeschlossene Dokumentversion an und prüfen Sie, ob die Übernahme fehlerfrei durchgeführt wurde.

Anzeige festlegen

① Klicken Sie auf der Registerkarte *Überprüfen* in der Gruppe *Nachverfolgung* auf die Schaltfläche *Markup anzeigen* und legen Sie fest, für welche Korrekturen die Korrekturkennung – auch Markups genannt – angezeigt werden sollen:

- Eingefügte Kommentare (siehe Seite 298 f.) und Freihandkorrekturen (für Tablet-PCs)

- Eingefügtes, Gelöschtes

- Formatierungsänderungen (standardmäßig in einer Sprechblase angezeigt)

- Bereich für die Anzeige von Sprechblasen in leichtem Grau hervorheben

- *Sprechblasen*: Wählen Sie hier, dass keine bzw. alle Korrekturen oder nur Kommentare und Formatierungsänderungen in Sprechblasen im Markupbereich angezeigt werden.

- *Bearbeiter*: Wählen Sie im Fall von mehreren Bearbeitern, ob die Korrekturen aller Bearbeiter oder nur bestimmter Bearbeiter angezeigt werden.

② Klicken Sie auf das Feld *Für Überarbeitung anzeigen* und wählen Sie, ob die Korrekturen mit oder ohne Markups in der endgültigen bzw. der Originalversion angezeigt werden. Standardmäßig werden die Korrekturen mit Markups in der abgeschlossenen Version angezeigt.

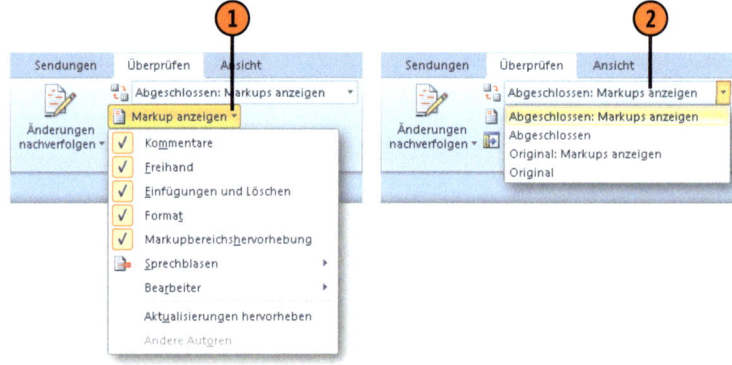

Nach ein paar Stunden Schlaf machten wird uns eEtwas erholt machen wir uns gegen Mittag auf den Weg, das tropische Darwin zu erkunden.
— Endgültige Version mit Markups

Nach ein paar Stunden Schlaf machten wird uns etwas erholt gegen Mittag auf den Weg, das tropische Darwin zu erkunden.
— Endgültige Version

Nach ein paar Stunden Schlaf machten wird uns eEtwas erholt machen wir uns gegen Mittag auf den Weg, das tropische Darwin zu erkunden.
— Original mit Markups

Änderungen annehmen bzw. ablehnen

① Klicken Sie ggf. auf der Registerkarte *Überprüfen* in der Gruppe *Nachverfolgung* auf die Schaltfläche *Änderungen nachverfolgen*, um den Korrekturmodus zu deaktivieren.

② Klicken Sie in der Gruppe *Änderungen* auf den Pfeil von *Annehmen* und dann auf *Annehmen und weiter*.

③ Die erste Korrektur mit Markup wird im Dokument ausgewählt.

④ Um die Korrektur anzunehmen, haben Sie folgende Möglichkeiten:

- *Annehmen und weiter:* Die Korrektur wird übernommen, das Markup entfernt und die nächste Korrektur hervorgehoben.
- *Änderung annehmen:* Die Korrektur wird übernommen und das Markup entfernt.
- *Alle Änderungen im Dokument annehmen:* Alle Korrekturen werden übernommen und alle Markups entfernt.

⑤ Um eine ausgewählte Korrektur abzulehnen, d.h. den Originalinhalt wiederherzustellen, klicken Sie auf den Pfeil von *Ablehnen* und wählen *Ablehnen und weiter*, *Änderung ablehnen* bzw. *Alle Änderungen im Dokument ablehnen*.

⑥ Klicken Sie in der Gruppe *Änderungen* auf *Zurück* bzw. auf *Weiter*, um durch die Korrekturen zu blättern.

> **Tipp** ✓
> Im Dokument angezeigte Markups werden standardmäßig gedruckt.

Reisebericht

③ *Ein ~~australischer~~ Winter in Australien*

Wir kamen müde und erschöpft um 5:00 morgens in Darwin an. Schnell mit dem Taxi ins Hotel! Und nun? Eigentlich hätten wir wach bleiben sollen, dann wäre der Jetlag schnell überwunden gewesen. Aber wir konnten nicht gegen den Schlaf ankämpfen. Nach ein paar Stunden Schlaf machten wir uns eEtwas erholt ~~machten wir uns~~ gegen Mittag auf den Weg, das tropische Darwin zu erkunden.

> **Siehe auch**
> Wie Sie festlegen, welche Korrekturen angezeigt werden sollen, erfahren Sie auf der vorherigen Seite.

Das Dateiformat ändern

Für den Fall, dass die Personen, mit denen Sie Ihre Dateien gemeinsam bearbeiten wollen, nicht über die Office-Version 2010 oder 2007 verfügen, können Sie ihnen das Dokument in einem anderen Dateiformat zukommen lassen.

Ein anderes Format wählen

1. Öffnen Sie die Registerkarte *Datei*.

2. Wählen Sie *Speichern und Senden*.

3. Klicken Sie auf *Dateityp ändern*.

4. Wählen Sie einen Dateityp aus und klicken Sie dann unterhalb der Liste auf die Schaltfläche *Speichern unter*.

5. Prüfen Sie die Einstellungen im Dialogfeld *Speichern unter*.

6. Klicken Sie auf *Speichern*. Die Datei wird im gewählten Format am festgelegten Ort gespeichert.

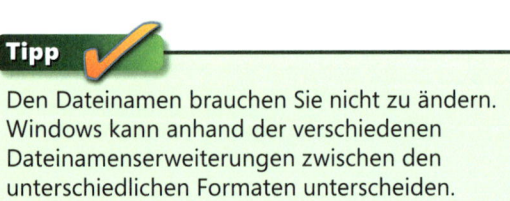

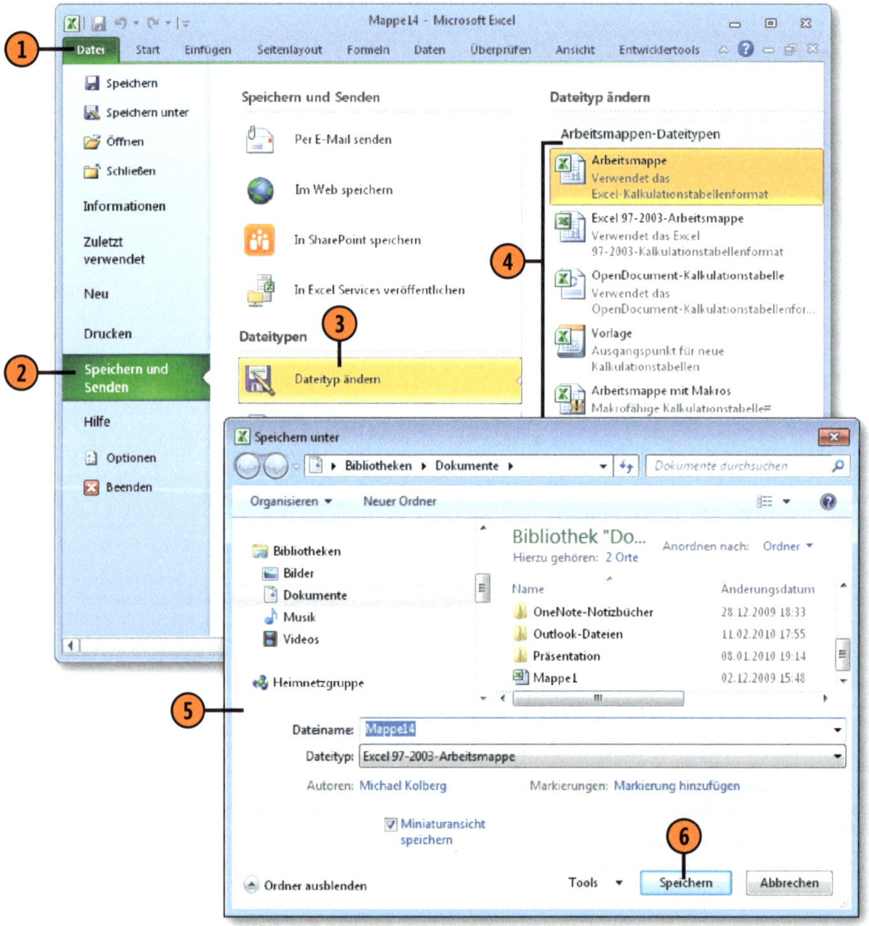

Tipp

Den Dateinamen brauchen Sie nicht zu ändern. Windows kann anhand der verschiedenen Dateinamenserweiterungen zwischen den unterschiedlichen Formaten unterscheiden.

Die wichtigsten Dateiformate in Excel 2010

- *Excel-Arbeitsmappe* (.xlsx) ist das Standardformat für Excel 2007- und 2010-Dateien, die keine Makros oder anderen VBA-Code enthalten.

- *Excel-Arbeitsmappe mit Makros* (.xlsm) ist das Standardformat von Excel 2007- und 2010-Dateien, die Makros oder anderen VBA-Code enthalten.

- *Excel 97-2003-Arbeitsmappe* (.xls) ist das Format für die Excel-Versionen 97 bis 2003. Beim Speichern in diesem Format können einige Gestaltungsdetails verloren gehen.

- *Excel Vorlage* (.xltx) ist das Standarddateiformat für eine Excel 2007- und 2010-Mustervorlage. Sie kann weder Makros noch anderen VBA-Code enthalten.

- *Excel Vorlage mit Makros* (.xltm) ist das Format für eine Excel 2007- und 2010-Mustervorlage mit Makros oder anderem VBA-Code.

- *OpenDocument-Kalkulationstabelle* (.ods) speichert in einem Format, das in Tabellenkalkulationsanwendungen geöffnet werden kann, die dieses Format verwenden, beispielsweise OpenOffice.org Calc.

- *Excel-Binärarbeitsmappe* (.xlsb) ist das Binärdateiformat für Excel 2010 und 2007 – zum Laden und Speichern optimiert.

- *Text (Tabstopp-getrennt)* (.txt) und *CSV (Trennzeichen-getrennt)* (.csv) speichert eine Arbeitsmappe als tabulatorgetrennte Textdatei für die Verwendung unter einem anderen Betriebssystem. Speichert nur das aktive Blatt.

Achtung!

Beim Speichern in einem anderen Dateiformat gehen bestimmte – für die Programmversion 2007 und 2010 eigene – Merkmale verloren. Es empfiehlt sich also immer, ein Dokument zuerst einmal im aktuellen Format des jeweiligen Programms zu speichern, um später eine Masterkopie zur Verfügung zu haben.

Die wichtigsten Dateiformate in Word 2010

- *Word-Dokument* (.docx) ist das Format, in dem alle Word-Dateien standardmäßig gespeichert werden.

- *Word-Dokument mit Makros* (.docm) entspricht dem Format *Word-Dokument*. Diese Dokumente können aber darüber hinaus auch Makros enthalten. Das Öffnen von Dateien mit Makros kann über die Sicherheitseinstellungen unterdrückt werden, um den Computer beispielsweise vor Viren zu schützen

- *Word-Vorlage* (.dotx) speichert das Dokument als Word-Dokumentvorlage, die wiederum als Basis zur Erstellung neuer Dokumente dienen kann, die einem bestimmten Format und Layout entsprechen sollen.

- *Word-Vorlage mit Makros* (.dotm) entspricht dem Dateiformat *Word-Vorlage*. Diese Vorlagen können aber auch Makros enthalten. Das Öffnen dieser Dokumente kann über die Sicherheitseinstellungen unterdrückt werden.

- *Word 97-2003-Dokument* (.doc) speichert das Dokument im sogenannten Kompatibilitätsmodus. Damit wird gewährleistet, dass Ihre in Word 2010 erstellten Dokumente problemlos in älteren Word-Versionen geöffnet werden können.

- *Word 97-2003-Vorlage* (.dot) speichert die Datei als Dokumentvorlage in einem Format, das auch in älteren Word-Versionen problemlos geöffnet werden kann.

- *Webseite in einer Datei* (.mht und .mhtl) speichert das Dokument als Webseite und legt alle Grafiken etc. in dieser Datei ab.

- *Webseite* (.htm und .html) erstellt eine Webseite, deren Grafiken etc. in einem separaten Ordner abgelegt werden.

- *PDF* und *XPS* speichert Dokumente in einem dieser Formate, sodass sie zum plattformunabhängigen Lesen und Drucken weitergegeben werden können.

Dokumente im Web speichern

Wenn Sie die Daten in Ihrem Dokument anderen Personen zugänglich machen wollen, müssen Sie das Dokument an einem Speicherort ablegen, auf den die betreffenden Personen Zugriff haben. Wenn Sie Ihre Dateien beispielsweise auf Windows Live

SkyDrive speichern, können Sie oder andere Benutzer über das Internet darauf zugreifen. Sie müssen sich dazu nur bei diesem Dienst anmelden. Die Berechtigung dazu haben Sie, wenn Sie über eine Windows Live ID verfügen.

Bei SkyDrive anmelden

1. Öffnen Sie die Registerkarte *Datei*.

2. Wählen Sie *Speichern und Senden*.

3. Klicken Sie auf *Im Web speichern*.

4. Klicken Sie auf *Anmelden*.

5. Geben Sie Ihren Benutzernamen und das Kennwort ein.

6. Bestätigen Sie mit *OK*. Ihr Konto wird angezeigt. Wählen Sie den gewünschten Ordner.

Tipp ✓

Wenn Sie noch nicht über eine Windows Live ID verfügen, können Sie sich über den Link *Für Windows Live anmelden* registrieren.

Achtung !

SkyDrive stellt Ihnen zwei Ordner zur Verfügung: Der Ordner *Eigene Dateien* ist nur für Sie freigegeben. Sie können darin Ihre Dateien online aufbewahren und mit praktisch jedem Computer oder mobilen Gerät im Web darauf zugreifen. Der Ordner *Öffentlich* ist auch für andere Personen freigegeben.

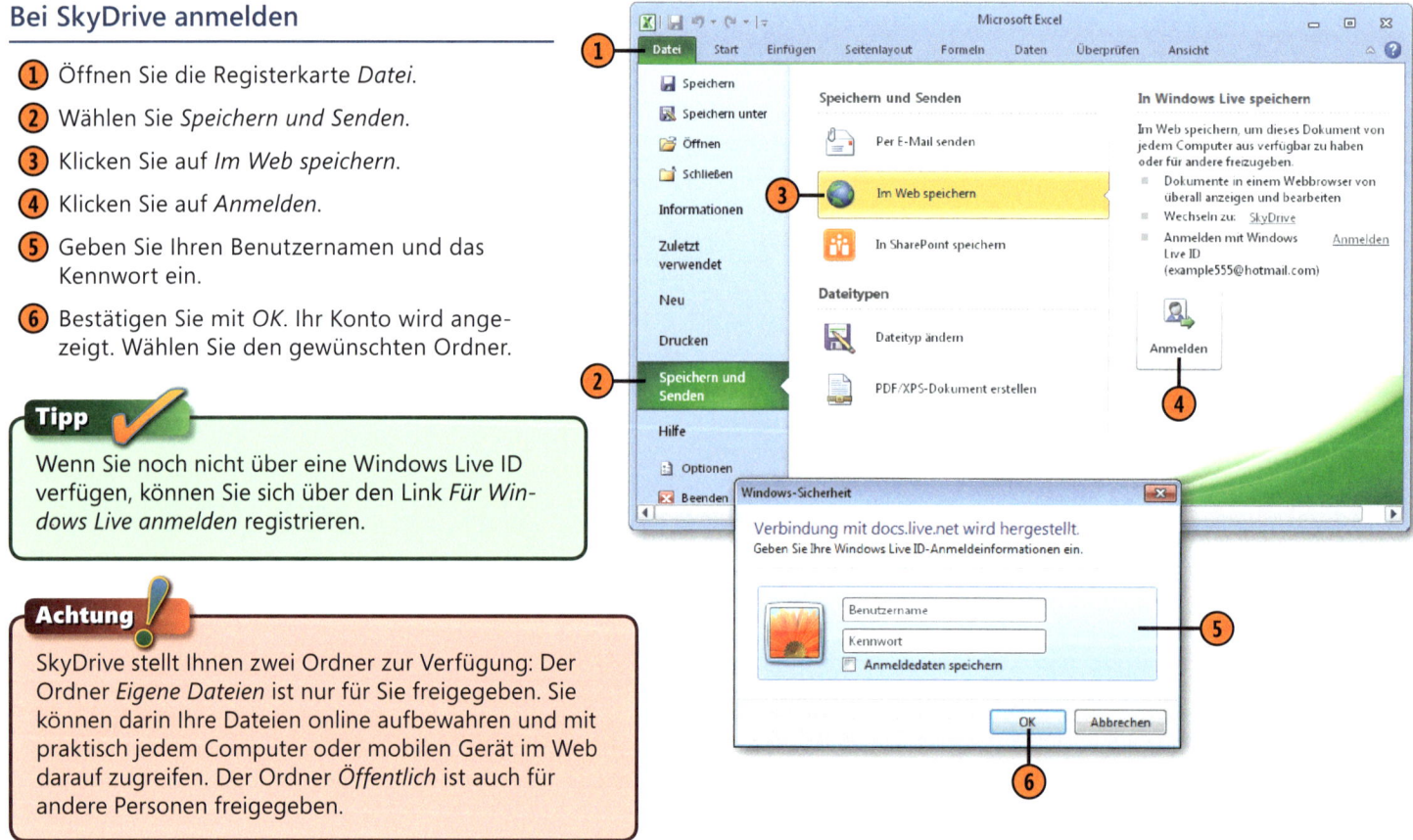

Auf SkyDrive speichern

① Öffnen Sie die Registerkarte *Datei*.

② Wählen Sie *Speichern und Senden*.

③ Klicken Sie auf *Im Web speichern*.

④ Klicken Sie auf das Symbol für den Ordner, in dem Sie die Datei speichern wollen.

⑤ Klicken Sie auf *Speichern unter*. Die Verbindung wird dann hergestellt. Meist müssen Sie Ihren Benutzernamen und das Kennwort eingeben. Bestätigen Sie mit *OK*.

⑥ Ihr Speicherort wird im Dialogfeld *Speichern unter* angezeigt. Wählen Sie gegebenenfalls den gewünschten Ordner.

⑦ Klicken Sie auf *Speichern*.

Gewusst wie

Wenn Sie wünschen, dass mehrere Anwender gleichzeitig auf ein im Netz gespeichertes Dokument zugreifen können, müssen Sie sie freigeben. Klicken Sie dazu bei Excel auf der Registerkarte *Überprüfen* in der Gruppe *Änderungen* auf *Arbeitsmappe freigeben*. Aktivieren Sie im gleichnamigen Dialogfeld die Option *Bearbeitung von mehreren Benutzern zur selben Zeit zulassen* und bestätigen Sie mit *OK*. Sie können zur Freigabe bei Excel auch den Befehl *Arbeitsmappe schützen und freigeben* benutzen.

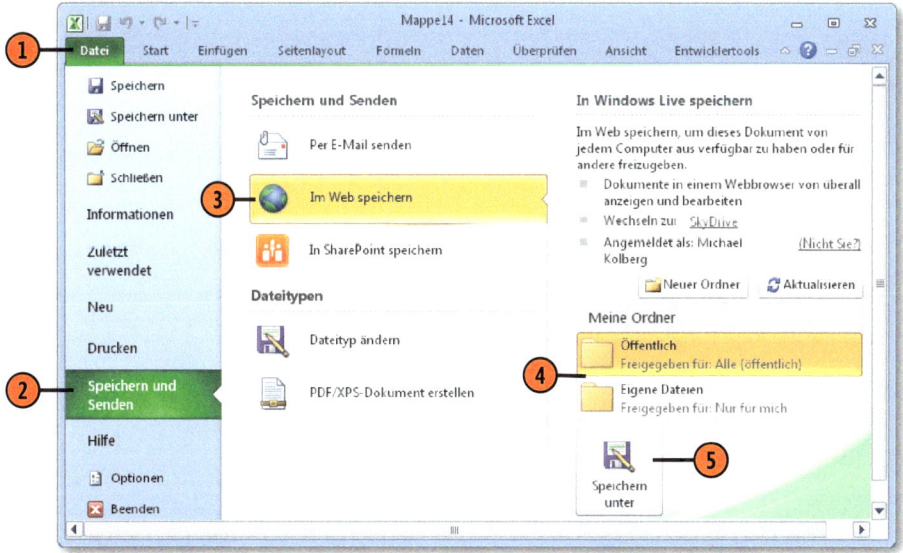

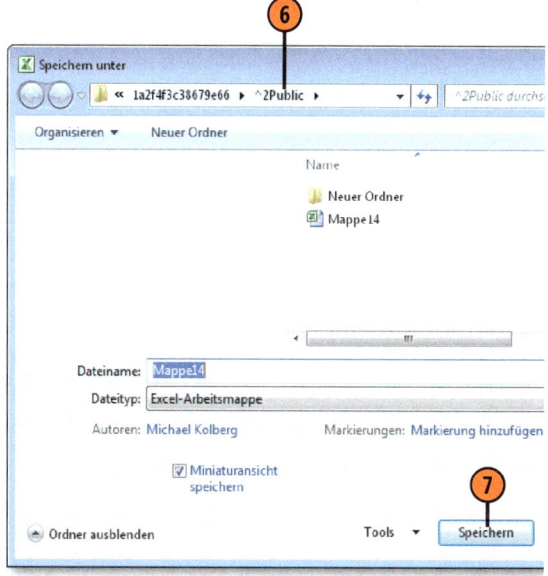

Dokument versenden

Anstatt einen allgemein zugänglichen Speicherort zu verwenden, können Sie anderen Personen Ihre Daten auch in unterschiedlichen Formaten per E-Mail-Nachricht zukommen lassen. Dafür stehen Ihnen bei Office 2010 mehrere Möglichkeiten zur Verfügung.

Die Datei als Anhang zu einer E-Mail-Nachricht anfügen

1 Öffnen Sie die Registerkarte *Datei*.

2 Klicken Sie auf *Speichern und Senden*.

3 Klicken Sie auf *Per E-Mail senden*.

4 Wählen Sie rechts im Fenster die gewünschte Option für das Format. Wenn die Datei als Anhang gesendet werden soll, klicken Sie auf *Als Anlage senden*.

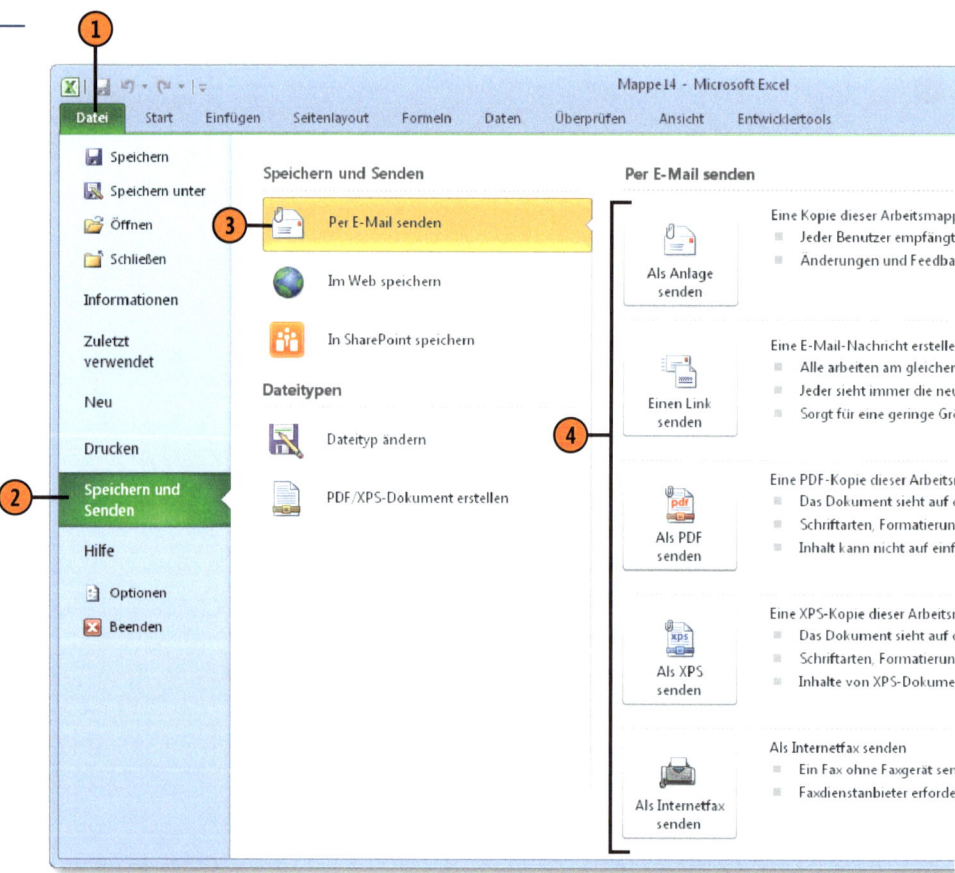

Die E-Mail abschicken

(1) Ihr Mailprogramm – z.B. Microsoft Outlook 2010 – wird geöffnet. Darin wird das Formular für eine neue Nachricht angezeigt.

(2) Das Dokument ist im vorher festgelegten Format bereits als Anhang eingefügt.

(3) Geben Sie die Empfängeradresse ein.

(4) Klicken Sie auf *Senden*, um die Nachricht abzuschicken.

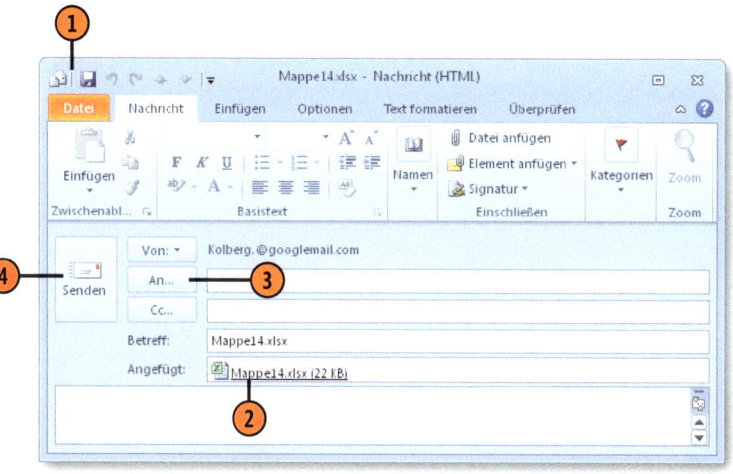

Gewusst wie

Ihre Dokumente können Sie auch im XPS- oder PDF-Format speichern, ohne sie als Anhang zu einer E-Mail zu versenden. Öffnen Sie die Registerkarte *Datei* und klicken Sie auf *Speichern und Senden*. Klicken Sie anschließend auf *PDF/XPS-Dokument erstellen* und dann nochmals auf die gleichnamige Schaltfläche. Das Dialogfeld *Speichern unter* wird angezeigt. Wählen Sie darin im Feld *Dateityp* das gewünschte Format. Sie können außerdem über den Bereich *Optimieren für* zwischen zwei Qualitäten wählen. Klicken Sie dann auf *Veröffentlichen*. Damit erstellen Sie im aktuellen Ordner eine Datei des festgelegten Formats.

Andere Formate zum Senden

■ Mit der Option *Als PDF senden* erstellen Sie eine Datei aus den Daten Ihres Dokuments, die der Empfänger mithilfe eines geeigneten Viewers anzeigen lassen kann. Die von Ihnen gewählten Formate bleiben erhalten, ein Ändern von Daten ist aber nur mit Spezialwerkzeugen möglich. Die Datei wird als Anhang zu einer E-Mail verschickt. Den Empfänger müssen Sie noch angeben.

■ Praktisch genauso funktioniert die Option *Als XPS senden*. Die Daten können mit dem XPS-Viewer angezeigt werden, der zu den Standardprogrammen von Windows gehört.

■ *Einen Link senden* erzeugt keinen Anhang zu einer E-Mail mit den Daten des Dokuments, sondern informiert den Empfänger mit einem entsprechenden Link über den Speicherort der Datei. Sie sollten vorher das Dokument an einem Ort abgelegt haben, auf den der Empfänger über diesen Link zugreifen kann. Beispielsweise könnten Sie die Datei in einem SkyDrive-Ordner ablegen (siehe Seite 306 f.).

■ Wenn Sie Zugriff auf einen Internetfaxdienst haben, können Sie auch die Option *Als Internetfax senden* verwenden.

Dokumente schützen

Um Ihre Dokumente vor dem unberechtigten Zugriff durch andere zu schützen, gibt es verschiedene Möglichkeiten. Sie können zum einen beim Speichern des Dokuments einen kennwortgeschützten Lese- und/oder Schreibschutz definieren, sodass entsprechende Kennwörter beim Öffnen der Datei abgefragt werden. Zum anderen lassen sich die Bearbeitungsmöglichkeiten durch andere Benutzer auf bestimmte Dokument- und Aufgabenbereiche beschränken. Auch hierfür wird ein Kennwort vergeben.

Schreib-/Leseschutz definieren

① Erstellen bzw. öffnen Sie das Dokument, das Sie schützen wollen. Wählen Sie auf der Registerkarte *Datei* den Befehl *Speichern unter* und klicken Sie dann im gleichnamigen Dialogfeld auf *Tools/Allgemeine Optionen*, um das gleichnamige Dialogfeld zu öffnen.

② Um den Leseschutz zu definieren, geben Sie im Textfeld *Kennwort zum Öffnen* ein Kennwort ein.

③ Um den Schreibschutz zu definieren, geben Sie im Textfeld *Kennwort zum Ändern* ein Kennwort ein.

④ Sobald Sie auf *OK* klicken, werden Sie aufgefordert, das bzw. die Kennwörter zu bestätigen. Geben Sie das Kennwort zum Öffnen ein und klicken Sie auf *OK*. Geben Sie das Kennwort zum Ändern ein und bestätigen Sie ebenfalls mit *OK*.

⑤ Speichern und schließen Sie das Dokument und öffnen Sie es erneut. Word fragt zunächst, wenn vergeben, das Kennwort zum Öffnen und danach das Kennwort zum Ändern ab. Geben Sie das Kennwort zum Ändern ein, wenn Sie Änderungen durchführen möchten, oder klicken Sie auf *Schreibgeschützt*, wenn Sie keine Änderungen durchführen möchten.

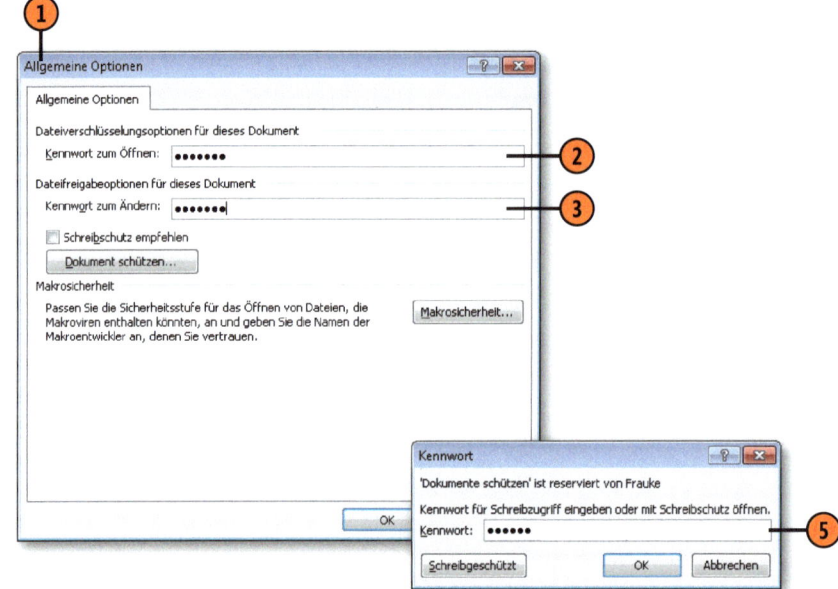

Gewusst wie

Aktivieren Sie im Dialogfeld *Allgemeine Optionen* das Kontrollkästchen *Schreibschutz empfehlen*, um beim Öffnen des Dokuments eine Meldung anzuzeigen, in der empfohlen wird, das Dokument schreibgeschützt zu öffnen.

Stichwortverzeichnis